四川大学中央高校基本科研业务费研究专项项目
（funded by Sichuan University）资助
（项目编号：skr201701）

民国时期成都房地产管理研究

MINGUO SHIQI CHENGDU FANGDICHAN GUANLI YANJIU

甘露华 著

四川大学出版社

项目策划：陈克坚
责任编辑：陈克坚
责任校对：杨丽贤
封面设计：墨创文化
责任印制：王　炜

图书在版编目（CIP）数据

民国时期成都房地产管理研究 / 甘露华著. — 成都：四川大学出版社，2019.8
ISBN 978-7-5690-2937-6

Ⅰ. ①民… Ⅱ. ①甘… Ⅲ. ①房地产管理－经济史－研究－成都－民国 Ⅳ. ① F299.277.11

中国版本图书馆 CIP 数据核字（2019）第 145642 号

书名	民国时期成都房地产管理研究
著　者	甘露华
出　版	四川大学出版社
地　址	成都市一环路南一段24号（610065）
发　行	四川大学出版社
书　号	ISBN 978-7-5690-2937-6
印前制作	四川胜翔数码印务设计有限公司
印　刷	四川盛图彩色印刷有限公司
成品尺寸	170mm×240mm
印　张	20.5
字　数	400千字
版　次	2019年9月第1版
印　次	2019年9月第1次印刷
定　价	84.00元

版权所有 ◆ 侵权必究

◆ 读者邮购本书，请与本社发行科联系。
电话：(028)85408408/(028)85401670/(028)86408023　邮政编码：610065
◆ 本社图书如有印装质量问题，请寄回出版社调换。
◆ 网址：http://press.scu.edu.cn

四川大学出版社
微信公众号

前　言

民国时期，作为城市繁荣发展的基础，初萌的城市房地产对于城市的兴旺发展尤为重要。本书试图从纵横两方面，先从民国时期以来成都房地产管理概况、内容、形式等基础概念出发，再以成都城区范围内与房地产相关的历史事件、历史背景为经；以成都民国时期城市房地产管理相关的参与主体和承载客体，以在房地产产业中的各个环节为纬，细细编织民国时期成都房地产管理发展的历史，并逐个探讨在这一历史阶段中出现的富有时代和地区特色的各种问题。

本书论述的主体为这一历史阶段内与成都房地产管理相关的概念、发展过程及存在的种种问题等。在研究方法上，力求立足于相关历史档案及统计资料等基本史料，以史料学方法为研究的基本方法，同时引入如数据统计法、比较法、系统论证法、案例分析法等多学科综合研究的方法，力求将民国时期成都城市房地产管理的各个方面以更丰富立体的形态展现出来，以飨读者。以下通过六部分具体论述对研究课题进行简单介绍。

一、民国时期成都房地产管理概况

清末之前的成都城市因实行城乡合治，没有专门进行城市房地产管理的机构。与传统房地产管理相比较，民国时期成都房地产管理的范围由于城市地域的扩张而较为广阔：成都市城区面积由民国13年（1924年）的"东北不及三里，西南不及二里"的范围，经历数次艰难的勘划、交割，至1945年已扩大至35919亩。城市房地产类别更加丰富：民国时期城市房地产公产的范围包括政府机关及社会团体的土地房产，以及官办学校所有学田和房产及用于公共事业设施的房地产。私产的范围更为广泛，除去传统用于居民居住和提供生活日常需要的商业、手工业房地产外，随着民国时期城市新兴工商业的发展，还出现了各种类型的工业和商业房地产。住宅类房地产的类型亦更加多样化，除传统民居外，还有军阀豪绅修建的各式公馆洋楼，以及由政府出面主持建设的新式住宅小区。

城市的近代化使得城市房地产管理所面临的问题更多更复杂。在此情况下，成都民国时期城市房地产管理无论是规模还是管理方法皆须不断发展进步，方能适应不断变化的发展形势。首先是通过建立健全城市房地产管理相关法律法规来规范房地产市场，其次是建立房地产管理的专业机构。土地管理处和地政科等房地产管理机构相继成立，最终将城市房地产管理落到实处。

二、民国时期成都房地产管理的内容及方式

民国时期政府对成都房地产的管理经过了一个逐步完善发展的过程，除以传统的通过房屋契证和保甲制度等方式参与房地产管理外，在民国时期中国地政事业逐渐开展的情况下，城市地价调查和土地整理也成为进行房地产管理的重要渠道。随着成都市政建设和地政工作的逐步开展，成都市先后在1938年和1942年进行了两次大规模的地价调查工作，其中1942年的地价调查是为进行地价申报，进而为开征土地税而进行的准备。征收税费捐费是民国时期政府进行房地产管理的主要目的和重要方式。较之清末的城市房地产税费，民国时期涉及房地产管理的捐税费用名目更多、规程更细，对房地产管理的作用和意义也更大。民间参与房地产交易的还有房牙、掮客以及对这些房产中介进行管理的房地产行会。随着抗战时期成都房地产交易市场的繁荣，甚至出现了近代意义上的房地产公司。

三、民国时期成都房地产管理中的重大工程项目

在民国时期成都城市房地产发展的历程中，一些重大的工程及重要的事件对于成都房地产发展及管理显得尤为重要："满城"的开放进而发展成为早期的城市住宅区。在市政初兴的20世纪二三十年代，四川省、成都市政府推出了"新村"建设计划并付诸实施。为此成立"成都建设新村筹备委员会"，从项目规划、工程运作、经费筹措，及至征地放地，都尽力筹划，努力施行，力求成为当时全国此类城市建设项目之"模范新村"。虽然"新村"建设到后期征地和建设时，受到时局及人祸等方方面面因素影响而最终未能达到预期效果，但这次努力的尝试为后世提供了丰富的经验和深刻的教训。它作为由成都政府主导进行的房地产开发建设的一项重要工程，同时也开发了城南华西坝及新村、蓉村地区的土地，在民国时期成都房地产管理及开发建设史上更具有重大意义。

"新村"建设是政府为建设新型的住宅区而做出的努力，而同时进行的国

立四川大学校地迁移则开始了新的文化区的建设。国立四川大学的成功迁建不仅给学校发展创造了更广阔的空间,也为城南郊土地开发建设做出了卓越的贡献,使得原来的荒地孤冢发展成为人烟稠密、文化昌盛的地区。

从民国时期成都房地产相关重大工程的建设和发展中,可以看到政府在房地产项目中的参与程度和管理日益加强,甚至出现了"新村"建设这样完全由政府主导的房地产建设工程,虽然如"新村"建设和皇城——中央商业区这样的房地产项目并没能达到预期的目标,但可以看到民国时期的成都城市管理和建设者们按照既定的规划为成都城市近代化所作的努力。

四、民国时期成都"房荒"及政府的处理措施

战争是民国时期影响地区房地产发展的一个重要因素,在民国时期成都市房地产发展过程中体现最为明显的即是抗战时期房地产的发展和随后出现的"房荒"危机。抗日战争时期,随着国民政府迁渝和大量机关单位、工商企业、学校等文化团体涌入四川,成都市区人口骤增,房价暴涨,国民政府也加大了对成都等内地城市的重视和投入,成都市政府加强城市公共设施建设,附城区及城近郊地区的土地也得到了开发。

城市房地产的发展速度不能赶上居民住房需要的增长速度,或者说是城市住宅房地产发展的滞后与城市住宅房地分配不均衡相结合,最终导致了从抗战后期开始的城市"房荒"。房荒是社会之病,民国后期的房荒是战乱中各种社会矛盾积累的产物,同时也加速了城市中社会矛盾的激化。在有限条件下,当时的省政府和市政府为挽救危机而在城市房地产管理方面所做的努力,对后世的城市房地产管理亦是有一些借鉴作用的。

五、政府对于民国时期成都房地产业相关组成环节的管理——建设和经营

民国时期成都城市房地产兴起之初,民间进行房地产开发的力量薄弱,所以大部分有一定规模的开发项目都是由政府或相关机构主持开发兴建的。本章选取筑路征地、皇城地区开发征地、"新村"建设中的征地以及抗战中因打通防火巷而进行的征地案例进行研究。随着开发建设项目的增多,拆迁安置、征地赔偿的问题也日益成为与开发征地伴生的问题,问题解决得好不好关系到整个开发建设工程能否顺利开展。在政府参与主持的多项工程中,政府也逐步加强了对赔偿安置问题的重视与处理,并通过规章条例予以保障。但应该看到的是,民国时期由于政局动荡、战乱频生,军阀以暴力征地,拆迁户利益难以得

到保障的事件亦多有发生。

民国时期房地产项目的兴建，除公共设施建筑或前文论述的政府参与建设的大型工程项目外，多是由居民或法人团体自筹自建的。政府对其的管理，一方面是做好建设项目的申报登记，另一方面则是通过管理施行房地产建设或改造工程的营造厂商来进行的。

房地产交易环节是房地产实现其价值的重要环节，同时也是管理最为繁复、操作起来最为困难的一个环节。民国时期的房地产市场是自由经济市场，其房地产市场发展受政治经济多方面因素影响，并最终通过房地产价格显现出来。本章通过民国时期房地产交易中买卖、典当、租赁和有条件的产权交换等几种形式，特别是成都房地产交易中存在的大佃权问题、租押关系、二房东问题，以及民国时期所做成都市各界房租指数研究等几个方面对民国时期成都房地产交易环节的管理进行研究。

六、民国时期成都房地产纠纷研究

民国时期城市房地产业尚处于新兴阶段，早期房地产纠纷的案例多集中于市民或法人团体之间关于房地产产权的转移，如买卖、租赁、抵押、继承等，或涉及相邻权、划界不清等纠纷。随着近代城市开发建设的进行，产生了土地开发中关于征地补偿的房地产纠纷，这种纠纷多存在于主持开发项目的政府或机构与被征地业主之间，如在成都"新村"项目中就暴露出房地产纠纷的产生除因产权不清、豪强侵占等原因外，还有房地产管理中法令推行不力，地籍管理混乱，官员玩忽职守，遇事相互推诿等问题。而抗战中的"房荒"又使得城市房屋的租佃纠纷成为那一时期数量最多的房地产纠纷。较之民国以前传统城市的房地产纠纷，民国时期成都房地产纠纷呈现出数量激增及形式多样的趋势。第六章的房地产纠纷研究不仅反映出民国时期人民对私有财产的重视与维护，更暴露出在民国时期城市房地产产业发展过程中所牵涉的纷杂的社会关系和利益冲突。

七、结论

经过对成都民国时期房地产管理基本状况、管理方式及内容、涉及房地产的重大工程项目、民国时期成都房荒及处理措施、相关房地产建设和交易环节管理、房地产纠纷管理等涉及民国时期成都房地产管理各方面的详细研究，从中总结出关于民国时期成都房地产管理演变历程中的几个特点：（1）民国时期中国社会正在从传统的以农村为基础的自然经济向以城市为中心的工业时代转型,近代化与城市化是时代的主旋律,而城市房地产管理是民国时期城市发展的必然要求。(2) 民国时期以来,成都城市房地产管理逐渐向规范化方向发展。(3) 成都市房地产管理深受地方政治影响。(4) 战争对于民国时期成都城市房地产管理的发展是机遇也是挑战。(5) 社会文化因素对民国时期成都房地产管理有一定的影响。

综上所述,民国时期成都房地产管理和发展状况是民国时期成都城市地缘、政治、经济、人口、社会习俗等各方面因素综合影响所致,同时也是民国时期成都政治、经济、文化等城市近代化的集中体现,它的发展过程也是成都城市近代化过程中的一个重要方面。

时维今日,2017年上海华顿研究院公布"2016年中国百强城市排行榜",成都作为中国西部近年发展最为迅速的中心城市位列全国百强城市第五,作为"新一线城市"的代表异军突起,这其中房地产产业的贡献不可小视。据上海易居房地产研究院发布的《2016年全国楼市50强城市排行榜》称,2016年成都以成交面积2909万平方米位列全国之首。

面对城市欣欣向荣的现在与未来,作为一名土生土长的成都人,尤想把这座城市过去建设的艰辛与发展记录下来,作为城市发展过程中回顾思考的线索。故笔者遍访成都市的档案馆、图书馆、房地产档案管理单位,在故纸堆中寻访线索、在历史档案中搜寻材料,历时两载,方成本书,仅以此书纪念民国时期成都房地产管理之初创与艰辛。

甘露华
2017年4月

目 录

绪 论……………………………………………………………………（ 1 ）

第一章 民国时期成都房地产管理概况…………………………………（ 14 ）
第一节 成都古代房地产管理述略………………………………（ 14 ）
第二节 城市的生长——民国时期成都房地产管理范围的调整………（ 20 ）
第三节 民国时期成都城市房地产的类别………………………（ 30 ）
第四节 民国时期成都房地产管理的相关法律法规……………（ 61 ）
第五节 城市土地管理专门机构的设置…………………………（ 65 ）
本章小结……………………………………………………………（ 67 ）

第二章 民国时期成都房地产管理的内容及方式………………………（ 69 ）
第一节 通过房屋契证对房地产进行管理………………………（ 70 ）
第二节 土地整理及明晰产权……………………………………（ 77 ）
第三节 地价数据收集及统计分析………………………………（ 80 ）
第四节 通过税费进行城市房地产管理…………………………（104）
第五节 通过保甲制度对房地产进行管理………………………（114）
第六节 民国时期成都房地产行会及其管理……………………（118）
本章小结……………………………………………………………（129）

第三章 民国时期成都房地产管理中的重大工程项目…………………（131）
第一节 拆除"满城"及少城住宅区的形成………………………（131）
第二节 成都"新村"建设…………………………………………（140）
第三节 国立四川大学搬迁建校的用地问题……………………（154）
第四节 皇城——中央商业区的建设……………………………（166）

1

本章小结……………………………………………………………（170）

第四章　民国时期成都房荒及政府的处理措施…………………（173）
　　第一节　抗战后期成都房荒的形成原因………………………（173）
　　第二节　房荒的危害……………………………………………（186）
　　第三节　成都市政府的房荒救济措施…………………………（192）
　　本章小结…………………………………………………………（202）

第五章　政府对于民国时期成都房地产业相关组成环节的管理——建设和经营…………………………………………………（205）
　　第一节　征　地…………………………………………………（205）
　　第二节　兴　建…………………………………………………（220）
　　第三节　交　易…………………………………………………（232）
　　本章小结…………………………………………………………（257）

第六章　民国时期成都房地产纠纷研究…………………………（259）
　　第一节　民国时期成都房地产纠纷的基本状况………………（259）
　　第二节　"新村"建设期间的房地产纠纷……………………（261）
　　第三节　组织机构之间的房地产纠纷…………………………（273）
　　第四节　市民之间的房地产纠纷………………………………（275）
　　本章小结…………………………………………………………（276）

第七章　本书结论…………………………………………………（278）

附　录………………………………………………………………（285）
　　附录一　四川省政府建设成都新村征收土地规则……………（285）
　　附录二　四川省政府建设成都新村放地规则…………………（286）
　　附录三　成都市土地登记施行细则……………………………（287）
　　附录四　成都市非常时期房屋租佃规则………………………（290）
　　附录五　成都市强制空房出租实施办法………………………（293）
　　附录六　成都市房捐征捐章程…………………………………（294）
　　附录七　成都市房屋租佃纠纷调解委员会暂行条例…………（296）
　　附录八　成都市建筑平民房屋办法……………………………（297）

附录九　成都市短期小额改良市地放款实施办法……………………(298)
附录十　成都市拓宽道路补偿拆卸迁移暂行规则………………………(299)
附录十一　成都市政府管理泥木工头规则（1942年12月）…………(299)
附录十二　成都市财政局市有房屋地皮租佃规则（1929年10月）
……………………………………………………………………………(300)
附录十三　成都市房屋租佃规则（1936年9月8日）…………………(301)
附录十四　成都市政府发给房屋租佃契约细则（1936年9月9日）
……………………………………………………………………………(302)
附录十五　宣统元年四川布政使司颁发的彭蔡氏购买叶双福名下房产的官契……………………………………………………………………(303)
附录十六　民国6年（1917年）由四川省财政厅颁发的清真义学贾鸿如房产官契……………………………………………………………(304)
附录十七　民国25年张洪发杜卖顺九龙巷房产的契格 ………………(305)
附录十八　字区第297号地《土地所有权状》………………………………(306)
附录十九　四川公产管理局决卖公房证…………………………………(307)
附录二十　民国22年（1933年）成都街市图……………………………(308)

参考书目……………………………………………………………………(309)

绪 论

一、选题思路

本书选择从历史的角度考察民国时期成都房地产管理兴起及演变发展的过程，主要基于以下三个方面的考虑。

（一）中国城市化进程的加速及对城市房地产管理问题的关注

中国物质层面上的近代化实则是农村的城市化和城市的现代化，而城市化作为工业化进程的结果，其主要标志就是城市数量的增加和城市规模的扩大，而这两者的扩大都意味着城市用地的扩展。从社会生产力的发展来看，城市化，即以土地与人口这一农业生产力两要素的相互转化为核心，实现农业土地的城市化和人口的城市化。解决城市土地问题是城市化顺利推进、城市发展水平不断提高的重要方面。诞生于清末民初的城市房地产是解决城市土地问题的重要环节，它不仅是我国经济发展近代化的重要标志，也是衡量城市化水平的重要指标。我国城市土地有偿使用制度尚在探索阶段，在城市土地产权、收益配置、土地市场等管理制度上皆有待健全之处。而在城市土地问题中，城市土地制度是核心因素，城市房地产市场的兴盛繁荣程度则是衡量这一制度适用与否的重要标志。"在任何国家、任何城市里，房地产业都有极为重要的作用。它的盛衰，牵涉到大批关联的行业，左右经济的升降；反过来，经济的情况对房地产也会起决定性的作用。而且房地产的起跌也与居民的生活素质息息相关。"[①] 如今我国房地产产业方兴未艾，这方面的研究成果汗牛充栋。城市史研究自20世纪80年代始随着改革开放和大规模的城市建设，在国内逐渐掀起了研究的热潮，现今城市史的研究日益向着跨地区、跨学科的多层次多维度方向发展，研究视角也更多地向当下与国计民生紧密结合的行业和学科靠拢。从

---

① 冯邦彦：《香港地产业百年》，上海：东方出版中心2007年版。

房地产管理的角度研究城市发展,以历史的眼光剖析这一新兴行业在民国时期的繁荣兴衰,总结历史中的经验教训,对于现今房地产管理以及城市土地管理与开发利用都应该有所裨益。

(二) 成都民国时期城市化的进程在内陆城市中具有代表性

成都作为一座文明古城,其有具体史料可考的建城史可溯及公元前316年,秦相张仪奉令修筑成都城。而现代考古学的证据表明,成都平原早在四千多年前的夏代早期,就已形成了以高度发达的青铜文明为代表的古蜀国文明。公元前4世纪左右,古蜀国开明王把都城迁至成都,取周王迁岐"一年而所居成聚,二年成邑,三年成都"之典故①,得名为"成都"。从这一得名中不难推想古代先民关于城市的朴素概念,城的形成即是房屋的修建以及人口的聚集。而城市中的房地交易在传统的中国社会中自古以来即有之,土地和房屋作为一种特殊的社会财富,历来被世人所看重,随着社会生产力的发展,传统意义上的城市房地交易也在明清两代达到顶峰。然而中国传统的房地交易是属于封建经济性质的经济活动,建立在传统农业自然经济基础上,与现代意义上的房地产相去甚远,而城市房地产管理方式也与传统封建行政管理方式截然不同。自古以来中国的各级政府,无论是中央还是地方,都有着机构齐备、可涵盖几乎所有事务的行政体系,堪称全能的一元化政府的典范。房地事务作为赋税征收的重要方面,一直是基层地方政府主要关注的项目之一。民国时期,随着城市的全面崛起,政府工作的重心开始从农村向城市转移,城市房地产管理从最初的"平赋役而养民之职"中的一种,逐渐发展演变为进行城市房地产管理的专业化部门。本书即以成都这一典型内陆城市为例来进行研究。所有城市的发展都是既有其个性,又与其他城市具有共性的。在民国时期房地产产业发展这一问题上,成都等内陆城市与沿海沿江个别在清末设立了租界的城市不同,它们的近代房地产业不是在外来势力的直接介入下产生的,更多的是一个内外因素融合渐进发展的过程。由此决定了在成都城市房地产发展中内在力量有着更加重要的地位,政府对房地产市场的管理尤为重要,其影响力更为突出。

(三) 从历史角度进行城市房地产的研究使研究视角更广阔

近年来城市房地产在我国方兴未艾,在国计民生中起着越来越重要的作用,而对于房地产发展史甚至房地产这一概念本身的研究却仅是近十年才开始

---

① 司马迁:《史记·五帝本纪》,北京:中华书局1982年版,第58页。

的。从历史的角度探究城市房地产管理的发展，可以拥有更为广阔的视角；从不同历史时期这一概念涉及的不同领域，包括本书中即将论述到的土地制度、城市土地管理、土地法、城市规划、城市建设、土地开发、房地产税收、房地产契约、档案、建筑、房地产纠纷等许多方面，可以探究民国时期的城市化，也就是农村人口的城市化和土地的城市化的过程。本书选择成都这一具有代表性的传统中国内陆大城市来进行研究，实则是想从房地产研究的视角来对成都民国时期城市化的过程做一探讨。这一行业起初只是传统的房地产交易，随着城市化进程的深入，逐渐与城市的土地制度、法律、管理、市政建设、城市规划、税收、人口、建筑以及工业、商业、教育等城市的各行各业、方方面面紧密相连；以历史的角度进行研究，可以摆脱许多现代概念的束缚，从政治、经济、文化等更多的层面探讨事物产生、发展、兴亡的原因，揭示更多事物的内在联系，从而更好地探究事物的本质。

二、需要厘清的概念

（一）"地产"和"房产"

国内外学界对于"地产"概念的理解存在较多差异。《牛津法律大辞典》将其称为："在封建土地法中，每个占有人在王室和某特定土地之间的保有土地在法律意念上的抽象概念……包括他保有的土地上的全部权力和利益。根据土地保有原则，数人可在同时对一块土地拥有不同的土地产权。"① 这种将"地产"作为一种受法律保护的财产权的概念得到了现代经济学界的广泛认同。

在现代经济运作的实践中，"地产常被理解为土地财产，指在法律上有明确权属关系的，并且能够给其所有者、使用者和经营者带来相应经济效益的建设用地"②。其中的地产是指作为商品形式而存在的这部分土地，是商品经济中一种特有的概念，而这里"地产"的概念是指法律认可的土地产权和资产的总称。而地产产权则是指对土地占有、使用、收益、处分的权力。地产具有永久性和固定性的特性，"由于地产不是一次性消费品，不仅不会因使用而损耗或消灭，而且可以反复使用，甚至永续利用，可随着经济增长和人类劳动的连续投入而不断发挥功能、实现自然增值，从而具备了永久性的特点。地产不会随土地产权归属的流动而改变其空间的位置。地产的交易和流动，只是土地所

---

① 《牛津法律大辞典》，北京：光明日报出版社1988年版，第309页。
② 冯彬主编：《房地产经济导论》，上海：上海财经大学出版社2009年版，第1页。

有权或使用权的转移，而不是土地实体的空间移动，这使地产具有了位置上的固定性。可以说，地产在地理位置上具有不可复制性。这是城市地价在不同区域差异显著的重要原因之一"。①

地产的分类随着土地城市化进程的推进，在近几十年有了很大的变化，本书中当以民国时期土地分类为度。1946 年《中华民国土地法》（简称《土地法》）中规定："土地依其使用分为以下各类：第一类，建筑用地，如住宅、官署、机关、学校、工厂、仓库、公园、娱乐场、会所、祠庙、教堂、城堞、军营、炮台、船埠、码头、飞机基地、坟场等属之。第二类，直接生产用地，如农地、林地、渔地、牧地、狩猎地、矿地、盐地、水源地、池塘等属之。第三类，交通水利用地，如道路、沟渠、水道、海岸、堤堰等属之。第四类，其他土地，如沙漠、雪山等属之。"②

在此种分类中，本书所涉及的城市地产当仅为第一类和第三类的部分土地。而土地产权即为"地权"，民国时期研究"地权"问题时，大多将其看作"土地所有权"，如当初孙中山提出的"平均地权"中的"地权"。但从法学角度看，世界通行的民事物权法律中的权利体系包括所有权和他物权。1946 年《土地法》中将地权专列一章，地权的内容包括了土地所有权和他物权，其中规定："土地所有权之外设定他项权利之种类，依民法之规定。"而民法典中，他物权包括用益物权和担保物权。用益物权则包括地上权、地役权和永佃权，担保物权则包括抵押权和质权。此外，还有典权。由此看来，"地权"其实是一个以所有权为中心，包括所有权和他物权的权利体系。这一体系中，所有权占绝对支配地位，他物权自成体系，也与所有权有紧密关系并相互影响，而城市房地产业形成的诸如买卖、抵押、租佃正是所有权和他物权之间相互作用的结果。

与地产相比，房产的概念在近现代则有更多的变化。现代意义上的房产指在法律上有明确权属关系的房屋商品，主要包括全部房屋建筑物。要使房产价值得以实现，须通过开发建设等社会经济活动，实现作为商品的房产价值和使用价值的交换。城市房产可分为住宅和非住宅两大类。而 1946 年《土地法》第五条则规定："本法所称土地改良物分为建筑改良物及农作改良物二种，包括附着于土地之建筑物或建筑工事，称之为建筑改良物；附着于土地之农作物以及其他植物，包括水利土壤之改良物为农作改良物。"所以在民国时期，房

---

① 严星、林增杰：《城市地产评估》，北京：中国人民大学出版社 1999 年版，第 4 页。
② 《土地法暨土地法施行法》，南京：国立政治大学地政系 1946 年印，第 1 条、第 5 条。

屋很大程度上是作为建筑改良物存在的。与对"地产"的解读相仿,"房产"也是既体现房屋本身,又体现房屋所有者的产权关系(比如所有权、使用权等)。

(二) 房地产和房地产业

房地产通常是指房产和地产的总称。"前者是体现后者价值的终极产品,后者是前者赖以生存的基础。也就是说,房地产指土地和与其相连的、在空间上紧密相依、结合为一体的地产和房产的集结体,是房、地的产权与资产的总称。"[①] 房产和地产因其被固定在一定区域范围内,不能随意移动,又被称为"不动产"。房产和地产的关系,无论在物质形态上还是在经济形态上,都是密不可分的统一体。就城市中的情况而言,地产的价值多是通过房产的交易来实现的,土地离开了地上建筑物,无论是价格还是使用价值都无法直接产生出来,而空地的交易也是建立在对预期房产的生产上的。因此,在经济生活的层面上,"房""地"难分。

现代房地产业是指国民经济中以城市房地产为目标和工作对象,专门从事与房地产相关的经营管理、综合开发建设、维修服务等业务活动的独立的产业部门。房地产业的经营范围包括了土地的开发经营,房屋的兴建、租赁、买卖、维护、综合服务等,以及以房地产为信托目标进行的多种金融类经营管理。以上述事业为业务范围的企业群体组成现代的房地产业。城市房地产是整个城市政治、经济、文化生活重要的物质基础,在现代城市经济中,房地产业的发展已经成为近现代城市发展的先导,在国民经济中占据着举足轻重的地位。

而在民国时期中国的房地产史研究中,房地产产权主要是指土地产权,对于地面上有建筑物的,称为宅地,无建筑物的称为基地。房产作为附着于土地之建筑物或工事称为建筑改良物,当土地发生产权转移时,对于地上有建筑物的,需要在契纸上分别标明地价和建筑物价,并以此作为申报纳税的依据。而政府所发的产权证也只有土地产权证明,对地面所附的房屋产权,多是没有专门凭证的。而民国时期房地产档案,指在房地产管理部门收藏保存的产权产籍档案。其中产权主要包括房地产所有权、抵押权、典权等。而产籍是指记载房地产所属关系的簿册,其内容包括了房地产权属、房屋建筑面积、用地面积、坐落、四至、结构、用途、建筑时间,以及有无设定他项权利等基本状况。房

---

① 严星、林增杰:《城市地产评估》,北京:中国人民大学出版社1999年版,第4页。

地产档案是通过对房地产进行测绘、确权、权属登记等全套过程而形成的各种档、册、卡、图、表的总称，同时也包括反映权属现状和历史情况的各种房地产权属档案、表格、卡片、账册以及地籍图纸等数据。

房地产档案从其功能意义上讲是一种凭证，它与图书、报纸等其他种类的文档不尽相同。我国民间历来对凭证的作用十分看重，古来就有"笔为中，话为空""民凭文书官凭印"的说法。在此观念的影响下，传统的房地契约上常会出现"空口无凭，立此为据"或"恐人心不古，订立此据"等字样。而在房地产管理工作方面，民国时期与房地产管理相关的测绘、登记、换证、验契等工作，都是以以前一个时期所保存下来的房地产档案凭证为根据而开展起来的。新中国成立后，新中国房地产权证书等许多相关凭证资料也在一定程度上借鉴了民国时期房地产档案数据。

三、相关学术课题研究回顾

虽然直接进行民国时期成都房地产问题研究的相关成果尚未得见，但因这一课题涉及范围较广，相关的学术研究成果极为丰盛，可分为三个方面。

（一）城市史中涉及城市房地产问题的研究

关于城市史研究的范围，梁元生教授认为西方学界的城市史研究大体上可分为三个方面："1. 工业化与城市化的联系；2. 对城市地理空间的重视；3. 移民文化及其变异问题。"[①] 中国的城市史研究自 20 世纪 80 年代广泛开展以来，已由初时的通史研究到从 90 年代开始进入以专门史研究为主的纵深发展阶段。"在各个节点呈现出新兴的趋向，在进一步突出新史料、新方法与新视野的基础上，不断跨越经济史、社会文化史、政治制度史、建筑史、历史地理等不同学科的界限，全方位地展示出 20 世纪中国城市发展的特点，真正联通起'城市化'与'中华民族复兴'的宏大主题，给予城市史研究更充足的动力和更宏远使命。"[②] 对城市房地产业的研究也日益成为学者们关注的课题。其

[①] 梁元生：《城市史研究的三条道路——以上海、香港、新加坡为例》，《史林》，2007 年 2 期，133 页。在施坚雅和伊懋可对中国城市史的研究著作中，反映出这三个主流话题。Mark Elvin and G. William Skinner eds, The Chinese City Between Two Worlds.（Stanford：Stanford University Press, 1974）Also see G. William Skinner, ed, The City in Late Imperial China.（Stanford：Stanford University Press, 1977）

[②] 雷家琼、任吉东：《三十余年中国城市史研究的总检阅——"城市发展与中华民族复兴暨首届中国城市史年会"综述》，《史林》，2013 年 5 期，188 页。

中赵津著《中国城市房地产业史论》，南开大学出版社1994年出版，为研究近代房地产业的开创性著作，该书不仅从历史的宏观角度阐述分析由租界发端的近代中国房地产业兴衰过程，还借鉴政治、经济学科的多种理论从房地产商的经营方式、金融业、地价税及政府干预手段等多个角度论述了中国城市房地产发展中的若干问题。近代沿海沿江各大城市，特别是作为近代房地产业发端的上海，近代城市房地产史方面的研究比较突出，成果较多。专著类有中国人民政治协商会议上海市委员会文史资料委员会编印，上海人民出版社出版的《旧上海的房地产经营》；上海建筑施工志编委会·编写办公室编印，上海文化出版社出版的《东方"巴黎"：近代上海建筑史话》；中国建筑工业出版社出版的曹炜所著的《开埠后的上海住宅》；全国图书馆文献缩微复制中心重制，陈炎林1933年主编的《上海地产大全》；由高尚智、陈德炎所著的《武汉房地产简史（1940—1986）》（1987年内部刊印）；由张仲礼、陈曾年所著的《沙逊集团在旧中国》，人民出版社1985年出版。另外，李宗伟著《民国房产战争》《民国房事》等作品不仅通俗易懂，还严谨地引用了许多当时的报刊资料，让人在读史的同时能够深入思考许多现实问题。对城市房地产史的研究也是博士论文研究取材的一个方向，如同济大学2003年博士论文，岑伟著《契约实践的空间运作谱系：1778—1955年上海一百二十八宗房地产交易与变更的契约档案研究》；中国人民大学2009年博士论文，唐博著《清末民国北京城市住宅房地产研究》。在其他论文资料方面，关于近代城市房地产研究的论文资料也比较丰富，如赵津老师关于近代城市房地产研究的系列文章：《中国城市房地产业史回溯》（1—3）、《从近代地价的急速攀升看中国土地的增值空间》《近代中国城市土地有偿使用的实践》《近代政府对城市土地经济运行的宏观调控》《近代中国外商房地产投融资及经营模式探析——以上海、天津为例》《不动产走向市场——论近代中国房地产商品化的历史前提》《人口变迁、社会动荡与地价的关系——近代中国城市土地价格变动因素分析》。这些文章不仅从比较系统的角度回顾了近代中国城市房地产发展历程，更从房地产经济学的角度分析了房地产发展史中遇到的种种问题，具有强烈的现实意义。另外，其他学者这方面论文研究成果也很丰富，如杜恂诚的《收入、游资与近代上海房地产价格》，田凯的《近代城市房地产市场与城市空间之变迁》和《从房地产广告看近代中国房地产市场》，陈仕中、黄英良的《近代中国房地产行业组织合法性探究及其现实思考》，张伟的《近代上海租界房地产开发略述》，吴建章的《小刀会起义与上海租界房地产业的初步形成》，史志刚、赵健的《从广告透视桂林与东南沿海开埠城市近代房地产市场发育之异同》，王均的《近代北京城市地价》，刘燕明的《民国时期房地产税收制度的变革及特点》，林成皓的《旧上海的房地产业》，邓庆尧、徐力、邓庆坦的《房地产业与20世纪二三十年代中国建筑的发展特点》，吴宏岐、胡乐伟的《近代广州侨资房地产业与城市空间结构的变迁》《近代江门的侨资房地产业及其对城市建筑景观的影响》，胡乐伟的《近代汕头的侨资房地产业及其对城市发展的影响》《近代梅州侨资房地产业与三级商业体系的形成》，王中茂、卫铁林的《外商经营房地产活动与上海城市的近代化》，王振的《民国时期北平的房荒及住房保障》，张群的《民国住宅保障的启示》《民国时期上海市政府的房荒救济》《民国时期房租管制立法考略——从住宅权的角度》等。

另一项需要重点谈论的研究成果，是在1932年中国地政研究所成立之初，由院长萧铮主持，组织中央政治学校地政学院学员对当时全国各省市县乃至乡村之土地问题进行了非常详尽的调查。（地政学院）"招考大学毕业生之有志于研究土地问题者入院研究，于第一年基本学科研究完毕后，即派之往全国各重要地区为实习调查三个月，返院时须呈缴调查补习报告，由各教授分予审阅，并命其以所获得之实际资料为研究论文。又一年始得率业，分发各省工作。先后九年，出发调查之学员凡168人，成论文166篇，论文中关于……租佃制度及房租问题者19篇……地价、地税者20篇……涉足所及者凡19省，180余县市。"[①] 这些调查报告及调研论文为1932—1941年间，中央政治学校地政学院所作之各省县市关于土地论文之调查报告，是研究中国20世纪早期社会政治、经济制度之重要原始研究调查资料。资料在披露社会真实情况之外，还论述地方政府关于土地管理之组织机构、城市乡村生活及农业统计等问题，信息量丰富且论述精湛。这些资料提交中国地政学院保存下来，成为研究民国时期城市房地产史以及城市发展的重要参考数据。1977年，这套民国时期中国地政研究中重要的参考数据集——《中国地政研究所丛刊·民国二十年代中国大陆土地问题资料》由台北成文出版社和美国中文数据中心联合影印出版。

（二）民国时期城市史研究中与房地产相关的其他研究

在民国时期城市史研究中，与房地产相关的研究方向有民国时期中国城市史其他相关研究、民国时期土地管理制度及土地关系的研究、民国时期契证研究等三个方面。

---

① 萧铮：《民国二十年代中国大陆土地问题资料·总序》，台北：成文出版社和美国中文数据中心1977年联合影印，第2页。

绪 论

1. 民国时期中国城市史相关的其他研究

民国时期城市史研究中除了关于城市房地产业方面的研究外,还有很多研究者对其相关的课题进行了很多有意义的研究,对本书的写作有很大的借鉴作用。如隗瀛涛主编的《中国近代不同类型城市研究》,以独创的现代视角对近代中国不同类型城市进行划分,进而分别探索其城市化进程中的开发经过、发展动力、相互关系以及兴衰成败历程等。在何一民所著《近代中国衰落城市研究》中,主要分析制约城市发展的各项因素,并最终归纳出由于政治变动、经济发展、军事影响以及地理交通等地缘因素等原因造成了近代城市的衰落。美国人施坚雅所著《中华帝国晚期的城市》,以论文集的形式试图提供观察"城市"的多重视角,以此发掘城市研究中的多种可能性,丰富了近代城市研究的体系结构。另外,近代城市的单体城市研究,则应以四部近代城市史学研究中的重量级著作为代表:《近代天津城市史》《近代上海城市研究》《近代武汉城市史》和《近代重庆城市史》。"它们是建国以来以新的方法和理论来研究中国近代城市史的学术专著,其宏大的篇幅和具有开创精神的立意,是能够代表我国近代单体城市研究水平的权威性著作。"[①] 更有张仲礼、熊月之、沈祖炜主编的《长江沿江城市与中国近代化》,张仲礼著的《近代上海城市研究(1840—1949)》,戴逸、张世明著的《中国西部开发与近代化》,王笛著的《跨出封闭的世界——长江上游区域社会研究》,梅朋、傅立德著的《上海法租界史》,徐雪筠等译编的《上海近代社会经济发展概况(1882—1931)》等优秀城市史研究著作。近年来,受西方微观史、新文化史学以及社会史研究兴盛的影响,城市专题研究特别是与社会文化相关"小"题目历史备受研究者青睐。留美学者王笛所著的两本微观史作品《茶馆:成都的公共生活和微观世界,(1900—1950)》和《街头文化:成都公共空间、下层民众与地方政治,(1870—1930)》,因充分地借鉴了西方学者的理论和方法并付诸实践,而具有重要的方法论意义,广受学界称赞。

20世纪80年代以来,更有一些学者对民国时期的城市史展开更为广泛详尽的研究考察,探讨有关民国时期中国城市的经济、政治、社会,以及物质和文化转型的诸多课题。如谢璇著的《1937—1949年重庆城市建设与规划研究》,忻平著的《全息史观与近代城市社会生活》,吴薇著的《近代武昌城市发展与空间形态研究》,史明正著的《走向近代化的北京城:城市建设与社会变革》,沈毅著的《近代大连城市经济研究》,王鹤、昌海平著的《近代沈阳城市

---

① 何一民:《中国近代城市史研究评述》,《中华文化论坛》,2000年第1期,第62页。

形态研究》，曲晓范著的《近代东北城市的历史变迁》，张利民著的《华北城市经济近代化研究》，欧阳桦著的《重庆的近代城市建筑》，于海漪著的《南通近代城市规划建设》等。在外国学者的研究中亦有许多聚焦近代中国城市社会经济及文化课题，例如秦迈克（Michael）的研究聚焦于广州市政府，魏斐德（Frederic）分析了上海警察，美国学者司昆仑（Stapleton）调查了成都的城市规划及管理，史明正（Shi Mingzheng）剖析了民国北京城市基础设施改造，罗芙芸（Ruth）研究了天津公共卫生局，以及其他关于城市建设和城市公用事业发展的课题。这些著作多以特定城市的某一方面为探讨焦点，从以点带面的论述中阐述中国近代城市基础设施与新制度的发展，对各种城市改革项目的评价亦趋于多样化。

2. 民国时期土地制度和土地管理方面的研究

本书写作亦涉及民国时期土地制度和土地管理方面，作为传统的重点研究方向，国内在这方面的研究成果可谓汗牛充栋，主要可分为政治体制、法制和思想史三方面。政治类主要有金德群主编的《中国国民党土地政策研究（1905—1949）》，不仅全面探讨了国民党统治时期的土地政策，更重点研究了孙中山的平均地权纲领、国民革命时期的土地纲领、十年内战时的土地法规、抗日战争时期的土地政策、抗战胜利后的土地改革方案等，是研究民国时期国民党土地政策和土地法规的一本力作。成汉昌著《中国土地制度与土地改革：20世纪前半期》，该书分三编从土地的基本制度、国民党的土地理论与土地政策及实践、中国共产党的土地理论与实践问题三方面研究中国近代的土地制度和土地改革问题。马学强著《从传统到民国时期——江南城镇土地产权制度研究》是研究明代至民国时期江南城镇土地产权制度变迁的专著，在大量运用契约文书及档案数据的基础上，对土地产权的起源、演变等过程做了详细分析和深入研究。张佩国先生在近代土地问题方面影响较大的两部著作：《近代江南乡村地权的历史人类学研究》和《地权分配·农家经济·村落小区——1900—1945年的山东农村》，突破了国内学者常用的制度史或经济史的研究方法，采用"总体的历史"的方法，多学科多向度地进行了中国近代土地问题相关研究。

另外，思想史界也对土地问题有所关注，其中很值一提的是钟祥财教授所著《中国土地思想史》。该书通览了中国古今历代学人及政治家的著作，将历代有所建树的土地思想家的思想分别进行了总结、分析、比较、评价。该著作可谓场面宏大、史料丰富、理论深邃、评论中肯，其中关于近代土地思想家的论述和分析对本书有很大启发。贾彩彦著的《近代上海城市土地管理思想》以上海华界土地管理思想的演变为主线，采用传统和近代以及中西比较的方法，主要对上海城市土地管理的政策思想进行了分析。除了上述研究土地问题的历史学专著外，专题论文方面有左用章著的《评国民党政府1930年颁布的〈土地法〉》，郑庆平、李静、段本洛、陈廷煊等对民国时期土地租佃关系问题的论述，史建云对华北土地交易问题的研究，叶美兰、王方中对地价问题的研究，向达之、乌廷玉等人对局部地区的租佃与田赋问题的探讨等。在法律制度方面，有赵晓耕、何莉萍著的《试述民国初年的土地政策与立法》，何莉萍撰写的《南京国民政府土地政策和土地立法之评析》等。

3. 民国时期房契地契方面的研究

这方面的研究主要有曹伊清著的《法制现代化视野中的清末房地产契证制度——以南京地区房地产契证为范本的分析》。该书以清末南京地区官契、票证、执照等房地产契证作为分析模板，从法制现代化研究的视角，通过与其他地区或城市房地产契证的对比，分析研究清末房地产契证制度的变化与城市商品经济发展的具体关系，以此探究城市近代化及法律现代化的关系。张小林所著的《清代北京城区房契研究》，从明清之际京城房契的变化看保甲制变迁，包括清代北京城房契官文书、旗人房契、旗房制度、铺面房房契以及房契中的"银主"等多方面内容。另外还有罗志欢著的《清代广东土地契约文书汇编》，汪柏树著的《徽州土地买卖文契研究——以民国为中心》。论文方面有张晓霞的《清代和民国房契档案及其开发利用途径》，石玉华的《从"老房契"文化探究民间房地产交易》，谢全发的《中国近代扬州民间契约传统与变——以房契为例》，陈增辉的《从地契看中国近代封建土地制度及民俗——以〈故纸拾遗〉中的文献为例》，王纯和秦双星的《近代自贡地方契约——从自贡西秦会馆地契档案说起》，以及李葆华的《历史的见证——读两张老房契档案》。

（三）民国时期成都发展史及与城市房地管理相关的研究

何一民的专著《变革与发展：中国内陆城市成都现代化研究》，以成都由传统农业城市向现代化工业城市的转型为主线，"以一种全面、客观、科学的眼光和方法解释中国城市发展，不仅为城市现代化研究开辟了新的视角，也为单体城市研究和不同类型城市研究提供了一个良好的借鉴"[①]。2011年成都通史编纂委员会编写了《成都通史》，全书分为古蜀时期、秦汉三国（蜀汉）时

---

① 隗瀛涛：《城市发展史研究的新视野——评〈变革与发展：中国内陆城市成都现代化的轨迹〉》，《中华文化论坛》，2002年2期，第135页。

期、两晋南北朝隋唐时期、五代两宋时期、元明时期、清时期、民国时期共七卷。《成都通史》的内容涵盖成都经济、政治、文化和社会等各方面演变、发展的历史进程，着重勾画以成都城市文明为核心的城市基本发展轨迹。另外还有傅崇矩所著的《成都通览》，张学君、张莉红合著的《成都城市史》，冯至诚著的《市民记忆中的老成都》，郑光路著的《成都旧事》，成都市群众艺术馆编的《成都掌故》，曾智中、尤德彦著的《文化人视野中的老成都》，流沙河所著的老城市系列《老成都·芙蓉秋梦》，路得·那爱德、王玉龙合著的《消失的天府》等作品，从不同角度探讨了民国时期成都城市相关问题。

曾敏主编的《中国－四川－成都土地制度沿革》，介绍了中国以及中国的四川和成都在各个历史时期土地制度产生的背景、内容及历史意义，各个历史年代土地制度变迁的历史沿革，等等。由成都市国土资源局组织编写的《成都土地契证》一书，内容涉及清末以来成都民间和官方签订的各种土地流转契约和政府颁发的各种不动产权利证书，将历年土地契约与证书加以科学分类和编排，主要以实物图片形式来表现，实用性和资料性强。另外，由谭继和先生主持，成都市房产信息档案馆和成都房地契证研究项目组共同编写的《成都房地契证文化的经典记忆》一书，以翔实的契证档案为依托，论述清代以来成都房地产契的历史发展及管理变迁，又分别从公馆系列契证、教堂系列契证、商业场、宽窄巷子、贡园书库、马王庙街等老街契证，多方面讲述成都近代以来的文化变迁。

论文方面，首先是杜泽江关于成都城市建设和房地产问题的系列研究文章：《成都首次扩市建设纪实（上）》《成都的房地产"串串儿"》《成都市第一次土地登记》《成都涉外用地管理》《民国时期四川土地清丈纪实》《民国时期四川地政人才培训记》《民国时期成都首次地价评定纪实》《川政统一，成都市政省府绘图——民国时期成都首次扩市建设纪实（一）》《避战川内房源紧，华西坝上建设忙——民国时期成都首次扩市建设纪实（二）》《强征民地激民愤，新村建设梦破灭——民国时期成都首次扩市建设纪实（三）》《甘绥庐购地谋发财，筹委会失误陷被动——民国时期成都首次扩市建设纪实（四）》《骑虎难下省府丢"包袱"，收拾难摊市府接"碳圆"——民国时期成都首次扩市建设纪实（五）》《成都市区首次区划调整经过》等，张莉红的《民国时期成都城市的兴衰》，张彦的《清代、民国时期成都房产契证述略——以成都市房产信息档案馆馆藏契证为主》，以成都市房管局档案馆馆藏清代、民国成都房契为基础，从清代、民国时期房产管理机构、房契制度、成都社会经济变迁、成都城市形态风貌等方面阐述房契档案的学术研究价值。应该指出的是，2002年本学院范瑛学姐所作硕士论文《近代中国城市空间结构的历史演变——以成都为例》、2009年四川师范大学甄京博同学所作硕士论文《土地管理与都市社会——以成都为中心的考察（1936—1949）》，以及2015年四川师范大学黄心同学所作硕士论文《民国时期成都房地管理及纠纷研究》，分别从不同的角度及不同的方面部分探讨了成都民国时期房地产发展相关的问题，为本书的研究提供了借鉴。

近代成都城市研究也吸引了外国研究者的兴趣。美国学者司昆仑所著的《文明进程中的成都：中国的城市改革1895—1937年》（*Civilizing Chengdu：Chinese Urban Reform*，1895 – 1937，Harvard University Press，2000），以清末新政和近代都市改革为主要内容，研究近代市政概念和管理如何在成都形成。作者认为"始于1901年的成都市政改革是地方上对清政府提倡的新政运动的一个积极响应，也得到民间的积极支持，其目的是使市政'文明'化。尽管辛亥革命打断了清末新政，但二十年代成都的市政改革事实上是重整旗鼓，试图完成新政时期的未竟事业"[①]。另一位学者王笛则细致地从微观角度调查了近代成都街道的变迁。着重探究了城市平民和公共空间的关系、小区与邻里在公共生活中扮演的角色、城市改造运动和辛亥革命如何改变了日常生活，以及大众文化和地方政治如何相互作用等问题。王笛认为"20世纪初成都的公共空间的生活被彻底改变，由此导致了城市公共空间的重建，民众公共角色的再创造，以及普通市民、地方精英、政府之间关系的再定义"[②]，之后对茶馆的研究是王笛关于新文化史和微观史的进一步探索。如同"茶馆是个小成都，成都是个大茶馆"所描绘的，茶馆生活是这座城市及其居民生活方式的一个真实写照。"该书试图再现成都的公共生活方式和文化形象，勾画在公共生活的最基层单位上日常文化的完整画面。通过挖掘在成都茶馆中所发生的形形色色的大小事件，建构茶馆和公共生活的历史叙事和微观考察，以期将读者带入城市的内部，提供一个在'显微镜'下观察城市社会的机会。"[③]

---

① Kristin Stapleton. *Civilizing Chengdu：Chinese Urban Reform*，1895 – 1937. Cambridge, Mass.：Harvard University Press，2000.

② Wang Di. *Street Culture in Chengdu：Public Space，Urban Commoners，and Local Politics*，1870—1930. Stanford, Calif.：Stanford University Press，2003.

③ Wang Di. *The Teahouse：Small Business，Everyday Culture，and Public Politics in Chengdu*，1900—1950. Stanford University Press，

第一章　民国时期成都房地产管理概况

第一节　成都古代房地产管理述略

按照经济发展的一般规律，房地产作为商品经济发展的产物，它的产生和发展一直以来就与城市的出现和城市经济的兴起有着密切的联系。

房屋成为商品用于交换，在封建社会中也经历了一定的发展过程。商品房屋的产生是随着传统社会生产力水平的提高，社会分工发展到一定程度以后，由于城市工商业进步，商品交换范围不断扩大，人们对住房的需求也随之增加而逐步产生的。中国的封建社会以自给自足的自然经济为主，商品经济的发展情况具有较大的地区差异，总体上是城市优于农村。以房地产发展情况来说，当时城市中的住房与生产营业用房不分，房屋主要用于满足自身居住、生产、经营的需要，与房产相关的经济活动仅仅停留在出售城市宅基地和房屋的租赁业务等方面。随着古代城市的发展和城市商品经济的繁盛，与城市土地和房屋经营相关的经济活动也会随之增多，规模逐渐扩大，甚至可能出现房屋的成批建筑和出租。这种为了交换而建造的房屋，便成了商品。这一时期商品房屋经营只是作为城市商人和手工业者正常经营活动之外的一笔投机生意，还没有出现专门从事房屋生产和住宅经营活动的劳动者。其经营活动投资少、规模小、偶然性强，与近代的房地产经济是截然不同的。只有当商品房屋的生产和经营以营利为目的，出现专门从事房屋生产和住宅经营的商人及劳动者，出现城市土地和房屋经营活动，才标志着现代意义上房地产产业的产生。而随之产生的房地产管理，即对城市中与房地产相关的工程、事务及活动的管理，以及因此而产生的法规政令及设立的机构也是在民国时期房地产业兴起后才出现的。

成都，作为一座有三千年历史的古老都市，历来是四川地区乃至西南政治经济文化的中心地区之一，商业发达，人文荟萃。在长期的历史演进和城市建设过程中，清代成都城区形成了大城、满城、皇城三城"城中城""城套城"

的城市格局。在城市周围更有广大丰腴的城市郊区和乡村,作为传统城市,有手工制造业和商业繁盛发展的腹地支持。在政治上清末的成都实行城乡合治,除满城外,成都大城实行"一城二县",在行政上也分属于成都县和华阳县管理。"城外以西、北两方为成都县境,幅员较窄,纵横不及40里,然皆沃土;成都县在华阳县界西,三十里交郫县,南交华阳县,北交新都界,东南、东北皆与华阳分界,西北交新繁界,西南交温江界。"成都城外东、南两方属华阳县境,幅员较成都县几乎大一倍,地尽膏腴。"华阳县东四十里交简州、双流二界,南八十五里交彭山界,东南七十里又交仁寿界,西南二十里又交双流界,东北一百里又交简州界。"①

近代以前的成都,虽然历史悠久且长期作为四川地区政治统治和行政管理的中心,但旧时的中国实行城乡合治,城镇和乡村都统属于一个单独的行政管理系统,城市没有自治地位,没有专门的市政管理体系。行使城市行政职能的知县衙署,即成都县署和华阳县署,其职责为"平赋役、听治讼,兴教化、厉风俗。凡养民、礼神、贡士、读法、皆躬亲厥职而勤理之"②。县衙的主要任务是征收田赋税务,维持统治秩序和社会治安,包括维修城垣及主要交通要道,兴修衙署及贵族官僚的府第,修建进行封建祭祀及与教化相关的贡院、文庙等建筑。"地方事业,向由两县县令直辖,凡公安卫生及修渠筑道一切工程,则多由市民自行举办,政府从未干涉。"③ 所以为普通百姓兴建住宅和商业区,进行公共事业建设及管理等这些近代政府的基本职能,在传统中国基层政府的体系中是不可能出现的。

因为缺乏有效管理,城市处于一种自然发展的状况之下,而与房地产相关的各种事务,如土地交易、房屋建设、房屋交易,包括房屋的买卖、典押、租佃等皆由民间自由进行,与此相关而产生的管理事务则由当地官府负责处理,其内容主要包括以下几方面。

一、征收捐税

捐税是封建社会政府统治的基础,征收捐税是地方官府"代天巡牧"的主要职责。虽然封建社会以农村经济为统治的基础,但对于城市中的房地产管理也要征收相应捐税,这类捐税在各朝代的名目大同小异。到清代,城市房地产

---

① 〔清〕李玉宣等修:《重修成都县志》,卷二,清同治十二年(1873年)刻本,第181页。
② 《清朝通典》,卷34,《职官典》,《州县》。
③ 杨吉甫、刘燕谋等编:《成都市市政年鉴》(第一期),1928年版,第12页。

管理中与赋税相关的捐税主要即是契税和房捐两种，如涉及城市周边农村之耕地的，则以征收田赋为主。契税是所有权发生转移后，以目标物的不动产为征收对象，向产权承受人征收的一种财产税。有清一代四川契税历为定额解缴，清初全省征契税银为21380两，至嘉庆十六年（1811年）加征64780两，光绪二十年（1894年）又"酌征"10万两，1901年又新加征30万两，共48万两。① 全省规定的解缴税额，按县地的贫富分摊，各县按分摊税额上缴，余额则地方官用以"养廉"。由此却弊端丛生，如成都的华阳县"每契价一两，征银不过三分。倘值交替，即县官卸任之年，则减至一二分"。以此招徕未投税者踊跃投税，当年可收银一万余两，依例县官在解缴布政司的契税额后，其盈余全归知县所有。民间称降率收契税的办法为"放炮"，所缴之税为"炮税"。所以当时民间在买卖田房后多暂隐不投契税以待"放炮"，以减少税金，由此造成大量税金流失。清代的契税包征包解的征税方式已经到了弊大于利的地步，不但不能达到官员"养廉"的目的，反而造出更多更贪的官吏。光绪三十四年（1908年），四川总督赵尔巽为堵流失、清吏治，将契税提归国有，各县设经征分局，四川省在成都设经征总局，以征收契税。当时税率一律按契价银征收6%以上，即契税一两征银5分8厘8毫，尽征尽解，严禁"放炮"。1911年，成都征收总局规定卖契按9%、典契按6%征收。改制以后归公的契税额大增。此前全省仅报解40余万两，归公后，经征局当年征收契税银270余万两，第二年300余万两，第三年280余万两，改章以后契税"遂逾三倍有余"。②

二、契证地籍管理

传统房地产交易，一般是通过中介人，即传统的房牙、捐客介绍，双方协商一致后订立契约，成交先交纳一定数额的定金，在所订契约上写明与交易相关的各项内容，一般包括：买卖双方姓名、房地产所在地址、房屋结构、四至、面积等内容，邀请乡族中长者、保甲、四邻及中证人等参加，交易双方在契约上签字，众人签章作保。在这以后交易双方要设宴请客，向参与公证之人众送红封以示酬谢。待双方交清房款后，立扫盘契，上报所属地方政府办理"公告"或"宣告"。经"公告"后若无异议，双方应会同四邻清界，再次邀请

---

① 四川省国土资源局编：《四川国土志》，成都：成都地图出版社2003年版，第124页。
② 成都市地方志编纂委员会编纂：《成都市志·房地产志》，成都：成都出版社1993年版，第23页。

族中长者、保甲、近邻、中证等人参宴并告知，交易双方正式签订"杜卖"或"摘卖"文契。此后，买方凭契约到地方官府主管税收的机关上税、加盖官印并张贴印花，凭此"红契"管业。这种房地产交易形式虽仪式繁琐，但体现了传统封建宗法社会习俗对房地产管理的影响，其由来已久，在民间相沿成习，影响深远。

在传统房地产交易中，双方订立买卖或典当房地产契据时，未经官府验证，不具备法律效力，叫作"白契"，也叫"草契"。房地产买卖双方当事人经过向官府呈报、备案、纳税后，官方在"白契"上加盖官印，加有大红印章，故称"红契"。

清代房地契约是在明代房契的基础上发展而来的，传统契证制度在清代逐渐发展完善，形成于清嘉庆年间的《写契投税章程》，历代以来通过房屋契证对房地产交易进行管理，是政府进行房地产管理的主要手段之一。成都府属各县在光绪十年（1884年）前后开始自印契式，以某县契式为名称，自行统一编以某地县宗第某号等，并注明"别州县不许借用"等字样。凡买卖田地者须到县田房申请，照格式书写契文，内容与民契无大异，是为官契。1908年，四川总督府宣布废除了沿用多年的契尾及之前各县自印的"小官契"，改用藩署统一制发的"正契格"，规定民间买卖田地，一律以正契格书写契约，每申购正契格一张，缴工本银二两，一两归藩司，一两归总督署。后四川布政司及经征局规定凡卖款十千钱以下者，免用正契格，只领执据一纸粘于自书契约之后，经盖官印后作管业凭证。执据名为"小契"，每千钱交小契工本费五十文。

另外，清代的地方房地管理又通过县署对地方的产权产籍进行管理，以便征田赋。对地籍的管理编为保、区、图、圩、号五级，号内分户，并以图为单位编制鱼鳞册。在编定地籍的基础上，确认每一地块的所有权人，核发产权凭证。旧式的田地产凭证为田单，单上注明某保、某区、某图、某字圩、某号、亩数、原粮、客户姓名等信息。

至清末，由于地方上地籍资料残缺，认定权属的历史依据已名不符实，造成了赋税征收困难和房地产纠纷理断不清等各种社会问题。

三、民间基层管理——房牙

房地乃万民之所产，万民之所依，房地产交易很大程度上是一种民间产权被国家法律制度认可的行为。除了中央和基层官府的直接管理之外，清代城市房地产交易管理中，民间机构与势力也占据了相当的份额。以房牙、中人、亲邻、宗族、会馆、行会等组成的中介与民间机构，在日常的房地产交易管理中起到了相当的作用，保证了清代城市房地产交易的有序进行。

房牙是牙行中的一种，是牙行在房地产管理具体事务中的派生。牙行又称牙行经纪，是中国封建社会经济发展到一定阶段的产物。牙行的最初职责，是提供市场指导价和评议物价，即所谓"同度量而评物价，急迁有无，民用故赖"。后来，牙行还代替官府征收营业税或契税，并从中抽取一部分佣金。牙行一般都具有半官方身份，由官府"例给官帖"，方准营业，因此又称"官牙"。牙行是世袭的，"祖父相传，认为世业；有业无业，概行充当"。牙甲在房地产交易中，都起协助官府监督管理的作用，他们的职责不同，作用也不相同。清初房契官文书中，往往还牙甲并提。如官稿示文中所谓"住房人户隐匿不报，中牙不税者，查出牙甲一体坐罪"。"成交房屋土地俱要按时报县。逾期投税者，牙甲听此。"契尾中也有"严令各属责成甲里牙行凡遇置房产田地等项，须印给契尾与受业人"① 等。保甲是基层行政机构，职责侧重于行政管理；房牙作为房屋交易中介人，职责偏重于经济方面。房牙称官房牙或房行经纪，在民间俗称地保。清代房牙在城市房地管理中的主要职责是办理日常的房地买卖、典押事务，依照朝廷规定处分本图土地之权，包括对房屋和土地的丈量、核准、绘制地块图等。

顺治时期，人们买卖房地，交办手续和立契，都要请房牙、保甲等签字画押。官府规定，牙行每五年编审的自由度虽较前有所扩大，私人对房屋拥有自主权，但是，这种自主权仍然不是西方"近世"那种完全、自由的财产所有权。房屋买卖仍然不能完全地受价值规律支配，国家和宗族仍然公开或隐蔽地制约着房地产交易，体现了中国传统封建房地产交易管理的特点。

咸丰九年（1859年），清政府颁布了《写契投税章程》，共17项条款，其中8条专对房牙而设。这些条款涉及房牙职责、奖罚办法等，内容周到细致。除了职责之外，《写契投税章程》还规定了房牙的提成。"布政司颁发的契纸每张由雍正时期的五文增至一百文，二十文房牙提成。房牙、中人、代笔等费，准按百分之五提成。"② 咸丰《写契投税章程》集清历代房牙管理之大成，显示出清政府对房牙管理的重视，也体现了房牙在房地产交易管理中的重要性。

到了清朝末年，房牙对于房地产管理的作用更加突出。民间订立契约，须得请房牙签字画押，而这一时期的官文书，更有大段内容是针对房牙的。宣统

---

① 〔清咸丰〕，《写契投税章程》，转引自张小林：《清代北京城区房契研究》，中国社会科学出版社2000年版，第360页。

② 〔清咸丰〕，《写契投税章程》，转引自张小林：《清代北京城区房契研究》，中国社会科学出版社2000年版，第361~362页。

年间颁布《买卖房产正契》附《买契投税章程》共 22 条,有 7 条涉及房牙,把咸丰年的《写契投税章程》更加法律化和细致化。

房牙制度的建立,是清代对传统牙行制度的继承与发展,将牙行与房地产交易管理很好地结合起来,通过房牙这一半官方的民间组织,有力地控制了清代城市房地产交易市场。随着清代社会经济的发展,房牙在城市房地产交易中的作用日益重要。房牙已经作为清代城市房地交易管理体系中不可缺少的部分,担负了房地产管理的重要职责。从顺治到宣统,清政府对房牙制度也做了不同程度的调整,完善了房牙管理体系,强化了对民间房地产交易的管理。

四、民间宗法社会对传统房地产管理的介入——亲邻和宗族

在中国古代社会,封建宗法关系是维系各种社会关系的核心。就私人财产而言,封建国家对私人财产拥有象征性的权力,即所谓的"溥天之下,莫非王土;率土之滨,莫非王臣"。另外,在传统中国封建社会,以地缘和血缘结合的乡族共同体在民间的影响力十分深广,其对私人房屋土地也能进行一定程度的限制和支配。亲邻和宗族在民间管理上起到了一定作用,能较好地协助和弥补房牙的部分职能。

明清时期政府对亲邻在契文上的签字已经不做硬性规定,出卖房地产已经可以不再"问取亲邻"。但是清代许多房契文约中仍有"自卖之后,如有亲族人等竞争者,有卖主一面承管"等字样,立契亦有"左邻""右邻"签名画押。[①] 以左右亲邻在契约文书上签字画押,表示他们确认契文的效力,并为以后如发生房地纠纷时承担证明的义务。

下为光绪二年(1876 年)成都人文裕顺杜卖华邑南门内上池街独院房契的契尾:[②]

立杜卖瓦房基址契约人文裕顺仝子绍雍、绍康、绍福、绍璧情因需银使用,愿将先年自置华邑南门内上池街坐北向南瓦独院壹座、叁间土墙、大门道壹道。前与清醮会地基为界,亦与徐姓墙脚为界,又与冯姓墙脚为界,后与黄姓滴水为界,左与李姓巷心为界,右与杜姓竹壁为界,各界分明毫无紊杂,周围竹墙树木砖石一并在内门台扇格均各俱全。先尽邻族无人承买,自请中证说

---

① 张小林:《清代顺治朝北京城区房契研究》,《中国史研究》,1999 年 1 期,第 137 页。
② 成都市房管局房产信息档案馆馆藏历史房产契证:《光绪二年文裕顺杜卖华邑南门内上池街独院房契的契尾》。

合,甘愿出卖与李廷桢名下出银承买管业,比日凭中证置实价纹银壹百三拾两整,九九足色兑当日眼同中证银契两交,卖主一手收清并无下欠分厘,亦无债务。至于出卖之后任随买主修造赔补托高填低招佃自住,听其自便,卖主族邻不得异言。倘有别情一力承当,不与买主相涉。比系两家甘愿,并无套哄逼勒等情,恐口无凭,特立杜卖基址文契一纸,交与买主永远存据。

清醮首事:刘合顺、高怡亭;保正:张敬发、宋天意;甲长:黎三义、陈金盛、易永昌;邻:黄洪兴、李道全;街:谭福玉、刘洪顺;中证人:冯正兴、徐洪顺、饶兴顺;街约:贺洪兴代笔。

光绪二年十二月初六日立杜卖基址契约人文裕顺+子绍康、绍璧、绍雍、绍福。

在中国传统社会,同族人比邻而居的情况非常常见,所以很大程度上,邻里居住的多是在不同程度上有血缘关系的亲族。此份卖房文契中,亦先确定"先尽邻族无人承买,再由中证说合",后又强调出卖之后"任随买主修造赔补托高填低招佃自住,听其自便,卖主族邻不得异言",都表明了由于传统的宗法观念,亲族邻里在购房过程中仍有一定的权力。立契时由左邻右舍签字画押,并有清醮首事、保甲长、街坊、中证人等作证。体现出清代房屋买卖的自由度虽较以前有所扩大,私人对房屋拥有较大的自主权,但是,这种自主权仍然不是西方"近世"那种完全、自由的财产所有权。房屋买卖仍然不能完全地受价值规律支配,国家和宗族仍然公开或隐蔽地制约着房地产交易,体现了中国传统封建房地产交易管理的特点。

总而言之,由于城市发展程度的局限,民国时期之前的成都城市房地产交易虽有了一定的规模,但并没有形成以城市土地房屋为商品的生产交易行业及市场,近代意义上的城市房地产业并没有形成。只有在近代化的成都城市形成的过程中,政府对城市土地的开发及管理才开始由以前的仅以征赋税为目的的简单管理,逐步发展到比较专业系统的城市土地及房地产开发及管理。

第二节 城市的生长——民国时期成都房地产管理范围的调整

近代意义上的城市行政建制创始于欧洲,它是封建主义没落和资本主义逐渐兴起的产物,与近代工商业新兴生产力的发展休戚相关。这一过程在欧洲历史上经历了数百年,但在近代的中国,在列强入侵和亡国灭种危机之下,这一过程被大大地缩短了。到 20 世纪初，在开埠城市和一些像成都一样的内地城市，随着工商业的迅速发展，旧的行政建制已经不能适应经济社会的发展需要，城市中出现了越来越多的新事物、新问题，急需相较于以前有所不同的"特殊管理"。而随着封建帝制的崩溃瓦解，西方资本主义国家的民主宪政和地方行政制度被主动或被动地引入中国近代的"救国良方"中，这些都推动了中国近代意义上市建制的产生。

1908 年，清政府颁布《城镇乡地方自治章程》，作为清末新政中预备立宪和地方自治的重要法律，它第一次以法律的形式将城镇与乡村在行政区域方面区别开。辛亥革命后，1918 年广州的中华民国军政府率先在广州引入了西方的市建制，设市政公所，1920 年又改组为市政厅。1921 年北京中央政府颁布了《市自治制》和《市自治制施行细则》，从法律上正式确立了"市"作为区域性自治团体的地位和作用，此后中国许多城市相继开始建立市制。成都作为这批城市中的一员，"1921 年四川省会警察厅与成华议事会联合呈报四川各军联合办事处，拟请筹办成都市政，经批准立案设立了成都市政筹备处。1922 年 3 月，成都市政公所正式成立，刘成勋为其第一任督办"[①]。从此成都开始兴办城市自治，从而使传统的"城乡合治"转变为"城乡分治"，此为成都市建制的开始。

作为城市建设的一个主要方面，民国时期城市房地产管理的范围，从广义上说即是包括城市范围内的所有地产和土地改良物，所以从城市发展的角度来说，城市范围的变化是城市房地产管理范围的一个重要外沿，它同时也是城市生长发展的重要方面。

一、成都市县区划之经过

在成都建市的过程中，一个最主要的问题就是城市边界的划定，这也是成都民国时期房地产管理工作开展的一个重要的基础性工作。成都城市的划界问题自成都建市伊始，几乎贯穿了之后整个民国时期。无论是市政公所还是之后的成都市政府都将其作为城市房地产管理的重要内容。

民国时期成都城区疆界的划分，是从清代大城的基础上开始的。康熙年间，清政府重建了已被焚毁的成都城垣，其范围略广于唐宋罗城，是为清城。城垣高三丈、厚一丈八尺、周长二十二里三分，垛口五千五百三十八处，南北

---

① 何一民：《变革与发展：中国内陆城市成都现代化研究》，成都：四川大学出版社 2002 年版，第 334~335 页。

相距七里七分，东西相距九里三分。康熙五十年（1711年）、雍正五年（1727年）、乾隆四十八年（1783年）分别进行了增补修葺，重修后的大城"周围四千一百二十二丈六尺，计二十二里八分……八角楼四，炮楼四，四门城楼顶高五丈。东博济、南浣溪、西江源、北涵泽"①。清代的大城是一个综合性的人口聚居区，集政治、军事、文化、经济、生产、消费、居住、流通等各项功能为一体。大城以环绕成都城区的两条河（府河、南河）的自然走势为依据，形成西南东北走向的城市道路格局，其道路经纬规划明显，呈整齐的棋盘式布局。据《芙蓉话旧录》记载，当时的成都城市行政上分属成都县和华阳县管辖，形成一城两县治的独特统治格局。"其界线由南较场，经包家巷、君平街、三桥南街、西丁字街、青石桥，再北上经南、中、北暑袜街，迄北门喇嘛寺为止，东南属华阳，西北属成都。就城内面积论，成都居三分之二弱，华阳居三分之一强；就市场论，则繁庶街道，悉在东南，西北则多简寂。清季调查户口，全城及四门外附郭人家，正号共六万户有奇，连附号九万余户，人口共三十万之谱，然因广狭繁简之调剂，两县城市户口数，大致相等。"②晚清时期，两县城区内共有街道488条，小巷133条。至此，清代成都城市形成了以皇城为中心，大城包少城，城套城的重城格局。正如当时流行的"竹枝辞"中所描述："本是'芙蓉城'一座，'蓉城'之内清分明，'满城'又共'皇城'在，三座'城'套一座城。"③

自成都建市伊始，市区边界划定问题就一直是成都市政府的一项重要工作。关于成都建市及边界划定扩展的情况，在当时的档案文献中即有详细而确实的记载："民国13年（1924年），当局鉴于成都人口超过三十万，与市组织法之规定符合，将设置成都市市政公所。民国17年（1928年），将市政公所扩大为市政府，遂照规定分设各局，以资发展本市社会、交通、工商、教育等事业。所管辖范围照警区所辖区域，以处东北不及三里，西南不及二里。"④

民国20年（1931年），当时的成都市市长黄隐，以市区面积狭小为由再次向四川省政府呈请重新对成都市区进行划定："经民政厅核议，以旧日警区为界限较为适宜。曾由省府训令本府，先将旧有警区勘明绘图并请核办，未及

---

① 〔清〕李玉宣等修：《重修成都县志》，卷二，清同治十二年（1873年）刻本，第162页。
② 周洵：《芙蓉话旧录》（卷一），成都：四川人民出版社1987年版，第4～5页。
③ 〔清〕吴好山：《成都竹枝辞》，节选自林孔翼辑《成都竹枝辞》（增订本）四川人民出版社1986年版，第75页。
④ 成都市档案馆馆藏民国时期档案：《成都市划界概况》，《市府三年施政计划、重估地价评定章程、公产清理、划界概况》，全宗号38，目录号6，案卷号1533，第331～332页。

竣事，即已交卸。是年十二月，陈前市长鼎勋又以警区范围过狭，拟扩为东至簧门铺、西至土桥、南至红牌楼、北至天回镇，选经呈请令饬民政厅并商议覆见，而华阳县府所谓扩划涉及乡镇，窒碍难行，此举遂行停顿。民国 23 年（1934 年），省政府拨民厅呈以减少纷更，市县兼顾，请以旧日警区为界，饬不扩大，准为拟办理。"① 1935 年，由当时的市长钟体干提请的划界申请终于得到了省政府的批准："（钟市长）以行政设施多所牵碍，请及时划定以便办理新兴事业。经省府批准，嗣由民厅召集会议，约同秘书处、民厅、公安局、成华两县府及本府代表。由黄前市长踏勘界限，依次履勘其界限如下：东至小龙桥、五显庙等处，西至化成桥、同善桥等处，南至元通桥、火烧堰等处，北至驷马桥、赛银台等处，初步划界工作已完成。民厅召集会议，提出两点讨论：1. 此次履勘经界，以市区经界之完整为标准，对于市县管辖职责为另一问题，另行解决。2. 此次所勘市区经界，比前罗、黄两市长所指定范围较为缩小，如以为可，即行定界，否则复勘。决议由民厅再添约请财政、建设、教育各厅开会讨论议决事项为次。廿五年民厅复添邀财政、建设厅会议。"②

至民国 26 年（1937 年）4 月，由省政府民字九六七号训令："拨勘划各员绘具勘划成都市经界各图，并附说明，查核出处，不合，当径提出第一四四次省务会议，决议照办在案，令仰依照市组织法及省市县勘界条例有关各项规定，确定市界，树立界标，并绘具市区经界图，造具界桩、记载表及经界说明书，连同全市人口约数、税收概况暨设置成都市与此次扩划区界理由，呈向来府以复核转内政部，分别存档备案。计此次划界经界如下：东至农业改进所、多宝寺等处，南至八仙桥、白药厂等处，西至化成桥、和尚碾等处，北至红庙子、新家巷等处。经呈报国民政府核准备案后，二十八年七月，民政厅转成都县党务执行委员会代理书记长叶仲文等人，呈请取消市县新勘经界以全县治一案，提交省府会议呈文，市区业经中央核准，但须斟酌实际需要，分为三期拨划办理。"③

1939 年 8 月 19 日，民政厅召集相关部门讨论市区划拨问题，经杨前市长提议："成都市区勘划地界依法办理，已经中央核准备案，故不能以任何理由

---

① 成都市档案馆馆藏民国时期档案：《成都市划界概况》，《市府三年施政计划、重估地价评定章程、公产清理、划界概况》，全宗号 38，目录号 6，案卷号 1533，第 332 页。
② 成都市档案馆馆藏民国时期档案：《成都市划界概况》，《市府三年施政计划、重估地价评定章程、公产清理、划界概况》，全宗号 38，目录号 6，案卷号 1533，第 332~333 页。
③ 成都市档案馆馆藏民国时期档案：《成都市划界概况》，《市府三年施政计划、重估地价评定章程、公产清理、划界概况》，全宗号 38，目录号 6，案卷号 1533，第 335 页。

推翻定案。交割方面以一次交拨为宜,其他困难可由民厅研究解决,否则以前途困难尤多,将永无解决之日,应详加考虑。又本府前于本年四月以市区经界案准予核定请令成华两县府迁出市区,并收属于市区范围内各项行政权,依法交割呈群。"①

民国28年(1939年)7月,省府训令分三期,划拨地一如其第一期指定地,如下:"1. 省会警察全部区域。2. 近郊之望江楼、兵工厂、武侯祠、华西坝、青羊宫、草堂寺、昭觉寺等工厂及风景区域。3. 附郭已修马路及具有市容之街巷。4. 连接市区之公路及公路两旁二市公尺以内,地面沿公路伸展至市县原定界桩处为限(即东迄沙河堡附近之圣灯桥、北至回回店、南至红牌楼)。惟外西成灌马路特伸展至茶店子,并收茶店子(即公路场)市街,即行划属市府管辖。"②

民国29年(1940年)6月,四川省政府以民一字第15301号令,重申第一次划拨地带及区内行政权,饬分别交接清楚,并指示成都市政府财政划分问题,并约法三项:"1. 成都市市区前项办法划定后,成华两县原在市区内之税款,收入悉归市有,但为维持两县原赖市区税收举办之事业起见,在二十九年度内应由省库按照二十八年度核定两县市区内契税附加总额拨款补助以资抵偿。2. 成华两县在市区内原有之公产仍归县有,市府如需收用,应付给相当代价。但与两县政府事业不可分离之公产,市府仍不可收用之。3. 成华两县在市区内之机关,如市府等要求迁出市外者,需因迁移而支出之费用,应由市府补偿之。"③

"民国二十八年三月,经内政部核议,以四川省会成都地方于民国十三年间设市,并于十七年改组设立成都市政府,此次四川省政府为发展成都市区起见,拟将该市原辖区域酌予展划,饬由成都市政府会同成都、华阳两县政府派员勘定界限,树立界标,开列该市现时人口约数、税收概况,并绘具详细界图等件,呈报咨务前来核准,须省市县勘界条例之规定尚无不合,拟可准予备案等语呈请。行政院二十八年三月四日吕字第二二五号指令开呈件均悉应准照办

---

① 成都市档案馆馆藏民国时期档案:《成都市划界概况》,《市府三年施政计划、重估地价评定章程、公产清理、划界概况》,全宗号38,目录号6,案卷号1533,第335~336页。
② 成都市档案馆馆藏民国时期档案:《成都市划界概况》,《市府三年施政计划、重估地价评定章程、公产清理、划界概况》,全宗号38,目录号6,案卷号1533,第336页。
③ 成都市档案馆馆藏民国时期档案:《成都市划界概况》,《市府三年施政计划、重估地价评定章程、公产清理、划界概况》,全宗号38,目录号6,案卷号1533,第331~336页。

第一章　民国时期成都房地产管理概况

已呈。"① 但在具体执行中遇到诸多困难："现本市疆界即经奉令确定，现有成都、华阳两县在市区内管辖范围内先例之土地、财政、行政、司法、教育等行政权，自应克日移交本府接收办理，以资衔接。并遂照南京市与江宁县之先例，县政府同时迁出市区管辖区域之外，以清权责而正视听。况值此敌机到处肆虐之际，新市区界计东至沙河堡、南至红牌楼、西至刘家花园、北至凤凰山，均为疏散区域。如何规划建设、辅教设治，使市民乐于疏散，均与市权息息相关。尤须全盘统筹，拟定步骤，逐一设施，庶足以建立本市市政之初基，而与整个市政计划不相背谬。"② 在其后成都市政府的呈文中，至1942年3月，"由成都土地整理处实测之成都市现管市区面积为二万七千三百七十一市亩"③。

1941年四川省政府颁布勘界原则及第一次勘界组织会议决定之范围："经实地履勘计，自本年五月三日由新西门外青羊宫、送仙桥起，连日经老西门外之犀角河碉堡、北门外之平桥子起，同月六日至本市东北郊之万年桥止（为成华两县交界之处），收市区与成都县界勘划完成。后于同月廿八日由青羊宫送仙桥起，连日经老南门外之鸭公桥、新南门外之磨子桥、老东门外之郭家桥、牛市口碉堡、新东门猛追湾之外转起，六月一日履勘至万年桥止，收市区与华阳县界勘划完成。其间以地形事实诸种关系，与原拟路线不无出入，所幸往复磋商，意见金同，进行顺利，得以早日竣事。嗣后复整理履勘记录，绘制市县区界各图，亦均完成。"④

1945年，经省政府协调，成都市政府和成都、华阳两县政府经多次会商，终于就成都市区划界交割地域问题达成一致，三方政府机关于1945年6月30日正式办理了交割手续，并随同移交涉及区域的土地、田赋、户口、保甲图册等相关档案数据。此次交割所涉及的面积包括：成都县拨交成都市政府23保、

---

① 成都市档案馆馆藏民国时期档案：《四川省政府转发行政院关于知照成都勘界划限方法的训令》，《省市政府关于成都市区勘地、划界的训令、呈文、公函、代电、会议记录》，全宗号38，目录号1，案卷号184，第9~10页。

② 成都市档案馆馆藏民国时期档案：《成都市政府关于管辖范围内行政权力移交的呈文》，《省市政府关于成都市区勘地、划界的训令、呈文、公函、代电、会议记录》，全宗号38，目录号1，案卷号184，第11~12页。

③ 成都市档案馆馆藏民国时期档案：《成都市政府关于检送成都市所辖土地面积之确切数字的公函》，《省市政府关于成都市区勘地、划界的训令、呈文、公函、代电、会议记录》，全宗号38，目录号1，案卷号184，第79页。

④ 成都市档案馆馆藏民国时期档案：《成都市政府秘书处送成都市政府地政科关于请予查照办理会议情况的通报》，《省市府关于县市划界呈报、公函的训令》，全宗号38，目录号13，案卷号87，第356页。

190甲，土地4247.98亩，华阳县拨交成都市政府土地19保，92甲，4301.95亩。此次移交后成都市所辖市区面积已扩大为35919亩，较之先前已有很大的扩展。图1-1为1943年成都街市图，可作为成都市划界勘定工作艰难推进的证明。

图1-1　民国32年（1943年）最新成都街市详细图①

二、成都市区划界艰难的原因试析

成都市区划界工作由建市伊始，至民国34年（1945年）6月交割办理之后，才初步告一段落，历时二十余年，其间市县各级政府及相关机构多次议定、商讨、争论。随着城市近代化和农村的城市化，近代城市的扩张势在必

---

① 《民国三十二年最新成都街市详细图》，青石桥北街益川书店1944年发售。

行，但各种各样阻碍仍然存在，才使得成都市区划界工作长期进展缓慢。民国时期成都市区划界工作之所以进展缓慢，困难重重，究其根源在于城市的生长并非一帆风顺，它会与外界环境、传统观念、既得利益等因素相纠葛。笔者在成都市档案馆馆藏民国时期旧档中，寻得1939年5月国民党成都县执行委员会代理书记叶仲文等呈报四川省政府的公函。作为坚决反对成都市区扩张的代表，叶仲文等人在此文中对成都市政府在四川省政府支持下，于1939年3月确定的县市勘界方案，提出了激烈抗辩，其中提出的十条理由，可以作为对于成都市区划界问题存在的困难一个很全面生动的总结。所以笔者不吝笔墨，将其引用如下：

成都设市原以现有之警察区为界，自民国二十五年前市长稽祖佑如前另勘成都市与成华两县经界之议，仅派员草率勘测即据以朦报。经属县绅民龚向农等县民陈其不当情形恳予取消，以协舆情旋奉。四川省政府二十五年民字第三一二一号指令：'呈悉查成华市县经界据复勘员叶树声等呈地图说前来，业经分别令饬依据召集关系机关，宣布仰即转饬知照此令'等因在案。旋中央有撤销成都市府之令，划界之议遂以中寝，历时二载有余。既未如令召集关系各机关宣布，亦未遵照市县勘界条例第八条之规定，径由关系各机关议定界线，乃近省中各报纷载，成都市政府具呈四川省政府，'请令饬成华两县政府克日迁出市区管辖区域以外，并将属于市区范围内之一切行政权依法交割，以便接收办理'等语，是市府以来经议定经界朦禀上峰意图，强为接收情节，显然无可掩饰。属县人民闻悉群情愤慨，议论蜂起，属会及向农等细循法例，默察众意，以为呈请各节，于法于理诸多悖戾，强欲施行，尤属非宜，谨将未臻妥恰之点为：贵署历陈之窃以属县辖境傍市区，西北两面纵横不及三十余里，而市府所划地界，北至凤凰山，距城在十五里以上，而由凤凰山至成都与新都交界之三河场，则不及十里；西南至光华新村，距城在五里以上，而由光华新村至成都温江交界之苏坡桥则不及六里，几划县境之半划归市区。以尔弹丸之地复去其半，恐全省之县无如此狭小之地域，此其可议者一。然若市区实际扩张只须有补于都市之繁荣，多划地积容有商讨余地，令市府所划成华两县之地域远者距城十五里以上，近者亦逾五里，合计新增面积较原有辖区大至四倍以上，而此等区域纯属农村，并无新增市集。若以为悉，应改筑市区，不但无此资力，亦且非此疏散时期之所应出。则市府拥此扩大之乡村，将作何用？此其可议者二。市府藉词每谓疏散市民义，应早为划出以资设备，而实则军政当局之所规划附郭五十里范围内，成华之外如温江、双流、新繁等县皆在其中，将能为疏散市民悉划入市区乎？且所谓疏散义在分住乡村，不必聚居城市，非与市政有不可分离之关系。况市县政府同为国家机关，同有行政权力市府所能举办者，何以县府犹不可能？此其可议者三。中国近年之大敝为农村枯竭，人民集中都市，形成虚弱之繁荣。识者方乘农村都市化之潮流，以谋农村之复兴，而矫此本轻末重之弊，令国家危急，敌机窥袭，时时可虑方健全乡村之不暇，何在于扩张都市以事不急之务？此其可议者四。又县市虽为行政区域，而同时亦为自治单位，各辖区有不可分离之关系，变更区划极应郑重，如省市县勘界条例第二、第七、第八各条，皆有极严之条件，周密之手续。今市府仅据粗率之勘测，未经关系确实议定界线，即据以呈报，不计属县之行政设施，不遵法令之规定，手续、法例之事实悉加漠视，此其可议者五。据《县行政区域整理办法大纲》之规定，为管辖及地形上之便利，县界交错之地应划归整齐，勿使参差。今市县经界之划分只求市区之扩张，而不顾及全县辖地之残缺，以使县区过于缩小，参差不齐，不但妨害县区固有之完整，于行政管理上亦至不便。蔑视事实，显悖法令，此其可议者六。据市府呈文请照江宁县例，明令成华两县府迁出市区以外，查江宁先例由南京市先为拨款建筑县府，然后迁出，今既未声明迁移建筑之费由谁负担，已失其平，即令勉强迁出而官舍似不可不建造，纵不问经费属谁，而国难期间，停止建筑之令申之至今。再者强敌压境而欲不顾明令，不惜民力，迫令兴建，真不知意果何居？此其可议者七。或曰市政经费本年度预算较历年激增一倍以上，若不接收所划广大之辖区，断不足以应此巨额之支付，实情如何，虽难臆断。总之增益收必其目的之一。划归结果将不免以乡民之贡纳，供机关之开支，备城市之建设，仍不外以农村血液营养都市之旧技。县市府经费年支不可谓不足，而泥泞满途，市容颓败，建设各端了无表现，复何必流用农村之经费，以耗止于正求疏散之都市，此其可议者八。历任市长每以大员兼任，以此市县虽属同级，势力所在严有重轻。以前次划界而论，民政厅长嵇祖佑兼任市长，勘测市县界线之际，纯由市府派员主持，成都县府仅派技士一人参加，只以备员未参末议。而最近之朦呈上峰，事前不仅未稍顾人民意向，即关系机关亦未依法协商，越权恃势视为故常，若不立予纠正，将使人民感觉人重于法，此可议者九。又况抗战期间，政务繁重，若兵役征工诸事，皆从前未有之举。实今日切要之图赖全县官绅士民合力推动办理，始有秩序。悍然划分区域，则群情乖隔，意见横生，新旧嬗易之间必至发生困难，影响抗战前途，实非浅鲜。引起无谓之纠纷，碍政务之施展，以为宜仍照旧规，不能轻予变易。等将来必要时再由关系各机关依法议定，俾于法令事实，双方兼顾，用是综陈众议函达贵署，鉴纳舆情恳予转请取消违法勘划之经界，用全县治实级公谊。①

叶仲文在他的报告中罗列了十条理由反对省市政府扩张成都市区，将成都县、华阳县政府机关移出市区的计划，包括城市扩张造成区县版图的狭小、不便管理、农村经济凋敝等；城市扩张建设有违国家抗战期间人口向农村疏散的政策；搬迁政府及机关经费无着，且对于后续的建设没有相应的考虑；市府人员在勘界过程中工作粗率，未遵法例，且几乎没有让区县工作人员参与勘测工作，等等。概括之，叶先生认为城市建设耗资过巨，人民从农村迁往城市，造成乡村之枯竭，而形成城市"虚弱之繁华"，在国难当头、百废待兴之际，不应舍弃建设农村之根本，而"实扩张城市之不急之务"；不应"以乡民之贡纳，供机关之开支，备城市之建设，仍不外以农村血液营养都市之旧技"。他的观点代表了很多居于区县的乡绅士民的普遍想法，所以才造成"群情乖隔，意见横生，新旧嬗易之间必至发生困难"，市区划界扩张困难重重。可以说，此篇呈文中的观点不仅代表了农村城市化过程中新旧嬗变的矛盾，也从另一个方面反映出，国民政府在近代化和城市化过程中，在处理诸如此类问题时，没有从根本上处理好诸如土地问题等关键性问题，导致其基层政权控制力的缺乏，这是导致其最终在战争及治国上失败的一个关键原因。

1944年9月，四川省政府对此问题发出《为促使成华三市县划界的彻底解决各项办法令》训令：

查成成华三市县划界交接一案，迭经令饬催办并由本府派员监交各在案，乃因该市县加划拨区域内之少数问题未获解决，遂对核定改划各地迫不实行交接，以致市县推行一切政务均受牵制。兹特由本府筹订各项彻底解决办法分别提示于后：一、关于成华两县要求补偿契税屠税问题，解决办法准就中央划拨本省县市国税超收项下提拨补助费玖佰万元以之分拨成都，肆佰万元华阳，伍佰万元以作该两县迁治之需。二、关于成华两县要求今后长期补偿问题，格于法令，碍难准行，只能由本府每年核定预算时加以注意。三、市区东桂街及北打金街小学仍由华阳县保留。四、两县兵役照拨交人数比例减少其丁额，呈由本府函知军管区司令部查照办理。五、田地拨交后照已拨地亩减少粮额，已建屋宇者应于清丈后，照额专案呈由本府核转田管处知照。综上提示各项除分令

---

① 成都市档案馆馆藏民国时期档案：《中国国民党四川成都县执行委员会关于恳请取消违法勘划之经界的公函》，全宗号134，目录号5，案卷号204，第2～5页。

外，合行令仰该府即便遵照并会同本府原派监交人员办理，限期于本年九月三十日前将核定改划各地分别交接清楚报务核。此令。①

四川省政府针对此出台的五项法令，虽然在一定程度上缓解了一些矛盾，使成都市区划界工作终于得以告一段落。但应该看到在城市化和近代化的过程中，城市的急剧发展与传统农村经济的凋敝有着千丝万缕的联系，而战乱加剧了它们之间的矛盾冲突。城市的扩张削减了原来建立在传统农村经济上的许多旧有利益关系、统治秩序，甚至激化了社会阶层之间的矛盾。这是造成民国时期中国社会诸多变化的根本原因之一，并非一时的政策法令所能解决的。虽然道路曲折艰难，但民国时期城市的扩张与农村的城市化已是大势所趋，而这一变化必会带来中国土地分配形式的巨大变化。

第三节 民国时期成都城市房地产的类别

一、"公产"和"私产"

民国时期城市房地产按属性划分，可分为"公产"和"私产"两大类。以1948年成都房地产统计资料，全市共有土地44811亩，其中私有土地35522亩，占79.27%；公有土地9289亩，占20.73%。城区的土地、房屋分别按四川省、成都市征收地价税和建筑改良物税的规定，除城墙、道路、广场、水域等公有土地外，应征地价税的私有土地面积为18944亩，私有房屋577.73万平方米，如表1—1所示。其中除自住外，应征收建筑改良物税的房屋面积360.71万平方米。②

---

① 成都市档案馆馆藏民国时期档案：《四川省政府送成都市政府关于核示各县市划分界地中未解决各项办法的公函》，《成都市华阳县关于划界勘查，地籍经费的公函、呈报及省府训令》，全宗号38，目录号13，案卷号86，第192~193页。

② 成都市地方志编纂委员会编纂：《成都市志·房地产志》，成都：成都出版社1993年版，第12页。

第一章　民国时期成都房地产管理概况

表1-1　1948年成都市土地房屋产权及用途表①

用途 \ 产别		合计		私产		公产	
		土地面积	房屋面积	土地面积	房屋面积	土地面积	房屋面积
计量单位		亩	万平方米	亩	万平方米	亩	万平方米
全市		44811		35522		9289	
其中城区	房基地	20871	633.53	18141	577.73	2730	55.8
	城墙	323				323	
	道路	2570				2570	
	水域	999				999	
	田土	517		517			
	其他土地	1110		286		824	
	合计	26390	633.53	18944	577.73	7446	55.8

成都解放初期，有关部门进行了接管清查工作，对于当时成都市房产基数情况做了更为详细的调查统计，如表1-2所示。

表1-2　1949年末成都市房产基数情况统计表②（面积计量单位：万平方米）

类别		年度 1949年末
全市房产建筑面积		751.70
其中：住宅建筑面积		435.02
居住面积		247.86
城镇人口（万人）		60.95
平方米/人		4.07
城区房产建筑面积		640.56
权属与归属管理	全民产	55.80
	私有产	517.40
	其他（代管、直管）	67.36

---

① 成都市地方志编纂委员会编纂：《成都市志·房地产志》，成都：成都出版社1993年版，第12页。

② 成都市地方志编纂委员会编纂：《成都市志·房地产志》，成都：成都出版社1993年版，第266页。

续表1-2

类别		年度 1949年末
房屋结构	钢混结构	0.72
	砖混结构	2.19
	砖木结构	73.91
	穿斗结构	508.99
	简易结构	54.75
房屋用途	（一）住宅建筑面积	425.00
	其中：居住面积	224.27
	人均居住面积	3.71
	（二）非住宅建筑面积	215.56
	其中：工业	9.07
	商业	24.53
	文卫	3.75
	教育	26.78
	办公	12.19
	其他	139.24

（情况说明：表中部分数据分项与总项不符，是原始材料不完整造成的）

下面分别叙述民国时期成都城市中这两种房地产类型的管理状况。

（一）民国时期成都市公产管理概况

地方性公产形成由来已久，历代即有"学田、书院、公车、宾兴、捐局、团防，以及善堂、义渡、积谷"①，等等，其社会功能涵盖"养老育婴、设置义塾、收养贫病、施医施药、濡寡恤嫠、修葺路桥、施棺收埋，以及积谷、施米、救荒、救生、寄柩、种痘等"②涉及地方基层管理及社会公益事业的许多方面。公产的概念在实际运用中包括了动产和不动产两种类型。本书在此仅讨论涉及不动产的公产，即公田及公房两类不动产。民国时期的公田包括"历代的慈善田、学田、遗留田"等；而公房则包括各级政府机关、公办性质的事业

---

① 《湖南地方自治白话报》，1910年第5期。
② 梁其姿：《施善与教化——明清的慈善组织》，石家庄：河北教育出版社2001年版，第12页。

团体、各级官办学校的房产等。

民国时期的公产房产按管理形式不同，可以分为绅捐绅办、民捐绅办、绅办官督、绅办官助、官绅合办、官办绅助等六类。按其来源不同，又可以划分为政府拨助、无主财产、团体募集、充公财产、私人捐赠、征收特捐和本金生息等许多类。公产房产的社会功能广泛适用于社会教育、慈善救济、路桥建设、公共安全、城乡卫生等方面。

由于土地的私有制性质，民国初期公产房屋未设统一管理机构，由市政府负责管理。一般军政机关和事业单位使用的公产房屋，皆由单位自管自养。据成都解放初的统计数据："全市公有房产共65.06万平方米。其使用与分布情况为：军队占有东、西、南、北四大较场的公房3297间，军营736间，共4033间，约14万平方米；政府机关占有2079间，约8万平方米；中小学校806间，约5万平方米。其余38万平方米，除19万平方米出租外，另外19万平方米6920间房屋，被大专院校、其他事业单位和社会团体以及私人所占用。"[1] 而由各大专院校的发展建设引起的房地产关系变更，则是这一类型房地产经营主体的主要代表类型。

由于民国时期成都地区政局动荡，早期的公产管理比较松散混乱，虽然一直由市政府负责公产的部门管理，其后又有地政科专属管理地方公产，但因长期以来没有进行公产的彻底清查与登记管理，也缺乏公产管理方面的规章制度，市政公产存在大量散失、隐匿甚至被强占的情况。

1942年8月至12月成都市政府以《修正四川省整理市县财政方案》为依据，制定了《成都市政府整理公学产实施办法》，进行全市范围的公产清理工作。按其规定：成都市政府整理公学产，先以契约、册籍、档案为根据实施整理。成都市现辖区域内因历年军政变更而散失或隐匿之公产，得依本办法之规定清理并收回之。对于现有公学产将以减除重押增加租额，以适合一般租佃状况为原则进行租佃。对于地处零星、散远及房屋朽坏不易管理修葺的，将依该办法呈请省府进行标卖。本次整理公学产先以现有契约、佃据、册籍、档案为根据做初步调查，然后派遣调查员到当地进行实地调查并会同当时保甲长进行测量、登记。调查员如察觉从前散失隐匿之公学产并呈报后收回的，将照章给予奖励，同时在调查过程中还设置密告柜奖励密告。对于调查结果政府会依据契约、佃据、册籍、档案等数据对调查结果进行复查以避免错误。市政府对公

---

[1] 成都市地方志编纂委员会编纂：《成都市志·房地产志》，成都：成都出版社1993年版，第57页。

学产的整理完竣后，所有契约、租押金额及实租等派员专管，卸职时正式交代，并发给管业证件以避免发生散失之虞。①

对于现有之公产，成都市政府采取投标竞佃的办法进行租佃，经此次公学产整理后填发两联正式佃据，一联交承租人收执，一联存府。而公学产的租佃期限也重新改订，最长不得超过五年，但在五年以内满期者，则重新约定期限。公学产的租佃以绝对避免重押轻租为原则。公学产在招标竞佃时，原承租人得照最高标额，有优先承佃之权。公学产承租人及次承租人于退租时，除承租人原有自建房屋外，不得申请补偿费，上项自建房屋补偿办法，查酌实情另行核定。承租人自建房屋，应自修自拆，并须立案始能兴工，若未经呈准自由修建者，就地予以拆除。承租人原自建房屋查有危险性者，限令拆除或修葺之。承租人申请退租房屋地皮，应在一个月前，田亩应于秋收前三个月内申请之。承租人承租地界，属于公园及风景区内者，其点缀风景而建筑之亭台等，及栽植之花木竹石，退租时应自行迁拆砍伐。承租人欠缴房租二月以上，田亩在应缴本年租额十分之二以上者，收回另佃，欠租在押金内扣除。公学产承租人或占用人由市政府布告限期到府进行登记，对于占用本市公学产者，依布告所示到本府自首，准免追缴其占用时期内之利益；凡不遵限自首登记者，经密告或调查属实，将追缴其占用期内之全部收益，并按章程处罚之。凡承租人原建有房屋仍准予登记时申请上述之登记，但逾期不登记者，其房屋将视为本市公有。②

经过此次公学产整理，成都市公产管理情况得到了较为有效的改善，对于增加政府财政收入、规范公产管理有较大的作用。同时，此次成都市政府公布并施行的《成都市政府整理公学产实施办法》，作为成都市公产管理的重要施行章程，具体体现了民国时期成都市政府管理政府公产的方法和措施。经此次调查整理后，成都市地政科对成都市区内部分公学产租佃情况进行了统计，清单如表1-3所示。

---

① 成都市档案馆编纂：《成都市政府整理公学产实施办法》，《民国时期成都市经济法规选编(1929—1949)》，1996年10月，第10~11页。
② 成都市档案馆编纂：《成都市政府整理公学产实施办法》，《民国时期成都市经济法规选编(1929—1949)》，1996年10月，第15~16页。

第一章　民国时期成都房地产管理概况

表1-3　成都市公学产租佃情况登记表①

号数	地点	承租人	承借人	备注
第一号	少城公园		七七纪念堂	
第二号		枕流浴室茶社		
第三号		梁肇周		
第四号		浓阴茶社		
第五号		鹤鸣茶社		
第六号		永聚茶社		
第七号		绿阴阁		
第八号		静亭饭馆		
第九号		桃花源		
第十号		李子伦		
第十一号		长春花圃		
第十二号		延春花圃		
第十三号		径杏花圃		
第十四号		范荣兴		
第十五号		赏春花圃		
第十六号		羽经茶社		
第十七号		群社		
第十八号		中成茶社		
第十九号		张书元		
第二十号		刘荣合		
第二十一号		乐观茶社		
第二十二号		叶长福		
第二十三号		王海澄		
第二十四号		叶长福		
第二十五号		王洪兴		

---

①　成都市档案馆馆藏民国档案：《成都市公学产租佃情况登记表》，《四川省政府送成都市政府关于将整理自治财政结果作成总报告呈送的训令》，全宗号38，目录号13，案卷号34，第108～118页。

续表1-3

号数	地点	承租人	承借人	备注
第二十六号		宏善公所		
第二十七号		艳杏花圃		
第二十八号	华兴街	厚德堂		
第二十九号	南马道街	龚福兴		这两处地皮经民国27年（1938年）拓宽城门时收回作路基之用
第三十号		刘铭泉		
第三十一号	外北街水洞子	林天泰祥		
第三十二号	芷泉街	安福堂		
第三十四号	少城公园	王海清		
第三十五号		黄茂森		三元街
第三十六号		玉泉		
第三十七号	西府南街八号	杨万清		押金10元
第三十八号	西府南街六号	杨寿田		押金10元
第三十九号	骡马市154号	陶良记药铺		押金15元
第四十号	骡马市154号	林张氏		押金20元，租金6元
第四十一号	骡马市152号	蔡德荣		押金15元，租金5元
第四十二号	西府南街10号	张昆山		押金10元，租金2元
第四十三号	西府南街1号	黄镜安		押金10元，租金2元
第四十四号	郊外第一公园	王伯年		望江楼
第四十五号	南门城洞外左侧	柴正明		租金5元
第四十六号	骡马市153号	钟燮森		押金15元
第四十七号	西府南街24号	罗兴发		押金15元
第四十八号	祠堂街	四川美术协会		
第四十九号	中城公园	中区图书馆		
第五十号		公务科		
第五十一号	少城公园	观德茶社		

第一章　民国时期成都房地产管理概况

续表 1-3

号数	地点	承租人	承借人	备注
第五十二号	外南殷家桥	窦光田		
第五十三号	成属金鸡寺	邓宝山		
第五十四号	郫属合兴场	钟兴顺		
第五十五号		罗海东		
第五十六号	锦江桥街	原系土地庙	被炸毁只余基地	
第五十七号	粪草湖街	原系土地庙		
第五十八号	烟袋店	土地庙	原系保长办公室	
第五十五至五十七号地，已请贺科员前往该地，会同保甲先立标示，回招即派员前往，根据标示测量钉椿以资划别				

虽然这一登记表只集中对少城公园、骡马市、西府南街等地的 57 处公学产租佃情况进行了统计，没能囊括全市公产租佃的资料，但亦可借此了解当时公产租佃范围、类型、租金等基本情况，并可看出这一时期政府加强了对全市公学产的管理。

（二）政府对"私产"的管理

"私产"的概念是针对"公产"而言的，只要不属于"公产"范围的城市房地产皆为"私产"。

1908 年，成都城厢共有人口 29.01 万，共计 6.32 万户，各类房屋建筑面积总计约 400 万平方米，除部分公产外，房产绝大部分为私人所有，归属房主自行管理和经营。由于清末至民国前期，成都市皆没有进行过市区土地的清丈、登记工作，所以对于市区房地产资料统计是在 1931 年市区土地清丈、登记开始后才进行的。民国时期土地私有，政府对于私人房地产的管理，是城市房地产管理的主要方面，本书在下一章节从房地产管理的内容及形式方面重点论述，现先就民国时期成都市内的私有房地产分类进行概括性的介绍。

二、按房地产的使用类型分类

按房地产使用类型进行分类，房地产可分为工业用房地产、商业用房地产、住宅和教会房地产等几个种类。

(一)成都民国时期工业房地产

自清末丁宝桢开办四川机器局以来,成都近代民族工业就开始了其漫长而曲折的发展之路。相较于沿海、沿江的开埠城市,成都近代工业企业一直有规模小、资本不足、技术落后等弱点,但经过清末以来二十多年的努力,成都工业在机械制造业、纺织业、化学业、印刷业等方面取得了不小成就,出现了规模较大的企业。1935年,根据当时重庆中国银行调查组对成都现代工业企业的调查,"成都大规模工业,以清末宣统年间劝业道周孝怀所办同仁工厂为嚆矢,其继起之秀有启明电灯公司。鼎革以还,时局未靖,政府既未顾及实业,而成都又非工业原料生产地,兴办工厂,亦非易事。于是,在此二十余年之过程中,成都市之工厂遂寥寥若晨星。晚近数年,虽有不少工厂出现,但其中实具有工厂之规模者极少,大多数皆系由小手工业稍事扩大,易名而为工厂"①。

民国时期工业企业的兴起,使成都城区内出现了许多工厂厂房和从事制造业的作坊,它们成为民国时期成都房地产的重要组成部分。对其房地产的管理,因多数企业为私营性质,成都市政府皆是以私产管理方式进行相应的土地清丈、登记及纳税。其用地形式多由工厂自行择地购买或租赁,厂房也由工厂自行联系营造厂建造,工厂房地规模与其发展程度密切相连。

1945年3月的统计显示,成都一共有工厂330家,其中纺织工业22家,制药工业6家,制碱工业6家,酿造工业16家,炼油工业1家,造纸工业1家,制革工业1家,五金工业3家,矿冶工业2家,印刷工业10家,教育文具工业4家,建筑材料工业3家,火柴工业3家,皂烛工业7家,其他化学工业13家,电气工业1家,机械工业20家,陶瓷玻璃工业8家,食品工业7家,烟草工业177家,其他性质未详者14家。②

与民国时期工业发展带来城市繁荣的例子相同,工业企业的兴建不仅促进了城市经济发展,更创造了就业机会,带来大量劳动力,使得周边地区出现人口聚集的居住地,从而带动了所邻地区房地产价格的上升。如1938年地政学院学员在所做地价调查中就发现:"成渝铁路车站与工业区的前途,所以近年来市郊数里以内的农地价格,颇有陡涨的趋势。而银行界在城北郊购置堆栈基

---

① 重庆中国银行调查组:《成都市之工厂》,《四川月报》第6卷第2期,1935年2月。
② 何一民:《变革与发展:中国内陆城市成都现代化研究》,成都:四川大学出版社2002年版,第193页。

第一章 民国时期成都房地产管理概况

地,有买价至千元以上一亩者。"①

20世纪30年代中期重庆中国银行调查组曾对当时成都市工厂兴建情况做了调查统计,虽然资料并非完全准确,但对当时成都市区及市郊工厂发展及分布情况可有一直观的认识。

表1-4　20世纪30年代中期成都市部分民用工厂情况表②

类别	厂名	厂址	创立时间	资本总额（元）	营业范围	工人数量
动力工厂	启明电灯股份有限公司	椒子街九如巷	1908年	30万	发电	200余人
	兴业水力电厂	新东门外	1932年	50万	发电	60余人
	光明实业股份有限公司	南门外	1930年	10万	发电、园艺、制造	40余人
	合众机器厂	东桂街	1934年	1万	机器制造	30余人
	省立工学院实习工厂	省工学院内	1913年	3万	机器制造	40余人
纺织工厂	翕华织物工厂	少城奎星楼街	1928年	1万	织布、提花、毛巾	
	吴永森帆布厂	小关庙街	1914年	0.6万	生产帆布	30余人
	新华布厂	棉花街江西公所内	1913年	0.3万	生产布匹	30余人
	德光布厂	武城门外猛追湾	1932年	1.2万	生产棉织物品	150余人
	女子自治织布厂	少城棚子街	1925年	0.2万	生产棉布	50余人
	蓉昌裁绒厂	康庄街	1931年	0.3万	手工裁绒织布褥	20余人
	民生纺纱厂	上西顺城街	1931年	0.2万	木机纺织	20余人
	三民纺纱厂	东马棚街	1931年	1万	木机纺织	20余人
	大生纺纱厂	梓潼桥街	1931年	0.3万	铁轮机纺织	10余人

---

① 《成都市地价与房租之研究》,《民国二十年代中国大陆土地问题资料》,第77卷,台北:成文出版社1977年版,第40853～40857页。

② 重庆中国银行调查组:《成都市之工厂》,《四川月报》,第6卷第2期,1935年2月,第4卷第1期,1934年1月。

续表1-4

类别	厂名	厂址	创立时间	资本总额（元）	营业范围	工人数量
化学工厂	中国强国兄弟肥皂厂	下莲花街	1933年	4万	制造肥皂及化妆品	30余人
	益州工业厂	提督东街	1929年	4万	制造肥皂	30余人
	华茂肥皂厂	下西顺城街		4万	制造肥皂	30余人
	飞鹰肥皂厂	复兴街	1930年	0.1万	制造肥皂	
	培根火柴厂	东门外九眼桥侧	1925年	2万	制造火柴	
	天府火柴厂	外东莲花池	1932年	1万	制造火柴	300余人
	庆鑫制革厂	南门外倒桑树街				50余人
	万成制革厂	外南洗面桥				
	杨玉兴制革厂	外南洗面桥				
	裕华制革厂	外南洗面桥				
	大华玻璃厂	下莲花池	1934年	0.5万	制造玻璃	20余人
印刷工厂	华英书局	四圣祠北街	1934年		印刷	30余人
	维新印刷局	梓潼桥街		5万	印刷	100余人
	球新印刷厂	总府街		4万	印刷	100余人
	日新印刷工业社	三桥南街	1924年	2万	印刷	100余人
	美利利印刷公司	忠烈祠南街	1926年	2万	印刷	100余人
	文华印字馆	悦来商场内	1927年	5万	印刷	
	大中印务局	簧门街	1930年	5万	印刷	
	云雪印字馆	新开街	1930年	0.8万	印刷	
	美学林印刷公司	七家巷	1929年		印刷	
	诚信印刷公司	提督东街	1929年	5万	印刷	
	益州文化社	提督东街	1933年		印刷	
	诚达印书馆	汪家拐街	1931年	3万	印刷	
	福民印刷公司	龙工店街	1931年	3万	印刷	
	美信印书局	杀猪巷	1930年	4万	印刷	100余人
	协美印刷公司	书院南街	1929年	1万	印刷	
	民新大同印刷公司	打金街		0.5万	印刷	
	武学官书局	东门广东馆	1932年	0.5万	印刷	50余人

续表 1—4

类别	厂名	厂址	创立时间	资本总额（元）	营业范围	工人数量
日用品工业	金利铁工厂	方池街	1932 年		制热水炉	
	清阳造冰厂	城西青羊宫侧	1932 年	10 万	制造冰砖及汽水	

从这些工厂的分布上可以看出，当时除与新闻出版相关的印刷工厂和部分兴办时间较早的纺织厂等企业开设于城中心区域外，于 20 世纪 30 年代兴建的工业企业多建于城郊或城边区，且分布散乱，并不像成都市政府进行都市计划中规划的那样，把工业企业集中建设成一个工业区，这多是因工业企业多为私营，其选址兴建多是依据企业自身需要或地皮成本等因素，而且也没有找到当时成都政府在工业企业兴建之初，对其选址建设等进行指导干涉的证据。

（二）民国时期成都商业房地产

成都城区早在清代就已在城区的不同位置形成了一簇簇或大或小的聚集中心，即城市中的地域结节点。这些地域结节点主要是由各种商业部门，如综合性的百货商店、绸缎店、布店、日杂用品店以及各种专门商店和零售店；服务部门，包括茶馆、旅馆饭馆、小吃店、理发店、浴池等；手工业作坊、店铺、农贸市场、庙宇、会馆祠堂等组成。这些结节点对人口流动、商品流通、交通及社会信息的流通等都产生着聚集作用，实际上也成为后来不同规模商业区的雏形。"清末，成都城区的地域结节点以城东和城北为多，城东的东门大桥、东大街、盐市口、纱帽街、大慈市、总府街、劝业场、提督街等处皆为重要的商业街区；城北的草市街、珠市街、通顺街、北东街等地段也是繁华的商业街区。"[①] 早期这些结节点的范围不大，但是集散功能却很强，随着城市商业和手工业的发展，城区内的结节点也越来越多，且由单一性的结节点逐渐发展成为复合性的结节点。

成都城区的结节点在大体上又可分为两种类型：一种是固定的、每日性的；另一种是流动的、定时的或不定时的。前者又分为综合性商业服务街区和专业性商业服务街区。综合性商业服务街区是依据多项职能活动而组成，如东大街、

---

① 何一民：《变革与发展：中国内陆城市成都现代化研究》，成都：四川大学出版社 2002 年版，第 412 页。

劝业场、总府街等商业服务区；专业性商业服务街区主要是凭借一项主要职能来联系和组合的结节点地域。成都城区的专业性商业服务街区较多，是成都城市的一大特色。据时人记载："成都工商业多群分类聚于一二街内，如银号多在东大街，绸缎铺多在总府街，金铺多在打金街，衣铺多在鼓楼南街，帽铺多在福兴街，鞋铺多在王化正街，戏剧行头铺多在纱帽街，弓箭鞍鞯铺多在提督街，鱼肉蔬菜多在湖广街、棉花街，玉器翎顶铺及纸扎铺多在科甲巷。"① 此外还有大量经营专项物品的街道百余条，其中著名的并以其为街名的有：打铜街、金丝街、银丝街、铜丝街、纱帽街、棉花街、油篓街、丝棉街、珠宝街、布袋街、灯笼街、刀子巷、锣锅巷、羊市街、草市街等，这些街名现在在成都仍可找到。这些街区成为某种工商业的聚集点，形成生产、批发和零售的配套组合。这些综合性或专业性结节点大多是固定的，其聚集和辐射功能较强。另一种非固定、定时或不定时的结节点多以寺庙、祠堂、农贸市场为主。

成都传统铺面多为商店式建筑，沿街并排而建，多为两层，有三间、双间、单间之分，铺后也有房屋可居家者。铺面上层多有楼，后面无房屋者则住家楼上。铺面为店铺，店面色调素雅，简洁自然；店的外沿多设柜台，以展示商品，外面设活动木板拼排装置，早开晚闭，甚为方便。楼上每个开间设垂花立柱，上层屋面挑出的屋檐，柱间或建挂落及飞来椅，或作木格花窗，楼室狭隘，仅开一窗，室内一般较暗，不似西式建筑之轩朗。② 成都的店铺建筑均为开敞式，但街景丰富多变，建筑灵活轻巧，店招飘扬，人群熙攘，摩肩接踵，一派热闹兴旺、繁荣昌盛的景象。晚清时期，成都的铺面房屋多为改良形式，东大街、城守街、学道街、青石桥、总府街等处的商业铺面等旧式铺面原皆矮小，而柱甚粗，因而加以改良，新修铺面多高敞而用料不坚，茶房、旅店也逐渐布置，"皆近年成都之进步"③。

随着劝业场、春熙路的成功兴建，与春熙南路相邻的总府街和与春熙北路相连的东大街，也逐渐繁华形成较为成熟的商业片区。抗战时期，成都城市干道的修建使位于东西干道交汇点的盐市口成为新的商业繁华地带。这样就形成了以春熙路为核心，连接东大街、总府街、提督街、顺城街、盐市口的矩形商业街区。这一地区几乎集中了成都主要的商业金融机构，十分繁华，不仅白天人流汇集，夜市也十分兴旺。当铺多集中在东大街、西大街，上至城守衙门，

---

① 周洵：《芙蓉话旧录》卷一，成都：四川人民出版社1987年版，第8页。
② 周洵：《芙蓉话旧录》卷一，成都：四川人民出版社1987年版，第6页。
③ 傅崇矩：《成都通览》上册，成都：巴蜀书社1987年版，第303页。

下至盐市口，基本在春熙路商业区内，其中百物萃集，游客众多，繁华的商业区取代传统社会的皇城，成为城市新的中心。

商业的繁荣带动货币流通，金融业随之发展起来。成都城市中历来广布银庄票号，以利通商，如表1-5即为1910年成都各票号街区分布情况。进入民国时期更发展出以春熙路、安乐寺为中心的大型金融商圈。安乐寺市场位于成都西顺城街，清末时是仅有十余个兑换银钱的摊贩的小集市，至民国时期已演变成为银钱、油、米、卷烟等的交易中心，"百业荟萃，万商云集"，它的繁华延续了四十年之久，是成都最大的商业、金融市场。安乐寺金融市场繁荣于20世纪30年代，极盛于抗战时期，是民国时期成都新兴城市商业区的代表，它的兴起表明城市商业空间的扩张。① 民国时期成都商业空间得到巨大发展，是这一时期成都城市商业畸形发展的产物。民国时期由于军阀割据混战，横征暴敛而导致城乡居民大量破产，社会财富迅速向极少数的军阀豪绅集中；同时，集中了巨额社会财富的权贵豪绅则在城市中挥霍消费，将大量资金用于金融和商业投机活动，这不仅促进民国时期成都向消费性城市的演变，也造成了城市中投机性金融业和商业的畸形繁荣。成都在抗战后期以春熙路和安乐寺市场为中心，逐渐形成了一个巨大的金融投资市场，设有钱庄、银行七八十家，大部分为各派军阀所掌握。

表1-5 清末的1910年成都票号街区分布表②

街名	票号
新街	新泰厚、天成亨、蔚盛长、天顺祥、蔚泰厚
东大街	日升昌、协同庆、百顺通、恒丰裕、裕川厚、天长厚、永盛明、巨川源、兴隆号、公顺同、新兴老、大川号、万亿源、享盛号、新盛长、致和祥、兴盛长
走马街	恒裕银、蔚丰厚
青石桥	存义公
学道街	宝丰厚
老古巷	宝封银、宝丰隆
半边街	四亨达
暑袜街	全兴号、裕川银、德成裕、蔚长厚
顺城街	金盛元

---

① 张学君、张莉红：《成都城市史》，成都：成都出版社1993年版，第250页。
② 傅崇矩：《成都通览》上册，成都：巴蜀书社1987年版，第99~100页。

如此繁盛的商业自然带动了商业房地产的发展,以1938年地政学院调查成都市区各区地价之结果,商业区的房地产价格就远高于其他区域,成为当时成都地价最贵的地区。"东城以接近府河,运轮便利,演成市内最繁盛的商业区。直入东门一条宽大的东大街,是历史的批发商业区,现在又是向成渝公路成都站的通卫。北来交易的春熙路,是最热闹的零售商业区,地皮贵到十万元以上一亩的,就是这儿。"① 其实当时这一描述并不十分准确,报告中所说的热闹的零售商业区实际是由多个大大小小的商业区组成的,以市内纵横的道路相连接,主要集中于城东和城中心偏东的位置,如东大街、春熙路、提督街、骡马市等地。

表1-6 成都市商业区地价调查表(1938年)②

街名	门号	面积(平方丈)	共价(元)	每平方丈价格	每亩价格
春熙南路	47	8	13800	1725	103500
春熙北路	76	29.95	45883	1532	91920
春熙东北角		25	30000	1200	72000
春熙南路	清和茶楼	5966	55662	933	55980
春熙西路	文济印刷局	5.83	4996	857	51420
春熙东路	新新新闻	7.5	5497	733	43980
春熙南路	51	9.85	62253	632	37920
祠堂街	66—67	13	6610	500	30000
祠堂街	21—23	7.18	3590	500	30000
春熙南路	21	22.27	2908	400	24000
西玉龙街	35	4	1000	250	15000
春熙东路	25	5.54	1274	248	14880
提督东街		16.9	4005	237	14220
西东大街	美丰银行	15	3000	200	12000
西东御街	99—101	9.57	1914	200	12000

---

① 《成都市地价与房租之研究》,《民国二十年代中国大陆土地问题资料》,第77卷,台北:成文出版社1977年版,第40853页
② 《成都市地价与房租之研究》,《民国二十年代中国大陆土地问题资料》,第77卷,台北:成文出版社1977年版,第40861~40863页。

续表1-6

街名	门号	面积（平方丈）	共价（元）	每平方丈价格	每亩价格
西玉龙街	108—110	24	4800	200	12000
东御街	34—36	18.5	3552	792	11520
东华门街		84	12678	152	9120
西东御街	5	5.77	831	144	8640
东城根南街	67—71	11.16	1596	143	8580
东御街	256	5.91	650	110	6600
骡马市街	187	22.98	2068	90	5400
半边桥南街	58	41.24	2804	68	4080
半边桥南街	25、26	41.24	2804	68	4080
提督中街	4	71.1	3128	44	2640

由表1-6可知当时成都商业地产价格的一些特征：一是当时成都商业房地产主要集中于城市中心和城市偏东部的商业中心地段，而处于市中心区域的传统商业结节点，如东城根街、骡马市、提督街等地的地价则远低于春熙路一带新兴的商业中心。二是商业地产价格差别极大，地价最贵的春熙南路的价格是较便宜的提督中街价格的近40倍，而地价上万的地产主要集中于春熙路、祠堂街几个有限的商区内，普通地区的价格并不贵。

表1-7 1938年和1943年成都市部分商业区地价对比表①

街道	1938年每亩地价（单位：元）	1943年每亩地价（单位：元）	增长率%
牛王庙上街	1200	20000	1567
牛王庙下街	1500	20000	1233
均隆街	1200	13000	983
春熙北路	91920	420000	357
提督东街	14220	200000	1306

---

① 《成都市地价与房租之研究》，《民国二十年代中国大陆土地问题资料》，第77卷，台北：成文出版社1977年版，第40861~40873页和成都市档案馆馆藏民国时期档案《成都市政府送四川省政府关于造送1943—1944年地价区范围等之呈》，《市府关于房租地价调查表、地价区范围土地市价册呈报及省府指令》，全宗号38，目录号13，案卷号42，第77~105页，综合制表。

续表1-7

街道	1938年每亩地价（单位：元）	1943年每亩地价（单位：元）	增长率%
西玉龙街	12000	230000	1817
东御街	11520	100000	768
东华门街	9120	190000	1983
骡马市	5400	23000	326
提督中街	2640	125000	4635
东马棚街	2700	20000	641
西珠市街	1800	24000	1233
天涯石北街	1080	7000	548
玉隍观街	960	13000	1254
双隗树街	1200	15000	1150
石灰街	2100	20000	852
簸箕街	1500	20000	1233

由表1-7与表1-6对比可知，抗战时期成都市区的商业区地价继续上涨，春熙路地区仍作为成都地王，但价格上涨空间已不如牛王庙、提督街、东华门街等其他商业地区，成都市区许多地区地价在抗战期间增长了千倍以上，商业区价格增长尤为突出，如提督中街的地价增长了46倍，东华门街地价也增长了近20倍。

（三）城市各阶层居民居住用房情况

从清末的1908年至1926年，成都人口相对稳定在6万多户、29万至30万人之间长达18年。在此期间，市民住房主要通过市场自购、自建得到，以自住为主。随着民国时期城市手工业和资本主义工商业的发展，人口开始从周边农村向城市转移，市民的住房消费形式也发生了变化。以自住为主的住房消费，逐渐发展成为自住与租住并行的住房消费形式，房屋开始成为特殊的商品流通进入市民生活消费之中。这一时期城市中开始形成以私有制为基础，对住宅用房屋的生产、分配、交换、消费进行市场调节的运行机制，它对私有制社会的住宅建设和促进住宅商品流通起到一定的作用，在城市经济生活中占有重要地位。占民国时期房地产市场巨大份额的城市居民居住用私宅交易，是建立在市场调节机制下的自由经济形式，它以供需关系为主要导向，同时也会受到城市发展带来的各方面影响。"到1948年，成都城市人口增至64.12万人、共计12.56万户，居民住房总建筑面积达429.98万平方米，其中私有住房有217.02万平方米用于自住，另有193.87万平方米共计2.6万户用于出租，各占城区住房总面积的50.47%和45.09%。"[1]

在居民住宅用房方面，成都的发展较之近代化水平较高的上海、南京等沿海沿江大城市仍有差距。在上海等地的城市住宅群中出现了大批里弄式、联排式住宅的时候，成都城市住宅仍以传统的公馆、棚户、街巷铺户等居民住宅形式为主。在抗战后期，随着大量机关、工厂、学校人员的内迁，成都也相继出现了适合机关职员、工厂、铁路职工等中下层市民居住的新式连排住宅。此类住宅以户为单元，每单元有一层或二层，每层有一间或二间不等的住宅房屋；各房有独立的出入口，其房间布局合理，分工明确，功能齐全，是民国时期新兴民用住宅的典型代表。

1. 官绅、贵族的住宅

清末民初成都的官绅贵族的住宅主要有府第和公馆两类。其中府第是清末成都王侯高官居住之处，而公馆则是民国时期由军阀、豪绅兴建的住宅，它们在数量上很是稀少。正因如此，其建筑宏伟、居住舒适，多是由名家设计，花费巨资修建之所，所以在民国时期成为军阀豪绅或交易或抢夺之物。

成都地区著名的府第公馆建筑有东珠市街的"李府"、方正街的"大夫第"、忠烈祠北街的"可园"以及暑袜街的岳钟琪府第，曾被称为成都的四大花园，还有崇州的"杨遇春宫保府"、大邑刘氏庄园等。清末成都府第建筑多与园林相结合，将"道法自然"道家文化融入西蜀传统文化之中，既不同于北方园林的富丽，亦不同于苏州园林的小巧精致，成为自成体系的蜀派园林，它们对民国时期公馆建筑影响巨大。在表1-8中即将民国时期成都市区部分公馆建筑的地址和保存现状作一简单介绍。

表1-8 民国时期成都市区部分公馆情况统计表[2]

名称	地址	保存现状
唐家宅院（治园）	文庙街	现已不存

---

[1] 成都市地方志编纂委员会编纂：《成都市志·房地产志》，成都：成都出版社1993年版，第51~52页。

[2] 表1-8参考何一民的《变革与发展：中国内陆城市成都现代化研究》，成都通史编纂委员会主编的《成都通史》（民国时期卷）部分数据及相关网络及报刊数据整理而成。

续表1-8

名称	地址	保存现状
李家官宅（巴金故居）	正通顺街	现为战旗文工团驻地
吴碧澄公馆（可园）	忠烈祠北街	现为省级机关宿舍
严雁峰公馆（贲园）	和平街16号	现存书库和两侧老墙
田颂尧公馆（唯仁山庄）	龙泉驿区长松山	保存较好，现为四川省文物保护单位
熊克武公馆（息庐）	布后街2号	现为省文联办公处
刘存厚公馆（北园）	西珠市街42号	现为成都市优秀近现代建筑予以保存
王泽浚公馆	金河路63号	现为军区幼儿园
石肇武公馆（肇第）	鼓楼南街	现为成都市交通管理局
张琼仙公馆（颐庐）	公行道2号	现为张氏后人私宅

　　与传统府第相比，民国时期成都的公馆更兼具了传统与现代的建筑与居住风格，广为当时的达官显贵、军阀豪绅青睐。在建筑上，公馆仍以传统的居住和建造形式为主，与北方的四合院大致相似，砖木结构，大门外左右八字墙，墙为灰白色，以墨画线作砖行，正对大门空地，如属房主，则往往修成照壁。大门外左右有门枋，用以贴桃符或对联，门上则常常绘有门神。大门内数步为中门，此门常闭，非过车马及送迎不启。东左侧有门，平时都从此门出入。中门内为天井和小园，园内常栽花植木。天井上进为大厅，宽者三间，狭者一间。后设门六扇或四扇，也有侧门。厅下右为厢房，宽者各三间，窄者一二间，多供仆人或晚辈居住。厅上左右室为客堂，大厅后复一天井，上为正房，最多者七间，次或五间、三间，皆内室。正房后宽者尚有转房一进，规模与正院略同而稍简狭，再后则为庖厨，如再有空地，则修建亭园。公馆最大者，大厅左右还有独院，另为正厢。公馆小者则无厢房，再小者则无大厅。① 公馆建筑结构均为穿斗木柱排架，转护结构一般为竹编粉灰墙或木板墙，门窗位置大小不受限制。

　　同时，公馆建筑也融会了一些西方建筑的特点，如在巴金先生以其故居正通顺街李家公馆为原型创作的《家》中，就具体描绘了李家公馆的后花园："数株大树，矗立后园的庭院中……这个后花园，由他（父亲）改造为半中半西。房屋是平房三合式，有几间房屋的门窗改为西式。园中既有戏台、假山、

---

① 周洵：《芙蓉话旧录》，成都：四川人民出版社1987年版，第6页。

水池，富有中国园林之胜，复有西方园林的开阔的大草地。我们上房住在这个大花园里，住房宽舒之极，活动的天地极为广阔，有山可登，有洞可入，有水可涉，花木丛中鸟语花香，自然感到快乐。"①

公馆和宅院是成都市区内质量较好的高档住宅，"居于其中，自然感到快乐"，所以其价格也是住宅价格中最高的。据吴宓先生日记载："在民国初年，当成都普通劳动者一年仅挣三到五两银子时，成都少城栅子街的一处普通院落，瓦房十间，带一小花园，售价为440两银子，半年后就涨到500两。"②而根据笔者在成都市房地产档案馆中查到的房契档案显示，"商人陈务本堂在1913年从旗人业主马甲齐克兴阿和其族弟马甲迎旭手中购得的宽巷子第壹号起至陆号两处房地产，共有正铺面拾肆间，双间铺面贰间，单间铺面拾柒间，窄巷子伍拾柒号起第伍拾捌号有双单铺面各壹间。其价格在6年间也从100多元银元增加到硬洋5400元，涨了50余倍"③。

而到后来成都房价高涨时期，这一地区房地产价格的增速则更为惊人。"1947年，成都人陈永禄堂与杨永庆堂将其于1940年花6000元所购井巷子一处占地一亩多，带商铺的独院以法币4400万元的价格杜卖给周孟陶堂。仅仅过了7年，同一处房产价格从法币6000元涨到了400万元，也说明当时物价飞涨，法币贬值，社会动荡不安的现实。"④

2. 普通人家的住宅

民国时期，随着城市手工业和资本主义工商业的发展，市区的民间建筑，已基本形成民居与店铺民居两大类型：民居建筑多建于小街里巷两侧。市民以各自家庭传统和人口结构及其社会地位、经济状况，建成穿斗木结构的三合院、四合院或串联式的多层次庭院。以后又逐渐发展砖木砖混结构的独家小庭院。稍为殷实的小康之家，多居住在杂院里，杂院则为二进式四合院，杂院以内三面皆一式房屋，比户而居，也有的杂院有曲折达一二进者。

店铺兼民居多建于闹市街道两旁，建成一至二层穿斗或砖木结构的店铺，多有连排式、连家店、连家坊等多种形式。也有把四合院临街大门及侧门修成

---

① 巴金：《家》，北京：人民文学出版社1981年版，第54页。
② 《吴宓日记》（上册），成都：四川人民出版社1984年版。
③ 成都市房管局房产信息档案馆馆藏历史房产契证：《杜卖井巷子第一号公馆及西胜街铺面的白契》。
④ 成都市房管局房产信息档案馆馆藏历史房产契证：《民国二十九年萧遗德堂杜卖井巷子第一号公馆及西胜街铺面的白契》，《民国三十六年陈永禄堂和杨永庆堂杜卖井巷子一号房产与周孟陶堂的白契》。

铺面的，或建成双挑两层小楼，形成前店后居、前店后坊的布局。"铺面有三间、双间、单间，进深长，常常是前铺后店、一楼一底，楼上多堆杂物，也可住人。店的外沿多设柜台，以展示商品，外面设活动木板即铺板拼接，早起晚闭，用代墙壁。楼上每个开间可设垂花立柱，上承屋面挑出的屋檐，柱间或建挂落及飞来椅，或作木格花窗，楼室狭隘，仅开一窗，室内一般较暗，不似西式建筑之轩朗。"① 清末以来，成都的铺面房屋多有改良。东大街、城守街、学道街、青石桥、总府街等处的旧式铺面原皆矮小，而柱甚粗，因而加以改良。新修铺面多高敞而用料不坚，茶房、旅店、酒馆也逐渐布置，"皆近年成都之进步"②。在不同房屋类型的分配中，"省城内南北多公馆，东多铺户，西多陋室"③。

民国时期，西方建筑风格传入成都，成都普通市民的住宅建筑有了一些新的变化。采用西方设计手法，兴建了砖木结构平房和楼房住宅。如1914年，华西协合大学的教职工住宅区，就采用了新式的建筑手法，一般教职工居住的住宅多为平房，为带有二三居室并一间厨房的连排式建筑，许多还附带有美观错落的院墙围合的小天井或者小巧玲珑的花园等室外空间。在建筑装修上，装门板，设大方格玻璃窗，吊天棚，抹白灰，置以灰墙瓦顶，简朴实用。有专供教授居住的独院独幢，或二宅并联，或为独立的二层小楼。底层为起居室，可设书房、杂用房、厨房、卫生间。二楼设卧室，有的为阁楼，立面造型带着西方古典主义建筑形式。此类宅院，体型错落，四周花木掩映，引人注目，时称"花园洋房"。

而采用新材料、新技术建设的西式住宅，其价格自然比传统的中式住宅价格更贵，如当时在总府路上，西式的平房比中式的住房价格要贵3000元。而在平房与楼房的对比中，人们又更青睐于楼房，而在20世纪40年代，在相同面积的情况下，楼房的价格要比平房高出1.5倍。④

总体来说，民国时期以来由于受城市经济发展迟缓的制约，成都人"住"的变化程度还是较小的。变化的群体也只局限于有权势、有地位的阶层，如居住公馆的军阀地主等。还有就是繁华热闹的商业中心，如在20世纪40年代的

---

① 周洵：《芙蓉话旧录》，成都：四川人民出版社1987年版，第7页。
② 傅崇矩：《成都通览》，成都：巴蜀书社1987年版，第303页。
③ 周洵：《芙蓉话旧录》，成都：四川人民出版社1987年版，第9页。
④ 四川省档案馆藏：《四川省府地政局、成都新村等备会有关征收土地、评定地价、定期清丈建筑土地、查办违法征收、盗卖公地案的公函、常务会议记录》，全宗号147，目录3，案卷号6206，第18页。

春熙路，已经很难找出传统的中式平房了，商家都以豪华的西式楼房为经济实力的标识。而普通居民的住房，除在建筑用料上采用砖木结构外，在建筑风格上则变化较小。正如抗日战争时期寄居成都的茅盾先生在《成都——"民族形式"的大都会》一文中所描述的："成都洋房不多，除了那条春熙路，大部分的街道大多保存了旧中国都市的风度。同类的商店聚在一条街上，这在成都是一个显著的现象……在今天的后方的许多省会中，成都确有其特长，无论从市街的喧闹，土产的繁庶，手工艺之进步，各方面看来，成都是更其'中国的'，所谓五千年文物之精美，这里多少还具体而微地保存着一些。"① 因此，传统民居在民国时期成都的住房消费里仍占据了绝大部分。

除民居住宅的类别和形制外，住宅房地产的存量及价格才是房地产管理中更为核心的问题。其中地段位置为决定房地产价格的关键因素。民国27年（1938年）地政学院调查员在对成都市区地价调查中，对当时成都市住宅区地价的基本情况进行了调查统计，如表1—9所示。

表1—9 成都市住宅区地价调查表（1938年）②

街名	门号	面积（平方丈）	共价（元）	每平方丈价格	每亩价格
东马棚街	13	70	3150	45	2700
东马棚街	7	24	1080	45	2700
东马棚街	20	40.5	1823	45	2700
过街楼街	4	30	1280	40	2400
过街楼街	35	16	640	40	2400
过街楼街	51	22	770	35	2100
东胜街	2	90	5400	60	3600
东胜街	18	20	1160	58	3480
东胜街	26	70	4060	58	3480
东胜街	28	18	990	55	3300
奎星楼街	12	40	1600	40	2400
奎星楼街	17	30	1350	45	2700
奎星楼街	25	55	2420	44	2600

---

① 茅盾：《成都——"民族形式"的大都会》，《茅盾散文速写集》，北京：人民文学出版社1980年版，第68页。

② 《成都市地价与房租之研究》，《民国二十年代中国大陆土地问题资料》，第77卷，台北：成文出版社1977年版，第40863~40865页。

续表1-9

街名	门号	面积（平方丈）	共价（元）	每平方丈价格	每亩价格
奎星楼街	30	20	600	30	1800
奎星楼街	37	24	840	35	2100
双栅子街	11	40	2420	60	3600
双栅子街	14	25	1125	45	2700
双栅子街	27	30	1350	45	2700
上草市街	93	93	2400	40	2400
上草市街	53	53	1200	40	2400
上草市街	30	30	800	55	3300
西珠市街	5	5	1080	45	2700
西珠市街	8	8	300	50	1800
西珠市街	32	32	300	50	1800
西珠市街	35	35	960	40	2400
文庙前街	6	6	1500	58	3000
文庙前街	18	18	2750	50	3000
文庙前街	32	32	2000	50	3000
文庙前街	34	34	3600	60	3600

应该说在1938年地政调查中形成的成都市住宅区地价调查表中，其调查范围虽相对有限，但也可反映出当时成都市区人们多居于东马棚街、过街楼街、奎星楼街、西珠市街、文庙前街等相对集中的地区，而其地价差距并不算大。而"下江来的豪客"，多住于满城内"门阀世家的高门大户中"①。

3. 棚屋

城市中的下层民众，居住房屋最为简陋，大都为木结构的棚屋。此类房屋修建容易，费用不多，建筑材料多为就地取材，形式多为方马蹄形，正面为堂屋，左右有厢房，隔壁用竹篱灰泥糊制。一些贫民"住的房屋、土筑草盖，牛马同居，并且有树枝蓑草结成的房子"②。

民国末期，成都市区房荒严重，城区内许多地区出现大量棚户区，其中以旧皇城界内私搭棚户的情况尤为严重。久而久之，成都市区内形成了多个以棚

---

① 茅盾：《成都——"民族形式"的大都会》，《茅盾散文速写集》，北京：人民文学出版社1980年版，第56页

② 五木：《四川人之生活程度》，载于《鹃声》1905年第1期。

第一章 民国时期成都房地产管理概况

户为主的贫民居住区，尤以围绕在皇城一带的东西御河街、玉隍观街等地为多。在1938年进行的地价调查中，也将这些区域作为一种房地类型进行了地价调查，如表1-10所示。

表1-10 成都市贫民区地价表（1938年）①

街名	门号	面积（平方丈）	共价（元）	每平方丈价格	每亩价格
天涯石北街	10	2	36	18	1080
天涯石北街	35	4	72	18	1080
天涯石北街	70	3	54	18	1080
天涯石南街	50	3	51	17	1020
天涯石南街	75	3	51	17	1020
天涯石南街	130	3	51	17	1020
天涯石南街	139	3	51	17	1020
玉隍观街	37	3	48	16	960
玉隍观街	53	3	48	16	960
玉隍观街	62	2.5	30	16	960
玉隍观街	60	2.5	30	16	960
东御河北街	12	2	36	18	1080
东御河北街	7	2	36	18	1080
东御河北街	33	2	36	18	1080
东御河北街	54	2	36	18	1080
西御河边街	50	2	36	18	1080
西御河边街	13	2	36	18	1080
西御河边街	31	2	36	18	1080
同兴街	42	3.5	52.5	15	900
同兴街	55	4	60	15	900
同兴街	110	3	45	15	900
柳荫街	12	3	48	16	960

---

① 《成都市地价与房租之研究》，《民国二十年代中国大陆土地问题资料》，第77卷，台北：成文出版社1977年版，第40865~40868页。

续表1-10

街名	门号	面积（平方丈）	共价（元）	每平方丈价格	每亩价格
柳荫街	21	4	64	16	960
柳荫街	25	4	64	16	960
柳荫街	61	4	64	16	960
南巷子	15	3	45	15	900
南巷子	8	2	30	15	900
南巷子	29	2	30	15	900

相比同一时期成都市内其他地区的地价水平，这一地区的地价的确是最便宜的。但这一地区人口密集、流动频繁、管理混乱，虽地处城市中心的重要位置，却是城中治安案件频发、最为脏乱的地区。

对贫民区即棚户区房地产的管理一直是民国时期成都政府较为头疼的一件事。以地处城中的皇城周边为例，皇城地产历经变动，原本计划兴建的中央商业区因各种原因迟迟未曾动工。抗战后期涌入成都的难民增多，无家可归者就在皇城周边私搭棚户容身，久而久之形成了成都市内最大的棚户区。因皇城周边被占之地多属公产，成都市政府曾多次明令禁止这种私占公产的行为，但情况不仅没有好转反而更加严重，并进一步影响皇城地区的治安和管理。1947年7月，市府不得不设立棚户管理所，并拟定《皇城棚户临时管理办法》："本市部分平民前因房荒之际，无法觅得住处，乃于皇城之中自行搭盖茅棚居住，刻已达千余户，市府为全面管理其中棚户，特拟定皇城棚户临时管理办法，呈请核准后履行。其办法具体内容为：（1）凡侵占皇城公地私自擅建棚户居住应予取缔，暂时未及搬迁之棚户，悉依本办法办理。（2）前项棚户概不编入各地保甲组织，另行成立皇城棚户临时管理所，由市派员直接管理；其已编入各地保甲者，均应一律划入。（3）棚户管理所应编制棚户图说，注明各棚户之位置及建居年月，以为管理依据。（4）棚户除现未搬迁者，准置居留外，以后概不得另增新棚，原有者亦不得扩充，或住该区内迁移改建以自住为限，不得买卖租佃或赠予。（5）管理所应将管区中棚户逐一详细调查。（6）棚户未迁移前，管理所为便利管理起见，应将棚户采取十至十五进制，分别予以编组。（7）各组组长由管理所就各组棚户中之居民编派之。（8）棚户编组后管理所应即订定

第一章　民国时期成都房地产管理概况

规约，实施连保连坐。(9) 棚户编组后管理所应即照户籍法办理户口登记。"①由此可知，市府对于皇城区被占为棚户的现状虽无可奈何，但也不得不将其纳入正常的行政管理范围，实际上也是默认了这一棚户区作为一个特殊的住宅聚居区的存在。两年后市府还进一步在此处设立了四川省会警察局的直辖警署，以加强对该地区治安的管理。

大量棚户聚居，不仅治安混乱罪案频发，更有火灾等安全隐患，1949年一年内皇城棚户区就连发两次大火灾："前晚皇城大火灾，焚毁房舍一八九栋，受灾人数达四百八十七户，财产损失计二十余万元，灾民几乎百分之百都是贫民，都是劳苦群众，情况极为悲惨。皇城这个圈子里，今年已经是遭受两次大火灾。前次烧毁的是临时的平民村，尽是草房，这次仍然是草房起火，瓦房也被波及。从这两次大火灾看起来，草房的确容易发生火灾，已是了无疑义。一般平民需要房子栖身，在这极度房荒当中，临时觅空地搭盖草房暂避风雨，已属极为可怜之事，而这两次大火灾，又偏偏是他们身受其祸，其苦况尤令人扼腕。"②

据1948年户政与地政部门记载：城区户口12.56万户，私房主4.57万户，占有房产577.73万平方米，每户平均占有房产126.42平方米。36%的人口占有91%的房产；而64%的人靠租用他人房屋维持生计，且数以万计的城市贫民在皇城坝、御河街、后宰（子）门以及城墙上下搭棚栖息。房产占有者之间，又以各自的社会地位和经济状况的不同，所占有的多寡也悬殊。仅据346户国民党军政人员占有22.39万平方米的房产情况从高到低相比，其中：7户占有房产38处，面积7.87万平方米，每户平均1874平方米；297户，占有房产312处，面积11.95万平方米，每户平均也有402平方米。与城区每户占有平均数相比，分别高出3.18～14.8倍，贫富悬殊。至1949年年底尚有棚户约3100户，无家可归者近2000户。③

（四）民国时期成都教会房地产的发展

1. 教会地产在成都的发展概况

成都平原早在唐代就有景教传入，到元代时改称也里可温教，明代末年天主教传教士开始在成都传教，早期多在教徒家中进行传教活动。1853年法国

---

① 《皇城棚户设所管理》，《新新新闻》1947年7月26日。
② 《皇城大火灾后》，《新新新闻》1949年11月10日。
③ 成都市地方志编纂委员会编纂：《成都志·房地产志》，成都：成都出版社1993年版，第52页。

天主教会在成都余庆桥街租地修建了成都最早的教堂。1860年第二次鸦片战争后，清政府与英法俄三国签订的《北京条约》，不仅要赔偿外国教会在"教案"中的损失，更使外国教会正式取得了在内地租买土地修造教堂的权利。1895年，英法等国利用"成都教案"等多次教案赔款，在成都购置了大量土地。到民国时期，法国天主教会已在川西教区共占有教堂75座，学校13所，医院4所，慈善事业产业9处，独院13处，出租房屋1150间，墓地7处，田土达24256亩，成为川西地区最大的地主。

仅在成都市区内，意、法天主教会就占有土地产业44处，面积192.16亩。英、美、加拿大基督教会也占有土地产业27处，面积188.99亩。主要有青莲池天主教堂、平安桥天主教堂、张家巷天主堂、四圣祠福音堂、桂王桥天主教堂、光大巷天主教堂、陕西街福音堂。这些教堂在建筑形式上都以欧洲教堂建筑为模仿原型，其共同建筑风格是尖塔高耸、花窗棂、镶嵌彩色玻璃，内部结构为柱式、肋骨交叉拱尖、飞扶壁，其中比较有代表性的建筑即为平安桥的天主教堂和四圣祠北街的福音堂。表1-11即对清末成都部分教会建筑分布即房舍情况作一简单介绍。

表1-11　清末成都部分教会建筑之址及房舍情况[①]

名称	国籍	地址	建筑物情况
法教堂	法国	一洞桥	
法文书院	法国	玉沙街教堂内	
圣心堂	法国	桂王桥北街	西式房1间、华氏房10余间
天主堂	法国	青莲上街	华式房32间
天主堂	法国	平安桥	西式房数十间，华式房数十间
天主堂	法国	兴隆场	
法国医馆	法国	浆洗街	
法教堂	法国	张家巷	
华美学堂	美国	文庙西街	华式房1院
广益学堂	美国	青龙街	
华英中学	英国	四圣祠	
启化女学	英国	陕西街	

---

① 傅崇矩：《成都通览》上册，成都：巴蜀书社1987年版，第60~62页。

第一章　民国时期成都房地产管理概况

续表1—11

名称	国籍	地址	建筑物情况
传教学堂	英国	金马街	
福音堂	英国	方正街	西式房30余间
福音堂	英国	古佛巷	华式房
福音堂	英国	四圣祠	西式房16间，华式房8间
英女医院	英国	福德街	华式房16间
英国讲堂	英国	大科甲巷	华式房5间
圣经书会	英国	三倒拐	华式房30余间
领事行馆	英国	隆兴街	华式公馆1栋，40余间
美国讲堂	美国	柳荫街	华式房2间
领事行馆	德国	东珠市巷	华式公馆1栋
领事行馆	法国	三圣街	华式房屋1栋，凡20余间
领事行馆	法国		宫保府公馆，后移居双凤桥

另外，近代教会在成都建立的各级学校也是教会地产的重要组成部分。现以四川近代著名的华西协合大学及其附属中小学、医院地产发展的部分史料为例，一窥近代教会在成都逐步扩大建设及经营学校、医院房地产的过程。

1910年，浸礼会、公谊会、美以美会、圣公会、英美会"五差会"共同选址当时田土荒芜、人烟稀少的成都南郊南台寺一带"中园"旧址，作为其建立一所高等医科大学的校址。他们通过与当地农户及土地所有者签订土地出让租借契约的方式，逐步取得了建校所需的土地资源，并在其后的二十年间不断将其扩大。

1911年所存的一份契约档案中载①：

宣统三年（1911年），立字出卖坟地文约人郑德禄、郑德福、郑德贵情因祖坟地址南、西、北三面接连华美学堂地基，近闻大兴建造，恐于祖坟不无践踏，特请周玉兴为中证，甘愿卖与华美学堂扩充地基……自卖之后，任凭华美会阳修阴为，挖高补低，后嗣子孙不得异言……空口无凭，特立卖地一纸文，买主为据。

---

① 成都市房产信息档案馆馆藏民国时期房契档案：《宣统三年郑德禄出卖坟地文约》，档案编号LS—25243。

引进人：周玉兴。在证：程登瀛、何步善、梁兴顺同在。
宣统三年九月二十八日
立出卖空地人德禄、德福、德贵

"差会"主要是以永租的形式从附近农户以及其他房地产所有人的手中取得土地房产，下为1917年英美会从黄冈县文昌会手中永租得南台寺附近土地的文契①：

立义议永租水田银约人黄冈县文昌会首事曾正顺，张同春等，今将先年本会契（置南门外南台寺侧近），官弓丈明契载水田五亩，并无房树株，因与英美会华西学校地点边界，兹凭证议明：其田大小两块，甘愿议让与英美会华西协合大学校名下，出银永租，其租价银四百三十八两……特凭证人将老契一纸亲交英美会华西学校永租手执，立文出让永租田，收银文约为据。
在证：胡××、×××。
私立华西协合大学校产中华民国二十年六月二十六日验讫
中华民国六年一月十一日立　永租永卖曾正顺等文契人

1919年华西协合大学的创始人甘来德先生又以美以美会的名义，通过永租的方式，又租得了南台寺附近四亩土地作为学校的建设用地，下为当时的永租文契②：

立出永租房屋基址旱地文契人何良遇，因需银使用，是以合家商议妥当，愿将祖遗南关外黉门街基址一段，计草房十三间，旱地一段约计四亩零……地内所有一切，一概随连出租，毫无提留。今凭中证说合，甘愿永租与美以美会名下出银，承永租管业，比日即凭中证三面言明，议定时值价银生洋二千二百元……今欲有凭，特立永租文约一纸，付承永租人收执为据。
界邻：李文煦。区正：余鸿魁。中人：黄诚修。代笔：唐作全。保正：郑长盛。甲长：吴万顺。界邻：吴永顺。界邻：侯洪顺。
中华民国八年阴九月二十八日立　出卖旱地文契人何良遇

---

① 成都市房产信息档案馆馆藏民国时期房契档案：《民国六年黄冈县文昌会首事曾正顺、张同春议让文约》，档案编号LS-25246。
② 成都市房产信息档案馆馆藏民国时期房契档案：《民国八年何良遇出卖房屋基址旱地文契》，档案编号LS-25243。

除了华西坝周边的土地外，华西协合大学还在成都市内其他地方置办校产，如下份文契即是1918年在牛王庙侧永租田地的文契①：

立永租田地房屋竹木契约人万安和堂夫妇及子合家商议，需银使用，甘愿将先年自买华阳南门外牛王庙侧，近砖牌坊御营坝侧水田一庄，大小四十块，约计一百零一亩零：原载条粮二两零四分八厘，瓦房屋一院，正房三间，左右磨角各一间，左厢瓦房五间，右厢瓦房三间，瓦楼门一间，方圆仓一眼，粪池二口，猪圈二间，牛栏一间，草粪房三间，水井一口……先尽族亲无人承买，是以请凭中证扫庄一并永租与英美会各下承租管业，拨粮耕输。比日凭中议定，永租业价银七千五百五十两整，画押一切小费概包价内，外无重索……界内所有坟茔日后迁出，均归租主管业所有。牌坊一座，地址概属租主管业。此业系属永租，后无赎取，业内如有交割未清，概有万姓自行理落，此后万姓子孙不得藉业滋事。空口无凭，特立永租字约交英美会为据。

私立华西协合大学校产，中华民国二十年六月二十六日验讫
中证：伍静夫、谢九皋、刘树堂、何佑灵
立出契约人万安和堂：万仁鸿、万吉孚、万宇辉
中华民国七年一月十二日立

通过对周边农田、房舍以永租的形式进行收并及不断扩张建设，至20世纪30年代，华西协合大学及其附属中小学、医院的地产从最初的百余亩已扩展到北起锦江南岸、南至洗面桥，面积已达近千亩。

2. 成都市政府对教会地产的管理

随着外国教会在成都等内地城市扩展经营之房产日益增多，各级政府加强了对外国教会房产的管理。1910年四川省经征总局行文下属各经征分局："如遇有外国人或教堂投税契据，必先详加查考，看是否与实际情况相符，即日送请地方官查明，确无纠纷瓜葛，然后钤印，并不得藉此故意拖延；对外国人或教堂购置土地还必须盖上'并无矿产'木戳，若所购地发现矿产权属中国政府所有。"这样做一方面以杜绝外国人在进行房地交易时"有卖主私卖房祠，或

---

① 成都市房产信息档案馆馆藏民国时期房契档案：《民国七年万安和堂夫妇及子永租田地房屋竹木契约》，档案编号LS—25248。

倒卖公产，或租他人地基自建房屋，或界址含糊，或契约中不书明教堂公产字样"① 等种种欺诈行为。另一方面也可保护国家及国人之合法利益免受外国教会的不法侵占。

在民国初期至1932年川政统一前的军阀混战时期，由于政局不稳且地处内地，各级军阀政府对于涉外土地的管理相对保守及严格，根据1928年7月外交部公布的《内地外国教会租用土地房屋暂行章程》规定："（1）凡外国教会在内地设立教会医院或学校，并为该国与中国条约所许可者，得以教会名义租用土地建造或购买房屋。（2）外国教会在内地租用土地建造或租买房屋，应服从中国现行及将来制定之法令及课税。（3）外国教会在内地租用土地建造或租买房屋，须由业主与教会会同呈报该管官署核准其契约方为有效。（4）外国教会在内地租用土地建造或租买房屋，其面积越出必要之范围者，该管官署不得核准。（5）外国教会在内地租用土地建造或租买房屋，查出有做收益营业之用者，该管官署得禁止之或撤销其租赁。（6）本暂行章程施行前外国教会在内地已占用之土地及房屋，应同该管官署补行呈报，倘其土地系属绝卖者，以永租权论。（7）本暂行章程自公布日施行。"② 除了按照国民政府外交部公布之章程进行管理外，当时成都市涉外土地管理较之沿海地区保守严格主要表现在涉及"永租"问题的处理上。"仍然沿用清政府时期关于外国人及团体、企业不得在中国内地及非通商口岸购置土地的规定。坚决不承认外国教会、团体、领属、侨民等所置房地产的所有权，只允许取得租用权，并且得定为'永租'，凡租契上出现'永租'字样的，登记时一律由核审官员删去。"③ 在实际操作中对于之前已存在的"永租"之事实，政府还是承认的，所以在当时保留下来的涉外用地租佃情况登记表中，仍有数量不少的"永租"情况。但对于其后还想继续进行"永租"土地的，则是不可能的了。如1938年11月，华西协合大学为扩建校舍，申请"永租"与校园相连之地块，因其校地本为"永租"性质，而所租地块与校地相连，本以为没有困难，却被成都市政府以"所请'永租'一节碍难照准"为由严词拒绝。

在其他方面更进一步规定："外国教会租用土地建造或租买房屋不得超过实际需用的范围；租买双方要共同到官府办理登记手续；在中国购置土地的外国公民受捐税及有关国防征用土地令的约束；非经中国政府明白许可，不得移

---

① 杜泽江：《解放前成都的涉外用地管理》，《资源与人居环境》2015年5期，第16页。
② 成都档案馆藏：《内地外国教会租用土地房屋暂行章程》，《市府关于内地外国教会租用土地暂行章程、租用房屋契约等》，全宗号38，目录号13，案卷号20，第58页。
③ 杜泽江：《解放前成都的涉外用地管理》，《资源与人居环境》2015年5期，第16页。

让于第三国政府或人民。"①

1941年，成都市进行第一次全市范围内的土地登记，由成都市土地整理处负责，宣布废止以往使用的各类土地契约，对于涉外土地使用问题则规定："凡是以教会名义前来本处申请为土地的所有权之登记者，自应先由本处为公有土地所有权之登记，然后再由租赁人为租赁之登记。""而外国教会在本市内置有土地者，依法不得予以所有权登记，应由本处视为公有土地代表登记后，再准其为永租权登记。经公告后无人提出异议者，即予填发永租执照。但在登记时所有权人所应缴纳之一切费用均由永租人负担。"②

许多外国教会以土地房契远存海外，提档手续繁复，战争阻碍或当家管事不在成都等为由，拒绝出具相关契约进行房地产登记。如当土地登记进行到中华基督教浸礼会所占地产时，其成都地区总干事胡敬伯就多方推托，以地契在美国为由拒不接受查验登记，并致函成都市土地整理处："以上各产业所有证件红契，因受大局纷乱影响，载至美国纽约总会保管，在大局和交通未恢复正常状态以前，实不便轻易寄转……如贵处迫不及待，即请直电昆明美国领署转饬美国纽约总会催促，或向中央外交部请求办法。"③ 对此，土地整理处也无可奈何，只有一方面反复催促并一再重申登记的必要："若再逾期，当按规定加收登记费四成，决不宽假，事关产权，切勿再事废玩，致受罚累为要。"另一方面又不得不与之妥协，在其后折衷规定道："凡以教会名义前来本处申请为土地所有权之登记者，只要能提出相当证据，证明其租赁关系即为已是，不必一定视察其红契。"④

第四节　民国时期成都房地产管理的相关法律法规

民国时期，城市房地产管理作为土地管理的一个方面，国民政府虽未曾颁布专门的房地产管理法，但在房地产管理的具体操作实践中，各级政府以孙中山先生"平均地权"思想为城市土地管理及房地产管理的主要指导思想。"以

---

① 成都档案馆藏：《内地外国教会租用土地房屋暂行章程》，《市府关于内地外国教会租用土地暂行章程、租用房屋契约等》，全宗号38，目录号13，案卷号20，第62页。
② 《成都市土地登记施行细则》，《成都市土地整理处关于土地房屋调查和土地整理的呈文》，全宗号93，目录号02，案卷号4359，第48页。
③ 曾敏：《中国四川成都（温江地区）土地制度沿革》，成都：四川科学技术出版社2010年版，第163页。
④ 曾敏：《中国四川成都（温江地区）土地制度沿革》，成都：四川科学技术出版社2010年版，第164页。

总理所主张之平均地权,为解决我国土地问题之最高原则"①,"孙中山先生首先提出'平均地权'的最高原则……而解决目前中国最严重的土地问题"②。

孙中山先生"平均地权"土地思想的核心在于"地利共享",以其在《同盟会宣言》中所宣称的:"改良社会经济组织,核定天下地价。其现有之地价,仍属原主所有;其革命后社会改良进步之增价,则归于国家,为国民所共享。"③ 其宗旨在于"私人所有土地,由地主估价呈报政府,国家就价征税,并于必要时依报价收买之"④。为实现"平均地权"的理想,孙中山先生设计了四个具体操作的步骤:

第一,核定地价,以全国性的地籍整理和土地登记为基础,以各地地价之高低为基准征收地价税。地价的多少由土地所有人"自由呈报",由政府地政部门"载在户籍"后,即以土地所有人呈报之地价为政府最后规定之地价。孙中山先生认为,只要严格实行"照价征税"和"照价收买",土地所有者就不会"高报"或"低报"地价。因为若高报了,"纳税不得不重";若低报了,"自定之地价太贱,则国家可以照价收为国有"。⑤ 如此,即可实现地价之公平。

第二,照价征税。"照地主所报之地价,纳百分之一或百分之二的地税。以后公家有用其地,则以所增之地价悉归公有,地主只能得原有地价,而新地主则照新地价而纳税。"⑥ 其后在孙中山先生指导颁布的《广东都市土地税条例》中,明确规定了征收土地税应分为两种形式:"一种为按地价征收的普通地税,凡价值同等之同种土地,一律受同等之待遇,税率为 0.4%～1.5%;二为土地增价税,按土地增价之大小,分别课以 10%～30% 等不同税率的增价税,对于因人工改良而非自然增价者,免除改良费之半数;地价较低以及土地增价未超过 10% 的,免征土地增价税。普通地税和土地增价税的纳税人,原则上为土地所有人,特定情形下为土地的永租人或典主等。"⑦

第三,涨价归公。"地价涨高,是由于社会改良和工商业进步。……这种改良和进步的功劳,还是由众人的力量经营而来的;所以由这种改良和进步之

---

① 曾济宽:《中国土地问题及其解决方法》,《地政月刊》1933 年第 6 期。
② 束以范:《吾国土地问题的严重及今后应实行之土地政策》,《中国经济》1935 年第 2 期。
③ 《孙中山全集》,北京:中华书局 2006 年版,第 1 卷,第 297 页。
④ 《孙中山全集》,北京:中华书局 2006 年版,第 9 卷,第 120 页。
⑤ 《孙中山全集》,北京:中华书局 2006 年版,第 2 卷,第 364 页。
⑥ 《孙中山全集》,北京:中华书局 2006 年版,第 5 卷,第 193 页。
⑦ 《孙中山全集》,北京:中华书局 2006 年版,第 8 卷,第 303 页。

后所涨高的地价,应归出人力者享有。①"土地增值是"以众人之劳力焦思以经营之社会事业,而其结果则数百数十倍之地主坐享其成,天下不平之事,孰过于此!"所以"所增之价应悉归公有,地主只能得原有地价"②。

涨价归公是孙中山先生平均地权的核心所在,即核定地价后,由国家来收取土地未来增值之价,土地增值之收益应该归国家,而不能归地主,只有这样才能实现"共社会未来之大富产",即由人民平等共享土地增值收益权。而这一目标主要通过征收土地增值税来实现,征得的税款用以"经营地方人民之事业",从而满足"办社会事"之"公共需要"③。可见涨价归公,即是运用财税手段调节由土地增值而产生的社会财富的再分配,其目的在于通过财税收支的形式间接地实现人民共享地权地利。

照价收买,指国家可以随时按照地主所报地价收买土地,这一方面可以防止地主在呈报地价时为逃避土地税收,以多报少,弄虚作假。将它与照价征税相互为用,即可保障地权得到平均,从而使地主、资本家放弃对土地的投机。另一方面,当国家需要征用土地时,即可按照地主最初申报之价格进行收买。通过国家收买,可以保障涨价归公的实现,"公家有用其地,则永远照价收买,不得增加,他若私相买卖,则以所增之价悉归公有,地主只能得原有地价,而新主则照新地价而纳税"。而对于土地上所建之房产,亦顺应城市发展规定了需"补回地主楼宇的价值"。

国民政府以平均地权思想为其立法中心,制定出符合民生主义精神的一系列《土地法》《土地征收法》《土地使用法》《地价税法》等,以及与房屋管理相关的《战时房屋租赁条例》《内地房荒救济办法》和1938年12月迁渝后国民政府颁布的《非常时期重庆市房屋租赁暂行办法》,抗战结束后1947年公布的《房屋租赁条例》《奖助民营住宅建筑条例草案》《鼓励人民兴建房屋实施方案》等。

四川省、成都市政府在国民政府就土地房屋问题制定的各项法律、法规的基础上,结合本地实际,制定并实施了大量的关于土地和房屋管理方面的地方性法规,以及在进行地方房地产相关工程及管理实务中制定的法规、章程、细则等。1940年成都市开始进行土地整理、登记工作,成立了成都市土地整理办事处,制定了一系列关于土地整理登记的规章办法,如1940年由成都市政府制定颁布的《成都市土地整理计划纲要》,同年由成都市土地整理处颁布的

---

① 陈旭麓、郝盛潮:《孙中山集外集》,上海:上海人民出版社1990年版,389页。
② 《孙中山全集》,北京:中华书局2006年版,第5卷,第222页。
③ 《孙中山全集》,北京:中华书局2006年版,第8卷,第309页。

《成都市土地登记实施办法》，1943年由成都市政府颁布的《成都市土地登记施行细则》，1944年由四川省地政局颁布的《四川省土地勘丈规则》，1947年9月由四川省政府修正并颁布的《四川省土地复丈规则》，由成都市政府颁布的《成都市土地覆丈规则》，进行地方公产管理的《四川省整理市县财政方案》《成都市政府整理公学产实施办法》，规范城市土地征收具体工作的《成都市拓宽道路补偿拆卸迁移暂行规则》。1937年四川省政府主持成都"新村"建设工程，制定了一系列关于"新村"建设的相关法律法规，如《四川省政府建设成都新村筹备委员会组织章程》《四川省政府建设成都新村征收土地规则》《四川省政府建设成都新村放地规则》《成都新村第一次征地实施办法》《四川省政府筹建新村征收成都市旧皇城区域土地办法》。在其他工程中涉及土地征用的规章，如1940年8月由四川地政局颁布的《成都东北段环城马路征用土地放价办法》《四川省政府办理川大迁移校地委员会收回皇城土地实施规则》《成都市拆除火巷实施办法》。关于地价和房屋价格整理方面的规章有：1937年8月由四川省地政局颁布的《四川省城镇地籍整理规定地价实施细则》、1946年10月颁布的《四川省建筑改良物价施行细则》。对房屋租佃进行规范管理的有：四川省政府于1936年8月颁布的《成都市房屋租佃规则》《成都市政府发给房屋租佃契约细则》《成都市财政局市有房屋地皮租佃规则》《蓉疏散区房屋禁止提高租价实施条例》《成都市非常时期房屋租佃规则》，以及1942年颁布的《四川省各县疏散区房屋租赁标准规定》、1947年12月成都市政府颁布的《成都市强制空房出租实施办法》。关于地税、房捐征收的法规有：四川省政府于1936年4月颁布的《城市改良地区特别征税通则》、1937年8月颁布的《四川省各县、市土地税征收规则》、1946年1月颁布的《四川省征收各县、市房捐暂行简章》《成都市房捐征收章程》、1944年4月颁布的《四川省各县市土地改良物税征收规则》，1948年7月还颁布了《币制改革后规定地价及征收土地税费补充办法》。关于房屋建设方面的规章有：1939年7月由四川省会疏散区临时住宅建筑管理委员会公布的《建筑团体贷款办法》，8月由四川省政府颁布的《四川省疏散区贫民住宅建筑管理借用土地办法》，1948年6月由成都市政府颁布的《成都市建筑平民房屋办法》《成都市短期小额改良市地放款实施办法》，另外还有关于房屋租佃纠纷调解方面的规章《成都市房屋租佃纠纷调解委员会暂行条例》，涉及房屋建设行业管理的《成都市政府管理泥木工头规则》，等等。

各种法律、规章、规则的制定是民国时期各级政府对新兴的房地产行业进行规范化管理的探索和尝试，同时也是政府在进行房地产管理工作中开展各类

第一章　民国时期成都房地产管理概况

实务、解决各种问题经验的总结，从对这些法律规章的研究中，可对当时政府对于城市房地产市场逐步介入及管理情况有全面而深入的了解。

第五节　城市土地管理专门机构的设置

清末的成都并没有专门的房地产管理机构，按照传统的管理方式，房地产管理的核心内容就是征收田房契税。"1908年清政府将原归地方的部分契税全部提归国有，一年后又废除原有的包缴制，改藩署户粮房为省经征总局。在成都、华阳两县设经征分局，征收田房契税，并废'契尾'，改用'官契'，由县政府加盖官印凭证管业。"① 旧时的中国实行城乡合治，城镇和乡村都统属于一个单独的行政管理系统，城市没有自治地位，没有专门的市政管理体系。担任城市直接行政职能的知县衙署，即成都县署和华阳县署，其职责为"平赋役、听治讼，兴教化、厉风俗。凡养民、礼神、贡士、读法、皆躬亲厥职而勤理之"②。与地方赋税征收相关的房地产管理还是由各级地方政府主持进行，另外在基层执行时，则依靠地方保甲等予以监督执行。"其管内税粮完欠，田宅争辩、词讼曲直、盗贼发生、命案审理，一切皆与有责。遇有差役，所需器物责令催办，所用人夫责令摄管。"③

辛亥革命后，随着中国城市的近代化，城乡合治的管理形式逐渐不能适应日益发展的城市发展管理的需要，兴办市政成为当时中国城市发展的潮流。1918年中华民国军政府率先在广州兴办市政，设市政公所，1920年又改组为市政厅。1921年北京中央政府颁布了《市自治制》和《市自治制施行细则》，从法律上正式确立了市作为区域性自治团体的地位和作用，此后中国许多城市相继开始建立市制。成都作为这批城市中的一员，1921年四川省会警察厅与成华议事会联合呈报四川各军联合办事处，拟请筹办成都市政，经批准立案设立了成都市政筹备处。1922年3月，成都市政公所正式成立，刘成勋为第一任督办，从此成都开始兴办城市自治，从而使传统的"城乡合治"转变为"城乡分治"。此为成都市建制的开始。

在近代化的成都城市形成的过程中，政府对城市土地的开发及管理也开始由以前的仅以征赋税为目的的简单管理，逐步发展到比较专业系统的城市土

---

① 曾敏主编：《中国土地制度沿革》，成都：四川科学技术出版社2010年版，第141页。
② 《清朝通典》卷三四，《职官典》，《州县》。
③ 《清文献通考》，卷21，《职役》，转引自张小林著：《清代北京城区房契研究》，北京：中国社会科学出版社2000年版，第19页。

及房地产开发及管理。

1928年10月，成都市政府成立，其下设一处三局，在财政局下设三科，由财政部门兼管土地，土地登记及税捐征收分别由第二、三科管理。1932年9月，成都市政府撤局建科，原财政局撤销，改建为财政科，内设土地管理股管理土地及土地改良物相关问题。抗战前期，全国范围的城市地价上涨风潮日盛，政府进一步加强了对房地产资源的控制和管理，"地政工作为仁政之始基，亦地方建设之百年大计。历代体国经野，靡不于地籍赋役三致意焉。盖由土地为人类资生之源，亦国家组成经济生产之要素，其分配利用之当否，关于国计民生者至深，是故本党以平均地权为实现民生主义之要略。诚能'地尽其利'实所以增进整个社会大众之福祉。年来各省市县对于地政事业多能积极举办，渐着实效。就地政之整个范围而言，原有土地整理（包括土地测量、登记、调查、登记造册及改征地价税）与土地改革（包括土地分配与土地利用）两大部门。目前本市地政尚属草创时期，各项工作亟待展开，其在土地整理方面，虽由省府设立成都土地整理处统筹办理，而本科有参与其事之责，自当协力推进，促其早日成功"①。

1936年2月，为推进各省地政工作，国民政府拟定《各省市地政施行程序大纲》，规定了各省市举办地政的程序，除依照《土地法》暨《土地法施行法》的规定外，均依据该大纲办理。将省、市已设立的专管地政机关一律改成地政局；省由民政厅、市由民政局设股办理地政的，应改为设科办理；省由财政厅办理地政的，应划归民政厅办理，市由其他局办理的，应划归财政局办理；省市尚未设立专管地政机关的，省由民政厅设科办理，市由财政局设科办理。除地政机关设立外，该大纲还就土地测量、土地登记、土地使用、土地税、土地征收的施行程序做了相应规定。

当年，四川省地政委员会成立，由省长刘湘兼任委员长，民政厅厅长嵇祖佑任常务委员。1937年11月四川省地政局正式成立，由民政厅厅长嵇祖佑任局长，下设成都、华阳办事处。其职责主要是制定土地政策、规章，土地行政，征收地租、地税，进行土地登记、测量、制图、评定地价等。

次年，成都市政府根据《各省市地政施行程序大纲》和《国民政府内务部组织法》相关规定，结合成都实际，设立直属市政府专门管理土地的机构——成都市地政科，内设行政、测绘、登记三股，后增设"新村"管理股。成都市

---

① 成都市档案馆馆藏民国时期档案：《地政三十年度施政计划》，《市府三季度施政计划、重估地价评定章程等》，全宗号38，目录号6，案卷号1533，第80~85页。

地政科科长为刘世璞,副科长为王国章。该科负责掌管全市的土地登记、使用、征收和税收,办理土地契据审查,土地、房产纠纷调解和其他有关地政事项。"本市土地整理实应由市政府地政科负责料理,但为人事及事务管理便利计,于地政科内设成都市政府土地整理办事处。办事处系临时性质,不对外行文,一切以市政府名义行之,办事处设主任一人,以地政科科长兼任。……其业务人员,完全由省地政局就近监督、指导、拨调,实际与省地政局办理无异。"①

成都市地政科行使政府对于地政事务的管理职能,主要包括:"一、接收新市区并测设地形图;二、整理市有公产;三、整理复兴门外附城风景区,包括各门外城濠土地之清厘;四、整理外西阴地坝(外西阴地坝是前清时代为旗民进葬之所,其意义含有公墓之性质,土地应属官有);五、筹建公墓;六、改进本府(指成都市政府)自用或代办其他机关土地征收办法;七、调查本市土地及房屋使用情形;八、协助本市土地整理工作;九、健全本科组织。"② 1940年5月,依四川省政府令,成立成都市土地整理处,隶属四川省地政局管理,专司地籍测量、制图、办理土地登记及评定地价,其下又设立土地测量队等机构。

1945年7月,国民政府内政部批准成都市政府组织规程,成都市政府内设7科3室,第6科负责土地事项,从当年起,成都市辖8区8镇均设地籍干事。1946年,国民政府行政院设置了地政部,下设地籍、地政、地价和总务等司。3月,成都市地籍整理完毕,奉四川省政府令撤销成都市土地整理处,地籍图表登记等数据移交成都市地政科,地政科为此增设土地登记处。

本章小结

清末之前的成都城市因实行城乡合治,城镇和乡村都统属于一个单独的行政管理系统,城市没有自治地位,没有专门的市政管理体系。担任城市直接行政职能的知县衙署,即成都县署和华阳县署,其职责为"平赋役、听治讼,兴教化、厉风俗。凡养民、礼神、贡士、读法、皆躬亲厥职而勤理之"③。官府对于民间的控制即类似于"代天巡牧"的状态,即以一整套以封建伦理道德思想为基础,通过军事、政治、经济、文化、教育等各方面相结合的方式对国家

---

① 《成都市土地整理计划纲要》,《成都市政府周报》,第二卷,第一期,1940年5月4日,第5页。
② 成都市档案馆馆藏民国时期档案:《地政三十年度施政计划》,《市府三季度施政计划、重估地价评定章程等》,全宗号38,目录号6,案卷号1533,第80~85页。
③ 《清朝通典》卷三四,《职官典》,《州县》。

进行控制和管理。相应的,地方政府对地方事务的管理反而显得宽松而稳定,城市处于一种自然发展的状况之下。而与房地产相关的各种事务,如土地交易、房屋建设、房屋交易,包括房屋的买卖、典押、租佃等皆由民间自由进行,与此相关而产生的管理事务及房地产纠纷则由当地官府负责处理。

与传统房地产管理相比较,民国时期成都房地产管理的范围由于城市地域的扩张而更加广大:成都市城区面积由民国13年(1924年)的"东北不及三里,西南不及二里"的范围,经历次艰难的勘划、交割,至1945年已扩大为35919亩。城市房地产类别更加丰富,除历代"书院、宾兴、公车、学田、捐局,以及团防、积谷、善堂、义渡"而形成的公产外,民国时期城市房地产公产的范围还包括政府机关及社会团体的土地房产,以及官办学校所有学田、房产和用于公共事业设施的房地产。私产的范围更广泛,除去传统用于居民居住和提供生活日常需要的商业、手工业房地产外,随着民国时期城市新兴工商业的发展,还出现了各种类型的工业和商业房地产。住宅类房地产的类型亦更加多样化,除传统民居外,还有军阀豪绅修建的各式公馆洋楼,以及由政府主持建设的新式住宅小区。

城市的近代化使得城市房地产管理中所面临的新情况、新问题更多更复杂。在此情况下,成都民国时期城市房地产管理无论从规模还是管理方法皆须不断发展进步,方能适应不断变化的发展形势。首先是通过建立健全城市房地产管理相关法律法规来规范房地产市场,不仅包括中央政府及上级地方政府颁布施行的各种土地及房屋管理法规及政策,也包括制定和执行适合成都自身城市发展的规章制度和处理房荒等特殊时期的房地产问题。其次为建立房地产管理的专业机构,土地管理处和地政科等房地产管理机构相继成立,最终将城市房地产管理落到实处的则是通过各种方式处理房地产管理相关实务,推动房地产管理工作的具体开展。

第二章 民国时期成都房地产管理的内容及方式

由清末到民国时期,随着传统农业经济的崩溃和城市的近代化,中国社会卷入了从以传统的农业经济为中心,以农村为统治基础的传统方式,向城市化和近代化迅速转化的迅猛浪潮中,而城市房地产正是这一浪潮的风口浪尖。

传统中国社会的地方政府对城市房地产事务没有进行专门管理,只是将其囊括入地方官府"平赋役、听治讼,兴教化、厉风俗。凡养民、礼神、贡士、读法、皆躬亲厥职而勤理之"的诸多政府职能中,在赋税、契证、房牙、民间诉讼等许多方面都涉及城市房地产事务的管理。

房地产业是在近代列强入侵、传统农业经济崩溃、城市经济崛起的大背景下产生的,中国近代意义上的房地产业起源于清末外国列强在沿海以及个别城市设立的租界。① 民国时期,作为城市繁荣发展的基础,城市房地产对于城市的兴旺发展尤为重要。随着城市的发展,成都城市疆界急剧变化、工商业快速发展、市政建设亦开始展开,成都城市功能日趋近代化和多样化。房地产作为城市发展的基础行业,政府对其的管理除了如上文所述制定法律法规、设置专门机构进行日常事务性的管理外,许多房地产相关工作是通过其他多种形式开展的,本章主要从通过房契进行房地产管理、土地整理和产权登记、地价数据收集和统计分析、征收税费进行管理、利用传统保甲制度和相关行会组织等六方面对成都房地产管理的内容和方式进行论述。

---

① 这一理论由赵津老师在《租界与中国近代房地产业的诞生》一文中提出,其后在其专著《中国城市房地产业史论》及《中国城市房地产业史回溯》等系列文章中皆有论述。张小林著《清代北京房契研究》和李开周著《民国房产战争》等著作中对这一理论皆有论述。

第一节　通过房屋契证对房地产进行管理

一、房契及房地产档案的基本概念

房地产契是田房产交易的契据，西周时期就把买卖、抵押、典当田房产称为"契"。"契"的本意是指"合约"，又叫"契约"，必须双方收执、"两知之"才能称为"契"。这种契约还另有专门名称，叫作"质剂"，或叫作"契券"（《荀子·君道》）。又叫作"右契"，"一书两扎，同而别之"（《礼记》），就是一份契约，把同样的内容书写两份，买卖双方各自保存一份。这种契约形式历代沿用，至今已有3000多年历史。

"房地交易是按房地契约的规定将房屋的土地权益进行转移，以此将成文法的固定规则确定为货币关系。"① 在民间房地产交易中广泛使用的房屋买卖契约文书分为官契和民契，是城市房地产买卖中重要的法律凭证，体现了封建法典、国家政令对实际生活中法权关系的概括和规范。

中国使用契约历史较早，在青铜时代就有了契约的雏形。在现存至今的青铜器上，就发现了刻有不少契约录文及含有契约内容的文字。据学者目前考证到的中国最早的房地契约，是汉代的"买地券""受奴买田契"②。继汉之后，东晋朝创立了中国最早的契税制度，规定民间进行房地产交易，必须订立契约文书，并依照国家律例缴纳相关的税银。《隋书·食货志》曾载："晋自过江，凡货卖奴婢、马牛、田宅，有文券，率钱一万，办理估四百入官：卖者三百，买者一百。无文券者，随物所堪，亦百分收四，名为散估。历宋、齐、梁、陈，如此为常。"

唐以后，随着土地私有制的发展，房地契约制度也随之发生演变，房地产交易形式以契约形式交割形成了较为完善的由申碟、立账、立契、税契、推收过割等环节构成的系统程序。

传统契证制度在清代逐渐发展完善，形成于清嘉庆年间的《写契投税章程》认为，历代以来通过房屋契证对房地产交易进行管理，是政府进行房地产管理的主要手段之一。成都府属各县在光绪十年（1884年）开始自印契式，以某县契式为名称，自行统一编以某地县宗第某号等，并注明"别州县不许借

---

① 张小林：《清代北京城区房契研究》，北京：中国社会科学出版社2000年版，第9页。
② 杨国桢：《明清土地契约文书研究》，北京：人民出版社1988年版，第21页。

第二章 民国时期成都房地产管理的内容及方式

用"等字样。凡买卖田地者径到县田房申请，照格式书写契文，内容与民契无大异，是为官契。1908年，四川总督府宣布废除了沿用多年的契尾及之前各县自印的"小官契"，改用藩署统一制发的"正契格"，规定民间买卖田地，一律以正契格书写契约。每申购正契格一张，缴工本银二两，一两归藩司，一两归总督署。后四川布政司及经征局规定凡卖款十千钱以下者，免用正契格，只领执据一纸粘于自书契约之后，经盖官印后作管业凭证。执据名为"小契"，每千钱交小契工本费五十文。

清代的地方土地管理是通过县署对地方的产权产籍进行管理，以便征田赋。对地籍的管理编为保、区、图、圩、号五级，号内分户，并以图为单位编制鱼鳞册。在编定地籍的基础上，确认每一地块的所有权人，核发产权凭证。旧式的田地产权凭证为田单，单上注明某保、某区、某图、某字圩、某号、亩数、原粮、客户姓名等信息。

清末的地籍资料残缺，认定权属的历史依据已名不符实。1930年，经过户地清丈、地籍调查、求积制图、编定地丘号，以丘号为序，编制"丘领户"册，即以地丘号为序编制的业主名册。从1931年到1936年，当局先后进行城区和市郊第一次土地登记，编制以业主姓氏笔画为序的"户领丘"册和他项权利申请登记册。上述"丘领册""户领丘"册的编制，结束了清末以来人（业主）、地（地籍）、税（契税）互不一致，地籍混乱的局面。1939年，又分别设立移转登记簿，为掌握房地产的异动提供依据，根据管理工作的需要，设置土地登记总簿和业主姓名索引卡等检索工具。至此，以地籍为主的产籍开始形成。1939年成都市政府设地政科，负责土地测量、清理登记、办理移转变更，进行搜集整理，重建以地籍为主的产籍数据的工作。

1950年，成都市人民政府地政局接管民国时期市政府地政科的地籍资料，计有："土地登记申请书191册（以业主姓氏笔画顺序归户），姓名索引簿33册，土地登记总簿205册，移转登记申请书62册，移转登记总簿83册，变更登记申请书1册，他项权利登记申请书3册，市郊土地登记申请书8宗，城厢调查簿32宗，市郊调查簿141册。"[①]

民国时期的产籍资料存在重地产轻房产的问题。新中国成立初，为重新建立能全面反映房地产权属的产籍数据，有关部门于1952年在成都全面开展房地产总登记。通过土地测绘，地籍调查，申请登记，追查历史凭证，搜集民间

[①] 成都市地方志编纂委员会编纂：《成都市·房地产志》，成都：成都出版社1993年版，第20页。

各种契约、契格、合同、协议、证明,有的追查到清代或更早的资料,整理出能反映历史和现状的"地"字档案53744卷,为新中国时期开展成都房地产管理工作奠定了基础。

民国时期的成都市房产信息档案除清末以来的房契档案外,还有其他许多能够说明房产信息,记录房产转移和改变的土地所有权证状、转让证明、管业证明等。这些档案资料除四川省、成都市档案馆地政档案中有部分保存外,皆由成都市房地产管理局成立的成都市房产信息档案馆保存,该馆内更保存了大量自清代以来的成都房地产档案,就现在清理出来的情况,仅老房契就有三四十万份之多。这是研究民国时期成都房地交易和土地管理的重要原始材料,也是进行民国时期成都城市发展研究的一个资料宝库。

二、民国时期成都房契的分类及演变

传统房地产交易,一般是通过中介人,即传统的房牙、捐客介绍,双方协商一致后订立契约,其具体过程一般由以下程序构成:先由买方交纳一定数额的定金,在契约上写明买卖双方姓名、房地产坐落、大小、结构、四至等房地产的具体信息,再邀请乡约、保甲、近邻、街坊、中证人等签章作保,并设宴请客,送礼金酬谢。待房产交割完毕后,立扫盘契。再上报地方政府办理相关房地产交易的"公告"或"宣告"事宜。经"公告"期满无异议的,交易双方还应会同四邻清界,再次邀请乡约、保甲、近邻、街正、中证等人,设宴告知,之后正式签订"杜卖"或"摘卖"文契。交易结束后,买方凭契约到地方官府主管税收之机关上税、加盖官印并张贴印花,凭此"红契"管业。① 这种房地产交易形式虽仪式繁琐,但体现了传统封建宗法社会对房地管理习俗的影响,其由来已久,在民间相沿成习,影响深远。

在传统房地交易中,双方订立买卖或典当房地产契据时,若未经官府加盖印章,一般认为不具备法律效力,所订契约称作"白契",也叫"草契"。房地产买卖双方当事人经过向官府呈报、备案、纳税后,官方在"白契"上加盖官印,加有大红印章,故称"红契"。

清末出现了统一印刷格式的"官契"。官契是房地产、土地买卖市场渐趋规范,社会经济渐趋成熟的产物,在民间也被称为"红契"。在官契上,不但有买卖双方当事人的名字、房产地址、数量、结构、四至、价格等基本信息,

---

① 成都市地方志编纂委员会编纂:《成都市志·房地产志》,成都:成都出版社1993年版,第78页。

第二章　民国时期成都房地产管理的内容及方式

而且还有官府的印章。

现以宣统元年（1909年）四川布政使司颁发的彭蔡氏购买叶双福名下房产的官契一份为例（原图见附录十三）：①

四川布政使司为给发官契事照得本省田房契税，经督宪赵奏定章程，凡有业户投税将原契发还，并将副纸黏附存根发给官契收执为据。兹据华阳县纯化街人业户彭蔡氏凭中陈德五等牙行，买得原业主叶双福名下，向在无名下完粮无，界内所载纯化街铺房贰间，四至分明，并无紊乱，以及未经检点之物一并售尽。向坐南五局场纯化街，地方东至街心，西至倪姓，南至萧姓巷心，北至周姓。买卖契价经中人交割清楚，于宣统元年五月一十六日成契，共计契价银壹百玖拾两，照章共应收税银捌两五钱五分，加纸张工费银壹两，统于元年六月十八日收讫，除将原契印还，并将副纸黏附存根并交备查外，合行发给官契为据。并附宣统元年六月二十三给业户彭蔡氏收据。

官契的内容包括买卖双方姓名、房屋位置、功能结构、房屋布局、四至、交易时间、价格、发契时间及其他与房产相关需要说明的问题，最后应有完税说明及官府印章。在此份官契中，所出卖房产为叶双福所有纯化街上的贰间铺房，经牙行陈五德说合，于宣统元年五月十六日以壹百玖拾两卖与彭蔡氏。民国时期的正契，经过官版印刷，一般具有统一的格式，并会在其后盖上官府的印章。官契结构完整、对房屋交易信息描述简洁准确、用语精练，加之有完税说明和官府印章，具有较强的法律证明力，是传统契证管理中的重要组成部分。

房契的结构可由正契、副契和"契尾"组成，其中正契由房主自己保存，副契交由官府保存，是为房屋买卖之凭证，而"契尾"是粘在契本之后的税收凭据，是地契、房契的重要附件，表明土地房屋交易已经过官府登记批准。"契尾"制度肇端于明代中叶，在实际操作中"契尾"由大小两张纸片组成。契约订立后，官府负责将大纸片附粘于房地契之后，作为付给买主的凭证，小纸片留官府归档备查，故又称作"鸳鸯契尾"。

清至民国时期，土地私有，政府承认民间立契，税印颁证，房产所有人凭证管业。民国初期，地籍紊乱，遂有政府清理房产之举。1941年2月，成都

---

① 成都市房管局房产信息档案馆馆藏历史房产契证：《四川布政使司颁发彭蔡氏购买叶双福名下房产官契》。

市第一次土地登记工作正式开始,至1945年,城区土地所有权登记、转移变更登记基本办理完毕,由成都市政府颁发《土地所有权状》。通过进行房地产的所有权登记,对房屋建筑等地上定着物进行测量、清丈、估价,记入《土地所有权状》,再经地政部门查核登记、检验税印后,凭证管业。此后的房地产交易在买卖双方立定契约,买方预付定金后,双方须执定约到市政府地政科(1946年后改向成都市税稽征处)申请公告,公告期满后,经市地政科派员实地丈量相符,完纳契税,办理移转登记,换领土地所有权状。

而在土地登记完成前的这段时期内,成都市政府也曾尝试以各种形式的《管业证明书》等土地证明材料,对混乱的土地契证予以规范管理。其中,"契格"是由官府统一印制,有着固定格式的规范的契约文本,是后世房地产权证的雏形。在契格中,和传统房契一样需要注明买卖双方姓名、房产位置、大小、四至、成交金额等房地契约的基本要素。原有的乡邻、保甲、街正、中证等保障制约的角色,在契格中均由政府代替,经有关部门钤印,以维护契约的法律效力,这是房地产管理渐趋规范的表现。

1945年土地登记完成后颁发的《土地所有权状》,是民国时期成都房地产管理中形式较完善规范的房地产管理凭证。如下是字区第205号地《土地所有权状》:[①]

四川省成都市土地管理处为发给土地所有权状事,查所有权人省立少城小学现有左记土地,业经呈验证据核明,登记合行给状以凭执业此状:

上地标示:
坐落:成都市三区实业镇黄瓦街
区段地号:冬字区第205号
面积:伍亩柒分三厘捌毫
种类:宅地
四至:东至207,西至204,南至街,北至街
收件号数及其年月日:民国三十一年一月二十七日,收件第三五七号
登记号数及其年月日:民国三十一年四月二日登记第三四八号
地价及定着物现值:申报评估地价:肆伍玖零肆元;
定着物现值:贰零零零零元。

---

① 成都市房管局房产信息档案馆馆藏历史房产契证:实业镇黄瓦街冬字区第205号地《土地所有权状》。

第二章　民国时期成都房地产管理的内容及方式

右给所有权人省立少城小学收执（附分段图一幅）
处长、副处长盖章
中华民国三十三年十月十四日

《土地所有权状》反映当时成都城市管理的状况，如这份民国33年（1941年）实业镇黄瓦街冬字区第205号土地的土地所有权状，即对当时此处土地的所有权人、所属的行政区划、位置、面积、四至、地价及定着物现值和登记情况等均有详细记载。这份《土地所有权状》代表了当时登记的情况，除文字描述外，另附有平面图，更为直观。

三、房契资料中反映的民国时期成都房地产管理情况

清末政府为将契税提归国有，于1909年废除原有的包缴制，改各地藩署户粮房为省经征总局。在四川省经征总局之下设成都、华阳两县经征分局，征收田房契税，并废除清代长期使用的"契尾"制度，改用"官契"，由县政府加盖官印凭证管业。同时，大量的官契亦由四川布政使司发出。如宣统元年（1909年），四川布政使司曾向华阳人彭蔡氏颁发其购买叶双福名下房产的官契一份。"四川布政使司为给发官契事照得本省田房契税，经督宪赵奏定章程，凡有业户投税将原契发还，并将副纸黏附存根发给官契收执为据。"①（参见附录十五）"四川布政使司"是清末四川全省的民政管理机构，相当于"省长公署"，这时虽然发放"官契"，但还是由"布政使司"直接管理发放，说明当时还没有分离出专门的房地产管理机构。同时，清政府设立印花局，开始对房地产交易征收印花税，由度支部印制。

辛亥革命之后，在市政府地政机关建立之前，较长时间内四川省国税、财政部门都参与了成都市的田房交易管理。如1914年北洋政府颁布条例，对于房地产管理开始采用新契纸，由此成立的四川省国税厅筹备处即是新契纸的颁发机构。现存的许多由当时四川省国税厅和财政厅等部门发出的房契可以说明这一情况，如民国3年（1914年）5月17日，四川省国税厅筹备处验看了雍正时期虎兴贵卖与闵国柱的房契后，给闵国柱发新证"官契"："四川国税厅筹备处，为给发官契事照得本省田房契税，经本处查照，向章核定凡有业户投税

---

① 成都市房管局房产信息档案馆馆藏历史房产契证：《宣统元年四川布政使司向华阳人彭蔡氏颁发其购买叶双福名下房产的官契》

将原契发还，并将副纸黏附存根发给官契收执为据。"① 又如民国6年（1917年）四川省财政厅也因成都县人户清真义学购买原业主贾鸿如房产事，颁发给清真义学房产官契，同样作为房地产交易的官方凭证。②（参见附录十六）

同时，还存在大量由地方军政各部发出的管业证明，如成都市政府和川军司令部都曾发出不同形式的管业证明，说明民国时期由于军政势力大量插手地方土地管理，造成了成都市地籍管理的混乱。为了规范对公产和官公营产的管理，四川省政府和成都市政府多次组织对全市公产进行清理，并由此成立了四川省公产管理局。1937年11月，四川省地政局在成都、华阳两地分设办事处，开始建立行政分级的地政机构。次年，成都市政府设地政科，"本市土地整理实应由市政府地政科负责料理，但为人事及事务管理便利计，于地政科内设成都市政府土地整理办事处"。③

房地产契税征收也可以从当时房契中看出，民国时期征收的房地产管理相关税收名目繁多，除契税外，还有房捐、印花税、消防税等，给房地产行业发展带来不小的负担。至1946年，才有国民政府行政院公布的《收复区域各省市县整理契税办法》，规定对历代时间形成的房地契纸一律按规定进行检验，合格者换领新契，缴纳契税；而对于声称原有契据毁损的，则须提具证明，经审验合格后，才可予以补发。这一规定对于规范健全地方房地产交易管理制度是有益的。

为了进一步规范对城市土地权属的管理，1941年2月，成都市第一次土地登记工作正式开始，至1945年，城区土地所有权登记、转移变更登记基本办理完毕，由成都市政府颁发《土地所有权状》。通过进行房地产的所有权登记，对房屋建筑等地上定着物进行测量、清丈、估价，记入《土地所有权状》，再经地政部门查核登记、检验税印后，凭证管业。从那时留存下的大量《土地所有权状》（参见附录十八）和《土地所有权登记表》中，可见成都市政府已经将城市土地管理权属较好地集中规范于市政府手中。

---

① 成都市房管局房产信息档案馆馆藏历史房产契证：《四川省国税厅筹备处验看雍正时期虎兴贵卖与闵国柱官契》。
② 成都市房管局房产信息档案馆馆藏历史房产契证：《民国六年由四川省财政厅颁发的清真义学买贾鸿如房产管契》。
③ 《成都市土地整理计划纲要》，《成都市政府周报》，第二卷，第一期，1940年5月4日，第5页。

第二节　土地整理及明晰产权

清代，地方官府曾组织对民间房地产施行勘丈、清理产权，业主根据清理结果照章交纳契税，凭契管业，相沿成习。到清末因政局动荡，地方行政管理混乱，产权变更日趋频繁，又久理不清，致地籍混乱，权属不清。辛亥革命后，四川陷入军阀混战的乱局，土地管理更为混乱，当时曾任市政府官员的但永志先生就曾指出："本市多年在防区政治之下，政府不但不清理土地产权，而且为了增加收入，还种下不少纠纷的根源。例如过去清理官公产，名为清理，其实任意标卖。甚至预印空白官契，不慎流传民间。到了今天，遂错杂不可究诘。同时，本省办理税契，一向也只是以收入为目的，但求业主持契投税，不问是否朦清，有无纠纷，又不追验老契，结果有官契的不一定是真业主，官契仅仅成了纳税的凭证，而不能作为产权的确实证明。在这种纷乱的情形下，试问从何解决土地使用问题！所以，确定产权，仍是本市土地整理工作所首先要做到的。"① 进行城市土地登记，从而确定产权成为民国时期成都市第一次土地整理所进行的主要工作。

1939 年，成都市政府成立地政科，作为全市土地整理工作的主管机构。于当年颁发了《成都市土地整理条例》，并通过《成都市政府周报》进行关于土地整理工作的宣传动员。1940 年初设立土地测量队，3 月开始办理户地清丈和地籍调查。本次清丈的主要内容除每丘土地的位置、形状、四至、土地的长宽及面积、土地类别、地目、地质等基本信息外，还包括土地所有情况，业主姓名及住址、土地的租佃情况、佃户姓名住址，以及土地等级和土地价格等信息。

在专为此项工作制定的《成都市土地覆丈规则》中，对此次清丈之程序和注意事项做了明确说明："在具体的清丈测量方法上则采用了图根测量、小三角测量、水平测量、地形测量等清丈测量方法，先对成都市区的土地进行了分区分界的划分，再依街分界，分段逐户地进行测量工作。经过近一年的工作，1941 年，完成了城区土地测量，绘制五百分之一宗地图 175 幅，计有业权 9675 起，土地 26390 亩。1942 年又完成了成都市郊区土地测量，绘制千分之一宗地图 152 幅，计有业权 7427 起，土地面积 18421 亩。通过土地清丈求积，

---

① 但永志：《本市土地整理之重要性》．《成都市政府周报》，第一卷，第十期，1939 年 3 月 18 日，第 2 页。

全市土地总面积共计划处 4811 亩。其中，房基地 23500 亩，占 52.44%；城垣 323 亩，占 0.72%；道路 3052 亩，占 6.81%；水域 1039 亩，占 2.32%；田地 13189 亩，占 29.43%；其他地产 3708 亩，占 8.28%。"①

在此次的清丈中，测得的成都市市区界址为："接东至一洞桥，东南至兵工厂，南至衣冠庙，西南至送仙桥，西至犀角河，西北至烟码头，北至平桥子，东北至猛追湾。成都市扩区以后，市、县分界，东与华阳县相连，西与成都县接壤。"② 为下一步进行土地登记工作奠定了基础。

民国时期以地籍为主的土地登记，把房产视为改良物，无四界平面图，房产交易较频繁，业主又多用堂名、化名，不能真实反映权属关系的状况，存在很多问题。而成都市县划界不清的问题又引致公私地权属不清，公地被侵占的情况，加之长期以来民间城市土地使用情况混乱，多有因土地权属、面积、界线及租佃等问题混乱而导致的纠纷。

1940 年 4 月，迁渝后的国民政府为加强对土地权属的管理，申明土地登记目的系确定业主产权，解除积年纠纷，并平均人民负担，清除各类积弊。同时为抗战筹措经费，决定对城市进行土地整理，成都被划入首批进行土地整理的城市。为此，专门成立成都土地整理处，颁布《成都市土地登记实施办法》和《成都市土地登记施行细则》，确定土地登记范围为市区内的所有水陆及天然资源，公有土地由主管单位申请登记，私有土地由业主申请登记。土地登记的内容除所有权外，还有地役权、地上权、抵押权、永佃权和典权五种。

由于之前进行的土地清丈工作已为进行土地登记奠定了基础，1941 年 2 月，成都市第一次土地登记工作正式开始，登记工作的办公地点设在成都市土地整理处办公室，地址位于春熙中路四川省财政厅大院内。为保障工作的顺利开展，除完成土地清丈外，成都土地整理处还通过张贴布告、召开保长会、登报通告等多种方式宣传土地登记工作的意义，并做好群众动员、人员培训等前期准备工作。本次土地登记还采取了限期完成的方式，在完成了土地清丈的乡镇分期分批进行登记，每一乡镇限期一月完成，对逾期不来登记的加收登记费，超期三个月不来登记者，即会将其土地作为无主地收归公有。这些办法充分保障了土地登记工作能高效有序地进行。

成都市政府颁布的《成都市土地登记施行细则》（具体内容参见附录三），

---

① 成都市档案馆馆藏民国时期档案：《成都市土地覆丈规则》，《成都市土地整理处关于土地房屋调查和土地整理的呈文》。全宗号 93，目录号 2，案卷号 4359，第 50～52 页。

② 成都市地方志编纂委员会编纂：《成都市志·房地产志》，成都：成都出版社 1993 年版，第 10 页。

从土地所有权登记、土地他项权登记、土地变更登记和涉外土地登记四个方面对此次土地登记进行了全面的规定,对于此次土地登记的范围、具体程序,细则中的规定则更为周详。图2-1以流程图的形式对此次土地登记的具体流程予以简要说明。①

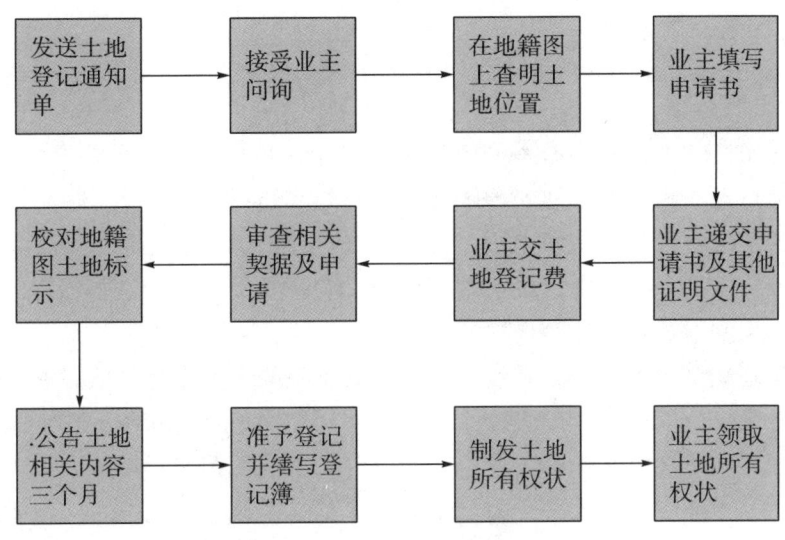

图2-1　土地登记工作的具体流程

1943年,城区土地所有权登记、转移变更登记基本完成,同时颁发《土地所有权状》,办理他项权利登记,包括地上权、永佃权、地役权、典权、抵押权等5种权利,颁发《他项权利证明书》。通过进行房地产的所有权登记,对房屋建筑等地上定着物进行测量、清丈、估价,记入《土地所有权状》,再经地政部门查核登记、检验税印后,凭证管业。

1945年6月,继续办理市郊土地所有权登记。对市郊土地部分征收田赋,免征两税,未发权状。1948年,有关部门初步理顺了全市44811亩土地所有权的权属关系;其中私有土地35522亩(包括外国教会及外国人租占土地915亩),占79.27%;公有土地9289亩,占20.73%。城区的土地、房屋分别按四川省、成都市两级征收地价税和建筑改良物税的规定,除城墙、道路、广场、水域等公有土地外,应征地价税的私有土地面积为18944平方米。私有房屋577.73万平方米,其中除自住外,应征收建筑改良物税的房屋为360.71万

---

① 图2-1据成都市档案馆馆藏民国时期档案《成都市土地登记施行细则》,《成都市土地整理处关于土地房屋调查和土地整理的呈文》所载数据制定而成。全宗号93,目录号2,案卷号4359,第44~49页。

平方米。市郊因征收田赋两税均免。城区私有土地、房屋分别占其总面积的71.78%和91.19%。

经过土地清丈、所有权登记，为城区下一步征收地价税和建筑改良物税奠定了基础，同时也开始建立起以土地为主，包括房屋在内的产权管理制度。

第三节　地价数据收集及统计分析

对全市房地产价格的调查分析是进行城市房地产管理的另一个重要方面。一般的地价调查皆是由市政府地政管理部门组织进行，20世纪30年代，成都市政府地政主管部门尚在筹组中，而时逢1932年中国地政研究所成立，因此由院长萧铮主持，组织中央政治学校地政学院的学员对当时全国各省市县乃至乡村之土地问题进行了周密详尽的调查。

这次地政调查主要由中央政治学校地政学院的学员进行，他们深入全国各地，调查系统全面，工作谨慎踏实。正如在《中国地政研究所丛刊·民国二十年代中国大陆土地问题资料·总序》中所说："（此次调查）招考大学毕业生之有志于研究土地问题者入院研究，于第一年基本学科研究完毕后，即派之往各重要地区为实习调查三个月，返院时须呈缴调查补习报告，由各教授分予审阅，并命其以所获得之实际资料为研究论文。又一年始得卒业，分发各省工作。先后九年，出发调查之学员凡168人，成论文166篇，论文中关于……租佃制度及房租问题者19篇……地价、地税者20篇……涉足所及者凡19省，180余县市。"[①] 这些调查报告及调研论文为1932—1941年，中央政治学校地政学院所作之各省县市关于土地论文之调查报告。这些报告在披露社会真实情况外，还论述地方政府关于土地管理之组织机构、城市乡村生活及农业统计等资料，信息量丰富且论述精湛。这些报告提交中国地政学院后被保存下来，成为研究民国时期中国城市发展，特别是城市房地产发展史的重要参考资料。1977年，由这套资料整理而成的《中国地政研究所丛刊·民国二十年代中国大陆土地问题资料》由台北成文出版社和美国中文数据中心联合影印出版。

在这次调查中涉及成都地区土地问题调查的有11篇报告，分别为：卷15李惩骄《成都华阳田赋之研究》、卷31康捷生《成都华阳地籍整理之研究》、卷44马学芳《成渝铁路成都平原之土地利用问题》、卷77《成都市地价与房

---

① 萧铮：《民国二十年代中国大陆土地问题资料·总序》，台北：成文出版社1977年联合影印，第2页。

第二章　民国时期成都房地产管理的内容及方式

租研究》、卷96陆士圻《成渝铁路沿线土地征收之经过》、卷119龚永涛《成都等处实习调查日记》、李惩骄《成都实习调查日记》、卷124康捷生《成都及华阳实习调查日记》、卷133陈太先《成都及巴县实习调查日记》、卷134黄人俊《成都市及资中隆昌实习调查日记》、卷135《巴县成都简阳资中实习调查日记》。特别是在卷77《成都市地价与房租研究》中对1937—1938年成都城市划区分布及城区各地地价水平情况作了概括性的描述,并将城市以商业区、住宅区、贫民区、市边区为划分,对有代表性的街道地价情况做了调查,并制作了较详细的地价表作为研究参考。

一、地政学院对抗战前成都城市分布及地价水平的调查结果

民国初年,成都地价不过八十元一亩,并且城内各地地价分布,高低差距也不像后期发展相差那么悬殊。此后,地价随着物价的增高而逐渐上涨,到1924年前后防区时代开始,因时局动荡,大小军阀和各级官绅纷纷在蓉增置地产,竞买地皮,导致成都地价上涨速度日益加快。1934年红军长征途经四川,成都城内官绅因担心红军进攻,导致地价骤跌,且成交量亦锐减。此后,红军西去加之川内军阀混战结束,时局渐趋稳定,地价才逐渐回升。"民元以来的成都地价,从它的相对价格来看,从民国初年的1912年到国民政府内迁前的1938年,二十七年间已经涨至37倍以上。唯当民初时,成都米价不过五元,现在则米价售二十余元,以此度之,是时成都市地的绝对价格大概涨了十倍,而成都一般的农地,民元时期平均每亩约为四十元,现在涨至二三百元,其相对价格算是涨了六七倍,而绝对价格则只涨到一倍左右。"①

至抗战前,成都作为一个内陆都市,较之沿海沿边的开埠城市,其开放程度和发展水平是存在差距的。但经历了清末特别是辛亥革命以来城市建设的不断发展,民国时期城市的雏形已初具规模。当时的成都,因历史、社会、交通各方面诸多原因,在大体上形成了商业区、住宅区与贫民区。各地区的地价受该地区功能特点和发展前途的影响而有很大差别。在地政学院对全国土地问题的调查研究中,有《成都市地价与房租研究》调查报告一篇,对当时成都城市布局和地价情况有相当详细的论述:

东城以接近府河,运轮便利,演成市内最繁盛的商业区。直入东门一条宽

---

① 《成都市地价与房租之研究》,《民国二十年代中国大陆土地问题资料》,第77卷,台北:成文出版社1997年版,第40860~40861页。

大的东大街,是历史的批发商业区。现在又是向成渝公路成都站的通卫。往来交易的春熙路,是最热闹的零售商业区,地皮贵到十万元以上一亩的,就是这儿。它以依近批发商的便利,无情的夺去了从前煞费苦心所建筑的悦来场、商业场等新市场的地位。但如果成渝铁路一旦完成,据建设厅报告,成渝铁路成都站将设在北门外,并拟划北门外为工业区,将来批发商无疑会转移一部分到这大陆交通的口岸附近,而北城也会打开新的局面。且筹辟中之中央商业区(皇城)一旦完成,春熙路亦将相顾失色吧。

西城原有1718年所筑满城——即少城,周四里五分。那儿的街道活像一条蜈蚣形,两旁横街并列如足,长顺街直贯为身。此地曾用以安置驻防旗兵及满蒙贵族。民元以来,少城的城墙撤毁净尽,而当时的统治者,如今则全部沦为车夫、小贩、拾荒者、缝纫穷妇之流。这些贵族后裔既不会经商,又不习农耕,生涯之潦倒,似较流亡中国之白俄为甚,里面鹊巢鸠占的是新的上层人物。这蜈蚣区是成都唯一高尚住宅区。将来复兴门外的新村完成后,则将另外形成一个新式的大住宅区与之比美矣。

以皇城为背景,绕着一条够不上丙种路的道旁,全是住着市里最勤劳的人民,普通游历者很难观光到此,在那里是最拥挤、污秽而悲惨。不仅围绕着皇城的地域,即在围绕大城内外的城下,也一样是麇集着下层人民。这围绕着大城与皇城的两道圈,是成都最不足取的地皮。如是很自然的丢给这群劳动者筑成了两道贫民圈。围绕着皇城的一圈,多为手工业者车夫之类;围绕大城的,则不少为农商业者,如种菜园的、小贩等。他们的住宅一律是简陋而破旧,居住密度既较蜈蚣区为高,而房租之绝对价格,也较蜈蚣区的更贵。

至于市边区,也都各不寂寞,西门为成都米市场,通灌县的公路从此出发。南门有公路至雅安的车站,华西协合大学建在这里也有相当年载了。东门与北门已经说过,一有府河的水码头与成渝路汽车站,二有成渝铁路车站与工业区的前途,所以年来市郊数里以内的农地价格,颇有陡涨的趋势。如银行界在城北郊购置堆栈基地,有买价至千元以上一亩者。[①]

通过这次调查材料,我们得以知道在20世纪30年代成都市区城市发展特别是房地产发展的基本情况。当时的成都已基本形成了以规划中的皇城中央商业区为中心,东面是繁华的商业区,以春熙路的地价为全市最高;北面因成渝

[①]《成都市地价与房租之研究》,《民国二十年代中国大陆土地问题资料》,第77卷,台北:成文出版社1977年版,第40853~40857页。

第二章 民国时期成都房地产管理的内容及方式

铁路的兴建而成为规划中的工业区；西面是蜈蚣形的居住区的城市布局。而围绕皇城的一圈贫民居住区，也因其居住条件恶劣地租却高而受到调查者的重视。同时调查者也发现随着城市的不断发展，成都城郊的地价水平在日益上涨。

在此次地政学院学员所做的成都地价调查研究中，通过调查走访，形成了1938年前后成都市商业区、住宅区、贫民区及市边区四区分区地价情况的统计数据表，较为详细地记载了当时的成都市部分街区的地价情况，如表2-1、表2-2、表2-3、表2-4所示。

表2-1 民国27年（1938年）成都市商业区地价调查表[①]

街名	门号	面积（平方丈）	共价（元）	每平方丈价格（元）	每亩价格（元）
春熙南路	47	8	13800	1725	103500
春熙北路	76	29.95	45883	1532	91920
春熙东北角		25	30000	1200	72000
春熙南路	清和茶楼	5966	55662	933	55980
春熙西路	文济印刷局	5.83	4996	857	51420
春熙东路	新新新闻	7.5	5497	733	43980
春熙南路	51	9.85	62253	632	37920
祠堂街	66—67	13	6610	500	30000
祠堂街	21—23	7.18	3590	500	30000
春熙南路	21	22.27	2908	400	24000
西玉龙街	35	4	1000	250	15000
春熙东路	25	5.54	1274	248	14880
提督东街		16.9	4005	237	14220
西东大街	美丰银行	15	3000	200	12000
西东御街	99—101	9.57	1914	200	12000
西玉龙街	108—110	24	4800	200	12000
东御街	34—36	18.5	3552	792	11520

---

① 《成都市地价与房租之研究》，《民国二十年代中国大陆土地问题资料》，第77卷，台北：成文出版社1997年版，第40861~40863页。

续表 2-1

街名	门号	面积（平方丈）	共价（元）	每平方丈价格（元）	每亩价格（元）
东华门街		84	12678	152	9120
西东御街	5	5.77	831	144	8640
东城根南街	67-71	11.16	1596	143	8580
东御街	256	5.91	650	110	6600
骡马市街	187	22.98	2068	90	5400
半边桥南街	58	41.24	2804	68	4080
半边桥南街	25、26	41.24	2804	68	4080
提督中街	4	71.1	3128	44	2640

表 2-2　民国 27 年（1938 年）成都市住宅区地价调查表①

街名	门号	面积（平方丈）	共价（元）	每平方丈价格（元）	每亩价格（元）
东马棚街	13	70	3150	45	2700
东马棚街	7	24	1080	45	2700
东马棚街	20	40.5	1823	45	2700
过街楼街	4	30	1280	40	2400
过街楼街	35	16	640	40	2400
过街楼街	51	22	770	35	2100
东胜街	2	90	5400	60	3600
东胜街	18	20	1160	58	3480
东胜街	26	70	4060	58	3480
东胜街	28	18	990	55	3300
奎星楼街	12	40	1600	40	2400
奎星楼街	17	30	1350	45	2700
奎星楼街	25	55	2420	44	2600

---

① 《成都市地价与房租之研究》，《民国二十年代中国大陆土地问题资料》，第 77 卷，台北：成文出版社 1997 年版，第 40863~40865 页。

第二章　民国时期成都房地产管理的内容及方式

续表2-2

街名	门号	面积（平方丈）	共价（元）	每平方丈价格（元）	每亩价格（元）
奎星楼街	30	20	600	30	1800
奎星楼街	37	24	840	35	2100
双栅子街	11	40	2420	60	3600
双栅子街	14	25	1125	45	2700
双栅子街	27	30	1350	45	2700
上草市街	93	93	2400	40	2400
上草市街	53	53	1200	40	2400
上草市街	30	30	800	55	3300
西珠市街	5	5	1080	45	2700
西珠市街	8	8	300	50	1800
西珠市街	32	32	300	50	1800
西珠市街	35	35	960	40	2400
文庙前街	6	6	1500	58	3000
文庙前街	18	18	2750	50	3000
文庙前街	32	32	2000	50	3000
文庙前街	34	34	3600	60	3600

表2-3　民国27年（1938年）成都市贫民区地价表①

街名	门号	面积（平方丈）	共价（元）	每平方丈价格（元）	每亩价格（元）
天涯石北街	10	2	36	18	1080
天涯石北街	35	4	72	18	1080
天涯石北街	70	3	54	18	1080
天涯石南街	50	3	51	17	1020
天涯石南街	75	3	51	17	1020
天涯石南街	130	3	51	17	1020

---

① 《成都市地价与房租之研究》，《民国二十年代中国大陆土地问题资料》，第77卷，台北：成文出版社1997年版，第40865～40868页。

续表2-3

街名	门号	面积（平方丈）	共价（元）	每平方丈价格（元）	每亩价格（元）
天涯石南街	139	3	51	17	1020
玉隍观街	37	3	48	16	960
玉隍观街	53	3	48	16	960
玉隍观街	62	2.5	30	16	960
玉隍观街	60	2.5	30	16	960
东御河北街	12	2	36	18	1080
东御河北街	7	2	36	18	1080
东御河北街	33	2	36	18	1080
东御河北街	54	2	36	18	1080
西御河边街	50	2	36	18	1080
西御河边街	13	2	36	18	1080
西御河边街	31	2	36	18	1080
同兴街	42	3.5	52.5	15	900
同兴街	55	4	60	15	900
同兴街	110	3	45	15	900
柳荫街	12	3	48	16	960
柳荫街	21	4	64	16	960
柳荫街	25	4	64	16	960
柳荫街	61	4	64	16	960
南巷子	15	3	45	15	900
南巷子	8	2	30	15	900
南巷子	29	2	30	15	900

表2-4 民国27年（1938年）成都市市边区地价调查表①

街名	门号	面积（平方丈）	共价（元）	每平方丈价格（元）	每亩价格（元）
均隆街	10	40	800	20	1200
均隆街	13	20	500	25	1500

① 《成都市地价与房租之研究》，《民国二十年代中国大陆土地问题资料》，第77卷，台北：成文出版社1997年版，第40868~40871页。

第二章 民国时期成都房地产管理的内容及方式

续表2-4

街名	门号	面积（平方丈）	共价（元）	每平方丈价格（元）	每亩价格（元）
均隆街	25	17.5	350	20	1200
牛王庙上街	7	22	740	32	1920
牛王庙上街	19	10.5	210	20	1200
牛王庙上街	24	5.2	124.8	24	1440
牛王庙上街	30	16.5	412.5	25	1500
双隗树街	40	30	105	35	1200
双隗树街	26	16.5	495	30	1800
双隗树街	117	10	250	25	1500
双隗树街	120	8.5	212.5	25	1500
浆洗中街	33	15	300	20	1200
浆洗中街	28	32	960	30	1800
浆洗中街	34	30	900	30	1800
浆洗中街	41	4	120	30	1800
洗面桥街	62	15	390	26	1560
洗面桥街	59	25	750	30	1800
洗面桥街	55	8.5	204	24	1440
石灰街	120	24	720	30	1800
石灰街	116	16	560	35	2100
石灰街	59	23.5	822.5	35	2100
石灰街	40	6	150	25	1500
簸箕街	101	25	625	25	1500
簸箕街	124	27	810	30	1800
簸箕街	32	18	450	25	1500
簸箕街	53	8.5	170	20	1200
簸箕街	57	40	1200	30	1800

在此四份分区地价情况统计数据表的基础上，调查者又分区对四区的最高地价、最低地价进行了统计对比，同时又计算出各区的平均地价，由此制表2-5如下：

表2-5 民国27年（1938年）四种区域地价分布状况简表①

区别	最高地价（元）		最低地价（元）		平均地价（元）	
	每平方丈	每亩	每平方丈	每亩	每平方丈	每亩
商业区	1725	103500	44	2640	884.5	53070
住宅区	60	3600	30	1800	45	2700
贫民区	18	1080	15	900	16.5	990
市边区	35	2100	20	1200	27.5	1650

按表2-5所示，1938年成都市地以商业区地价为最高，平均为53000余元1亩，住宅区次之，为2700元1亩，贫民区地价最低，每亩不过900余元。全市最高的地价为103500元1亩，最低的不过每亩900元，相差114倍以上；即以两区平均价比较，也相差至53倍。这种特大的悬殊，是不能单以口岸的好坏来说明的。"成都都市之中世纪性质，使军阀官僚无处可以投资，于是竟以炒地皮为能事，这也是成都地价悬殊的一个重要的原因。至于全市总平均地价，据彼间人士估计，约为二千至三千元之间。"② 这只是抗战初期统计的地价资料，到了抗战后期，由于战争和物价上涨等因素，不仅地价上涨迅速，地价差也更加扩大。

二、市政府地价调查和数据统计

抗战全面爆发以来，国民政府财政吃紧，加紧对各类赋税的征收力度，与土地房产相关的税收历来是政府重要的赋税来源，即所谓的"刮地皮"成为政府财政的重要来源之一。1941年7月，国民政府成立内政部地价申报处，12月又公布《非常时期地价申报条例》，同时国民党第五届中央执行委员会第九次全体会议通过《土地政策战时实施纲要》，"为实施战时经济政策视公共建设之需要，得随时依照报定之地价征收私有土地，其地价之一部并得由国家发行土地债券偿付之。""私有土地应由所有人申报地价，照价纳税，税率为百分之一至百分之二。私有土地之出租与其地租率一律不得超过报定地价百分之

---

① 《成都市地价与房租之研究》，《民国二十年代中国大陆土地问题资料》，第77卷，台北：成文出版社1997年版，第40872～40873页。

② 《成都市地价与房租之研究》，《民国二十年代中国大陆土地问题资料》，第77卷，台北：成文出版社1977年版，第40857页。

第二章　民国时期成都房地产管理的内容及方式

十。"① 这一时期进行地价重估，为后期征收地价税、扩大政府财源做准备，成为国统区各级政府的主要工作之一。成都作为国统区西南重镇，是全国首批地价申报城市之一。1942 年市政府主管土地房屋事务的专属机构成都市土地整理处奉令办理成都市地价申报事宜。

（一）地价申报工作的宣传动员和人员培训准备

成都市土地整理处向市参议会提出书面和口头报告，解释有关法令规章，说明评定地价的重要意义，寻求市参议会支持；另外，将本市 32 镇分为 8 个片区，分别召开由各镇镇长、保长、甲长、士绅及镇民代表参加的宣传动员会议。成都市土地整理处处长、股长偕同省派驻处督导员、市政府地政科科长出席会议，宣讲地价评定意义、地价调查方法、工程程序、地价调查方式及镇保甲长如何协助配合等事项。② 针对大部分业主为日后少缴土地税，普遍将地价以多报少的情况，以事实说明少报地价虽有损政府土地税征收，但也有损业主在市政建设重用土地时的土地费补偿，同时还将影响土地房屋租赁和买卖交易的正常进行，使人人深知少报或多报地价的利弊。通过印发文告、标语等舆论宣传，提高市民对政府评定地价的认识和对此项工作的支持。

在人员培训方面，成都市土地整理处除了抽调 8 名熟悉政策和成都市况的本处工作人员外，还从各镇选了 28 名从事地政工作时间长，且具有行政管理经验的人员加以集中培训。培训由处估价专员负责，登记股长与总务股长协助，邀请省地政局驻处督导员与市政府地政科科长做业务指导训练。"技术训练注重法规之讲习，表式之研讨，调查之途径，计算之原理，以精确明白为目的，以迅速稳妥为依归。业务训练注重服务之道德，工作之手段，对人之态度，应事之方法。"③ 训练结束后，有 18 人充任调查员，另 18 人充任统计员和绘图员。

（二）地价调查的具体程序

此次地价调查对象为全市当时所有的 32 镇 203 保 704 条街巷。为积累经

---

① 成都市档案馆馆藏民国时期档案：《成都市土地整理处三十二年重估地价工作报告》，全宗号 31，案卷号 31，第 25 页。
② 成都市档案馆馆藏民国时期档案：《成都市土地整理处三十二年重估地价工作报告》，《关于重估地价情形给成都地政局的呈》，全宗号 31，目录号 000，案卷号 188，第 72 页。
③ 成都市档案馆馆藏民国时期档案：《成都市土地整理处三十二年重估地价工作报告》，《关于重估地价情形给成都地政局的呈》，全宗号 31，目录号 000，案卷号 188，第 72~73 页。

验，主持此项工作的成都市土地整理处先选取了南区光大镇作为示范调查区，该镇因辖有光大巷、走马街、春熙路南段、与安里、南府街、丁字街等，土地类型包括了商业区、工业区、住宅区等各种土地类型，具有代表性。调查工作在召开该镇宣传动员会后开始，调查员偕同保长进行了实地的入户调查，估价专员则在调查中进行督导，"虽系初次试办，但经严密从事，结果颇称良好"①。

在示范调查后，根据1941年进行土地所有权登记时进行地价申报的档案数据，并参考现实地价调查资料绘制了全市各镇、街地价分区图，作为调查人员调查评估地价时的参考。

调查工作的中心内容为对全市各镇街土地交易情况进行的实地调查，成都市土地整理处派出调查员18人，根据各镇街住房数量、人口密度和房地产市场繁荣情况分配街保调查量，平均每人负责13保40条街。调查方法：施行前，按10户调查1户的原则，先将调查表发交该镇各保长登记填写相关内容，并分别署名盖章以示负责。然后由调查员携带调查表走访调查对象，随时填入相关调查资料。调查表内容为最近三年来每亩土地的价格、改良物情形、宗地面积、房地总价、总收益、纯收益、流行利率等。其中地价分每年价格、平均价格两项，建筑改良物分西式楼房、中式楼房、平房及材料设备等项。调查工作每日早上8时开始，至下午5时后回处将调查表缴呈审核人员。审核人员审核时遇有疑问或重要地区，则随时前往实地核查。实地调查工作，自3月1日开始至4月30日结束。当时成都市共有城乡业权约250000起，共计调查3510起，大大超出规定指标。②

在进行实地调查的同时还配合进行档案数据调查和中介情况调查。成都市有关地价的档案资料主要有成都市地政科在办理有关土地房屋移转、宣告、申请、登记的记载，在市政府财政科和成都、华阳两县田赋管理处保存的契税存根。这些档案数据清楚地记录了历年土地交易情况。调查人员携成都市土地整理处函件，深入市县政府档案室，详细查阅相关档案资料，并与实地调查材料相互校勘，基本掌握了全市土地价格变动情况。

---

① 成都市档案馆馆藏民国时期档案：《成都市土地整理处三十二年重估地价工作报告》，《关于重估地价情形给成都地政局的呈》，全宗号31，目录号000，案卷号188，第73页。

② 成都市档案馆馆藏民国时期档案：《成都市土地整理处三十二年重估地价工作报告》，《关于重估地价情形给成都地政局的呈》，全宗号31，目录号000，案卷号188，第74页。

第二章 民国时期成都房地产管理的内容及方式

(三) 地价计算和评估

根据调查结果,成都市土地整理处对全市四个区的地价与收益,分别进行统计和核算,最后得出全市各镇街的平均地价。对特别繁华街道以及拓修公路的干线街道,采取选择平均计算法,使城厢各街道地价条分缕析,十分清楚。各镇地价核算完毕后,再由原承办人员将原始相关数据分别转录于各种统计表。其中最重要的有分镇地价册和分区地价册。分镇地价册以镇为纲,以街为目,根据价格高低依次排列,便于评定时同一镇属土地价格间比较;分区地价,以地价为纲,以街巷为目,不拘土地归属,便于评定时同一价值街道平衡。地价调查统计完成以后,成都市土地整理处即将调查成果——分镇地价册和分区地价册以及地价分区图,依程序送请市地价评定委员会评定。

1942年3月,成都市政府组织成立成都市地价评定委员会,由市长余中英兼任主任委员,聘请市党部书记长、地方法院院长、市府地政和财政科长、省驻蓉督导员、地方公正士绅及成都市土地整理处处长和专员等为委员。地价评定委员会共召开了四次会议,主要研究处理地价调查中的具体问题。

地价评定后,成都市土地整理处将结果在该处及市政府大门旁列榜张贴,公告一个月。同时在各报刊发布告知全体市民,如对此次地价评定结果有异议,准在限期内依法提出。

公告期满后,1942年7—8月,成都市土地整理处根据地价评定结果,对照土地登记发状档案上记载的土地面积,分镇街逐一核算每宗土地总价,缮造地价册。本次地价重估全市共缮造地价册225册,以地价册之统计,全市城区共有业主16025户,共有土地19248宗27371亩。城区地价情形,以元/亩为单位:1000元以下的无,1000~5000元的占全市土地总量的5%,6000~10000元占8%,10000~20000元的占13%,20000元以上的占74%。[①]

(四) 地价统计表及地价资料比较分析

1945年,成都市土地整理处在前两年全市各镇街分区地价调查统计的基础上,形成了较为详细的《1943—1944年成都市各镇街评定地价册》,从成都市区各区镇选取有代表性的街道,单列其每亩地价额,如表2-6所示。

---

① 成都市档案馆馆藏民国时期档案:《成都市土地整理处三十二年重估地价工作报告》《关于重估地价情形给成都地政局的呈》,全宗号31,目录号000,案卷号188,第75~76页。

表 2-6　1943—1944 年成都市各镇街评定地价册①

镇别	每亩地价（元）	街巷名称
东区		
得胜镇	9000	鹅市街
	12000	下水巷
	13000	大田坎街
	16000	上水巷
	18000	一心桥街
	20000	东大路、得胜上街、得胜下街
	23000	得胜中街
紫东镇	7000	望平横街、天仙前街、杨家巷、天仙横街、名粥巷、护城街
	8000	向家巷、香巷子、迎曦上街、迎曦下街、天祥寺街、望平正街
	13000	平丰巷、北城街、均隆街、东安街
	14000	三多巷、福德巷
	18000	一心桥街、椒子街
	20000	牛王庙上街、牛王庙下街
	22000	九如巷
	30000	正紫东街、紫东楼街
	40000	新城街、萨泉街
	44000	天福街
	45000	月城街
水津镇	7000	顺河街、河边街、莲花池街、金龙横街
	8000	下河坝街、锦官驿街、金龙正街、清和里、吟龙巷
	9000	中河坝街、大同巷
	10000	存古巷、孙家巷

---

① 成都市档案馆馆藏民国时期档案:《成都市政府送四川省政府关于造送 1943—1944 年地价区范围等的呈》,《市府关于房租地价调查表、地价区范围土地市价册呈报及省府指令》,全宗号 38,目录号 13,案卷号 42,第 77~105 页。

第二章 民国时期成都房地产管理的内容及方式

续表2-6

镇别	每亩地价（元）	街巷名称
	11000	南河口街、上河坝街、石佛寺、黄伞巷、三官堂、宋公桥街、古佛寺街
	14000	王化下街
	15000	芷泉街、双槐树街
	16000	水井街、伴仙街、王化上街
	23000	川主庙街
	28000	水津街
	40000	星桥街
大安镇	7000	大川巷、河边街、青莲上街、三元横街、三元巷、青莲横街、三元河街、三元正街、白塔寺街、青莲寺街
	8000	王家巷、大安横街、太平中街、太平横街、老古巷、万年桥街、太平巷、太平下街、老古庙街、史家巷、太平后街
	13000	太平街、大安正街、太平南街
	18000	清安街
	24000	珠市街
长胜镇	6000	谭罐窑、北马道横街
	7000	字库巷、顺城东街、大慈寺街、北糠市街、玉成街、北顺城街、天涯石南街、顺城南街、章华里、笔帖式街、天涯石东街、东川里、书院东街、长胜街、马家巷
	8000	鸿春里、水东门街
	9000	毛家拐、福字街、和尚街
	11000	福寿街、慈祥里
	15000	西糠市街
	16000	东糠市街、油篓街、南糠市街
诸葛镇	12000	穿巷子
	14000	小科甲巷、兴业里
	15000	良医巷、书院西街
	16000	脚板巷、金玉街
	18000	锦江街、如是庵街

续表 2-6

镇别	每亩地价（元）	街巷名称
	25000	书院南街、藩库街、北纱帽街、大科甲巷、南纱帽街
	27000	中纱帽街、江南馆街
	33000	藩署街
	35000	上北打金街、书院正街、中北打金街、大亨里
	45000	下北打金街
	64000	棉花街
	125000	湖广馆街
骆公镇	7000	塘扒街
	9000	燕桂里
	10000	岳府街、燕鲁公所、竹林巷
	14000	骆公祠街、隆兴街、新巷子
	17000	慈惠堂街、惜字宫南街、桂王桥北街、桂王桥东街、东玉沙路、东玉龙街
	18000	桂王桥南街、桂王桥西街、干槐树街、布后街
	23000	双栅子街、冻青树街
	46000	梓潼正街
东大镇	6000	南进道街、教练所
	7000	拱背桥街、东南里
	10000	红石柱横街、崇德里、崇德里前街、铜井巷、龙王庙正街、红石柱正街、龙王庙南街
	11000	东升街
	12000	红布正街、磨房街、党扒街、下莲池街、礼善巷、义学巷
	13000	王家坝
	25000	三星街
	32000	四维街
	35000	前卫街
	50000	丝棉街
	200000	下东大街

94

第二章 民国时期成都房地产管理的内容及方式

续表2—6

镇别	每亩地价（元）	街巷名称
春熙镇	210000	上东大街、中东大街
	19000	三圣祠街
	22000	三倒拐街
	32000	暑袜北一街
	36000	暑袜北二街
	42000	暑袜北三街
	45000	锦华馆街
	55000	城守街、正科甲巷、纯阳观街
	70000	北新街、中兴街
	85000	华兴上街
	110000	福兴街
	140000	春熙东段、新集街、悦来场、昌福馆、华兴正街
	220000	春熙西段
	280000	商业场
	300000	总府街
	420000	春熙北段
南区		
光大镇	6000	小塘坎街、大塘坎街、城墙边街、保全巷、清平巷
	8000	公平巷、斧匠街、横丁字街、余庆桥街、光大巷、中莲池横街、锣锅巷
	9000	小淖坝街
	10000	东府街、一洞桥街、中莲池街、南府街、东丁字街
	12000	新半边街
	18000	督院街、新开街、老半边街
	44000	南打金街
	70000	走马街、东安里
	220000	城守东大街

续表 2-6

镇别	每亩地价（元）	街巷名称
	320000	南熙南段
	7000	小巷子、西都街、东都街、金字街、治平巷
南大镇	9000	南康里、南昌里、瘟祖庙街、上池正街、上池北街
	16000	盐道街、纯化街、东桂街、指挥街
	23000	上南大街
	28000	中南大街
	31000	下南大街
	8000	肥猪市街、大悲巷、泡桐树街、金沙寺街、临江西路、大通巷
	9000	臭水河街、倒桑树街、桓侯巷、小税巷、城边街、火洞子、上桑里、江浜里
	10000	国学巷
	12000	洗面桥街、柳荫街
	14000	同臭街
	15000	小天竺街、建国东街
	16000	凉水井街、建国南街、建国北街
	17000	浆洗中街、浆洗下街、簧门街
	20000	柒靛街、浆洗上街
	31000	桥南街
	36000	桥北街、月城街
君平镇	8000	轿铺街、包家后巷、医国巷、塘坎街、梓桐巷
	12000	相友巷、观音巷、何巷、仁义巷、里仁巷
	16000	下汪家拐街、上汪家拐街、君平街、湛冥里、孟家巷、忠孝巷、文庙前街
	17000	吉庆里、文庙后街
	21000	横陕西街
	25000	陕西街、陕西上街
	40000	半边桥街
光华镇	9000	南灯巷、安居巷、三桥东街、奉严巷、三桥西街、青莲巷

第二章 民国时期成都房地产管理的内容及方式

续表2-6

镇别	每亩地价（元）	街巷名称
	10000	染房横街
	14000	下光华街、上光华街、梨花街、向阳街
	15000	烟袋巷、状元街
	16000	西丁字街
	22000	红照壁街、染房街、青石桥南街、转轮街、三桥南街、三桥中街
	38000	三桥北街
	45000	粪草湖街
	60000	锦江桥街
宴乐镇	12000	双福巷、新半边街
	14000	城中街、老古巷
	18000	古卧龙桥
	22000	学道街、西沟头巷、南沟头巷
	24000	横九龙巷
	28000	青石桥中街
	32000	青石桥北街
	40000	荔枝巷
	50000	交通路、中暑袜街
	55000	顺九龙巷
	65000	南暑袜街
	70000	南新街
	125000	西顺城街
	220000	中东大街
	225000	西东大街、盐市口
明远镇	8000	小西巷
	10000	顺河街、东御河街、皮房后街、小河街
	12000	兴隆巷、迷弯巷、大有巷、永靖街
	14000	宝隆巷、皮房前街

续表 2-6

镇别	每亩地价（元）	街巷名称
	15000	皇城内、红桥亭
	17000	明远正街、明远东街、明远西街、西辕门街
	18000	东鹅市巷
	19000	东华南街、东华北街
	23000	东华正街
	38000	贡院街
	100000	东御街
	125000	西御街
西区		
平安镇	8000	西皇城边街、西御河边街
	9000	人寿巷、六树拐
	14000	上同仁路
	16000	上半节巷、东半节巷、竹叶巷
	18000	焦家巷、西二道街、三道街
	19000	四道街、西半节巷、西马棚街
	20000	过街楼街、过街楼横街、红墙巷、东二道街、东马棚街
	24000	东城根下街
	30000	长顺下街
	36000	八宝街
	60000	西大街
黄浦镇	10000	西城南街
	11000	大光街、小北街、宁夏街、昆明路
	12000	王家塘、守经街、江汉路、厅署街
	14000	署前街、千祥街、黄浦路、青龙巷、灯笼街
	25000	青龙街
	8000	外十一甲、王家巷、交通巷
	9000	石笋街、饮马河

第二章 民国时期成都房地产管理的内容及方式

续表2-6

镇别	每亩地价（元）	街巷名称
	12000	北巷子、南巷子
	20000	石灰下街、花牌坊上街、花牌坊中街、花牌坊下街、月城街、石灰上街、石灰中街
北区		
天府镇	9000	天成街、火巷子、大井巷、福安巷、德安里、照壁巷
	12000	小福建营、同福巷、铁箍井街、大福建营、文圣街、文庙街
	17000	北打铜街、武圣街、东打铜街
	19000	线香街、西府北街
	23000	西府南街、骡马市街、西玉龙街、上锣锅巷、正府街
	26000	下锣锅巷
中市街	9000	建业里、北灯巷、东御河沿街、二巷子、东御河边街、东御河北街
	10000	三多里、大坝巷、梵音寺街、东二巷子、林家巷、鸡屎巷、里仁巷、大红土地庙、义方巷、小红土地庙
	12000	上历街
	14000	上翔街
	21000	中市街
	24000	鼓楼洞街
	26000	中西顺城街、鼓楼北二街、鼓楼北一街、上西顺城街、玉带桥街、白丝街
	30000	皮房街
太平镇	9000	亲仁里
	10000	三桂中街、富德里
	11000	三桂后街
	12000	中山街、三桂前街、永安街、内姜街
	13000	中山公园、炮厂坝街、文明巷、任家巷
	14000	大墙西街
	15000	忠烈祠南街、忠烈祠北街
	16000	童子街

续表 2-6

镇别	每亩地价（元）	街巷名称
	17000	大桥东街、宝隆街、玉石街
	19000	梓潼街
	24000	太平街
	26000	忠烈祠正街、忠烈祠东街
	30000	鼓楼南街
	125000	提督中街、提督西街
	200000	提督东街
銮华镇	9000	马镇街
	11000	东华寺街
	12000	小关庙街、狮马路街
	13000	兴禅寺街、横进顺街、七家巷、方正街、福德街
	15000	方正东街、石马巷、狮马巷
	16000	东通顺街
	18000	成平街
	20000	新玉沙街、廉官公所街、康庄街
北大镇	9000	东中道街、喇嘛寺
	12000	北通顺街、铜丝街
	15000	灶君庙街、德盛街、马王庙、北巷子
	17000	玉泉街、升平街
	18000	隆盛街、红庙子、老玉沙街、东骡马市街
	23000	上草市街、正通顺街
	28000	鼓楼北四街、鼓楼北三街
	40000	新开市街、北东街
	52000	北大街、青熏街
五狱镇	10000	雷平巷、学署街、福善巷
	12000	白家祠街、金马街、金丝街、头福巷、白下路街、红石柱街
	13000	文殊院街、五狱宫街、楞枷庵街、西珠市街

第二章 民国时期成都房地产管理的内容及方式

续表 2-6

镇别	每亩地价（元）	街巷名称
	15000	洛阳路、通顺桥街、白云寺街、银丝街、医公所街
	23000	下草市街
万福镇	8000	西马道街、杨家巷、任家湾、河边街、长春巷、银市巷、火洞子、城隍巷、半截水巷
	12000	李家巷、下河坝街
	13000	万福桥街、月城街
	14000	金华下街
	16000	曹家巷、金华上街、梁家巷、上河坝街、天星街
	20000	簸箕下街
	24000	簸箕中街
	40000	簸箕上街
	8000	东较场街
	9000	中道街、天灯巷、北荣新街
	10000	书院北街、天涯石西街、昭宗祠街、城隍庙街、四圣祠北街、落虹桥街
	11000	天涯石北街
	13000	东新街、玉皇观街、四圣祠南街
	15000	三槐树街、贵州馆、育婴堂街、双凤桥街
	17000	武城大街、四圣祠西街
	18000	庆云西街、五世同堂街
	21000	庆云南街、庆云北街

这一调查资料根据 1943—1944 年成都市东南西北四区二十四镇各街道所采集的地价资料制作，对当时成都市市区各地的地价情况有比较全面的统计。由表 2-6 可知，当时的成都市区地价情况主要表现为两方面的特点：一为地价空间分布极不均衡，繁荣地段较之偏僻地区的地价差有云泥之别，地价较高的地段还是集中在传统的春熙路、盐市口、东大街、提督街等商业繁荣地区，其中地价超过 10 万元以上的地段在各区中皆有分布，分别有北区太平镇的提督东、西、中街；南区宴乐镇的西顺城街、中东大街、西东大街、盐市口，明

远镇的东、西御街;东区最为集中,有春熙镇春熙东段、新集街、悦来场、昌福馆、华兴正街、福兴街、春熙西段、商业场、总府路,东大镇上东大街、中东大街、下东大街,其中春熙北段以每亩420000元的高价成为成都城区当时的地王。这一价格与同处一区的南进道街、教练所等地每亩6000元的地价相差达70倍。①

另一特点是抗战以来成都城区地价增长迅速。由于1943年的地价调查是以区镇为基础进行的,与1938年的地价调查分商业区、住宅区、市边区和贫民区的调查分区不同,所以无法直观地比较五年来成都市地价的变化,但也可对部分街道的地价变化以及成都市区地价上涨的整体水平有个总体的了解,如表2-7所示。

表2-7 1938年和1943年成都市部分地段地价比较表②

街道	1938年每亩地价(单位:元)	1943年每亩地价(单位:元)	增长率(%)
牛王庙上街	1200	20000	1567
牛王庙下街	1500	20000	1233
均隆街	1200	13000	983
春熙北路	91920	420000	357
提督东街	14220	200000	1306
西玉龙街	12000	230000	1817
东御街	11520	100000	768
东华门街	9120	190000	1983
骡马市	5400	23000	326
半边南街	4080	40000	880
提督中街	2640	125000	4635
东马棚街	2700	20000	641

---

① 成都市档案馆馆藏民国时期档案:《成都市政府送四川省政府关于造送1943—1944年地价区范围等的呈》,《市府关于房租地价调查表、地价区范围土地市价册呈报及省府指令》,全宗号38,目录号13,案卷号42,第77~105页。

② 根据《成都市地价与房租之研究》,《民国二十年代中国大陆土地问题资料》,第77卷,台北:成文出版社1997年版,第40861~40873页和成都市档案馆馆藏民国时期档案:《成都市政府送四川省政府关于造送1943—1944年地价区范围等的呈》,《市府关于房租地价调查表、地价区范围土地市价册呈报及省府指令》,全宗号38,目录号13,案卷号42,第77~105页,综合制表。

第二章 民国时期成都房地产管理的内容及方式

续表2-7

街道	1938年每亩地价（单位：元）	1943年每亩地价（单位：元）	增长率（%）
过街楼街	2400	20000	733
双栅子街	2700	23000	752
西珠市街	1800	24000	1233
天涯石北街	1080	7000	548
玉隍观街	960	13000	1254
柳荫街	960	12000	1150
南巷子	900	12000	1233
双隗树街	1200	15000	1150
石灰街	2100	20000	852
簸箕街	1500	20000	1233

在1943年的地价调查中，成都市地政局进一步收集资料，制作了成都市最近六年的地价调查表，更能从纵向上体现抗战时期成都市地价的变化，如表2-8所示。

表2-8　1943年成都市关于最近六年地价调查表①

时间/地价/地目	商业地地价（元）			住宅地地价（元）			义地地价（元）	空旷地地价（元）
	上等	中等	下等	上等	中等	下等		
1942年12月	700000	500000	300000	340000	200000	100000	25000	40000
1942年11月	700000	500000	300000	340000	200000	100000	25000	40000
1942年10月	680000	500000	280000	300000	180000	90000	20000	39000
1942年9月	680000	480000	280000	300000	180000	90000	18000	39000
1942年8月	660000	460000	260000	280000	160000	80000	17000	38000
1942年7月	660000	460000	260000	280000	160000	80000	17000	38000
1942年1—6月	620000	420000	220000	240000	140000	70000	15000	36000
1941年7—12月	600000	400000	200000	220000	120000	60000	12000	30000
1941年1—6月	550000	350000	180000	200000	100000	50000	9000	28000
1940年7—12月	550000	300000	160000	180000	80000	40000	7000	25000

---

① 成都市档案馆馆藏民国档案：《四川省政府送成都市政府关于制发地价调查表的代电》，《成都市区地价调查表呈报及省府代电》，全宗号38，目录号13，案卷号61，第4页。

续表2-8

时间/地价/地目	商业地地价（元）			住宅地地价（元）			义地地价（元）	空旷地地价（元）
	上等	中等	下等	上等	中等	下等		
1940年1—6月	300000	230000	140000	160000	60000	30000	5000	22000
1939年1—12月	150000	100000	80000	90000	20000	12000	2000	18000
1938年1—12月	50000	40000	30000	35000	10000	6000	800	5000
1937年1—12月	30000	10000	8000	8000	4000	2500	300	1000

从表2-7、表2-8可看出1938—1943年，据市区内部分地段地价调查显示，成都市不同街区、不同种类的地价已经有了几倍或者十余倍的增长。

通过地价调查，政府地政部门能够及时掌握城市各地地价及房地产发展状况，对于其后征收房捐地税等工作的开展，以及相关城市法规制度的制定都有很大的指导意义。通过地价调查，我们同时也可以看到，地价的上涨如此迅速，与整个城市乃至国家经济陷入恶性通货膨胀互为因果。房地产是民国时期城市经济发展的支柱之一，保持城市地价稳定，进而促进城市房地产业健康发展，是政府在房地产管理中最应做的，而民国后期的情况正好为我们提供了教训，相关内容将在本书第四章中做进一步论述。

第四节 通过税费进行城市房地产管理

清至民国，买、典田宅征收契税。民国时期新增房捐，后改征地价税和建筑改良物税。

一、契税

契税是以所有权发生转移变动的不动产为征收对象，向产权承受人征收的一种财产税，古来有之。清沿明制，买、典契税由地方政府定率计征。"凡买置田地房产者，例将契约呈地方官验盖印信，名为红契，按产价多寡，缴税银于官司。在前归当地官衙牙房经手，地方官司即以此为大宗进款。现经赵制军奏立经征局，经管税契，各县派有委员，设立分局。"[1] 各地税率从"买9典6"到"买15典10"高低不等。计征方法繁多，有所谓"八合十"即800文作1000文计征，也有所谓"三倒拐"即1000文折银一两，再以银倒折钱，超

---

[1] 傅崇矩编著：《成都通览》，成都：巴蜀书社1987年版，第35页。

1000 文计征。成都、华阳两县虽同处一城,但契税与附加费也有差异。成都按产价 1 两征 7 分 9 厘,房书手(手续费或附加费),再加 2 厘 6 丝,内外共计 8 分 1 厘 6 丝;华阳契税税率是 6 分 8 厘,房书手再加 3 丝 5 毫,内外共计 6 分 8 厘 3 丝 5 毫。1911 年,清政府定试行章程,买契照湖北按价计征 9%,典契照湖南按价计征 6%,始有"买 9 典 6"的统一法令。①

  1914 年民国政府沿袭"买 9 典 6"明令各地在买契 2%～6%、典契 1%～2%的幅度内自定税率。1934 年,民国政府又将税率改为"买 6 典 3",且规定附加费不得超过正税的一半。民国时期由于地方割据,军阀混战,虽有中央政府明令规定税率,但全国各地税率仍高低不等,差异极大,且地籍管理混乱,未经政府征税认定的"白契"在民间交易中广泛流行。1937 年,四川省政府训令清理未经交缴契税的"白契",令凡持"白契"者一律限期到市、县政府"过税投印"后,再发给官契,并遵章缴纳登记费地价之千分之二。至 1943 年,成都买契税为 10%、典契税为 6%,交换契税为 4%,赠予契税为 10%,当年征收契税的总额为法币 900 万元。

二、房捐

  房捐是以城镇房屋为征收对象,按房价或房租征收的一种税收,征收对象可以是房产所有人、租户或者典权人。民国初年,全国各地军阀混战,政令不一,房捐征收尤为混乱。与房捐相类的各种名目的捐税,如店屋捐、住房捐、商铺捐、房警捐等,其名目不一,捐率、征收方法不尽相同。"征收漫无标准,弊端丛生,捐户任意征免,捐额多寡无定。"② 1935 年,国民政府颁布《划分国地收支标准案》议征房捐,在条件具备的城镇首先开始试点征收。四川省政府于 1936 年初颁布《四川省征收各县、市房捐暂行简章》,先令成都、重庆、万县三地试办。③

  借此成都市政府从 1936 年开始,向房屋产权人征收房捐。征收范围为自用按房屋现价计征,出租者按租金收入(包括押金)计征,由成都市征收局按季进行征收,并颁布了《成都市房捐征捐章程》对房捐的征收办法、免捐范围、报捐手续和处罚事项等方面进行了规定。

---

 ① 成都市地方志编纂委员会编纂:《成都市志·房地产志》,成都:成都出版社 1993 年版,第 23 页。
 ② 《整理房捐征收》,《江办月报》1935 年第 5 期,第 1 页。
 ③ 《成都市地价与房租之研究》,《民国二十年代中国大陆土地问题资料》,第 77 卷,台北:成文出版社 1997 年版,第 40876～40878 页。

按规定，当时成都市房捐税率以房屋收益的6%计算征收。自住房屋应缴的房捐以房价按年息的一分计算收益缴纳，而租佃房屋的房捐由佃户代缴，佃户再以房捐收据向房主抵扣房租。同时部分房屋可免征房捐，包括：月租不满2元的房屋、党政军机关及领事住地、公立学校及曾经立案之私立学校、法定团体、曾经立案之公益团体、寺庙及礼拜场，以及平民草屋等，房屋空闲和新建房屋尚未竣工的亦可免纳房捐。

申报及缴纳房捐应由房主向征收局领取报单填明房价，并将房主姓名及房价金额、房基四至及管辖区署街道门牌等信息逐一呈报清楚，以待征收局核查定捐。租佃的房屋应由房主或其管理人于租佃关系成立后向征收局报捐，同时包括房屋买卖及典当等所有房地交易都应向征收机关呈报，以请定捐。

对于逃捐和避捐的情况，成都市也规定了较为详细的处罚措施，如对于房主故意减低房价以图少纳房捐的，经征收局通知逾期仍不更正者，按照土地陈报法依其所报价值呈准；佃户填报房租因房主之请托而以多报少者，按照每月应纳捐额以一倍以上五倍以下罚金，如房主有勒逼行为的则照数并罚房主；租佃房屋如有不按规定领用租约而私下立约的，按每户缴捐额加倍处罚；如房主与佃户妥协，伪造证据或设法隐匿的，一经查处佃户与房主一同处罚；凡房租增加或自住租佃变更及新建而延匿不报超过一个月的，一旦查出补缴外，还按所匿捐额加倍处罚；纳捐人对于应缴捐款逾期至十日以上的，照应缴捐额加罚一呈，超十五日的加罚二呈，二十日以上则传案勒追并加罚三呈。①

根据1938年的成都市征收局的资料，全市共有收捐的户数为61298户，较同期警察局户口统计的资料少了20977户，这短少的两万余户除开月租少于2元的免捐户外，还是有许多逃捐和漏捐的情况存在。实际上，当时的研究者认为即使政府加强了对房捐征收的管理和处罚措施，房捐少报漏报的现象仍然大量存在。"自住房屋报价都只有三成到五成的数目"，对于租佃房屋之房租以多报少的处罚虽然已经订立得相当严格，但是"房价短报，依然是公开的秘密"。"收捐官吏的上下其手尚不待说，房捐依季收，而市民各月移动而导致的漏捐数也不少。而权势者流，他们是公然的抗捐的。"② 表2-9以表格形式对1938年成都市房捐收取情况作一简单介绍。

---

① 《成都市地价与房租之研究》，《民国二十年代中国大陆土地问题资料》，第77卷，台北：成文出版社1997年版，第40876~40878页。

② 《成都市地价与房租之研究》，《民国二十年代中国大陆土地问题资料》，第77卷，台北：成文出版社1997年版，第40880页。

第二章 民国时期成都房地产管理的内容及方式

表 2-9　1938 年成都市房捐分布状况表①

区别	户数（户）	季捐额（元）
东区一署	1700	4129.26
东区二署	2691	2510.10
东区三署	2311	3789.02
东区四署	2158	10186.82
东区五署	2012	2439.73
东区六署	2730	2769.09
东区总计	13602	25824.02
南区一署	1814	5837.04
南区二署	1360	2645.33
南区三署	2202	3440.80
南区四署	1904	4627.07
南区五署	2904	3795.20
南区六署	2575	1714.36
南区七署	2086	3118.30
南区总计	14845	25210.10
西区一署	1222	2981.50
西区二署	1252	3092.09
西区三署	1879	3481.61
西区四署	1763	2501.26
西区五署	1894	2322.23
西区六署	902	567.11
西区七署	331	215.02
西区八署	1569	4203.76
西区总计	10812	19364.58
北区一署	2107	3577.4

---

① 《成都市地价与房租之研究》，《民国二十年代中国大陆土地问题资料》，第 77 卷，台北：成文出版社 1997 年版，第 40880~40885 页。

续表2-9

区别	户数（户）	季捐额（元）
北区二署	1827	2175.9
北区三署	2445	5039.74
北区四署	1988	3713.78
北区五署	2119	4431.14
北区六署	1134	980.88
北区七署	937	766.91
北区八署	1582	2877.77
北区总计	14139	23563.52
外东区一署	875	657.36
外东区二署	2682	2366.53
外东区三署	1770	1048.62
外东区四署	579	244.78
外东区五署	1993	1871.27
外东区总计	7899	6188.56
全市总计	61297	1001118.78

另外，又从参与统计的775户中计算各区自住宅房户屋数与出租房宅屋数并进行比较，可得出更为直观的数据，体现了不同区域房屋类别出租数量间的差别，如表2-10所示。

表2-10 1938年成都市各区自住房屋户数与出租房屋户数比较表①

区别	街名	自住与出租之总户数（户）	自住户数（户）	百分比	
				出租者	自住者
商业区	总府街	143	14	94%	6%
	春熙北路	104	3		
住宅区	泡桐树街	56	20	74%	26%
	娘娘庙街	69	22		

---

① 《成都市地价与房租之研究》，《民国二十年代中国大陆土地问题资料》，第77卷，台北：成文出版社1997年版，第40885页。

续表2—10

区别	街名	自住与出租之总户数（户）	自住户数（户）	百分比	
				出租者	自住者
贫民区	同兴街	192	44	87%	13%
	西御河边街	211	16		

如表2—10所示，商业区自住宅最少，只有6%，而住宅区出租者最少，只有74%。以三区总平均，试作全市自住宅与出租宅户数之百分比，则全市自住宅为15%，出租者为85%，这与市征收局所统计的资料是很相似的。据他们查示：上述85%的出租宅中，有10420户为自住兼出租者，约合17%。为显明起见，再以表2—11显示如下：

表2—11 1938年成都市各区住户类型与房屋户数统计比较表①

住户类型	数量（户）	百分比（%）
总户数	61289	100
自住者	9194	15
自住兼出租者	10420	17
出租者	41684	68

这就是说，成都市民者有32%的人户手中，其房捐税率从1936—1946年经过了四次调整。对于政府机关、公私学校所有房屋、居民自住房屋未超过1间或毁损不堪的住宅免征房捐。1946年全市14个区，应征房捐70190户，捐额53736.06万元（法币）。其中，住宅49233户，包括自用6202户，出租43031户；营业用房20957户，包括自用1345户、出租19612户。② 此后，由于市参议会反对，从改征建筑改良物税之日起，停征房捐。

三、地价税、土地增值税、改良物税

（一）地价税

地价税是根据土地价格向土地所有者征收的一种土地税，它通过城区土地

---

① 《成都市地价与房租之研究》，《民国二十年代中国大陆土地问题资料》，第77卷，台北：成文出版社1997年版，第40886页。

② 成都市地方志编纂委员会编纂：《成都市志·房地产志》，成都：成都出版社1993年版，第24页。

登记、清理地籍、丈量面积、颁发土地所有权状,然后评定土地等级及标准地价。清末以来至民国较长的一段时期,因为城市没有进行土地清丈和登记,对房屋占地仅收房捐而没有征收地价税。

对城区土地征收地价税的主张是孙中山先生提出的,通过征收地价税调控房地价格,利用税收的财政手段实现土地财富的涨价归公,最终平均分给大众,"地利共享"是孙中山先生"平均地权"思想的核心内容。1923—1926年,孙中山先生曾主持在广东试征地价税的改革,颁布了《广东都市土地税条例》(1923年10月)、《土地登记测量及征税条例草案》(1926年)等条例,但后因北伐,具体征收构建的工作被搁置。南京国民政府建立后,一直宣称奉"总理之遗教"为其土地政策的指导思想。1929年3月,国民党第三次代表大会通过《确定总理主要遗教为中华民国训政时期最高根本法案》,1930年南京国民政府公布《土地法》,共计5编31章397条,其中第四编,用十个章节对地价税的申报及估价、改良物价值之估计、地价册、税地区别、土地税征收、改良物征税、欠税、土地税之减免、不在地主税等各个方面做了规定。在首先完成城区土地清丈和土地登记的城市或地区开始征收土地税,民国时期中国最早征收地价税的城市是上海,1934年上海市政府对市区已完成清丈划界的区域开征地价税。1941年初,成都市城厢(旧城区)完成了市区的土地整理及登记工作,颁发土地所有权状以后,1943年开始按规定地价征收地价税。

按照土地税征收规则规定,凡征收地价税之土地,其原有田赋契税及各项附加一律免除,但历年拖欠仍应依法催收。地价税分为申报地价与估计地价两种,在实际征收工作中,按照最近标价地价或规定地价征收,不分税地,一律按年征收千分之十六。地价税按全年税额,分两期征收,其征收期限,每期为两个月。在开始征收前一个月,由主管部门将征收捐数、纳税各事项进行公告,并将征收税通知单送达纳税人。地价税征收应于每年年底以前按数征完,其具体日期由主管征税捐各处向县市政府公布之。纳税人接到通知单后,如认为有不符时,应于接到通知单十五日内备具理由向主管征税捐处申请更正,如系地价有错误时,应向主管地价税捐处或县市政府申请更正,更正结果通知书应由县市主管征税捐处更正地价税册。如因纳税人住所变更未申请变更登记或因其他事故致通知单不能送达时,仍须按期缴纳。①

虽然国民政府一直宣称其土地政策是秉承了"总理之遗教",以"平均地

---

① 四川省档案馆藏:《地政署四川省地政局有关抄发各县市成都市土地税征收规则的训令公函签表报式样》,全宗号147,目录号2,案卷号3191,第27页。

第二章　民国时期成都房地产管理的内容及方式

权"为精神指导，但无论是在《土地法》和其后诸多关于土地税收制度的规章制定中，还是在其土地税征收的实践中，都对孙中山先生"照价征税""涨价归公"的平均地权思想进行了很大的改动。如在地价申报的问题上，孙中山先生主张由土地所有者自行申报，而1930年《土地法》中则规定为采用估定地价与申报地价相结合的定价方式，"同一地价区内之土地，参照其最近市价及申报地价为总平均数计算，所得为标准地价，再经公告无异议者，则为估定价格"。但在实际操作中，这一规定使估定价格与照价收买相脱节，令"短报地价这事，随时可见"①。抗战时期，为加强对地价税的征收，针对这一问题颁布了《非常时期地价申报条例》，实行先估定后申报的地价确定方式。在税率方面，1930年《土地法》规定实行单一比例税率，无论地产大小，其税率相同，这样为大地主兼并土地提供了方便，无法起到抑制地价、防止土地投机的目的。正因如此，加之抗战时期各地通货膨胀严重，城市地价飞涨，政府被迫多次重估城市地价。1944年国民政府颁布《战时征收土地税条例》，将地价税率改为累进税率，经重估后开征。成都市的地价税征收也如国内众多城市一样，由于币制贬值收入甚微，无法起到改善政府财政，支持城市公共建设的作用，遂于1946、1947两年停征。1948年重估开征，但改用金圆券后又贬值停办。1949年再度重估。7月币制改革，折合银元计算，成都城区土地26390亩，地价总值银元350.57万元，平均每亩地价132.84元。其中应税土地面积18944亩，应税总额2810.65万元，平均每亩148.68元，税率15‰，按累进制征收税额8.67万元，省、市各半。② 由税捐稽征处造册填写通知，时值成都解放，搁置未能收缴。

（二）土地增值税

土地增值税作为地价税的一种，按照孙中山先生征收地价税的思想，土地增值税的征收必以完成土地清丈登记为条件，向所有权人依照土地价格增加部分课征。按照南京国民政府1930年颁布的《土地法》和其后的《土地法施行法》规定："申报地价后10年内，土地增值总额未超过原要价30%者，免征增值税；超过30%部分，税率采用累进制。增值总额在原地价30%~50%者，征20%；增值额为50%~100%者，征40%；增值额为100%~200%者，征收

---

① 蒋廉：《地价应该如何规定》，《人与地》，第1卷，第5期。
② 成都市地方志编纂委员会编纂：《成都市志·房地产志》，成都：成都出版社1993年版，第23页。

60%；增值额为 200%～300%者，征 80%；增值额在 300%以上者，其超过 300%部分的全部征收。"① 又以 1937 年四川省政府颁布的《四川省各县市土地税征收规则》规定：

土地增值税照土地增值之实数额计算，于土地所有权移交或于十五年届满土地所有权者移交时征收之。土地增值之实数额应一律按土地增值之总数额，超过原地价百分之三十以上之部分计算之。原地价指原规定地价或相当时期后之重估地价或最后移交时之卖价，或每届满十五年征收增值税时，重新规定之地价而言。土地增值税之税率，依土地法第三零九条之规定办理，应于土地登记完毕之日，或无移交届满十五年之日起两个月内完纳。土地移交买卖有匿报价卖，企图逃避增值税者，如被察觉或告发时，一经查实，即勒令依照实际卖价登记，除补缴短纳税款外，并加征短纳税额二倍之罚款，以三成充交法人资金之最高额，以二万元为度。此项罚款由买卖双方平均负担。在未经查实以前，如政府因兴办公共事业需用土地时，得优先选择此种低包地价之土地征收之。②

1948 年，成都市遵照财政部《土地税改进办法》，评定土地等级，重估地价，9 月由成都市税捐稽征处按新地价开征土地增值税。

关于本市市区土地曾经前成都市土地整理处于三十年依法办理总登记，按业颁发土地所有权状，其整理工作早已完成，此后凡土地所有权之移转、典当、交换、赠予，依法规定征收土地增值税。市府迄今尚未开征税契，今固迭奉省令，饬本年九月一日起实行开办，以符法令。市府前拟定之土地填其免税额为法定地价之千分之十。本市旧市区重估地价工作，现悉已经市府统计完成，计全市总面积 26390256 市亩，税地 18946704 亩，每亩标准地价，最高 4704000 元，最低 68000 元，全市地价总值 60 亿元。③

此次征收，地价在每亩 50 万元以下的，累进征收起点价为 10 万～20 万元，地价在每亩 50 万元以上的，每亩增加 50 万元，累进起点递增 20 万元。

---

① 《土地法暨土地法施行法》，南京：国立政治大学地政系 1946 年印，第 33～34 页。
② 四川省档案馆藏：《地政署四川省地政局有关抄发各县市及成都土地税征收规则的训令公函签表报式样》，《四川省各县市土地税征收规则》，全宗号 147，案卷号 3191，第 27 页。
③ 《蓉市土地增值税定于九月一日开办》，《新新新闻》1948 年 9 月 1 日。

土地增值税的开征和改原定比例税率为累进制税率这两项措施是国民政府在地价税征收实践中的进步。虽然在当时即有学者批评1930年《土地法》中对于土地增值税税率的设计太过粗糙，认为应将土地增值的绝对值、增值时间等因素考虑进去，不应仅依土地价值的百分率计算。[①] 更有学者坚持涨价完全归公的观点，认为土地增值税率应为100%，而《土地法》中税率过低、对于所有权无移转的土地，须届满15年才征收土地增值税的规定皆有违"涨价归公"的原则。

应该看到，民国时期国民政府的地价税征收政策经历了从理论到实践逐步探索变革的过程，它以孙中山先生平均地权思想为起点，在实践过程中逐渐抛弃了原有理论中一些在当时中国现状中无法实现的空想理论，同时又与既得利益集团即大地主阶级进行着妥协，以换取其对地价税征收政策的支持。最终其成果体现在1946年颁布的《土地法》中，它基本坚持了"重税"和"累进制"的原则，这在一定程度上是符合"涨价归公"的平均地权精神的。

国民政府的地价税政策探索在民国时期中国税制改革中占有其一席之地，留下了许多有益的经验和教训，但其结果是失败的。它既没能起到平抑地价、抑制城市土地兼并的作用，更不能实现促进城市公共事业建设，全民共享地利的理想。在战争和通货膨胀的双重打击下，民国后期的地价税征收仅仅成了政府"刮地皮"、增加财政收入的重要来源，没能发挥其应有的优化土地资源配置、加强城市土地管理的社会职能。这些经验和教训都值得后世警醒借鉴。

（三）土地改良物税

1944年，四川省政府公布《土地改良物税征收规则》规定：凡开征地价税的市、县应征收土地改良物税。同时停征房捐，建筑改良物应征改良物税，农作改良物与其附带之房屋免税。营业用房的税率不超过法定价的9‰，出租住宅用房不超过法定价的5‰，自住房免税。1947年4月，四川省依财政部规定，在全省开征土地改良物税。1948年2月，根据国民政府公布的《土地改良物税征收细则》，制定四川省《土地改良物税征收细则》，在完成了地籍整理、开征土地税的县市，就土地上建筑物征收土地改良物税。税率按建筑物法定价额计，其中营业用房不超过10‰，出租住房不超过5‰。

成都市于1944年评定地价时，对旧市区建筑改良物进行了重估。除市郊外，于1948年改按金圆券评定价值，造册公布，但因金圆券贬值，经市参议

---

① 朱契：《中国租税问题》，北京：商务印书馆1936年版，第136~137页。

会议免征。1949年政府又办理重估与核算，尚未开征又再度贬值而无法进行，7月份折合为银元，重新核定。此次核定城区房屋633.53万平方米，总价值3479.17万元，按平均每平方米5.49元计算。营业用房按4‰、出租房按2‰计征，纳税总额达6.56万元。① 到年末同地价一并造册填写缴款通知，因为成都面临解放，搁置未能收缴。

通过房地产税费的征收调控地价，优化土地房屋等国民经济中重要的资源分配，从而达到社会财富增值、地利共享的目的，这是民国时期各级政府进行城市房地产管理的重要方式之一。

第五节　通过保甲制度对房地产进行管理

保甲制度是传统封建社会中带有军事管理性质的户籍管理制度，它源于宋代，明清时称里甲、保甲，其发展程度趋于完善，并开始参与到民间房地产交易管理中。清代将保甲制度和传统的房牙制度相结合，参与者包括了地方的保甲长、房牙、中人、亲族、邻里等在内的传统房地中介及民间管理组织。其中保甲作为基层行政机构，其职能侧重于为官府对房地交易行为进行监督管理。立契时保甲长须在房地契上签字画押，是传统"申牒问账"制度在民间房地产交易中的遗存。经保甲长签押的契约，一旦事后发生纠纷，保甲长有权责进行管理调解。

民国初年曾一度废除了传统保甲制度，但随着内战的展开，国民党政府加强了对人民人身自由的控制，逐渐恢复了保甲制度。1927年南京国民政府在保甲制度中提出"管、教、养、卫"并重原则，使保甲制度既服务于"自治"，亦有利于所谓自卫，成为国民党政府镇压民众的有力工具，至解放战争胜利后方被全面废止。

保甲制度自清代以来就是作为城市房地产交易管理的基层执行机构。清代保甲组织"其管内税粮完欠、田宅争辩、词讼曲直、盗贼发生、命案审理，一切具与有责。遇有差役，所需器物责令催办，所用人夫责令摄管"②。由此可见保甲制度的基本职能是弭盗安民，而随着城市的发展，各种地方事务纷繁复杂，为便利其管理和统治，历代政府赋予了保甲越来越多的监理地方社会的公

---

① 成都市地方志编纂委员会编纂：《成都市·房地产志》，成都：成都出版社1993年版，第25页。
② 〔清〕《钦定皇朝文献通考》，清乾隆十二年敕撰，卷21《职役》，台北：台湾商务印书馆1980年版。

第二章　民国时期成都房地产管理的内容及方式

务性职能,从而成为进行社会基层行政管理的单位。在房地产管理中,保甲的作用一直存在并随着政府对房地产管理的加强及细化而愈加深入。具体表现为:在民间的房地产买卖中,保甲长参与其中,作为有权威性的地方代表在契约上签字画押、立证作保。下为光绪二年(1876年)文裕顺杜卖位于成都华邑南门内上池街独院房契的契尾:①

  立杜卖瓦房基址契约人文裕顺仝子绍雍、绍康、绍福、绍璧情因需银使用,愿将先年自置华邑南门内上池街,坐北向南瓦独院壹进叁间、土墙大门道壹道。前与清醮会地基为界,亦与徐姓墙脚为界,又与冯姓墙脚为界后,与黄姓滴水为界,左与李姓巷心为界,右与杜姓竹壁为界,各界分明毫无紊杂,周围竹墙树木砖石一并在内门台扇格均各俱全。先尽邻族无人承买,自请中证说合,甘愿出卖与李廷桢名下出银承买管业。比日凭中证定时置实价纹银壹百叁拾两整,九九足色九七平弹兑当日眼同中证银契两交,卖主一手收清并无下欠分厘,亦无债务。至于出卖之后任随买主修造赔补托高填低招佃自住,听其自便,卖主族邻不得异言。倘有别情况一力有文承当,不与买主相涉。比系两家甘愿,并无套哄逼勒等情,恐口无凭,特立杜卖基址文契一纸交与买主永远存据。

  清醮首事:刘合顺、高怡亭。保正:张敬发、宋天意。甲长:黎三义、陈金盛、易永昌。邻:黄洪兴、李道全。街:谭福玉、刘洪顺。中证人:冯正兴、徐洪顺、饶兴顺。街约:贺洪兴代笔。

  光绪二年十二月初六日立杜卖基址契约人文裕顺十子绍康、绍璧、绍雍、绍福

  由此份房屋契证可见,保甲在民间房地交易中的地位和作用是相当关键的,其保证作用高于街坊、中证,在一定程度上起到了代表最基层政府管理机构鉴证房地产交易事实,立证作保的作用。

  地方保甲除了给房地产契证签章作证外,还以多种方式参与到地方房地产事务的管理中,如在房地产管理工作中极为重要的地籍整理及土地登记工作,就需要各级保甲人员的尽力协助,做好前期工作的宣传、动员,以及配合登记人员做好具体的登记工作。1940年成都市开始着手准备第一次城市土地登记,

---

① 成都市房管局房产信息档案馆馆藏历史房产契证:《光绪二年文裕顺杜卖华邑南门内上池街独院房契的契尾》。

在登记工作开始前，市政府就以政令形式，通知各区镇保甲："窃本市土地登记工作，即将开始办理，势令各级保甲人员尽力协助，惟关于各区镇保与职处行文程序，尚无命令规定，兹为增强督促功用办事效能起见，拟请钧局呈请省府转令成都市政府，通令凡市属各区镇保对职处行文一律用呈或签呈，职处对之则用令，以资简便而办事上督促之效果。"① 即以行政命令的方式督促各区镇保甲积极参与到土地登记工作中去，以保证登记工作能在基层中有效率地展开。

在进行土地登记的具体过程中，地方保甲的职责亦很重要。如1941年成都市开始进行城区第一次土地登记时，在成都市政府公布的《成都市土地登记施行细则》中就专门后附了《成都市土地登记处镇保甲长须知》，对土地登记中各保甲长应做的工作做了明确规定：②

（一）各镇开始登记前镇保长应办事项

1. 将各镇镇界考查清楚，各户地基界址辨别明晰，根据测量队发交该镇转发之户地测量业主调查表汇集审核，造具草册以资登记时之参考。

2. 各镇长收到土地整理处发交之登记通知单后，即交保长挨户分送，并通知各业主于定期内携带房屋住宅红契证件和登记费按时到成都土地整理处申请登记。

3. 各镇开始登记之前，由各镇长召集镇内保甲长、绅耆等开会商讨如何进行申请，方法如何，明了登记手续。

4. 各镇在开始该镇登记之前三日，每日鸣锣一次，催告各业主赴土地整理处申请登记。

（二）各镇开办登记时镇保甲长应办事项

1. 各镇公所在办公时间内应派人答复各业主问询登记情形，尤应详予解答登记意义。

2. 各该镇业主之业经申请登记，即由土地整理处发布公告，公告期间该镇保甲长须通告各业主亲赴土地整理处查阅公告榜有无错误及侵权事件。

3. 各镇镇公所接到土地整理处令饬调查土地权利纠纷案件，应立即妥为调查清楚具报，免延误登记期限。

---

① 四川省档案馆藏：《成都市地整处呈报土地登记实施办法土地复丈规则标准地价评委会组织章程草案》，全宗号147，目录号2，案卷号3212，第41页。
② 成都市档案馆馆藏民国时期档案：《成都市土地登记施行细则》（附件），《成都市土地整理处关于土地房屋调查和土地整理的呈文》，全宗号93，目录号2，案卷号4359，第50~53页。

第二章 民国时期成都房地产管理的内容及方式

4. 各该镇之业主在申请登记时，若证件不齐或有其他原因，土地整理处令饬取保时，各该管镇保甲长务须慎重调查确实，始能担保，不得滥行盖章。

5. 各镇保甲长奉到土地整理处发交之调查案件或业主之请求保证者，务须注意伪造书据侵占公产及一切朦混事项，一经发觉即随时向土地整理处举发，在公告榜上若知某户权利虚伪者亦应举发，否则一经发生法律问题，镇保甲长即须负连带责任。

6. 各该镇在登记期限内应每星期鸣锣催告示一次，并随时向民众说明逾期登记加收登记费，如逾二个月则视为公地。

7. 各该镇在开办登记时，对管内公产应做初步调查呈报市政府及土地整理处以凭查核。

（三）各镇登记期限满后镇保甲长在办事项

1. 各镇登记期限截止后，各镇长将该镇未登记之土地作初步统计，再加沿户催告谕知逾限处罚办法。

2. 逾期在三个月内申请登记，土地整理处除罚收登记费，其余办法皆依前例。

3. 在登记逾期三个月后，镇公所将未收到公告表之地户造册清册，呈报土地整理处核准，市政府接收代管。

（四）附则

1. 各镇保甲长对协助登记特别出力有宏效者，当呈请省政府奖励，并由土地管理处酌给津贴。

2. 各镇保甲长如有不法情事，一经察觉立予贪污惩办。

3. 本规章如有未尽事宜得随时修正之。

4. 本规则自登记时公布施行。

由此文可知，保甲全程参与土地登记的具体施行工作，从前期地户的测量统计、消息的发布、人员的组织动员等，到具体登记时登记现场进行政策解答、查核侵权事件及参与处理土地权利纠纷案件、进行登记催告及对管内公产做初步调查等，后期到登记费用的催交和未登记土地的统计等都由各保甲负责。

保甲作为民国时期政府基层政治统治机构，积极参与到由地方政府组织的各种房地产管理事务中，除土地登记中参与处理各项事务外，还在政府进行房地产管理中具体负责施行诸如基础地价资料统计、协助整理公产、调查各类土地房屋使用情况、房地税费征收等各类房地产管理工作，是民国时期成都房地产管理中不可或缺的一个重要组成部分。

第六节　民国时期成都房地产行会及其管理

传统房地产交易多是自发的民间行为，古来官府的职能在于制定相应的法律对这一行为进行规范以及征收赋税等。而对这些制度的执行进行贯彻和监督，进而直接参与传统房地产交易的则是基层政治机构和众多的民间管理组织，如通过保甲组织和行会对传统的房产经纪进行监督管理。到民国时期，这些中介组织进一步发展成为形形色色的房地产经纪及掮客。

一、传统房地产经纪人：房牙和中人

牙甲在清代的房地产交易中，是协助政府进行房地产管理监督的重要基层组织。而房牙作为传统房地产交易的专门中介机构，其作用在清代逐渐完备。咸丰九年（1859年），清廷颁布《写契投税章程》，从房牙的职责、事务提成、奖惩办法等各方面进行规范，如关于房牙在房地产交易中的地位和作用规定："民间嗣后买卖田房必须用司印官纸写契，务须令牙纪于司印官纸内签名。违者作为私契，官不为据。"另外，"如遇有民间用司印官纸写契后，责成牙纪将存根填好截下，按月同纸价呈送本管州县，分别存转"。[①] 表明了房牙在传统房地产交易中的地位是相当重要的。对于房牙所尽事务应如何收取提成也做了详细的规定："民间嗣后买卖田房，牙纪行用与中人、代笔等费准按契价给百分中之五分，买者出三分，卖者出二分。系牙纪说成者，准牙纪分用二分五，中人、代笔分用二分五。如系中人说成者，丈量立契，只准牙纪分用一分。如牙纪人等多索，准民告发，查实严办。"[②] 而对于房牙可能发生的违规行为，《写契投税章程》也做了相应的约束："官牙领出司印官纸，遇民间买用不准，该牙勒指不发，例外多索，犯者审实照多索之数加百倍罚。会牙纪交出充公，免予治罪；仍于斥革。如罚款不清，暂行监禁。牙纪于更定新章以后，见有新立之私契，因贪使用钱，不即告官者，别经发觉，并照所得用钱数目加二十倍照官牙第一条罚办。牙纪遇民间写契暗减卖价者，准察官究办。如牙纪协同舞弊，一经查出，并照所减之契价照官牙第一条罚办。如嗣后凡遇契价与存根不

[①]〔清咸丰〕《写契投税章程》，转引自张小林：《清代北京城区房契研究》，北京：中国社会科学出版社2000年版，第365~366页。

[②]〔清咸丰〕《写契投税章程》，转引自张小林：《清代北京城区房契研究》，北京：中国社会科学出版社2000年版，第366~367页。

第二章 民国时期成都房地产管理的内容及方式

符及契纸已用存根不缴者,即系牙纪主使漏税,应将牙纪斥革;仍予监禁十年。"① 咸丰时期的《写契投税章程》意味着清代进行基层房地产管理的房牙制度的建立,并成为基层房地产管理中重要的一部分。

民国以后,房牙制度渐渐退出了历史舞台,房牙失去了半官方的身份,在城市房地产交易日益兴起之时,逐渐演变成民国时期的房地产经纪人,亦称"捐客"。与上海等开埠城市不同,成都由于地僻西南,民间房地产交易中深受传统牙甲制度、宗法、亲邻等社会关系及传统观念影响。如在民国6年(1917年)由四川省财政厅颁发的清真义学贾鸿如房产官契②中,牙行的作用仍然存在。

四川财政厅为给发官契,事照得本省田房契税经本厅查照,向章核定凡有业户投税,将原契发还,将副纸黏附存根发给官契收执为据。兹据成都县人业户清真义学凭中　牙行　买得原业主贾鸿如名下向在　名下完粮　界载房址一并出售,坐落场期。地方东至　西至　南至　北至　买卖契价经中人交割清楚,于　年　月　日成契,共计契价银叁佰肆拾两正,照章共应收税银补契免税外加纸张工本银壹两。统于　年　月　日收讫,除将原契印还,并将副纸黏附存根合缴备查外,合行发给官契为据。

中华民国六年十月二十五日给业户清真义学收执

在此房契上,有两处提及"凭中牙行"和"中人"的字样,说明在此次交易中,中人、牙行所起的作用,一为联系买卖双方促成交易,二为帮助双方完成银钱交割,并代算契价。应该指出的是在民国后期的房契中,"牙行"一词渐被"中"和"中人"代替。但此处的"中""中人"与清代房契交易中经常出现的"中证""中人"大有不同。在传统房地产交易中,为使交易得到牙甲、宗族、亲邻等社会关系的认可,买卖双方除须请保甲长到场并履行多番礼节外,亦得请乡邻中有声望且得双方皆认可的人士为"中证人"。这是一种比较古老的习俗,在清代成都地区广为流行。导致当时大多数房契都有一个共有特征,即每约必有中证人,其名称也多有变化,有"引进中""牌首""街约""邻右""依口代书"等。中证人为此次交易作证有时还代写契约,事成后也会

---

① 〔清咸丰〕《写契投税章程》,转引自张小林:《清代北京城区房契研究》,北京:中国社会科学出版社2000年版,第368页。

② 成都市房管局房产信息档案馆馆藏历史房产契证:《民国六年由四川省财政厅颁发的清真义学贾鸿如房产官契》。

对"中证人"有所酬谢。当时的中证人多是为交易双方作见证或参与纂写契书等,不是以此业谋生之人士。清末后房牙制度瓦解,"中人"逐渐取代了牙行,成为房地产交易中的主要房产中介人。而"中人"的人员成分、工作形式、社会作用各方面都在发生变化,有的即成为民国时期的房地产经纪人——掮客。

二、房地产经纪人：掮客

辛亥革命之后,清代对民间房地产交易进行管理的房牙制度随之解体,房牙们虽然失去了半官方的身份,但也省却了入行要"例给官贴"的身份限制。随着城市的扩张,城市房地产交易的日益频繁,他们的队伍更加壮大,在民国时期城市中发展成为一支特殊的房地产交易参与主体——房地产经纪人,俗称"掮客""房牙",成都土语叫作"房串串儿"。应该说民国时期的房产掮客既不同于清代的房牙具有半官方的身份,也不同于传统的"中人",有的只是偶尔为相熟的友邻联系买卖、作个中证,有的是以此为生的市井小民。他们后来逐渐发展成为专门为城市房地产交易提供信息和专业协助,从而提取佣金的一项职业。

较之清代对房牙的诸多限制和管理,民国时期成都的房地产掮客从人员组成、工作形式、场所及管理组织上都很松散。从事房地产经纪的人员成分也相当复杂,有政界和警界的失职人员、退伍军人、破落地主、失业人员,也有兼职从事此行的公务员、小商贩、家庭妇女等,他们常年穿梭于城市的大街小巷、茶房酒肆,多靠口耳相传的方式交流传递诸如房屋的位置、面积、价格等各式各样的房地产信息,为有土地房产买卖、租佃需求的人们牵线搭桥,进行中介活动,进而从交易中提取佣金。"房地产交易从开始介绍到清价交房,中人活动贯穿其始终",具体的交易过程是中人对于合适的房地产经过勘察丈量,认为"双方买卖条件均为合适,就介绍他们看房议价","双方协商成交后,先约定（即打大定）,交付一定数额的定金,写明买卖双方姓名、房地产坐落、四至等内容,邀请乡约、牌头（或乡、保、甲长）、近邻、中证等人,并设宴请客,送红包表示酬谢。数日内清房交价,立扫盘契。报经地方政府办理'公告',为期 15 日,期满无异,双方会同四邻清界,再邀请乡约、牌头、（或乡、保、甲长）、近邻、中证等人,再设宴请客,买方凭契约到税收机关上税、贴印花,加盖地方政府官印后,即凭证管业。这种房地产交易形式,相沿成习"。

第二章　民国时期成都房地产管理的内容及方式

待双方交易成功后,"中人可从中分取佣金,一般为房价的百分之三"。① 此外,经验丰富并且信誉较好的掮客还可以替买卖双方进行丈量土地、清理界址、代写契书、清算账目、代收房款等工作,甚至在法院等政府部门进行土地房产拍卖时也会请他们先去进行价格评估。

在报刊服务业兴起后,少数头脑灵活的掮客便开始利用这新兴的传媒方式进行业务宣传,从而招揽生意。以下是两则民国时期成都本地报纸《新新新闻》中所载部分房地产类的广告、启事等:

吉房地皮出售:兹有适居独院四所并临街房产十二间,共计地皮约十亩一并出售,有意者由昭忠街一百一十五号附三号向姓引看。②

房地出租:武侯寺旁房地产适疏散,接洽处实业街三十号。③

从此类房地产广告可知,随着城市房地产交易活动的日益频繁,行业需求量的增加,当时房地产经纪人工作形式已经出现了分化,部分掮客已由过去单纯的流动中介人,发展为所谓的挂牌掮客,他们有固定的门店,凭借手中掌握较多的房地产信息资源,以报刊广告甚至街头"牛皮癣"等多种形式兜售房地产,然后在店中静候顾客上门。这类挂牌掮客实际只比流动掮客多了一间办公室、一部电话再加上在报纸上刊登广告的成本,就省却了流动奔波的劳苦,还能比以前获取更多的机会。而这种广告宣传的形式使房地产交易信息传递更为便捷和顺畅,一定程度上促进了成都城市房地产市场的繁荣。

从民国时期花样繁复的房地产广告中可以发现,除了上述那些标明"代售""替人引看"的简单广告外,还有很大部分是由××不动产信托公司刊登的。他们其实亦是挂牌掮客的一种,只是比普通掮客实力更雄厚,手中房地产信息资源更丰富,从事代理的业务也更多一些。在当时掮客聚集的成都实业街、海会寺街可以见到许多这种挂牌经营的掮客,许多不动产信托公司也开设于此地,如溥益、大光等,名目繁多,鳞次栉比。而它们中的一些乘后来成都房地产价格高涨的机会,扩大经营规模和范围,逐渐发展为民国时期房地产公司的雏形。

因民国时期成都城市房地产业的快速发展,房地产中介行业的利润吸引了

---

① 成都市地方志编纂委员会编纂:《成都市志·房地产志》,成都:成都出版社1993年版,第86页。
② 《吉房地皮出售》,《新新新闻》1939年2月17日。
③ 《房屋出租》,《新新新闻》1939年4月4日。

许多广告社、银行都参与其中，如《新新新闻》的服务部就代理了如下的房产分租广告："某君有房屋十间分租，押金三百五十元，租金三十四元，租期一年以上，如有愿租者，于每日午前十二时向敝部接洽，无妥担保人不租。——本报文化服务部启。"①

当时成都金融界实力雄厚的聚兴诚银行也设立信托部，专门承接各类房地产中介业务。下面是一则他们当年刊登的代卖地产的广告：

代卖地产：（一）水田。地点：外东中和场附近。面积：七十余亩。（二）公馆。地点：A. 本市昭忠祠独院房屋及铺面十余间；B. 本市庆云东新街新式住宅全院。以上各产售价低廉，手续简便，欲购置者请向厂部接洽为荷。——聚兴诚银行信托部启②

银行参与房地产中介服务除了实力雄厚外，还有一个优势在于能够更好更快捷的提供贷款业务。到民国后期，随着成都房地产市场利润的增长，更有一些银行或钱庄以直接投资的形式参与到房地产市场经营中。据数据显示，1943年豫康银行就曾收购了成都提督西街7号-11号，以及北新街16号等多处房地产，而昌泰商业银行也将北新街第8和第10号两处大型商铺买下用于投资。和成银行成都分行更是购买了北新街65号和交通路26、30、228号等多处房地产，③他们所购房地产除少量自用经营外，多数是用于租赁赢利。

民国时期，以房地产抵押贷款在报刊的分类广告中，也有许多广告是由业主亲自刊登的。

欲求利息优厚而稳妥之房产者注意：春熙路附近有房产一幢，年收入租金一万余元调自一分三四，兹欲出卖。为避免居中人麻烦起见，特登报通告，以便直接交涉。如有欲买者请投函暑袜街邮局第九号信箱，说明投函人住址即相约接洽。④

春熙北路铺面出让：兹有春熙北路某商店主人拟收庄回籍，特将其经营之三间铺面出让，有欲要者，请投函暑袜街邮局第九号信箱说明住址，即相约

---

① 《房产分租》，《新新新闻》1939年3月22日。
② 《代卖地产》，《新新新闻》1938年4月19日。
③ 成都市档案馆馆藏民国时期档案，全宗号31，案卷号73。
④ 《房产广告》，《新新新闻》1938年1月24日。

第二章　民国时期成都房地产管理的内容及方式

接洽。①

出卖地皮房产：本市纯化街十二号公馆地皮计甲级铺房十一，已拟定最低价额两万元，有愿买者到南门一巷子间八零号同张守善、张本孙交涉。②

出售大公馆一院：少城方池街三十三号全院，约四亩余，前邻方池街后抵锦江街正房，共二十余间亭池竹木等齐备，要者面议。③

这类房产广告与掮客所发之广告有几点不同之处：一是往往直接写明所卖房地产的地址，这一点房地产中介是不可能做的；二是因为刊登广告的成本之故，自登的广告登报时间往往很短，而掮客会连续并在多份报纸上发布信息，这样宣传的范围就更广；三是民国时期邮政、电话等现代通讯业的发展为自登广告提供了方便，买家可通过信箱和电话与卖家联系。卖家自登广告的原因一是可以减少中介的提成花费，二是可以规避掮客在交易中上下其手的欺诈行为。而在现实交易中由于大多数掮客仍是各自为政，"终日奔走，向无定所"，整个行业也缺乏规范和管理，的确出现过因中介虚报信息产生房地产纠纷，甚至坑蒙拐骗和短价漏税的行为。

当时的档案中就曾记载了一起房地产纠纷案件。1944年1月，成都房地产中介人于无涯上呈成都市政府，状告一名与其一起在一桩房地产交易中从事中证事务的尹炳章"侵吞中资费"，请求政府出面调解，"以正世俗事"。事情的原委是于无涯所住街道上有芮姓、刘姓两户人家进行房地产交易，由于无涯并尹炳章等八人共为其中证人，订立房地契约并议定交易价格为法币三十五万元，按事前各方口头约定，于无涯可分得中介费四千三百余元。然而交易结束后，尹炳章私自领走了全部中资费并拒绝向于无涯分取其应得费用，且"恶语相向"，于无涯无奈只得向市政府求告。经市政府调查，由于在交易之前，中介人与买卖双方并无订立关于中介费用的书面契约，仅凭于无涯一面之词，实难为证。且于无涯并未加入田房经纪人职业工会（政府管理房地产经纪人的工会组织），其中介人身份亦难断定，最终因缺少证据，市政府将此案交与"该镇镇长召集双方当事人调处"了事。④

民国时期成都市政府为了加强对掮客的管理，防止房地产交易中的坑蒙拐

---

① 《春熙北路铺面出让》，《新新新闻》1938年1月24日。
② 《出卖地皮房产》，《新新新闻》1938年9月24日—1938年10月7日。
③ 《出售大公馆一院》，《新新新闻》1938年9月24日。
④ 成都市档案馆馆藏民国时期档案：《成都市政府新村筹备委员会关于审核市郊外地图、盗卖、土地纠纷等呈、训令》，全宗号38，目录号13，案卷号99，第50~51页。

骗和短价漏税行为，于1941年2月，由国民党成都市党部和成都市政府组织成立了"成都市田房经纪业职业工会"，办事处设在提督街三义庙，有李庆康和马云衢先后担任理事长，按照会规规定凡年满16岁，从事田房经纪业务的人员，凡有两人以上的会员介绍便可加入该职业工会，当时登记会员有270余人。但实际从事房地产经纪业的人数远不止此数，许多捎客不参加职业工会，许多登记为会员的人也不来参加工会活动和交纳会费。成立职业工会的目的，本在于对松散的捎客进行组织约束，但因其组织不力、操作困难，1945年国民党中央社会部曾训令成都市政府将其取缔，理由是不属于商业组织，没有固定的公司、行号和场所，政府无从管理。后经多方努力，职业工会改名为"成都市田房鉴定职业工会"，到1949年已发展到500多名会员。职业工会处境的尴尬也正反映了房地产经纪业虽然发展迅速却亟待整顿的状况。

三、房地产公司

一个城市房地产市场是否成熟，一个重要指标就是是否存在专业化的房地产公司。在这一点上民国时期成都的房地产市场与上海、香港这些房地产业高速发展的城市相比，的确存在相当大的差距。在民国的大部分时期，成都的房地产交易仍然是以捎客从中联系，买卖双方直接交易的传统形式为主。随着抗战后期成都房价暴涨，成都房地产行业利润骤升，商人逐利而来。在1939—1944年间，经成都市政府批准成立的私营房地产公司就有溥益、互利、基业、兴业、中和等数家。[①] 它们的经营业务主要是低价收购城市中的房地产，经整修翻建，再进行出卖或出租，从中赚取利润。在这些公司中，以互利公司的发展例子最为典型。在民国时期成都为数众多的经纪人和经纪公司鱼龙混杂的房地产中介市场上，互利不动产信托公司以房地产中介业务起家，抓住机会扩大资本进入房地产开发经营领域，取得成功后再一次扩大增资，改名为互利信托公司（为方便论述后文统称为互利公司），增设银行部和动产信托部，进军金融界，最终发展成为拥有一个分公司、五个办事处及百余名职工的大公司。

互利公司由杨尚周、卢正权、肖竣德三人发起创办，共筹资金法币5000元，于1939年2月1日开业，"有优裕资金作信托保证，呈准政府信托办理田地房产买典租佃、经租及其他不动产之委托事项。如蒙委托，保证满意"。公司办公地址设于西御街86号。其具体业务范围包括"代为收付田房租息，可

---

① 成都市地方志编纂委员会编纂：《成都市志·房地产志》，成都：成都出版社1993年版，第29页。

第二章 民国时期成都房地产管理的内容及方式

免逃租欠租之虞！并可通融借款"①。

相较于其他捐客和不动产信托公司，互利公司发起人杨尚周为原川军第二十四军旅长，保定系的重要人物，有相当的人脉资源，而另两位发起人卢正权和肖竣德则精于业务、思维敏捷，多次在重要时候把握机遇，使公司得以做大做强。如在发展初期，互利公司就充分利用报刊广告一方面对公司业务进行宣传，另一方面也显示他们掌握的房产资源和经济实力。如下则广告中所示："互利不动产信托公司代售下列房屋：（一）华兴正街公馆三院；（二）福兴街公馆二院，以上二处房产地基宽大，价格低廉，适合改建银行公司或其他建筑物之用；（三）外西联合村新式平房二间，每院卖价仅数千元，每月即可收租百七八十元；（四）四处茶店子湾房地皮分售；（五）外西南北附城上田产数十处出售，在此非常时期投资于田产最妥而利益大。——接洽处：外西杉板桥互利不动产信托公司临时办事处。"②

一则普通的广告即可见当时互利公司所掌握的待售房源已达数十处，既包括城中区的公馆、铺面，也包括附城区的田产、地皮；既有可改建的旧式房产，又有新式的房屋，可谓品种齐全。

1939年6月，成都遭受日机轰炸，市内房屋毁损数千间，在这些损毁的房屋中许多居民无力维修，互利公司抓住机会，在迭湾巷、永靖街等处收购破损房屋多处，再加以维修后顺利转手卖出，获得了一笔相当大的利润，为公司进一步发展准备了条件。

1939年冬，肖竣德孀居的远房亲戚在外西营门口附近有水田40余亩，因无人照料收租困难，委托互利公司代为出售。此时正值全市防空疏散，政府强令居民向附城区及城郊避居，乡间的疏散房相当紧缺，而田地却无人问津，行情疲软不易脱售。互利公司负责人经多方讨论，决定买下这块田地将其改建为疏散用房再出售。但公司当时没有买下此地的资金，经过与卖主商讨，双方决定由互利公司以略高于市价的每亩双十市石食米的价格购得此地，但价款分三期付清，互利公司先付现款三分之一，其余六个月后再付三分之一，再三个月后付清全款，由公司出具欠条到期支付。这样一来，这位孀妇认为田地卖了高价，虽分期支付，但因按食米折算不受货币贬值影响。另一方面互利公司仅以三分之一的现款就使田地产权到手，之后立即开始设计规划，把40亩水田规划成村落形式，留出道路沟渠，分割成若干小块地皮，每块面积四分、五分不

---

① 《互利不动产信托公司准于国历二月一日开幕》，《新新新闻》1939年2月1日。
② 《互利不动产信托公司代售下列房屋》，《新新新闻》1939年7月20日。

等,按地势优劣又分为甲、乙、丙、丁四等,标出不同价格出售,取名为"互利西一村",其出售价格高出田价数倍。而房屋的修建则由当时成都市著名建筑承包商刘声屏提出各式各样建筑物图纸,任凭买主选择,由公司负责代办不取分文,只是向承包商收取介绍费。为了推销这一方案,互利公司在各大报刊刊登了下则广告:"敌机肆虐弹纷纷,警报一声欲断魂。若问疏散何处去,老西门外互利村。本村距城四里接连成灌马路附近,并驻有军警保护。故治安交通均无问题,且以流水环绕,风景天然。出售地段无多,即请早临接洽是荷。代为出顶三晋餐馆、出租德盛街公馆、东城根中街公馆、北书院街吉房、长顺街铺房。——接洽处:互利不动产信托公司。地址:西御街八六号。"①

这则由卢正权撰拟的打油诗在蓉城颇为流行,为公司吸引了许多顾客,西一村的地皮很快被抢购一空,且大多数人都委托公司代办修建,承建商也因此揽到一大批业务。连当时成都颇有名气的中国银行成都支行也以高价购买互利西一村甲等地皮一块,修建了两楼一底的办公楼房作为外西办事处的营业用房。西一村的地皮和建房的交易收入,给互利公司带来了价值一千多双市石大米的收益,同时也解决了70多户人的疏散安置问题。

在一期大卖的基础上,互利公司再接再厉、趁热打铁。1940年7月,继续在西一村附近购买水田90余亩,规划为互利西二村,以平方丈为单位分段出售,除兴修道路沟渠外,还修建了简易防空洞和绿化设施。广告上宣称:"本村有银行、学校、防空设备,全村用碎石铺路,交通方便,是安全的疏散区、理想的别墅胜地。"同时将该村的平面图拍照放大为八寸照片,标明所买地段大小位置,粘贴在每户房契之上,四界分明,一目了然,以先进且新颖的方式又吸引了大量顾客。为给两村住户提供方便,互利公司特在外西犀角河设立临时办事处,就地解决有关两村房屋的一切事宜。成都外西的这片原本冷落的农田,由此增加了200多户人家,成了热闹的街市和村落。这一房地产开发案例的成功既使互利公司名利双收,又为当时的防空疏散做出了贡献。

抗战时期因日机轰炸,在成都市政府的组织下成都市内居民大量向城郊及附城区疏散以躲避空袭,附城区及城郊区房价陡涨,还有难民在此自行搭建简陋棚屋,因为大多数人都因躲避空袭匆忙而来亦没有做长久居住的打算,故大部分房屋皆因陋就简。而互利公司占得先机,在交通便利、治安较好的地段出售规划好的地皮,并提供代理联系房屋修建等一系列服务,既供躲避空袭的居民购买居住,又可作为房地产投资的选择。这一行为实际在一定程度上已经超

---

① 《房产广告》,《新新新闻》1939年3月29日。

第二章　民国时期成都房地产管理的内容及方式

出了房地产信托中介的业务范围，而属于近代房地产公司业务了。

但是自此之后，互利公司却没有进一步在房地产开发这一领域中继续发展，转而进军银行金融界，将公司名称改名为互利信托股份有限公司，成立动产信托部和银行部，原本的不动产买卖经租等业务反而退居次要位置。发展两年后，1945年互利公司最终因内部倾压在商界激烈的竞争中破产。

民国时期成都唯一一家可称得上有一定规模的房地产公司，其命运昭示了这个行业没能在成都发展壮大的部分原因。

其一，成都地处西南内陆，没有像沿海沿江开埠城市那样有外资投资开发房地产的先例。近代中国最早的房地产业萌发于上海的租界，在利益的驱动下，最早投资房地产业的是上海怡和、仁记、老沙逊等洋行。"老沙逊洋行在广东路、福州路一带，新沙逊洋行在南京东路一带，雷士德洋行在宁波路、浙江路一带。法租界的法国天主教会，也成为大房地产主，在徐家汇一带有大量产业。他们各自划分地域，竞谋发展。这一阶段，新建楼群街道大片大片地出现，奠定了黄浦江外滩一带街区轮廓。"[①] 1888年，英商业广地产公司成立，它是一家专业性的房地产公司，主要产业位于苏州河以北虹口一带，公司擅于经营当时上海很有特色的里弄房屋，即将居民的房屋建构由以前的简易木板房改为砖木结构的两层石库门小楼。这种小楼比木板房坚固持久，使用时间更长且占地小，造价低，还可收到更高的租金。除业广地产公司外，许多洋行都乐意兴建里弄房屋进行投资，每年均达数万幢，利润何止千万元。新沙逊洋行在1880—1890年的10年间，兴建了广福里、青云里、宝康里、永定里等不下20多处里弄房屋。[②] 近代上海等城市房地产公司能够迅速产生并发展，外商外资起了很关键的作用。他们不仅引导资金流向房地产行业以谋利，更引入了打破传统建筑的建设理念和建筑形式。而成都的条件决定了它不可能走这样的发展道路。而像互利公司这样的本土企业虽然披荆斩棘地闯出了一条新路，但最终仍不免转向传统认为更能长期发展获利的金融行业。

其二，传统房地产交易中房地分开的模式限制了房地产开发的规模。成都房地产市场受传统观念影响较深，在传统概念中房地分开，不仅在房地产交易中，在房地产开发征地与售卖中亦是如此。在成都不多的几次房地产开发案例中，无论是由政府主导的"成都新村筹备委员会"开发"成都新村"，还是私

[①] 赵津：《中国城市房地产史论》，天津：南开大学出版社1991年版，第17页。
[②] 中国人民政治协商会议上海市委员会文史资料委员会编：《旧上海房地产经营》，上海：上海人民出版社1990年版，第13页。

营性质的"互利新村",他们在进行房地产开发时都不约而同地将征来的地皮进行基本的规划及部分公共设施建设后就划成小块进行销售,由购买者自行进行房屋建设。虽然在互利村建设的案例中,互利公司会免费提供联系建筑商等后期服务,但房产公司与承建商之间仅是介绍合作关系,与房屋的建设等现代概念中属于房地产开发公司范围的责任则无任何关系。而在征地中更是重地轻房,早期征地案例中甚至出现过要求房主自行拆除被征地范围内的房屋的事例,并不进行任何赔偿。这样购房后还要进行房屋建设,投资者的成本增加了,而建成的房屋一旦面临拆迁又不会获得相应的补偿,这些都会限制投资者进行投资建房的规模和质量,从而制约了整个房地产业的发展。

其三,传统的小农经济的观念制约着商人在传统的收购、囤积、买卖的基础上将房地产业向着开发、建设、运营的方向发展。如刘文辉的哥哥刘文成,在成都广置房产,富甲一方,民间号称"刘半城"。但他们把房地产作为一种资本仅仅用于租佃和买卖谋利,除此外没有对其加以进一步利用的想法,这种对房地产的经营方式为当时成都大多数豪绅地主所热衷。房地产在他们眼里就是和土地一样的财富象征,他们满足于对其进行囤积并租佃谋利的传统经营方式。而上海等沿海城市的房地产开发实例证明,大规模兴建房屋,建设商业小区及城市住宅往往能大大增加房地产的价值,遗憾的是民国时期成都大量占有房地产资源的豪绅地主并没有意识到这点。成都作为西南地区的重要城市,历来商业贸易、金融业发达,民国时期亦不乏掌握巨大财源的豪商巨贾和地主军阀聚集于此,但他们更愿意将财富投资于金融、贸易甚至鸦片、军火的买卖中,而认为投资房地产风险大且见效慢。普通城市居民资本和市场规模都相对较小,而由乡村转入城市的外来移民虽有居住的需要却缺乏与之相应的资金,所以在抗战前的大部分时间里,成都房价增长较慢而交易量也相对较少,反而是租房市场发展较快。相比之下豪绅地主更热心于进行传统商业或见效更快的金融业的投资,这就注定了他们只能成为地主而非进行房地产经营的资本家。

其四,民国时期成都城市的发展在1938年国民政府内迁之前,长期都停留在40万人左右的规模,人口数量变化不大。抗战时期,城市人口急剧膨胀,到战争结束的1945年,城市人口已达到史无前例的70余万人。但由于正值战乱,城市管理和建设得不到正常发展,成都城市房地产供需关系出现严重的不平衡,最终导致了房荒,本书将用专门章节对此进行论述。

其五,民国时期成都地区动荡的政局也是制约房地产业发展的原因,军阀政客在城内的势力盘根错节,开发一处房产须处理许多纷繁复杂的社会关系,稍有不慎即易发生民事纠纷,在"新村"建设征地中就多次出现这种情况,筹

第二章 民国时期成都房地产管理的内容及方式

委会的办事处都曾被捣毁,"新村"建设也因此而停顿。所以民国时期成都市几次重要的房地产开发项目实际上都是由政府出面,甚至成立专门的机构才能进行,如建设"新村"、国立四川大学迁校,以及建设"中央商业区"等项目。实际上连"新村"和"中央商业区"这样的政府大型项目都没能最终完成,亦可见民国时期进行房地产开发的困难程度。在这样的情况下,商人不敢也不能投资于房地产开发也是可以想见的,毕竟有此资金还是投资于金融和传统商业比较稳妥且获利快,互利公司就是一例。

本章小结

民国时期城市房地产管理既不同于传统封建社会地方官府大而统之的管理形式,也与现代城市房地产相对完善规范的管理形式不尽相同,它是民国时期中国社会迅速演变、近代化和城市化的产物。

民国时期,随着城市的发展,地政工作相继在全国展开。1936年2月,为推进各省地政工作,国民政府拟定《各省市地政施行程序大纲》,规定了各省市举办地政的程序,除依照《土地法》暨《土地法施行法》的规定外,均依据该大纲办理。当年,四川省地政委员会成立,由省长刘湘兼任委员长,民政厅厅长嵇祖佑任常务委员。1937年11月四川省地政局正式成立,由民政厅厅长嵇祖佑任局长,下设成都、华阳办事处。其主要职责是制定与土地政策有关的规章制度,进行土地房产的行政管理事务,征收地租、地税,进行土地测量、制图、登记、评定地价等。

次年,成都市地政科成立,专门负责全市的土地登记、使用、征收和税收,办理土地契据审查,土地、房产纠纷调解和其他有关地政事项。1940年5月,依四川省政府令,成立成都市土地整理处,隶属四川省地政局管理,专司地籍测量、制图、办理土地登记及评定地价,其下又设立土地测量队等机构。

民国时期成都市政府对城市房地产的管理经过了一个逐步完善的发展过程,在城市地政工作正式开展之前,甚至早在传统社会中,与房地产管理工作相关的事务就已广泛存在于基层政府以及各种管理机构中。除了以传统的通过房屋契证和保甲制度等方式参与房地产管理外,城市地价调查和土地整理等工作也是进行房地产管理的重要渠道。随着成都市政建设和地政工作的逐步开展,成都市先后在抗战时期的1938年和1942年开展了两次大规模的地价调查工作,其中1942年的地价调查是为进行地价申报,进而开征土地税而准备的。征收税费捐费是民国时期政府进行房地产管理的主要目的和重要方式,较清末的城市房地产税费，民国时期涉及房地产的捐税费用名目更多，规程更细，对房地产管理的作用和意义也更大。民间参与房地产交易的还有房牙、捎客以及对这些房产中介进行管理的房地产行会，如1941年成立的成都市田房经纪业职业工会。随着抗战时期成都房地产交易市场的繁荣，出现了近代意义上的房地产公司——互利公司。民间房地产交易量的增加促使参与房地产交易的专业代理"捎客"及从事各种与房地产相关的代理业务的团体数量增多，当时由商人杨尚周、卢正权等人兴办的互利公司已在一定程度上具有了近代房地产公司的经营性质。

除地政机构进行日常房地产工作具体事务的管理外，成都市政府更以多种形式开展房地产管理相关工作，并在不同时期进行了与房地产相关的多项重大工程建设。

第三章　民国时期成都房地产管理中的重大工程项目

辛亥革命是中国近代史上的一个标志性事件，它不仅在政治上标志着清王朝封建政权的结束，开启了民国早期的资本主义民主革命及建设，更在经济上打破了原来桎梏经济发展的封建因素，使新的生产力及生产关系得到了发展的空间。成都民国时期房地产管理的发展作为辛亥革命后成都在政治经济各个层面向着民国时期迈进之先导，其发展过程亦在与民国时期成都房地产发展相关的重大工程项目中具体体现出来。下文先从纵向角度理清辛亥革命之后对成都房地产管理发展有着重要意义的重大工程，再以此为脉络进一步理清成都民国时期房地产发展的历程。

第一节　拆除"满城"及少城住宅区的形成

在前文中我们探讨过满城是成都城内的一个"城中城"，它紧邻"皇城"，在传统风水理论中处于成都的上风上水的位置。加之这里最初规划为旗民兵营及住宅，因此少有商店、酒肆、茶楼等喧嚣之所，整个城内布局工整，规划有序。特别是满城内环境清幽，很是宜居。有清人两首竹枝词为证："'满洲城'静不繁华，种树栽花各有涯。好景一年看不尽，炎天'武庙'赏荷花。"①

满城"关庙"荷池放，绿树红桥一径斜。满城花木扶疏，清静幽雅，城内一年四季景色秀美，尤其荷花是其一大特色。有清一代成都满城旗人最多时不过二万余人，他们居住在方圆约十里的满城内，人口相对稀少，又因有政府保障供给，生活闲适，尤其爱种花养鸟，因此造就满城内环境优雅宁静，与熙攘喧嚣、纷乱嘈杂的大城相比，更加宜于居住。傅崇矩先生在《成都通览》中对满城生态环境亦赞誉有加："城内景物清幽，花木甚多，空气清洁，街道通旷，

---

① 〔清〕定晋岩樵叟：《成都竹枝词》，成都心平斋藏版。

鸠声树影，令人神畅。"①

辛亥革命后，满城城墙被撤除，原属于满族贵族居住的房产开始了产权流转，时人指出："西城原有1718年所筑满城——即少城，周四里五分。那儿的街道活像一条蜈蚣形，两旁横街并列如足，长顺街直贯为身。此地曾用以安置驻防旗兵及满蒙贵族。民元以来，少城的城墙撤毁净尽，而当时的统治者，如今则全部沦为车夫、小贩、拾荒者、缝纫穷妇之流。这些贵族后裔既不会经商，又不习农耕，生涯之潦倒，似较流亡中国之白俄为甚，里面鹊巢鸠占的是新的上层人物。这蜈蚣区是成都唯一高尚住宅区。"② 满城房产流转的具体资料已十分缺乏，只能看到大体流转形式。

一、少城住宅区的形成过程

少城住宅区的形成过程，先是通过房地产的自由流通，房地产权由原住的旗人手中流转到汉族商人及富裕的中层居民手中，然后再在商人及居民手中继续流转。在这个过程中，许多房屋的持有者将房屋进行了增建或改建，使这一住宅区变得规模更大且更加宜居。

下面以宽巷子中两处房地产在民国时期数次交易的契约为例，来探讨少城住宅区内房地产交易及其房屋的扩建、改建的情况。

下为1912年11月成都驻防镶红旗马甲齐客兴阿位于宽巷子第二十二号的杜卖文契：③

> 立卖契文约人成都驻防镶红旗马甲齐克兴阿情因移窄就宽，合家商妥愿将少城内现住自有本旗三甲宽巷子坐南向北第二十二号门牌，门道壹座瓦房叁间甲地壹段，南以隆姓墙心为界，东以迎姓墙心为界，西北均以街心为界，上至天空，下至地心，一并托中卖与陈务本堂名下管业。三面议定，时值价银贰佰壹拾伍圆正，书押画字迎神下匾一切小礼概以价内，卖主当时收清并无准折蒂欠，所有界内一切花草竹树砖瓦木石地面生存及地内未现各物概归买主管理，扫土净卖，毫无提留，倘有内事不清外事不明，卖主自行料理不与买主相涉。一卖之后，永不续辄，特立卖契为据。

---

① 傅崇矩：《成都通览》（上册），成都：巴蜀书社1987年版，第17页。
② 《成都市地价与房租之研究》，《民国二十年代中国大陆土地问题资料》，第77卷，台北：成文出版社1977年版，第40855~40856页。
③ 成都市房管局房产信息档案馆馆藏历史房产契证：《民国元年十一月成都驻防镶红旗马甲齐客兴阿位于宽巷子第二十二号的杜卖文契》，档案编号：权－109539。

第三章 民国时期成都房地产管理中的重大工程项目

厅正：罗根元。街正：胡广安。中证人：福堂、杨昆山、张汉乡、傅东山、赵瑞卿。代笔：张德溥。

中华民国元年二月二十四日出卖房地文契

立契人齐克兴阿

契约中包括买卖双方姓名、售卖原因、房屋位置、功能结构、房屋布局、四至、价格及其他与房地产相关需要说明的问题，最后有保长及中证人签押且写明立契时间。在此份卖房契中旗人马甲齐克兴阿出售的宽巷子二十二号房地产包括门道壹座、瓦房叁间、甲地壹段，以215个银元的价格卖于陈务本堂。而一年后，同是成都驻防镶红旗的马甲迎旭也将相邻的自用房产即宽巷子二十三号卖与陈务本堂。下为当时所写的卖房契约：①

立卖契文约人成都驻防镶红旗马甲迎旭情因移窄就宽，合家商妥愿将少城内一片在本旗三甲宽巷子坐南向北第二十三号门牌门道壹座，瓦房叁间、甲地壹段，南以隆姓墙心为界，东以明姓地边为界，西以齐姓墙心为界，北以街心为界，上至天空，下至地心，一并托中卖与陈务本堂名下管业。三面议定时值价银壹佰柒拾伍圆正，书押画字迎神下匾一切小礼概包价内，卖主当日收清，并无准折蒂欠，所有界内一切花草竹林砖瓦木石地面生存及地内未现各物，概归买主管理，扫土净卖，毫无保留，倘有内事不清，外事不明，卖主自行料理，不与买主相涉，一卖之后永不续辄，特立卖契为据。

厅正：罗根元。街正：胡广安。中证人：福堂、杨昆山、傅东山、张汉卿、赵瑞卿。代笔：张德溥。

中华民国二年二月二十四日 立出卖房地文契

立契人迎旭

由契约可见，马甲迎旭位于宽巷子二十三号的房产包括门道壹座、瓦房叁间、甲地壹段，成交价格为175个银元。这两份卖地契说明民国时期"满城"中的旗人因生活所迫，出卖祖业并非个别现象，许多原属旗人贵族的房地产逐渐为汉人富商所收买，而富商收购旗人房地产亦有更多的打算，结合下份卖房契即可看出。

---

① 成都市房管局房产信息档案馆馆藏历史房产契证：《马甲迎旭杜卖宽巷子二十三号的房地文契》，档案编号：权－109539。

六年后即 1919 年，陈务本堂又将自己当时购置的这两处房屋杜卖与一天主教堂，以下为当时交易所立房契的副契格：①

  立写杜卖房屋基地文约人陈务本堂，情因需银急用合家人等商妥，甘愿将二年所置少城西一署属宽巷子街接近西城根至窄巷子街地基六甲，宽巷子第一号起至十六号正铺面拾肆间，门道壹座，天楼壹堂，西城根第八号起至二十七号止，双间铺面贰间，单间铺面拾柒间，窄巷子五十七号起第五十八号止，双单铺面各壹间，共毛房叁座，所有铺面壁格铺板门扇窗户俱全，铺面内周围桑园地一段，桑树叁佰余株，园内住房捌开地振壹堂门窗户格俱全。宽巷子前与街为界，中谭姓墙心为界，后与王姓墙心为界，又与曹姓界心为界，右与李姓墙心为界。西城根街前与街为界，窄巷子街前与街为界，左与谭姓界心为界，四界分明，毫无紊乱。林园、大树木、水井并粪池等条地概不除留，因亲族无人承买，自央中证说合，扫土一并甘愿出卖与天主堂名下出银承买官业，皆请凭中证三面议定价银，硬洋伍仟肆百元正，书押画字迎神下匾一切杂费概包价内，业主不得异言生端。比日买主当凭区街中证人价银硬洋伍仟肆百元，三面眼同，兑交清楚，陈务本堂一手收清，并无下欠分厘。陈务本堂自卖业之后任凭买主招佃，自住去高补低，另行修造，不得异言生端，横生枝节，凭证言明。尚异日房价谬觊盗卖等情，概有业主陈务本堂一力承担，不与买主相涉，比系二家甘愿并无勒逼等情，一卖千秋永无续取，今恐人心不古，特立文契一纸交与买主，永远管业存据。

  区正：罗根元。街正：尚坤山、涂源盛。中证：林玉皋、余星垣、王荣兴、罗久章……代笔：万佳安。业主：陈务本堂。

中华民国七年九月二十四日   立卖文契人陈务本堂

  此份卖房契对于房产位置、房屋功能结构、厅房位置、内部环境的介绍更为详细。将它与之前两份宽巷子二十二号、二十三号的卖房契相比较，可以看出以下几个问题：(1) 六年前两处房产第一次交易时，共有瓦房陆间，门道贰座，甲地贰段，在陈务本堂使用经营的六年中，房产已经变更为双间铺面或单间铺面，而且"所有铺面壁格铺板门扇窗户俱全"。这说明陈务本堂不仅将以前单纯用于居住的瓦房改建为商住结合的铺面，而且还将以前的住宅及园中空地甲道、门道等都增建为铺面，增加了原本住宅的规模，拓宽了它的用途。

---

① 成都市房管局房产信息档案馆馆藏历史房产契证：《陈务本堂杜卖少城宽窄巷子房产文契》。

(2) 由第三份卖房契可知,六年间陈务本堂并不仅仅收购了马甲齐克兴阿和马甲迎旭的房地产,而且将周围"宽巷子街接近西城根至窄巷子街地基六甲,宽巷子第一号起至十六号,第八号起至二十七号止,窄巷子五十七和五十八号"多间住宅陆续买下,并进行翻修和增建,六年间已形成"从宽巷子第一号起至十六号有正铺面拾肆间,双间铺面贰间,单间铺面拾柒间,第八号起至二十七号止,双间铺面贰间,单间铺面拾柒间,窄巷子五十七号起第五十八号有双单铺面各壹间",共有各种铺房 38 间的规模。这就促进了少城住宅区内房屋规模的扩大和结构的多样化。(3) 房地产的价格从六年前两年房地产共 390 银元,上涨到六年后几处房地产相加,卖出了 5400 元的价格。除却屋主经营扩大的因素,少城住宅区房地产价格上涨速度也是很快的。另一处说明少城房价上涨的例子来自吴虞先生的日记:"在民国元年,少城栅子街一座院落,瓦房十来间,还带小花园,售价 440 两银子。"① 半年不到,同一院落"房价渐腾涨",按吴虞 1912 年农历三月初五的日记中载,从 440 两涨到了 500 两。② 1917 年,这所宅子的业主发现房价又涨了不少,庆幸自己买房买得早,"以今日房钱之涨,若未买此宅,即减除月给亦恐不敷。"③

正是在陈务本堂这样的经营者和居住者对房地产的交易流转、翻修、增建中,少城住宅区的房屋不仅规模扩大、样式增加,更由以前的单一住房、仓库转变为除住宅外,更兼具商铺、茶馆、酒肆的功能,甚至还有天主教堂,使人们的生活更加便利,进而形成了成都市区内规模较大、条件较好的住宅区。

二、少城住宅区内的房屋类型

(一) 公馆

成都近代公馆建筑是中国传统建筑形式受西方建筑文化的影响进而演化、改进的产物。它在形式上分为传统合院式、花园洋楼式和中西合璧式等,有些在建筑中还融合了公馆所有者个人的兴趣和风格。能修建并使用这类高质量住宅的多是当时社会上的达官显贵、巨富商贾,他们从兴修公馆开始,在建筑上用西式洋楼的构筑技术丰富了传统民居的形态,使公馆从内到外反映了当时中西建筑文化积极融合的局面。西方的建筑技术与观念与成都本地的地形材料、

---

① 吴虞:《吴虞日记》(上册),成都:四川人民出版社 1984 年版。
② 《吴虞日记》,2012 年农历三月初五日记。
③ 《吴虞日记》,2017 年农历五月二十二日记。

气候风物相互结合，使公馆的建筑形式与功能较之传统民居建筑有了很大的变化：它在平面布局上打破了传统对称形式，灵活组合空间结构；在建筑技术上注重解决房屋的通风、采光、防潮等问题；在房屋装饰上更采用了新的技法和运用了新材料，在传统的清水墙砖面外配以华丽繁琐的灰塑来展现屋主人的尊贵地位。在房屋功能上引入了能与近现代生活相接轨的空间设置，如将书房与起居室分开，设置汽车房、警卫室、网球场等现代设施。这体现出当时的高层次民居建筑不仅在建筑理念和技术上希望做到中西合璧，拥有这些房屋的主人在生活方式上也力图与西方靠拢，"蜈蚣区的房屋，却全是满人为主子时的排场，门口有传达室，门内有庭园，而居堂、内宅、书房……无不俨然全备，而居住密度也较贫民区住宅低多了"①。公馆在功能上兼顾公私，既是居所，又是交际应酬、处理工商事务之所，还是屋主人身份地位、品位气质的体现。

满城城墙拆除后，许多商贾贵胄、社会名流、军政要员纷纷被满城毗邻皇城的位置、整齐宜人的规划及清幽闲适的环境所吸引，来此买房置地、兴建公馆。比较有名的有仁厚街的刘湘公馆，东胜街的唐式遵公馆，将军街的杨森公馆、夏之时公馆等。但随着时代的变迁，许多旧时公馆颓败改建，其遗迹及相关史料皆难考证。现存于文庙后街92号的李家钰公馆和金河路60号的王泽浚公馆是其中保存较好的两处，从其建筑中仍可想象公馆当年的风姿。

图 3-1　王泽浚公馆现状

王泽浚公馆（见图 3-1）建于 1931 年，原是川军旅长杨敏生的公馆，后一度被日本征作日本领事馆之用，又在一次群众抗议示威运动中被烧毁，其后辗转由时任川军 44 军军长的王泽浚取得。王泽浚在其原有基础上进行了大规模的

---

① 《成都市地价与房租之研究》，《民国二十年代中国大陆土地问题资料》，第 77 卷，台北：成文出版社 1977 年版，第 40867 页。

改建，成为当时成都市内极为新派的建筑。该公馆是典型的带独立花园的新古典主义西式建筑，为砖木结构，有着明朗流畅的风格，造型简洁。楼内设有新古典主义风格典型代表物的壁炉，可以想见当年兴建它的主人力图在生活上也向西方靠拢。

图 3-2　李家钰公馆现状

位于文庙前街的李家钰公馆（见图 3-2）为 20 世纪 30 年代初，李家钰在购买原业主房屋基础上建造的，建筑为三层砖木结构洋楼，公馆采用半圆拱形的西方古典窗户样式，在建筑立面窗户上方配以红砖砌筑拱券造型，建筑整体西化程度很高，但在建筑构件及装饰细部上又融入中式元素，兼收并蓄，房屋建筑及内设显示出其主人的文化口味和生活习惯。李家钰兄弟三人早年曾被家庭塾师吴虞先生带往日本游学，对西方文明有浓厚兴趣，因此，当成都的夜晚还是一片漆黑时，李公馆已经装上了电灯。他们还专程到上海买来西式浴盆，用以解决全家人的洗澡问题。

公馆不仅规模宏大、建筑精美，而且引入了便利的西化装修，是当时少城住宅区中最优质的住宅。如在巴金先生以其故居正通顺街李家公馆为原型创作的《家》中，就具体描绘了李家公馆的后花园："数株大树，矗立后园的庭院中……这个后花园，由他（父亲）改造为半中半西。房屋是平房三合式，有几间房屋的门窗改为西式。园中既有戏台、假山、水池，富有中国园林之胜地，复有西方园林的开阔的大草地。我们上房住在这个大花园里，住房宽舒之极，活动的天地极为广阔，有山可登，有洞可入，有水可涉，花木丛中鸟语花香，自然感到快乐。"① 公馆房产具体如何转移，因资料数据缺失，无法做出详细叙述。但可以肯定的是，这些地处满城的公馆是满城拆除后，通过各自的产权转移而形成的。

（二）传统民居

除公馆外，少城住宅区内大多数住宅建筑是由原有的兵营建筑基础上改建而成的平房（见图3-3），而住宅的主人已由以前的旗人变为拥有相当经济实力的社会中上层人士，他们从原来的屋主手中购得房屋后，大多进行改建修缮，有的在屋子前后修建花园、篱笆和矮墙。"少城内的民居住宅多建在小街里巷的两侧，以各自家庭传统、人口结构，以及社会地位、经济状况，建成不同风格的三合院、四合院或串联式的庭院。从事手工业和商业的市民多以作坊、店铺兼居室建于闹市街道两旁，多为一至二层穿斗或砖木结构，有连排式、连家店、连家坊等多种形式。也有把四合院临街大门及侧门防御修成铺面的，或建成双挑两层小楼，形成前店后居、前店后坊的布局。这种居家兼铺面有三间、双间、单间，进深长，常常是前铺后店，一楼一底，楼上多堆杂物，也可住人。"②

图3-3 民国时期少城将军衙门一带的民居③

---

① 巴金：《家》，北京：人民文学出版社1981年版，第36页。
② 成都市地方志编纂委员会编纂：《成都市志·房地产志》，成都：成都出版社1993年版，第162页。
③ 路得·那爱德、王玉龙：《消失的天府》，桂林：广西师范大学出版社2009年版，第22页。

第三章　民国时期成都房地产管理中的重大工程项目

但与北方地区的四合院形式不同，成都少城内的院落住房多是一排三间式的平房，有的是带有偏房的三合院，有的还带有铺面或院内有小天井。少城里多有稍为殷实的小康之家居住的杂院，杂院为二进式四合院，大族以内三面皆一式房屋，比户而居，也有的杂院有曲折达一二进者。其上房装饰考究，是长辈和主人居住处。堂屋为供奉祖先牌位及接待宾客之地。两侧厢房供晚辈居住，亦可作书房、客房等。特别讲究的人家，还会在住宅的四角之一，精心营造一"小姐楼"，供待字闺中的女儿居住。屋主多在自己的小院和屋前屋后遍植花木，加之少城中本就不错的环境绿化，更是显得郁郁葱葱。1945年叶圣陶先生到成都少城游玩时写道："少城一带的树木真繁茂，说得过分些，几乎是房子藏在树丛里，不是树木栽在各家的院子里。"①

（三）棚屋

在旧成都存在数量最大、遍布最广泛的住宅类型不是高大气派的公馆，也不是小家碧玉的院落，而是在城市中随时落地生根、遍地开花的棚屋。就连一向环境清幽的满城都不能幸免。满城内的顺城胡同早在清末时就因街边遍布竹篾色和草席搭建的棚屋，因此得名"色色巷"或"色色街"，后改为八宝街。但因满城内居住的达官显贵较多，棚屋的建造受到了相当的局限，仅集中在八宝街等相对较少的几个地方。

"满城"城墙拆除之后，其城周边道路继续兴建发展，后来成为现在成都东城根街、八宝街、琴台路和锦里西路等街道的早期雏形。对比现在这里的锦绣繁华，很难想象民国时期这里曾是成都市区内贫民区最为集中的一处所在。"以皇城为背景，绕着一条够不上丙种路的道旁，全是住着市里最勤劳的人民，普通游历者很难观光到此，在那里是最拥挤、污秽而悲惨。不仅围绕着皇城的地域，即如围绕大城内外的城下，也一样是麇集着下层人民。这围绕着大城与皇城的两道圈，是成都最不足取的地皮。如是很自然的丢给这群劳动者筑成了两道贫民圈。围绕着皇城的一圈，多为手工业者车夫之类，围绕大城的，则不少为农商业者，如种菜园的、小贩等。他们的住宅一律是简陋而破旧，居住密度既较蜈蚣区为高，而房租之绝对价格，也较蜈蚣区的更贵。"② 从满城拆除时开始，一些外来的无房居民就在原来拆除的城墙周围，就地取材地建起了许

---

① 袁庭栋：《成都的清城与满城》，《西华大学学报》（哲学与社会科学版）2010年4期，第75页。

② 《成都市地价与房租之研究》，《民国二十年代中国大陆土地问题资料》，第77卷，台北：成文出版社1977年版，第40855~40856页。

多简易棚屋,他们"住的房屋,土筑草盖,牛马同居,并且有树枝蓑草结成的房子"①,久而久之,形成了沿老城墙边的若干段棚户区。抗战全面爆发后,因战乱大量难民涌入成都,政府无法安置,只能暂时让难民在皇城一带自行搭棚户居住。此后,少城边和皇城坝上的棚户数量日益增加。据民国时期的资料显示,"仅从皇城内外到后子门,在虹桥一带御河两岸搭棚栖息的就有2000余户,约有近万人聚居于此。御河淤塞,蚊蝇滋生,环境十分恶劣"②。

第二节 成都"新村"建设

较之因满城的开放而由商人和居民自由房地产交易而逐渐发展形成的满城住宅区,20世纪30—40年代的成都"新村"建设项目则是由政府主动介入,并将成都城市房地产开发与城市建设有机结合的典型范例,它是民国时期成都房地产管理实践中最为重要的项目,对民国时期成都房地产业发展的影响十分深远。

一、成都"新村"建设产生的原因

(一)"都市设计"计划的影响

成都"新村"建设项目的产生肇端于20世纪30年代在国内极为兴盛的都市设计热。这一热潮的源头在西方,受《雅典宪章》中正式提出的关于城市功能分区思想影响,国际国内开始涌起市政改革和都市设计的热潮。"欧美各国自十九世纪以来,即积极实行'都市计划'。"不仅是国外的大城市,"最近的发展,即一万人口的城市,也多有'都市计划'的施行"。日本作为近代中国最为关注的先进邻国,"则自大正八年起,施行都市计划之市,由东京、大阪、神户、横滨、京都、名古屋六大城市推及于五十余个中等城市"。而在中国国内,"主要的两大城市北平和上海,在抗战前亦有大规模之都市设计,只因抗战及人事之影响,未能继续进行"。在当时的规划设计者眼中的成都,作为西南的大都市,"且有光荣之历史,允宜实行大规模之计划,以为后方各城市之

---

① 五木:《四川人之生活程度》,载《鹃声》1905年第1期。
② 成都市地方志编纂委员会编纂:《成都市志·房地产志》,成都:成都出版社1993年版,第162页。

第三章　民国时期成都房地产管理中的重大工程项目

创导"①。

(二) 成都城市发展及管理之需要

抗战全面爆发后,四川成为民族抗战的大后方,也是抗战建国的重要基地,1938年国民政府迁都重庆后,许多机关、产业、学校并其人口亦随之南迁,许多则定居成都,成都作为抗战大后方的地位日益重要,成都城市建设也随之被提上日程。正如当时的成都市市长杨全宇在提出"建设新成都"口号时所说:"成都不但是一省的中心,而且是后防的重镇,中央正计划赶修几条铁路,都以成都为中心点。天成铁路完成,从成都到天水,可以联络西北各省;成渝铁路完成,可与叙昆铁路连接,以通西南各省,成都自然形成交通枢纽。因为交通的便利,工商业必更发达,人口必更增多,都市必更繁盛。自从国府西迁,各国使节、中外人士,凡到重庆者,必到成都,或观光,或居留,人口骤然增加,市区愈见逼促,所以我们就一般的趋势说来,不可不预定成都市发展的计划,以迎合时代潮流。就目前情形来看,更应使成都市完美以应迫切的需要。假使我们能够做到市容修整,交通便利,一切市政建设,均在努力不断的进行,使外人有很好的观感,对于我们抗战建国的精神表示同情,我们可以获得抗战成功的助力。"②当时的成都,在执政者眼中,作为一个已拥有50万人口的西南文化及政治中心城市,它的"繁荣不可限量",所以要尽力为"城市的将来,立下一个稳固的基础……我们要努力建设新成都"。③

成都城市建设的推动力除来自官方外,也来自都市设计专家。当时有专家指出:"都市设计的目的,就在于根据这种发展的趋势,予以一种'先见'的认识,并根据实际调查的结果,来树立一种根本的计划。成都市现在是50万人口的城市,但是将来铁路交通完成以后,它也许立刻就一跃而成为100万或150万人口的城市。那时为适应新的环境,一切市政设备,都要有一番根本的调整。如果我们不及早规划,就拿街道的改筑拓宽一项而言,因为地价的高涨,就难免蒙受重大的牺牲。甚至已有的缺点,因为事先没有计划,根本就不能改正。所以树立根本的计划,领导市政向正确合理的方向发展,就是都市设

---

① 陈乐桥:《建设"新成都"与都市计划》,载《成都市政府周报》第1卷,第10期,1939年3月11日。

② 杨全宇:《成都市政之发展计划与现在工作概况》,载《成都市政周报》第3卷,第3期,1940年5月18日。

③ 杨全宇:《成都市政周报发刊词》,载《成都市政周报》创刊号,1939年1月7日。

计的第一个重要性。"① 都市计划的本旨在于为城市的未来发展做预先的规划与安排，在房地产管理方面为避免因城市地价的上涨而使大众的利益蒙受损失、影响发展。政府应该运用现在的资源及条件，兴修住宅工程，未雨绸缪。当时国内其他城市也陆续兴起类似的由政府主导的房地产开发项目：1914年北平京都市政公所主持兴建的香厂地区开发建设项目，1935年上海成立平民福利事业管理委员会，在上海市内开发建设的四处"平民村"，抗战时期重庆"新村"住宅开发，等等。这些项目都取得了一定成效，在国内产生了较为积极的影响，对于四川省政府决心兴建成都"新村"亦有很大推动作用。

在内外形势影响下，加之1935年四川军阀混战随着"二刘大战"的结束在政治上渐归统一，相对稳定的地方政府有了时间与财政致力于解决一些因城市发展而导致的人口膨胀、住房紧缺、公共设施严重不足等问题。"成都为四川省会，最近居民约五十万，惟因区域狭小，添建住宅已乏余地。更查成都居住近况，因住宅不足供给需要，以致房租地价日见飞涨。域内地价竟有高逾十万元一亩者，一房方丈之地月租有达十元以外者，其价格之高昂，几与津沪无相上下。以成都市民近日工商业情势而论，有此现象，宁不骇人听闻！"② 从此份档案中保留的"新村"筹备报告中可以看到，当时政府中的有识之士已经认识到了城市人口的快速增长与住宅建设的严重不足的矛盾，以成都的城市发展水平竟然已经出现了与津沪地区相似的畸高地价和房租，这些对于城市房地产发展及管理来说都是危险的征兆，成都"新村"建设计划即是由此而提出的。

（三）成都"新村"建设方案的提出

在这样的情况下，为解决城市发展问题，四川省政府及成都市政府对于成都市区的城市布局与建设进行了最初规划："城区北边以火车站为中心，附近一带划为工业区；城垣内及城东牛市口、沙河铺一带划为商业区；城区内南边划为居住区。城东南华西坝至九眼桥一带规划为文化区。"③ 当时的省政府觉得比较之下建设工业区和商业区的任务更加艰巨，故而决定先在城南近郊地区规划一万亩土地，首先开始进行"新村"这一新式居住区的建设。

---

① 陈乐桥：《建设"新成都"与都市计划》，载《成都市政府周报》，第1卷，第10期，1939年3月11日。
② 成都市档案馆藏：《成都新村第一期筹备报告》，全宗号32，目录号1，案卷号76，第4页。
③ 陈乐桥：《建设"新成都"与都市计划》，《成都市政府周报》，第1卷，第10期，1939年3月11日。

这一计划以实现城市的分区布局为目标,其主要实现途径就是由政府出面,组织调动各类资源,按其规划方案有序地进行大规模城市房地产开发建设,以房地产开发推动工业和商业的建设和发展,最终达到改善居民生活水平,加快城市基础建设的目的。成都"新村"的开发建设是这一计划的第一步,也是最为重要的一个环节。

1936年9月15日,在四川省政府委员会第109次会议上,由四川省建设厅提出了建设成都"新村"的提案。"成都城内人稠地密,近来人口又复逐渐增加,住宅一项颇感缺乏。以后成渝铁道筑成,市场扩大,一切新兴事业必颇发达。此时若不先为精密规划,指定相当地段从事建筑,将来临渴掘井更难办理。兹为虑及上述各项需要起见,拟在外南华西坝以东沿河一带建设新村。内中一切业经派员详为查勘设计并分别拟具各项图表,是否有当,特提请公决。"[①] 其后经过四川省政府委员会多次反复讨论,决定成立"四川省政府建设成都新村筹备委员会"主持成都"新村"的筹建工作,并呈报国民政府批准。1937年8月18日,经国民政府行政院、军事委员会行营核准,建设成都"新村"方案开始实施。[②]

二、成都"新村"建设方案的施行方略

从该提案中即可看出,当时政府已经认识到城市一切新兴事业的发达须以相当地段之建筑开发为先导,而事先的精密规划、未雨绸缪,定胜于将来临渴掘井。故而由政府组织在华西坝以东沿河建设"新村"这一工程,与以往各种政府工作皆有不同,这是具有开创性的由政府主持的城市房地产开发建设工程。以下就从其建设实施机构的设立、制度建设和经济运作几个方面探讨其特色之处。

(一)建设实施机构的设立

为保障"新村"建设的顺利进行,由四川省省务会议讨论通过,由省政府秘书处、建设厅、财政厅、民政厅、省地政委员会以及成都市政府等相关政府部门联合制定了《四川省政府建设成都新村筹备委员会组织章程》,对机构的组织结构、经费来源、人员组成等做了相应规定。经呈报重庆"委员长行营"

---

① 《会议录》,《四川省政府公报》,1936年第57期,第53页。
② 成都市地方志编纂委员会编纂:《成都市志·房地产志》,成都:成都出版社1993年版,第233页。

和国民政府行政院修正备案后，于1937年8月正式成立了四川省政府建设成都新村筹备委员会（下文简称"筹委会"）。该会组织章程规定，本会设委员23人，由省政府函聘。设主任委员1人，常务委员6人，由省政府在委员中指定。"筹委会"第一届主任委员由时任成都市市长兼四川省民政厅厅长的嵇祖佑兼任，"筹委会"总干事由时任四川省建设厅第二科科长的留美建筑学专家盛绍章担任，另又聘请国立四川大学校长程天放、华西协合大学校长张凌高，以及华阳县县长黄功隆为常务委员。"总干事全权主管新村的具体筹建事宜，其下分设三股，以严仲瑾为总务股长，冯天爵为工务股长，周洋渠为会计股长。"① 将"新村"建设涉及区域的两所最大的单位，国立四川大学和华西协合大学校长延揽入会，即是希望能调动两所学校的积极性，充分配合"新村"建设工作，使得"新村"建设和学校校园建设发展实现双赢。而请华阳县县长加入则是因为当时成都与华阳县的划界工作尚未最后结束，涉及"新村"建设的成都市东门、南门部分地区仍归华阳县管辖，所以需要华阳县行政部门的支持与配合。

成都市新村整理委员会由成都市政府任命，负责整理"新村"土地收放及办理相关事宜，其组织结构及办事章程等皆与四川省政府建设成都新村筹备委员会类似："新村整理委员会设置主任委员一人，由市长兼任，常务委员三人至五人，委员十一人至十五人，顾问三人，各委员顾问均为义务职，由成都市政府颁发钤记。其费用在成都市政府项下照规定开支，建设费用以在新村本身事业经费收入项下开支为原则等细则。"② 两机构相关情况及主管人员名单见表3-1。

表3-1 成都新村建设机构设置及主管人员名单③

机构名称	设置时间	姓名	职务	任职起讫时间
成都市新村整理委员会	1943—1947年	与中影	主任委员	1943年—
		王国章	总干事	1943年—
四川省政府成都新村筹备委员会	1937—1942年	嵇祖佑	主任委员	1937—1942年
		盛绍章	总干事	1937—1942年

当时国民政府颁布条例要求在国统区建立省、市、县三级临时参议会，为

---

① 成都市档案馆：《伪省府新村筹委会关于法规、规章卷第一册（1937）》，案卷号32～34。
② 《四川省政府成都新村筹备委员会办事处简章》，《会议录》，《四川省政府公报》1936年第57期，59页。
③ 成都市地方志编纂委员会编纂：《成都市志·房地产志》，成都：成都出版社1993年版，第229页。

了标示成都"新村"模范"自治"性质,经"筹委会"申请,省务会讨论通过成立"新村临时参议会"。虽然从其组织章程和参与人员情况看来,这一参议会与当时众多各级参议会一样,不是纯粹意义上的民选代议机构,但它明确了行政机关与立法机关相分离的民主原则,在一定程度上给了社会人士和城市平民一个民主参与"新村"建设的机会,一个能够对"筹委会"工作提出议案并实行民主监督的制度化渠道。按照规定,"筹委会"须定期向"新村临时参议会"汇报工作及报告财务使用情况,这使得民间与政府工作之间有了一定的沟通对话,在一定程度上能够宣达部分民意,对政府的"新村"建设工作具有舆论监督作用,这对"新村"建设无疑是有利的。

(二)法律和制度保障

民国时期各级政府城市土地管理的主要指导思想为孙中山先生"平均地权"思想。"以总理所主张之平均地权,为解决我国土地问题之最高原则。"[①] "孙中山先生首先提出'平均地权'的最高原则……以解决目前中国最严重的土地问题。""中国国民党应采用的土地政策,其重要的纲领,在总理遗嘱上,已把应走的方向和道路完全指示出来,所以……在事实上研究,看如何去推行总理的遗教,以解决中国的土地问题。"[②]

孙中山平均地权思想包括:(1)土地价格由地主自行申报,如遇情况需要,政府可按照其申报的地价随时购买。这样一来,可以一则令地主因害怕将来政府照价收购,从而不敢低报地价;二则也不会高报地价以免承担更多的地价税。(2)政府按各地主自报的土地价格征收 1‰ 的地价税,"至于各国土地的税法,大概都是值百抽一,地价值一百元的抽税一元,值十万元的便抽一千元,这是各国通行的地价税。我们现在所定的办法,也是照这种税率来抽税"[③]。而这里的地价是指"素地而言,不算人工之改良及地面之建筑"。(3)涨价归公的思想。孙中山平均地权思想深受亨利·乔治的影响,认为土地垄断是独占应属于大众的自然资源,以此获取的土地收入等于不劳而获。而城市经济的发展导致地价的暴涨,方令地主阶级坐享暴利,这更是对自然资源的盗窃和霸占。如其在"民生主义第二讲"中以广州和上海的土地问题为例,描述了城市土地涨价归公思想:"近来欧美的经济潮流一天一天地侵进来了,各

---

① 曾济宽:《中国土地问题及其解决方法》,《地政月刊》1933 年第 6 期。
② 束以范:《吾国土地问题的严重及今后应实行之土地政策》,《中国经济》1935 年第 2 期。
③ 岭南文库编辑委员会:《孙中山文粹》,广州:广东人民出版社 1996 年版,第 968 页。

种制度都是在变动,所受的头一个最大的影响就是土地问题。例如广州市的土地在兴建了马路之后,长堤地区的地价和二十年以前的地价相差几近万倍。如此估算上海黄浦滩地区的土地每亩要值几十万……所以中国的土地先受欧美经济的影响……我们国民党对于中国这种地价的影响,思患预防,所以要想办法解决。""……考究这位富翁原来只有三百元买得那块地皮……便坐享其成,得了几千万元。这几千万元是谁人的呢?依我看来是大家的。因为社会上大家要用那处地方来做工商事业的中心点,便去把他改良,那块地方的地价才逐渐增加到很高。好像我们现在用上海地方作为中国中部工商业的中心点,所以上海的地价比从前要增长几万倍……由此可见,土地价值之能够增加的理由,是由于众人的功劳,众人的力量……""从定价那年以后,那块地皮的价格再行涨高……就要以后所加之价全部归为公有。因为地价涨高,是由于社会改良和社会工商业的进步。"①

1930年6月,国民政府立法院"以总理平均地权之原则,制定解决中国土地问题之具体方案"②,订立了国民政府第一部《中华民国土地法》(简称《土地法》)。其称"国民党人为负责实行之前导,民国成立以来,党人服膺党义,奉为解决土地问题之最高原则。"③ 成都"新村"建设中处理城市土地问题主要就是依据孙总理平均地权的原则,以1930年《土地法》为主要法律依据,其第五编从335~387条专章规定土地征收相关的内容,分为通则、征收准备、征收程序、补偿地价、迁移费、诉讼与公断、罚则等七章,是为成都"新村"征地及建设施行中重要的法律政策依据。

如其中《通则》中规定:"第335条 国家因公共事业之需要,得依本法之规定征收私有土地。第336条 前条所称公共事业以适合于下列各款之一者为限:实施国家经济政策,调剂耕地、国防军备、交通事业、公共卫生,改良市乡、公用事业、公安事业、国营事业、政策机关、地方自治机关及其他公共建筑、教育、学术及慈善事业,其他以公共利益为目的之事业。……第341条 需用土地人于申请征收土地时,应证明其办之事业已取得法令之许可。第342条 各款事业之征收土地于必要时,得为附带征收。前项附带征收,谓因兴办之事业所需土地范围外之接连土地为一并征收者。……第344条 征收土地时其定着物应一并征收,但该定着物所有权人要求取回并自行迁移者不在

---

① 岭南文库编辑委员会:《孙中山文粹》,广州:广东人民出版社1996年版,第963、969页。
② 曾济宽:《中国土地问题及其解决方法》,《地政月刊》1933年第6期。
③ 吴尚英:《土地问题与土地法》,北京:商务印书馆1935年版,第2页。

第三章　民国时期成都房地产管理中的重大工程项目

此限。第 345 条　征收之土地因其使用影响于接连土地,致不能为从来之利用或减低其从来利用之效能时,该接连土地所有权人得要求需用土地人为相当补偿。第 346 条　前条补偿金以不超过接连地因受征收地使用影响而低减之地价额为准。……第 350 条　政府为区段征收之土地于从新分段整理后将土地出卖或租赁时,原土地所有权人或土地他项权利人有优先承受之权。第 351 条　征收之土地不依核准计划使用或于征收完毕一年后不实行使用者,其原土地所有权人得要求照原征收价额买回其土地。……关于征收程序方面:……第 360 条　首先地政机关于接到国民政府行政院或省政府令知核准征收土地案时,应即公告并通知土地所有权人及土地他项权利人。……第 362 条　征收土地之所有权未经登记完毕者,土地他项权利人依前条公告后三十日内向主管地政机关申请将其权利备案。但所有权已经登记完毕之土地以公告届满之日,土地登记簿所记载之权利为准。第 363 条　未经依法为所有权登记之土地,土地他项权利人不依前条规定申请备案者,不视为被征收土地应有之负担。……第 366 条　需用土地人应俟补偿地价及其他补偿费额发给完竣,方得进入征收土地内实施工作。但因特殊情形经国民政府行政院或省政府特许者,不在此限。"①

1937 年 8 月,成都新村建设筹委会成立后,四川省地政局颁布了《四川省城镇地籍整理规定地价实施细则》,次月又陆续出台了有关"新村"建设征放地工作的系列法规:《四川省政府建设成都新村筹备委员会章程》《四川省政府建设成都新村征地规则》《四川省政府建设成都新村放地规则》,作为成都"新村"筹备建设及具体实施的法律规章。对这些规章的具体操作执行,将在下文"新村"建设的施行过程中论述。

(三) 经费运作

按照四川省政府及"新村筹委会"的计划,"新村"建设的经费运作将会以土地的统收统卖来实现经费的自筹自支,从计划伊始,他们就宣称"新村"的桥梁、道路、政府机构房舍、中小学校等公共建设及相关设施的建设经费,"勿需政府拨款,亦不对外集资"。

具体做法:由四川省地政局会同四川省建设厅、四川省财政厅、成都市政府等部门和相关专家学者,按照《中华民国土地法》《四川省政府建设成都新村征地规则》《四川省政府建设成都新村放地规则》等相关法律法规规定,分别确定了被征收土地应补偿之地价费用、土地改良物之补偿费以及迁移费等各

---

① 《土地法暨土地法施行法》,南京:国立政治大学地政系 1946 年印,第 21~34 页。

项费用，在此基础上综合计算得到收地总成本费用。然后，再预算得出兴建"新村"图书馆、广场、道梁、桥梁、公园等公共基础设施以及学校、政府机关、警察局等公共管理机构房舍等以及其他用于公共支出所需的费用。然后将公共建设所需费用与收地成本费相加之和，按相应权重分摊于"新村"建成后出放的地亩上，从而确定了七等二十一级地亩的相应出售价格。按此价格出售所发地亩完成后，即可收回成本并抵消其他所耗费用，实现收支平衡。还应注意的是，"新村"建设的成本中并不包括对未来"新村"中住宅房屋的建筑费用，因为《新村放地规则》中明确规定了"宗地价格包括征收土地费用、公共用地费用及公共建筑费用"。"买地人在缴清地价后，再由成都新村筹备委员会发给临时管业证执照，等房屋修建完工后由四川省政府发给正式管业证"。房屋由业主购地后自行修筑建造。按照规定，"购地人应于拿地后一年内建筑好房屋，逾期未竣工的将由新村管理机关向购地人征收原地价百分之一的土地荒芜费，每延期一年，荒芜费增加百分之一"①。

按照规划，成都"新村"建筑总面积约为9700营造亩，其中可出放总地亩约为6516营造亩，公共事业用地3184营造亩。如每亩出放价平均以1200元计，则出放地亩总收入为781.92万元。除开征民地9700营造亩的成本费用约31.04万元，以及全部工程的建设费用465.3739万元外，尚余61470元。虽此数额仅占工程建筑费的1.3%，但已可供工程管理开支，所以"新村"建设的筹划者认为工程建设的收支是大概能够相符的。② 按上述规划与概算，"新村"全部建成，不用政府投资。

在从以上三方面进行了较为周详的准备工作之后，成都"新村"建设工程正式开始实施。

三、成都"新村"建设的具体施行过程

（一）建设前的准备工作——土地清丈和人口登记

成都"新村"建设工程量巨大，政府即将工程分为三期进行，其中第一期又根据工程建设推进的具体情况再分期分批建设。"新村"建设的第一期第一批次工程位于国立四川大学望江楼校区和华西协合大学之间，"北临锦江南岸，

---

① 《四川省政府建设成都新村放地规则》，成都市档案馆藏，成都新村第一期筹备报告，全宗号32，目录号1，案卷号76，第14~16页。
② 《成都市地价与房租之研究》，《中国地政研究所丛刊》，第77辑，美国中文资料中心影印，台北：成文出版社1977年版。

第三章　民国时期成都房地产管理中的重大工程项目

南抵小西天一带，东至安顺桥，征地面积为 746.359 营造亩，约 0.5 平方千米"。这一地区居住人口较少，亦少有农田，在工程进行前，四川省地政局和华阳县政府联合对该地区进行了土地清丈和人口调查，主要想掌握该地区的土地权属状况、土地定着物及附着物情况及居住人口。"在 746 亩的所征土地中，旧道沟渠占 132 亩，荒山义冢及其他杂地占 428 亩，旱地约 110 亩，水田不及 10 亩；所住居民有 729 户 1981 人，宅基地总面积不足 27 亩。"[①] 调查结果显示这一地区地广人稀，开发所用成本较低。该地位于川内两所著名高校之间，文化氛围浓厚，且北邻锦江，东靠望江楼公园，与成都市区仅一水之隔，兼具优越的地理位置与风景旖旎的自然环境。唯不便处是交通问题，故而本次工程的首要任务便是在"新村"与市区间的锦江上架一座桥。为方便工程管理，"筹委会"还设置了"新村"建设外东办事处就近指导工程的进行。

（二）复兴门和复兴桥的修建

经设计规划，从市区通向"新村"的桥从丝棉街出，新开一城门，名为复兴门，濒河架石桥一座，名复兴桥，其建设费用按规定由省政府垫付，其后由"新村"房屋交易之契税收入中支出。复兴门和复兴桥的修建于 1937 年 11 月开始，其中复兴桥开始设计为全钢筋混凝土式桥梁建筑，全长 48 米，分 5 孔，由当时知名的桥梁工程师冯天爵设计，熊达成工程师负责桥梁工程的钢筋混凝土结构计算和估价，由蜀华公司负责修建工程。工程克服工期短、经费紧张、施工设备简陋等问题，如因为没有抽水机，工程不得不采用浅基础，在桥墩下打设了 4 米长的杉木桩，其上浇筑 60 厘米厚的混凝土的办法为桥基加固。桥墩和桥台均采用红砂石浆砌外层，内层填卵石三合土。在 4 个月内即完成了下部结构，改铺木桥面通车，而混凝土桥面的铺设工作一直到 1945 年 6 月才全面完成，成为成都市第一座钢筋混凝土板梁式桥。现今复兴门虽已不存，但复兴桥几经整修，尚存于锦江之上，更名为新南门大桥，一直起着该区域重要的交通枢纽作用。

除城门和桥梁外，"成都新村"第一期第一批次工程还计划修建"治安派出所一所、初级及高级小学各一所、菜市场一座，特种马路 1153 米、甲种马路 2270 米、乙种马路 2740 米、丙种马路 2045 米、巷道 3475 米、小公园 1710

[①] 成都市档案馆藏：《四川省政府成都新村建设筹备委员会关于成都新村建设之缘起》，全宗号 32，目录号 1，案卷号 73，第 120 页。

平方米、草地 4612 平方米、河堤 1153 米、排水管 2270 米"①。

(三) 成都"新村"征地、放地工作的正式开展

在相关的土地清查和城门、桥梁工程建设之后,开始"新村"的征地、放地工作。1937 年 10 月,四川省政府颁布《成都新村第一期第一次征地实施办法》,开始分期征收成都城外东南近郊一带私有之土地。按照征地规则规定,征地工作由"筹委会"负责办理,征收范围内的私有土地,"筹委会"将视工程需要之缓急,分区分段逐渐收买。被征收土地按其优劣情形,区分种类等级如下:

1. 水田分上中下三等; 2. 旱田分上中下三等; 3. 茔地分有主与无主。被征收土地上附着之房屋按其种类分为瓦房和草房,征收土地内之坟墓有主者由新村管理机关规定限期,酌给迁移费,令其迁移,如逾期不领费亦不迁移者即以无主论。无主坟墓之迁移应按照《土地法》之规定办理。被征收土地内如有树木的,应按照《土地法》补偿原有业主,不得任意砍伐。新村界内埋藏之古物归新村博物院所有。依照年代、材料、式样折旧计算,酌给迁移费。被征收之土地已经限期收用者,原业主应依限将土地交出,附着物迁移,如有违抗得强制执行之。②

1938 年,由于抗战的全面爆发,成都入川难民剧增,四川省政府为安置难民和疏散城区人口,督促"新村"建设委员会加快实施"新村"第一期工程建设。"新村"第一期工程所征地段,从华西协合大学起往东至安顺桥一带止,共征地 746.36 亩。对被征地亩都按照 1938 年省政府二号通知规定的标准予以了补偿。"政府所征地亩按旱地每亩 210 元、水田 190 元,宅基地每亩 100 元计算,单独的有主坟地每亩 50 元、荡地 50 元、林园地每亩 90 元。凡田地面积合计在 5 亩以上 10 亩以下,其所附带的宅地、坟地、荡地、林园地减半给价;凡田地面积在 10 亩以上 15 亩以下,其所附带之宅地、坟地、荡地、林园地按照定价的四分之一给价;凡田地面积在 15 亩以上的,所有附带各种杂地、宅地、坟地、荡地、林园地概不另外给价。迁移费标准:房屋,每平方米 2~

---

① 成都市档案馆藏:《四川省政府成都新村建设筹备委员会关于成都新村建设之缘起》,全宗号 32,目录号 1,案卷号 73,第 120 页。
② 成都市档案馆藏:《四川省政府建设成都新村征地规则》,《成都新村第一期筹备报告》,全宗号 32,目录号 1,案卷号 76,第 12~13 页。

第三章 民国时期成都房地产管理中的重大工程项目

6角。有主坟墓，每座1~3元。水井，每口5~6元。对于已经成为街区的房屋土地被征用后，如安顺桥一带居民，按市区街房价格给价补偿，由政府发给拆迁费，自行迁往指定地点重建住房。"①

"新村"建设进行到一定阶段，"新村"筹委会按《四川省政府建设成都新村放地规则》对"新村"公共用地外之部分地亩按规定进行出售。该放地规则对领地信金的缴纳、所放土地的分级及领取程序、放地价格的相关规定以及征收荒地税等内容进行了规定：

凡中华民国之公民均有承领新村地亩之权，领地时须由户主填具请领书一份，连同地价十分之一为信金，向新村管理机关登记承领，此项信金于缴足地价时并入地价内计算。领地人应于缴纳信金后三个月内缴足全部地价，逾期不缴清者，撤销其领地权并没收其信金。新村建设筹委会将所征之地块除开公共建设所需用地外，其他分等级划为1.5~4亩不等之小块，以区段分号以四种标记区分，除原业主承领其地亩可以以三号为限外，其余每户领地都限以一号为限，可以编定号数内选择，若同一地点同时有两户以上请领时须用抽签决定。地亩的价格则以地块所处地势、位置等因素的不同而划分为从特级到丙级不等的四种，同一等级中又分三至五级。

新村放地之价格根据各项公共建筑费用、公共用地费用及征收民地地价之总和构成之。新村放地之价格因公共建筑物造价之变更得随时应规定并事前公布之。领地人须于领地后一年内建筑房屋，如有特别情形得申请延期，此项延期不得超过一年，但必须将四周围墙建筑完竣。领地后逾建筑限期尚未建筑完竣者，新村管理机关得征收荒地税，以原地价百分之一为起码数，每多延长一年按原地价递加百分之一。领地人或其权利继承人有缴纳新村公益捐及遵守新村各项规章之义务。告知放地及出放日期后一个月内，原业主不申请承买者撤销其优先承买权。②

"新村"第一期工程所征地亩除254.51亩用于未来"新村"公共道路建设及兴建学校、菜市等市政设施外，其余土地皆就地形划分1.5至4亩大小不等的地块，分等级标价后进行公开出售，"新村"一期工程共计放地491.85亩。

---

① 成都市档案馆藏：《伪新村筹委会关于新村征地中补偿问题的呈》《伪新村筹委会关于群众捣毁外东办事处，函请伪警察和伪警备部查缉等卷》，全宗号32，目录号1，案卷号104，第32~35页。
② 成都市档案馆藏：《四川省政府建设成都新村放地规则》《成都新村第一期筹备报告》，全宗号32，目录号1，案卷号76，第14~16页。

放地所得收入除支付征地拆迁费外，其余用于与"新村"相关的公共事业及市政建设，包括兴建十二街、临江路等公共道路及街巷，总长度达11683米；兴建新区内初级、高级小学各1所，小公园1座，菜场1座；并拟建"新村"管理办公室及警察所1座；包括修筑河堤、敷设排水管道、路灯、绿化等市政基础设施，前期资金投入达47.11万元。①

四、成都"新村"建设项目的暂停及教训

虽然在四川省政府和"新村"筹委会的努力下，"新村"建设一期一批次部分工程，包括桥梁、城门和公路的建设，征地、放地的建设顺利进行，但是由于在征地过程中积累的民怨导致大量民众不断上书国民政府，众口铄金、积毁销骨。1938年12月，国民政府监察院向四川省政府发函申斥道："查四川省政府建设厅在成都南门外筹建新村，原为未来之将增加，先为筹筑住宅，以资容纳，本非目前必需之需。抗战以来，犹积极进行，并未中辍。新村主事者在通常地价以下强收田地，缘以牟利，酿成惨案。往复争持若不及时纠正，势将激成民变，影响后防。"② 命令四川省政府必须立即停止"新村"建设，并给出了以下五条理由：（1）"新村"建设广占肥沃之田地，值此全民抗战倡导生产之际，"乃为未来人口预造住宅，一旦付之牺牲未免可惜"。（2）"新村"建设以公共事业建设之名目征地，按照《土地法》规定其利应尽归于公共所得，决不可用于转卖牟利。"今建设厅所订办法，征地之后即行放地，产权征地给价高者每亩不过二百十元，低者乃至二十五元，放地收价高者每亩至一千六百余元，低者亦九百余元，一买一卖之间，主赢利至十倍之巨。其征地之价较通常地价低至数十百元之多，而放地之价则较平常地价高至五倍以上，一高一低，情节显然，何以服众？"（3）迁移费及补偿费过低，导致被征地民众损失巨大，生活艰难。"地上建筑物以及坟墓之迁移偿价给费，尤极苛刻，砖瓦楼房每平方公尺最多给费六角。下者至二角五分。水井一口偿价至多不过十元，造坟一座仅给三元。一般居民感于旧巢将覆，迁居无所，环泣恳求，未蒙省察。而已征地亩即此微薄之价，亦推诿刁难，延不给价。一面仍取其收益，甚者有主之墓迁葬，竟自发掘抛弃尸骸，暗窃殉葬金饰，受者冤痛，申诉无

---

① 《成都市地价与房租之研究》，《民国二十年代中国大陆土地问题资料》，第77卷，台北：成文出版社1977年版，第40909～40910页。

② 成都市档案馆藏：《就新村问题国民政府监察院向四川省政府所发建议书》，《伪新村筹委会关于群众捣毁外东办事处，函请伪警察和伪警备部查缉等卷》，全宗号32，目录号1，案卷号104，第25页。

第三章 民国时期成都房地产管理中的重大工程项目

门。"(4)指出负责"新村"建设的政府要员与承担工程的建筑公司有直接关系,即指时任四川省建设厅科长兼"新村"筹委会总干事的盛绍章即为蜀华公司经理,而该公司承包了"新村"建设工程中的多个项目,"既背官吏兼营商业之禁条,尤干惩治贪污之法令,败坏官常,莫此为甚"。(5)"据该厅所设计划核计,自购地以至完成建筑,投资将近一万万元之巨,今日强敌压境,何忍为此不急之需,不惟大悖节制资本之本旨,亦且显违政府停兴土木之功令。"① 此项理由据其后四川省政府申辩称,"新村"计划按其预算进行本不会让政府出钱,投资一万万之数纯属空穴来风。

综上所述,国民政府监察院认为:"上列各项,粗举大端,其不合之点,已极显然。外饰新政,内实缘以牟利,为少数富豪经营华屋,不惜使十万穷苦人民流离失所,病国殃民未有于此者。当兹国势阽危之际,成都筹建新村似非目前之急。即为繁荣市面计,为人口增加预建住宅计,亦应斟酌情形,权其轻重缓急,不能假公营私,一意孤行,置民间疾苦于不顾。为此应请依非常时期监察行使暂行办法第五条之规定,向四川省政府提起建议,请暂停兴建成都南门外新村,并严禁其作奸舞弊诸端。"②

收到监察院如此建议书,四川省政府和省建设厅既委屈又愤慨,其本意也是想为成都城市建设做一番事业,却得了个劳民伤财,里外不讨好的结果。经省政府权衡研究,向监察院回函汇报情况,再三解释,最终使工程得以继续进行,但工期已经受到影响,随着其后各种矛盾的越积越多,工程最终在完成了一期工程的道路建设后就搁置下来。

成都"新村"建设是民国时期四川省和成都市政府为促进成都城市建设及改善市民居住条件而进行的一件重要工程,是民国时期成都市房地产发展史上的重要事件,是成都市以政府主导进行较大规模城市房地产开发的第一次尝试,从组织机构、政策法规、经费运作、经营建设等各方面都进行了许多开拓性的尝试。1937年8月,经国民政府批准成立四川省政府建设成都新村筹备委员会开始建设,虽计划周详,组织保障、制度规划皆早有准备,修桥铺路的工程亦进行顺利,但当其进行到征地阶段时,由于多种原因即陷入房地纠纷的

---

① 成都市档案馆藏:《就新村问题国民政府监察院向四川省政府所发建议书》,《伪新村筹委会关于群众捣毁外东办事处,函请伪警察和伪警备部查缉等卷》,全宗号32,目录号1,案卷号104,第8~10页。

② 成都市档案馆藏:《就新村问题国民政府监察院向四川省政府所发建议书》,《伪新村筹委会关于群众捣毁外东办事处,函请伪警察和伪警备部查缉等卷》,全宗号32,目录号1,案卷号104,第11~12页。

旋涡，使工程严重受阻，并最终因此酿成"新村事件"①，使"新村"的征地及建设面临危机。1938年12月，国民政府监察院下令四川省政府停止"新村"建设，经四川省政府多方争取，1943年12月，新村工程建设改由市政府成立成都市新村整理委员会继续办理，"新村"建设仍时停时建地进行了10年，至1947年6月，最终因无人主持而陷入停顿。

"新村"建设的经济运行模式，像"新村"开发计划本身一样，是一种理想化的经济运行开发模式。用现在房地产业术语来说，它是一种典型的政府主导型都市房地产开发模式。在和平稳定的社会环境和理想的运作条件下，它是可能取得预想成果的；而经费运作上也可能真正做到独立，做到"勿需政府拨款，亦不对外集资"。但处于民国乱世的成都，政治动荡、金融混乱，社会治安混乱不堪，理想的建设环境无从谈起。而成都"新村"建设工程最终也不免落得虎头蛇尾，草草收场。

第三节　国立四川大学搬迁建校的用地问题

民国时期，成都房地产管理方面的又一件重要事件即是国立四川大学的搬迁及建设。民国时期各公立学校的校产皆属公学产范围，同时由于学校发展管理及办学之需，其房地等校产管理上又具有较强的独立性。国立四川大学由民国时期成都多所高校合并组建而成，集成都地区高等教育发展之大成，其建校规模、校产分布也是成都民国时期高校中最大的。从建校之初的以皇城为主、校产分散的情况到后来选址望江楼、建设新校区，并与当时华西坝上的华西协合大学并列成为民国成都市文化中心区的核心。作为成都最大最重要的高校，它的搬迁及建设不仅对于学校本身是一场决定前途命运的大事，而且对整个成都市的城市房地产开发及管理都有着非常重要的影响。国立四川大学校址搬迁建设及房地产管理的案例，在民国时期成都高校房地产管理及建设中极具代表性，同时也是影响城市房地产管理及发展的重要工程项目。

一、防区制时期争夺皇城校产及国立四川大学的成立

国立四川大学的前身是四川总督鹿传霖创建于1896年的四川中西学堂，

---

① 1938年7月26日，因"新村"办事处股长严某以修路为名率工人到老古庙吕捷三家地内砍伐桤树以修路，因事先未协商好而与业主发生冲突，当地因征地一事而积怨的群众捣毁了新村筹委会外东办事处，并与警察发生冲突，数人受伤被捕，造成恶劣影响，恶化了征地区民众与"新村"筹委会的关系，严重阻碍了"新村"征地建设工作的进行。

第三章　民国时期成都房地产管理中的重大工程项目

其后几经变更，至 1927 年成都新式高等教育已发展形成以继承自四川中西学堂、四川高等学堂的国立成都大学、国立成都师范大学及公立四川大学三足鼎立的局面。学区制改革与长期以来川人要求办四川大学的呼声结合起来，成立大一统的国立四川大学的呼声日益高涨。1931 年 9 月，时任四川省政府主席的刘文辉以四川省政府名义"训令"四川省教育厅及三大学校："本府参酌旧案，体察现情，为整顿大学教育起见，决于本期将三大学重复各系一律归并，指定校址，划一名称，原有学生，并入肄业。其公立四川大学原设工、农两院，着即划开，遵照最近教育部所订各省市普设专科学校实施方案，改设农工两专科学校。所有合并事宜，头绪纷繁，特由本府聘请专员，共同讨论立即着手施行。"[①] 至此，三大学校完成了"三水汇流"的大合并，国立四川大学成为当时全国最著名的十三所国立大学之一。[②] 国立四川大学因继承了三大学校校产，其办学地点比较分散，校本部和文学院、教育学院设在原国立成都师范大学所在的皇城，理学院和法学院在原国立成都大学所在的南较场。1935 年四川省立农学院重新并入国立四川大学，其校址在外东白塔寺。

皇城的产权问题长期以来在四川省政府和学校之间都是存在争议的。省政府认为皇城是省政府财产，要求收回变卖；学校则坚持认为皇城是属于原清代贡院产业，"而旧贡院全址，在前清时即属国有财产。中华民国成立，迭经中央核准，陆续完全拨充前高师、前师大及本大学管理用益"[③]。这个问题在刘湘主持川政时期因其筹款备战而更加尖锐起来。1933 年 9 月，刘湘以"四川省'剿匪'总司令"的名义，召开所谓"'剿匪'会议"，要"变卖皇城地基，以作'剿匪'经费"，并成立了四川官公产清理处，还称："政府方面变卖皇城后，对于川大校舍应允相当地点代替，方符兼顾之旨，于学校暨'剿匪'两无妨碍。"[④] 刘湘变卖皇城的企图遭到全校师生和社会舆论的强烈反对，而其提出的先卖再找相当地点代替的说法更是苍白的空头许诺。正如川大学生向全国发布的《反对变卖皇城校址宣言》中指出的："此举摧残教育，妨害文化，筹集剿赤经费是假，中饱私利是真。"宣言严正声明："川大校产若受暴力侵占变卖，川大学生誓死反对，凡在此基地上修建之墙垣房舍，吾人可以随时捣毁

---

① 四川大学档案馆特藏历史档案：《国立成都大学档案全宗》39 卷。
② 国民政府教育部编：第一次《中国教育年鉴》，1935 年。
③ 四川大学档案馆馆藏历史档案：《为前省专公署出卖皇城城报及附近基地，请自行设法收回由之公函》，《国立四川大学全宗》第 628 卷。
④ 《督署会议筹剿赤军费——川大反对出卖旧皇城》，《新新新闻》1933 年 9 月 23 日。

之，而不负任何责任。"① 虽然当时的国民政府曾电令刘湘，要求保持川大现状，但刘湘毫不理会，仍指使四川官公产清理处在皇城内测量、估价和插立标记。而当时的校长王兆荣则组织学生将皇城内空余的校舍全部占据，以此阻止军阀的强行拆迁，双方针锋相对、相持不下。最后因刘湘忙于"围剿"红军，此事才不了了之。

虽然争夺皇城校产的斗争暂时以学校方的胜利而告终，但却暴露出学校地处皇城的一些弊端，不仅校舍陈旧、学校扩展受限，且因这一地段政治经济方面的特殊利益使各方面势力虎视眈眈，长期的争夺斗争影响了学校的正常教学和发展。同时从城市房地规划及发展建设计，四川省政府与学校就学校迁移及建设进行了长期的讨论及谈判，至1937年，四川省政府与学校签订《四川省政府与国立四川大学协定迁移校地合同》，在相对公平互利的条件下，为学校的未来发展及相应地区的房地产管理开发谋得最大可能的发展契机。

二、国立四川大学的搬迁和《四川省政府与国立四川大学协定迁移校地合同》的签订

国立四川大学搬迁的缘由及搬迁计划安排，据当时档案记载："四川省政府鉴于旧皇城川大校址，位居都市中心，不特尘嚣过大，妨害学子研究学术，且于省市交通亦感阻碍。故为教育计，为都市交通计，均应设法将川大迁移，收回皇城土地以谋沟通都市中心区之交通。爰于二十六年（1937年）4月，始与川大商洽停妥，协定迁移校地。由省府就外东望江楼附近，征拨二千亩民地，划交川大，以作该大学之校址，并拨补助费六十六万元，以作川大迁移补偿费用。省府以此项开支过巨，在目前省库异常支绌情形之下，实无法挪拨此项开支。故决计收回皇城土地后，开建一中央商业区，将收回地段，除酌留百余亩建筑省府及中央公园与实验小学外，其余地段，划作若干号，分期定价标卖，以资挹注。兼谋沟通都市交通，繁荣都市商业。第以此项事务与省府各厅处会，及地方市县政府征局职掌，均有牵连。始由省府各厅处会联名签呈，刘故主席核准由秘书处暨民财教建四厅及地政委员会，成都市政府、省会警察局、华阳县政府、征收局暨川大，合组一'四川省政府办理川大迁移校址委员会'专司其事，并经核准。"②

---

① 四川大学档案馆馆藏历史档案：《国立四川大学全宗》，第628卷。
② 四川大学档案馆馆藏历史档案：《四川省政府办理川大迁移校地委员会一年来会务进行状况及工作报告》，《国立四川大学全宗》第7卷。

第三章 民国时期成都房地产管理中的重大工程项目

当时的四川省政府和成都市政府,一方面为成都市城市规划计,欲在皇城地区开设一中央商业区,把川大移至东南郊外与华西协合大学毗邻形成一文化区,另一方面亦有将皇城地块出卖以谋利的意图。

时任四川大学校长的任鸿隽几经权衡,最终决定着力扩建望江楼校区。并向省政府提出了愿意出让皇城旧址,以换取省政府在望江楼附近征拨2000亩土地和对新校区建设经费和具体政策上的支持。为此,省政府成立了"国立四川大学迁移校地委员会",并与校方签订了《四川省政府与国立四川大学协定迁移校地合同》(以下简称《合同》)。该《合同》是成都第一份由大型独立实体与政府间签订的土地交易合同,在民国时期成都房地产业发展上具有重要意义,在此将其全文抄录如下:

(一)四川省政府于成都东门外与原农学院毗连之地,划拨二千亩,作为国立四川大学新校址之用。(二)所拨地址上之一切纠葛,如迁坟拆屋及青苗费等,概由省府负责处理。(三)环校马路及沿校一带河堤,由省府担任修筑,其工程须在川大新校舍落成以前完成之。(四)签订合同后十日内,省府于所应拨之二千亩优先进拨五百亩,以便川大开工,其余部分于两个月内,将买地手续办清,交与川大。(五)在川大建筑工程进行中,如因土地之关系,与邻近地主发生纠葛时,应由省府负责协助处理,以利工程之进行。(六)省府新村计划未实现以前,川大校外治安警察由省府担任,必要时得由川大商请省府于学校附近派兵驻守。(七)旧有皇城地面,第一部分,周转城根已卖出者,省府川大会同办理收回事宜,款由省府负担;第二部分,川大现在不使用之地方,本年暑假交与省府,所有借用此部分地面之各校迁移交涉,由川大协助省府办理此项交涉,尚有应付未付之款项,由省府担任补给;第三部分,川大现正使用之校舍校地,三年内交与省府,但如省府担任之移校费及建筑补助费延期未交,川大交校期亦照推迟。(八)旧皇城校址内,除现在已拆之房屋废料,概由川大便利取用外,其未拆者,均不再拆,将来留以交与省府。(九)关于旧皇城校地,除第七条所列各地以外,如尚有租佃抵押及一切债务关系,应由省府处理,川大概不负责。(十)省府因川大校地变更,工程费用增大,愿担任补助费六十六万元。(十一)前项补助费,于本合同成立之日,先拨现款八万元,余数于本年五、六两月,各交五万元,又从本年七月起,至二十八年六月止,每月各交二万元。(十二)本合同经省府川大双方签订后,会同呈报院部核准备案。①

《合同》不仅包括新校址的确定、迁校费的数目及相关费用的确定、相关土地纠纷的处理、土地交割的程序及时间，更包括了旧皇城校地旧有租佃抵押等债务关系的处理，在新校区修建期间周边治安问题等较细节的方面都做了较为详尽的规定。从其后《合同》履行的情况看，唯有更为详尽的条款规定方能更好地保障所有者的利益。如第四条，除先拨之 500 亩外，2000 亩土地本应在两月内移交川大，但直至 1943 年，这部分土地并没有完成移交。《合同》的签订毕竟为望江校区的建设打下了基石，而其后新校区建设中的确出现各种困难，因为有了此合同在先，学校的利益在一定程度上得到了保护。如 1939 年底，新校区学生宿舍及饭厅的建设按合同规定应在省政府先拨交的 500 亩内建设，但该地段中有部分属于陈书农军长和王学姜师长所有，因这部分地段交地延迟，使学生宿舍及饭厅两处工程迟迟不能动工，承建该工程的基泰公司指出："现都江堰行将放水，若基地一遭溉注，则三合土地脚势必改用砖砌，学校不但蒙受极大损失，工程时间亦会迁延。"承建公司同时提出延期损失表和料价高涨差额表，请求照约赔偿损失 46718 元。学校即向四川省政府发函提出："此种损失赔偿，纯由四川大学迁移校地委员会延不洽交陈王两姓地亩所致，应按照本大学以前声明，负责拨款赔偿。"②

现在看来，《合同》实则是学校与地方实力派博弈的产物，学校要在这一时期中央与地方的博弈中寻找生存与发展，而《合同》的履行更是这些博弈的继续。如 1942 年 6 月四川省教育厅来函告知学校，按学校要求，四川大学迁移校地委员会将《合同》中规定先拨交之 500 亩土地四周界址勘定如下："东界由大河口南瓜地经五子堆、百骨碑、雷神庙后与农学院林场相接；南界由豆腐堰河流至大河口南瓜地以左为止；西界自培根火柴厂经徐家巷、谢家坟到华阳豆腐堰河流为止，北界由培根火柴厂后起经酱园与农学院相接。"③ 这样的边界划分应该算是清楚，但在实际运作中仍是问题多多。如在其后学校回函中就指出："这一边界经辗转清查，深觉笼统，细节不明……如照所覆界址清理，界内即有王学姜、朱英、张佩环等尚未接收之土地与房屋，而界外又有已经接

---

① 四川大学档案馆馆藏历史档案：《四川省政府与国立四川大学协定迁移校地合同》，《国立四川大学全宗》第 7 卷。
② 《国立四川大学公函》：《国立四川大学周刊》1939 年，第 7 卷 27 期，第 2~3 页。
③ 四川大学档案馆馆藏历史档案：《函请饬将外东四川省府应拨本大学新校址已未收交各户亩分佃界列表呈交送校由》，《国立四川大学全宗》第 634 卷。

第三章　民国时期成都房地产管理中的重大工程项目

收者，如郭家大桥附近洼田四块约 5 亩、头瓦窑与薛涛坟田土 30 余亩，又金家沟土地两块等，若仅凭此 500 亩之整界，颇难据以清查，徒引纠纷。所以请再函教育厅，另抄实际已拨已收地亩之界址。而界内已拨未交者，应予逐户指出以便办理登记等等。"虽有诸如此类问题牵连往复，但有了《合同》的法律保证，学校的利益在很多方面还是得到了一定程度的维护，更为抗战胜利后学校的进一步建设和发展提供了依据。

在省政府方面，川大迁校征地一事在当时是关系到成都"新村"建设的重大事项。1937 年，四川省政府就此事进行了多次讨论后，于 1937 年 7 月成立"办理川大迁移校地委员会"专项办理此事。① 当时参与负责此事的四川省地政委员会对此项工作的记录中载："谨签呈者，查四川大学迁移外东望江楼附近征用土地一案。前曾签请对于川大校址系连同农学院为二千亩。曾蒙核准照办在案，旋于二月八日召集此次征用土地有关机关人员，在民政厅会议室商讨第二步进行工作，均已决议，分别负责，以期早日（缺）事，正拟函达建厅，转函川大知照。复准卢厅长电话称，当时与川大商定，即系除去农学院，尚须二千亩，如有变更，恐益多枝节等语。查现拨川大校址，如须除去农学院及稻麦改进所两部，面积尚须增划五百亩始符二千亩之数，至征用土地之地价及拆卸补偿等费，共计约需五十余万元，在短期内（缺）由何处筹借，及如何划拨发给，自应早为确定，以利进行。再办理征用土地，因公费用，拟准由各厅、处、会及华阳县府作正报销，合并陈明。所有进行川大征用土地案情形，暨需洋五十余万元各缘由，理合签请核示祗遵，谨呈主席刘，地政委员会常务委员嵇祖佑交省务会议。"②

川大迁校之后，原来位于旧皇城的校地，"除二百八十四亩留用外，其余二百五十九亩，皆由省府出卖"③。对于标卖的皇城校地，川大迁移校地委员会原本期望通过招投标的方式抬高地价，以多谋利，但后来发现执行起来却有诸多困难。"前定投标规则，原期购地者互相竞买，藉以增高地价，但经先后数次投标开标，结果并无竞买情形，数字亦罕超出原定地价。"④

---

① 成都市档案馆藏：《省地政局、省府办理川大迁移校地委员会：关于标卖旧皇城地段土地指令、呈、训令、公函》，全宗号 31，目录号 1，案卷号 93，第 89 页。
② 成都市档案馆藏：《四川省地政委员会、建设厅、省政府关于四川大学迁移校址征地、经费、开工的公函、提案、签呈、训令》，全宗号 31，目录号 1，案卷号 92，第 11~12 页。
③ 四川省档案馆藏：《四川省政府建设厅教育厅成都市府四川大学等关于停止标卖皇城旧址土地征用透支款项的呈》，全宗号 115，目录号 1，案卷号 1002，第 82 页。
④ 成都市档案馆藏：《省地政局、省府办理川大迁移校地委员会：关于标卖旧皇城地段土地指令、呈、训令、公函》，全宗号 31，目录号 1，案卷号 93，第 21 页。

后来按照"新村"领地办法进行旧皇城的土地出让,四川省府出让旧皇城土地的目的除了为获得大量的让地收入之外,就是为了建设成都市中央商业区。关于中央商业区的建设本书将在后文中详细论述。

三、抗战后川大的校地接收及扩张建设

由于战争影响,国立四川大学于1939年南迁峨眉,望江楼校区的校地接收及校舍建设工作一度停顿了下来。直至1943年战争形势相对稳定后,学校由峨眉迁回成都,在逐步落实《四川省政府与国立四川大学协定迁移校地合同》的基础上,学校的发展与城东南郊望江楼地区的开发建设紧密相连,开始了一轮大规模的校地接收及校舍建设工程。

国立四川大学的校地接收和校舍建设对于促进成都城区房地产开发和管理的发展卓有成效,主要体现在以下几个方面。

(一)学校规模的扩大促进了城市东南郊房地产开发

四川大学望江校区的基本规模,按照当年任鸿隽校长与省政府的《合同》中规定的是2200余亩。1943年学校由峨眉正式迁至此处时,已接收的面积大概有700亩左右。"勘定川大新校址,东以雷神庙至白药厂上河边为界,南以白药厂为界,西以新村至培根火柴厂后面为界,北自培根火柴厂后面,经白塔寺后,农学院至雷神庙合界。"① 经过黄季陆校长时期的苦心经营,学校的面积逐步扩大。1946年学校接收了三瓦窑的建国纸厂,把新生院由南较场迁入此地。1947年1月又接收了头瓦窑的军毯厂,把附属中学和附属小学由校本部列五馆迁建于此。3月,因学校之前多方反映学校校舍紧张,师生住宿教学施行困难,通过国民党兵工署署长俞大维,将原成都五十兵工厂旧厂(今南光机械厂旧址)及成都白药厂(现解放军七三二二厂)拨借给学校,学校在兵工厂的基础上建设起木工厂、翻砂厂、金工厂、锻铸厂等实习工厂,并将工学院迁建于此。而白药厂内则开设了四川大学中正实验厂及化学实验工厂,当年的《国立四川大学校刊》曾专文对新建的川大化工实验工厂作了这样描述:"临锦江,有航速之便,共有厂房294间,建筑为坚牢的砖石钢骨工程,可分为四区,即白药间、水塔区、中山院和工匠房。厂内马路纵横,塘池星布,流水潺潺,森林蔚蔚,中心区有巍峨之水塔,可收锦城全景于眼底……该厂之建设对

---

① 四川大学档案馆馆藏历史档案:《四川省政府办理川大迁移校地委员会一年来会务进行状况及工作报告》,《国立四川大学全宗》第7卷。

西南化学工业之建设颇有贡献，国家民生益有所补益。校方成立一设计委员会，集本校化学大师于一堂，由张汉良先生任召集人，拟成方案甚多。"①

自1943年学校由峨眉迁至望江校区，以当时图书馆、数理馆、化学馆三楼为起点，经过7年的苦心经营，据1950年清查统计："望江楼校本部占地1021.5亩，工学院300亩，农学院狮子山园艺场304亩，再加上学校原有的南较场校产281亩，几处附中地产209.7亩，散于城内的30多处宿舍123.65亩、都江堰灵岩山林场951.27亩，新都烟草场、金堂柑橘场、绵阳棉作场等合计375亩，总共合计面积达到3566.84亩，此外尚不包括在当时被视为'荒郊野地'的河心村、三瓦窑一带的2000余亩。"② 单就校园建设规模来看，在当时全国高校中都是数一数二的。在校园建设方面，虽然当时的建筑虽多系砖木结构的简易平房，但学校的基本格局已初具规模。学校的扩张建设使几年前还被视为荒郊野地的城郊逐渐发展成为文化昌明的都市。当时的报纸曾对川大新校区这样描绘："新校址濒锦江南岸，负郭面流，土地平旷。校舍建筑样式，采用中西合璧，质料坚实，巍峨雄壮。锦江绕流于前，帆樯往来，沙鸥明灭。四周农田菜圃，花木成林。江畔垂柳，倒影水中，江天为之生色。望江楼在其附近，为蓉首胜之区，青年学子，作息其间，对于身心上之进益，诚非浅鲜。"③

（二）校地开发的模式调动更多的社会力量参与校区房地开发和建设

国立四川大学作为民国时期四川地区最重要的高等学府之一，它的搬迁和建设是以学校为中心，调动一切能够调动的社会力量共同努力的结果。

按照《四川省政府与国立四川大学协议迁移校地合同》中规定，省政府划拨望江楼附近两千亩土地为四川大学建立新址，但由于划拨面积广大，土地所有权性质复杂，划拨土地工作面临很多困难，学校只有在一边建设一边开展正常教学工作的同时，以多种方式完成对校地的接收。

第一，对官公营产的直接划拨。民国时期官公营产属公产范围，由政府或

---

① 张必果：《川大化学实验工厂略述》，《国立四川大学校刊》1947年20卷，第1期，第15～16页。

② 《四川大学史稿》编审委员会：《四川大学史稿》（第二卷），成都：四川大学出版社2006年版，第41页。

③ 《国立四川大学史略》，《国立四川大学校周刊》1947年第13/14期，《十六周年校庆纪念特刊》，第4页。

军队管理,这一部分土地多是通过直接划拨的方式划归学校,如地处头瓦窑的军毯厂,以及1947年通过与军工署的交涉,将锦江对岸军政部军工署五十工厂成都分厂及其下属白药厂土地借拨学校使用,将两厂改建成学校工学院和理学院。另外在直接划拨施行困难的情况下,学校争得省政府的资助,以每亩2.7万元的价格将应划拨的两千亩土地中的一部分改作现款拨付,筹得350万元用于购地和新校园建设。

第二,对私有土地多采用征购的方式。学校以征购方式扩建校地由来已久,如1936年国立四川大学农学院就曾以12784元的时价征购到成都市东郊狮子山附近田地206亩,作为开设试验场之用,由省政府出具红契管业,并附土地清册为据。①

在搬迁新址建设学校的过程中,在省政府划拨两千亩校地范围内,还是有大量土地是私人所有的田地或坟地等。虽然按照《四川省政府与国立四川大学协议迁移校地合同》上规定"由省政府划拨二千亩土地,签订合同后十日内,省府于所应拨之二千亩优先划拨五百亩,以便川大开工,其余部分于两个月内,将买地手续办清,交与川大……所拨地址上之一切纠葛,如迁坟拆屋及青苗费等,概由省府负责处理"②,但时势艰难,政局变动,政府财政紧张,此项承诺并不能完全达到,坐等政府解决问题终非成事之道。当时接掌学校的黄季陆校长以非常务实的态度着手解决学校的征地和建设问题,即在尽量争取政府划拨的情况下,对不能通过拨划的私人土地以征购的方式进行赎买。1946年,学校就曾在头瓦窑徐家巷一带,以每亩40余万元的价格向张泗达购得地亩40余亩。此地与工学院毗邻,亦在省政府2000亩划拨范围内。③但因其属私产,故学校商议再三,以征购方式予以接收。并附当时学校致市府请征购地亩应付头瓦窑间地略图等事由附地略图一份④。

---

① 四川大学档案馆馆藏历史档案:《函请分饬我校购地范围内坟地业主从速登记》,《国立四川大学全宗》,案卷号704,文件号14,第4页。

② 四川大学档案馆馆藏历史档案:《四川省政府与国立四川大学协定迁移校地合同》,《国立四川大学全宗》第7卷。

③ 四川大学档案馆馆藏历史档案:《本校致市请征购地亩应付头瓦窑间地略图等事》,《国立四川大学全宗》,案卷号638,文件号11,第2页。

④ 四川大学档案馆馆藏历史档案:《本校致市请征购地亩应付头瓦窑间地略图等事附地略图一份》,《国立四川大学全宗》,案卷号638,文件号11,第5页。

第三章　民国时期成都房地产管理中的重大工程项目

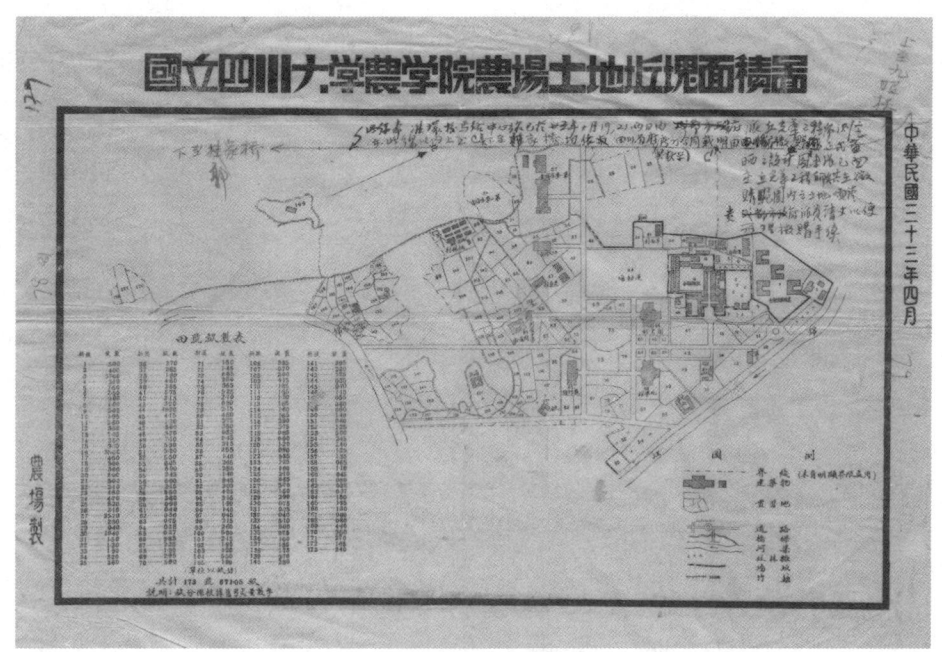

图3-4　征购头瓦窑地亩事所附地略图

在图3-4中可见，除前期由省政府划拨征收的500亩土地已用于学校基础建设外，学校周边头瓦窑、徐家巷等地尚有许多零星地块尚待学校以征购方式加以接收及建设。

又如1946年8月，成都建国造纸股份有限公司与学校达成收购土地房屋及设备的协议，拟以1700万元购其地皮74亩，以25704.9万元购其各类房屋。又因学校开学在即，而经费不足，学校与建国纸厂商定先将纸厂现在使用的部分房屋及设备借与学校使用。[①]并列出《成都建国造纸厂厂房地价设备估价单》（见表3-2）。

表3-2　成都建国造纸厂厂房地价设备估价单

序号	名称	数量	单位	单价（元）	总价（元）
1	地价	74	亩		17000000
2	原料贮存室	396	公平方	18000	3128000
3	材料凝结室	640		84000	53360000

① 四川大学档案馆馆藏历史档案：《国立四川大学立买卖房地及设备预约人双方议定条件》，《国立四川大学全宗》，全宗号2489，文件号5，第1~2页。

续表3-2

序号	名称	数量	单位	单价（元）	总价（元）
4	造纸机室	608		33000	20064000
5	碱液回收室	364		33000	12012000
6	整理包装室	432		33000	14256000
7	锅炉室	120		33000	3960000
8	变压室	233		33000	7689000
9	木工室	238		18000	4284000
10	机器修理室	162		18000	3916000
11	总办公室	410		76000	3116000
12	厨房饭堂	624		16000	9944000
13	甲种工友宿舍	810		16000	12960000
14	乙种工友宿舍	220		16000	3520000
15	甲种职员宿舍	656		24000	15744000
16	乙种职员宿舍	504		24000	12096000
17	甲种住宅下房	288		16000	4608000
18	乙种住宅下房	330		16000	5280000
19	研究室	144		33000	4352000
20	小学教室	123		24000	2953000

由于抗战后期开始的通货膨胀，不同时期征购土地房屋的价格相差很大，特别是1945年之后，物价飞涨，房地价格增长很快，在这样的情况下，学校多方设法，陆续完成了周边校地的征收工作。

第三，成都地区历来有文脉流传，兴学重教为社会所称颂，作为四川最重要高校的建设得到了成都各界人士的广泛支持。在征地方面不仅有各界人士捐款捐物，更有当地业主自动将地产捐出建校的情况。如1943年9月，水神寺主持就将自己辛勤维持一生的庙舍田地房屋二十三间、土地两亩全部捐与学校。在其就此事对市政府的呈文中指出：

缘本市陕西街南较场之水神寺私系明善之私有，其寺界周围与国立四川大学毗连。此次国立四川大学由峨眉迁回成都。其原有校舍被中央军校借用大部分，而现存小部分之校舍实不敷用。窃以抗战建国之重人才，迩来同盟国家日见胜利，正需人才孔亟之秋。培植人才实不容缓，校舍不敷应用势必影响人才之作育。而于抗战建国亦将私有在南较场之水神寺全部寺产捐赠国立四川大学以作扩充校舍之用。除了与国立四川大学协议签字订定捐赠办法，并请当地镇长保甲到场证明外，理合具文呈请市政府备案。①

社会各界人士纷纷向学校捐地募款，支持学校建设。重庆士绅朱叔口向学校捐赠了仑坝子地皮②，而大华实业股份公司也向学校捐赠了建设基金，等等③。同时学校设立建国奖学金，从1944年到1946年，共收到各地建国奖学金6800多万元，对学校的征地和建设起到了积极作用。

（三）川大新校区的建设对于成都城区房地规划发展意义重大

在20世纪30年代城市设计热潮兴盛之时，为解决成都城市发展问题，按照城市设计专家的"都市计划"合理规划城市布局，四川省政府及成都市政府对成都市区的城市布局与建设进行了最初规划："城区北边以火车站为中心，附近一带划为工业区；城垒内及城东牛市口、沙河铺一带划为商业区；城区内南边划为居住区；城东南华西坝至九眼桥一带规划为文化区。"④ 这一计划最初的实践除了"成都新村"的建设之外，就是国立四川大学的搬迁和望江楼校区的开发建设了。

从1937年7月国立四川大学成立"四川省政府办理川大迁移校地委员会"，到1947年前后川大在借拨兵工厂、白药厂房产基础上建设工学院和理学院，征购建国纸厂建设新生院，接收头瓦窑的军毯厂等，陆续完成了望江楼附近2000亩土地的征地工作，校园建设亦同步进行，此时的川大初具了"万人大学"的建校规模，加之毗邻西南地区最大的教会学校——华西协合大学，在城南华西坝拥有大片土地和建筑宏大典雅的校舍。抗战全面爆发后，更有南京中央大学医学院、金陵大学、金陵女子文理学院、私立东吴大学、齐鲁大学、燕京大学等著名高校先后迁至成都，借用华西协合大学的校园、校舍、实验

---

① 四川大学档案馆馆藏历史档案：《关于捐赠水神寺产的说明》，《国立四川大学全宗》，案卷号705，文件号05。
② 四川大学档案馆馆藏校史档案：《为收回重庆士绅朱叔口将捐赠本大学仑坝子地产请托姜友于代表接收》，《国立四川大学全宗》，案卷号2226，文件号03。
③ 四川大学档案馆馆藏校史档案：《大华实业股份公司捐赠建设基金》，《国立四川大学全宗》，案卷号2206，文件号06。
④ 陈乐桥：《建设"新成都"与都市计划》，《成都市政府周报》第1卷，第10期，1939年3月11日。

室、教学医院及图书设备等与华西协合大学合作办学,从而与华西协合大学、四川大学等学校齐聚一堂,在成都南郊华西坝到东南郊九眼桥一带形成了全国著名的大学文化教育区。新的文化区的出现不仅使成都城市建设突破了城垣的限制,也在一定程度上部分实现了陈乐桥心目中的"建设新成都的都市计划"①。

第四节　皇城——中央商业区的建设

曾经作为明蜀王宫的成都皇城,在地理位置上位于成都市城市中心,其房地产资源历来皆很受各方面势力的重视而争夺不断。1937年,国立四川大学按照与省政府达成的迁移校地合同搬离此处,按照迁移校地合同的规定,省政府将在望江楼附近征地2000余亩另作校址,另外拨款60余万元,作为国立四川大学迁移校地的搬迁及建设费用。由省政府召省市各相关部门成立"四川省政府办理川大迁移校址委员会",专司学校的迁建及旧皇城地块标卖事宜。

川大迁校之后,原来位于旧皇城的校地,"除二百八十四亩留用外,其余二百五十九亩,皆由省府出卖"。1938年9月及11月先后进行了皇城中央商业区地块第一期第一次及第二次开标竞卖,华丰公司和川康平民银行参加了本次竞拍,售出的地亩情况如表3-3所示:

表3-3　民国27年(1938年)旧皇城地块投标情况表②

地号	投标人	每平方丈单价(元)
776	华丰公司	180
775	华丰公司	180
774	华丰公司	180
773	华丰公司	180
772	华丰公司	276
771	华丰公司	168
769	华丰公司	170

---

① 陈乐桥:《建设"新成都"与都市计划》,载《成都市政府周报》第1卷,第10期,1939年3月11日。

② 四川省档案馆藏:《四川省政府建设厅教育厅成都市府四川大学等关于停止标卖皇城旧址土地征用透支款项的呈》,《国立四川大学全宗》,全宗号115,目录号1,案卷号1002,第82页。

第三章　民国时期成都房地产管理中的重大工程项目

续表3—3

地号	投标人	每平方丈单价（元）
758	华丰公司	168
757	华丰公司	168
777	华丰公司	180
759	周见三	80
760	周见三	80
768	周见三	80
767	周见三	82
803	川康平民商业银行	168
802	川康平民商业银行	168
801	川康平民商业银行	276

以一亩折算60平方丈计算，拍卖最高价每亩16000余元，最低价每亩4800元。中央商业区的马路，也分为特甲乙丙四种，用碎石建筑，由政府负责办理，人行道则由地主负责修筑。本区沿马路门面房屋，一律规定两楼一底。

虽然拍卖成交价格在当时成都地价中已算极高，但"数次投标开标，结果并无竞买情形"①，并没有达到省政府预期的竞买效果。其后又相继进行了几次标卖，在1939年川大迁移校地委员会代理主任委员王叔培向省政府的一份呈文中有着相当清楚的记录："案查本会办理第一期第六次及第二期第四次标卖旧皇城后子门地段及皇城东段土地，业经钧府令派地政局科长梅光复于十二月二日午后二时前来监视开标以昭郑重在案，嗣因旧皇城明远楼地点现为防护团移住，乃临时改在致公堂投标，当众开标结果，计有亮方堂、健跫堂、九记、麟记、皋记、笙记、诲记、颂记等投中地段共十四号，除登报公布并分别通知各中标人依照规定分期缴纳地价外，谨将开标记录随文专请钧府俯赐鉴核备查指令祗遵。谨呈四川省政府兼理主席蒋。"②

对于标卖的皇城校地，省政府原本期望通过招投标的方式抬高地价，以多

---

① 成都市档案馆藏：《省地政局、省府办理川大迁移校地委员会：关于标卖旧皇城地段土地指令、呈、训令、公函》，全宗号31，目录号1，案卷号93，第21页。

② 成都市档案馆藏：《省地政局、省府办理川大迁移校地委员会：关于标卖旧皇城地段土地指令、呈、训令、公函》，全宗号31，目录号1，案卷号93，第5页。

谋利，但后来发现执行起来却诸多困难，"前定投标规则，原期购地者互相竞买，藉以增高地价，但经先后数次投标开标，结果并无竞买情形，数字亦罕超出原定地价"①。经多番讨论后，四川省政府决定"停止标卖及该校迁移经费由省府另筹的开支一案，前经委员兼厅长等提请本府第三五一次委员会议，议决通过，记录在卷"②。标卖皇城土地的事项就此被搁置下来。

抗战时期，成都在后方城市中的战略地位突显，位于市中心的皇城地块亦更具有重要地位，四川省政府对于这一地块的建设规划较之以前又有所改变。"惟查成都为四川全省首要之区，皇城又为成都中心地点。且自抗战复兴以来，成都更蔚为后方重镇，人口日益增加，文化日益发达，而代表政治文化中心之省府，场地狭隘，房舍陈旧，又复敬置各处，既不合用，复碍观瞻。非但较世界都市瞠乎其后，即视国内省会，亦望尘莫及。为此拟将原定出售皇城地段停止标卖，其已出卖者，仍照原价购回，将全部地段收归省府，并开广场，以为集会、训练、检阅、运动、游息之用。其他有关文化之建筑，如图书馆、陈列馆、科学馆之类，亦得附设左右，如此则非但办公便利，效率增加，而文化荟华，气象一新，市容当更为之生色。"③

较之前次将皇城地块直接分段标卖的做法，省府本次则先期做好皇城区域内土地的产权登记、征收，规划好省政府机关及相关图书馆、科学馆等文化场所建筑所需用地后，再进行周边商业区用地售卖，以此回笼资金。并专门任命成都"新村"整理委员会负责皇城地块的征收工作，在本次皇城地块的征收中，成都"新村"整理委员会汲取了"新村"征地中的经验教训，对所征地块做好登记整理，并专门为此于1939年制定了《成都市中央商业区征地规则》和《成都市中央商业区放地规则》，按照所征地产的不同情况进行分类征收。"旧皇城区域内对土地的调用为征收和收回。倘若该区域的共有用地被人民擅行侵占，政府能够当即做出无偿收回使用的决定，并不再经过法定征收程序。如果出现在公有土地上擅自建筑房屋的情况，除经四川省政府核准并征收之外，有房地所有权的市民必须在限期内迁移完竣，搬迁的费用由政府酌情补

---

① 成都市档案馆藏：《省地政局、省府办理川大迁移校地委员会：关于标卖旧皇城地段土地指令、呈、训令、公函》，全宗号31，目录号1，案卷号93，第21页。
② 四川省档案馆藏：《四川省政府建设厅教育厅成都市府四川大学等关于停止标卖皇城旧址土地征用透支款项的呈》，全宗号115，目录号1，案卷号1002，第82页。
③ 四川省档案馆藏：《四川省政府建设厅教育厅成都市府四川大学等关于停止标卖皇城旧址土地征用透支款项的呈》，全宗号115，目录号1，案卷号1002，第82页。

第三章 民国时期成都房地产管理中的重大工程项目

偿。"① 对于私有地产的征收则严格按照征收法令流程，做好公告、登记及相关补偿等工作，避免因权属不清所引起的房产纠纷。"如若该区域内的土地为私有土地，政府则对该土地进行收回。由政府进行公告，业主及其他权利人在登记限期内领取申请书，分别填明签字后，连同有关凭证一并呈缴，请予登记。逾期不申请登记者，其权力视为无效。考虑到有可能出现权利人过多、土地所有权无法确定而导致纠纷的情况，若收回土地之他项权利人与所有权人因登记而发生纠纷时，政府代为调处，或报请省政府解决。登记经审查合格的业主，或因纠纷报请省政府解决后，将分别发给迁移拆卸各费作为补偿。"②

在有效的征收政策及手段的配合下，"中心商业区东面出口马路直行达小红土地庙街及东华正街两段马路"③ 很快征收完毕。"由本府派员查勘测量并布告被征业户，限期领价拆让，虽市民多持异议，经本府一再劝导，现均领价拆让完竣，窃查此次给价标准，保依照前呈准。……地价每平方公尺以伍元计，至拆卸补偿费，则视房屋之种类及新旧为核价之标准，每平方公尺自贰角至肆角伍分不等，计共十一户，总计付地价拆卸补偿各费，法币玖仟叁佰伍拾叁元玖角玖分，内中除周东义及冯显达二户，一向特殊，酌给特别补偿费外，余均照规定标准发给，谨将被征业户姓名地价及补偿各费造具呈表，连同领款单据十一张同呈。"④ 随着征收工作的深入，其后就连"一向特殊"的周东义、冯显达这样的钉子户，在领到了"成都市政府发放的地价及拆卸补偿等费法币贰仟元整、银伍佰柒拾柒元柒角贰分整"后，也向政府出具具结书，并保证"中间不虚，具领是实"⑤。

征地问题虽得以一定程度上的解决，但其后的土地登记及规划建设却有更多阻碍。抗战结束后，1946年，省市政府本计划将省市政府机关搬迁至皇城办公，并成立了省府迁建委员会具体负责，但进行到清理皇城土地产权的工作时，就遇到很多问题而使工作受阻。"省府新址，前经指定于旧皇城改建，关

---

① 成都市档案馆馆藏民国时期档案：《成都市中央商业区征地规则》，全宗号31，目录号000，案卷号128，第23页。
② 成都市档案馆馆藏民国时期档案：《成都市中央商业区征地规则》，全宗号31，目录号000，案卷号128，第25页。
③ 四川省档案馆藏：《四川省政府建设厅教育厅成都市府四川大学等关于停止标卖皇城旧址土地征用透支款项的呈》，全宗号115，目录号1，案卷号1002，第6页。
④ 四川省档案馆藏：《四川省政府建设厅教育厅成都市府四川大学等关于停止标卖皇城旧址土地征用透支款项的呈》，全宗号115，目录号1，案卷号1002，第6页。
⑤ 四川省档案馆藏：《四川省政府建设厅教育厅成都市府四川大学等关于停止标卖皇城旧址土地征用透支款项的呈》，全宗号115，目录号1，案卷号1002，第17页。

于旧皇城之土地产权,经数度放领划拨,颇多无案可稽,省府迁建委员会于十五日举行会议,讨论旧皇城土地清理办法,就(一)已清售部分、(二)省长公署(赖心辉任中)暨善后督办公署(刘湘任中)放领部分、(三)省府经办川大迁校委员会出放部分、(四)划拨及领用部分、(五)人民自行侵占部分、(六)租典部分,分别拟定整理纲要,并饬由成都市政府邀集有关机关组织(皇城土地清理委员会)及成都市土地整理处着手测量登记,划分公私产权,分别整理处理。兹录整理办法要点如后:1. 关于公有土地使用部分,依土地法第五条(各级政府机关需用公有土地时,应商得经公地保管机关之同意,予以租用或无价拨用)及同条(无价拨用者,以未确定用途者为限)之规定办理。未经确定用途部分,应无价拨用,呈国府备案。2. 关于历次放领部分,已登记者为932247平方丈,约合155亩3分7厘,其处理办法是由成都市土地整理处完成旧皇城地段之测量登记,划清公私产权,依土地法进行土地征收。"① 对于皇城土地产权的清理工作随着内战的扩大而一再被拖延,至成都解放都没有完成。

早在抗战时期,因战乱大量难民涌入成都,政府无法安置,只能暂时让难民在皇城一带自行搭棚户居住。自此以后,越来越多的难民及流民在此聚集,至抗战后期,已聚集了上万人,形成成都市内最大规模的棚户区,并在其内自发形成"荒市",发展成当时规模很大的群众公共娱乐聚集场所。虽然政府一再想拆除皇城的棚户,但因战乱和城市房荒的加剧,皇城的棚户数量却一再增长,成都市政府只得在此先后设立了保甲和警察所,以处理此处日益严重的治安和管理问题。

本章小结

成都民国时期房地产业的发展是在辛亥革命后,整个城市慢慢地在政治经济等各个层面向着近代化迈进的过程中逐步开始的。没有城市人口的爆发性增长,没有洋商外资在房地界的助力,成都市的近代房地产业在肇兴之初并没有像上海、天津这些沿海沿边的开埠城市一般表现出强劲的增长动力,但它却随着城市政治经济的近代化进程,一点点地发展起来。而政府对于房地产管理的介入也随着市政的兴起,政府职能的日趋完善而逐渐深入及强化。

在民国时期成都城市房地产发展的历程中,一些重大的工程及重要的事件

---

① 《清理皇城土地产权》,《新新新闻》,1946年1月19日。

第三章 民国时期成都房地产管理中的重大工程项目

对于成都房地产发展及管理显得尤为重要:"满城"的开放进而发展成为早期的城市住宅区。随着民国时期工业、商业、交通运输及城市建设的展开,城市的面貌逐步改变;传统的府衙被市政公所及其后的市政府所代替,市政府及其地政部门作为民国时期城市房地产业中重要的一位参与者,对于城市的房地产建设起着指导、推动、扶助、管理监督的重要作用,而城市的房地产业也随着城市建设及各行各业近代化的进程而逐步发展繁荣起来。

市政府成立初期的 20 世纪二三十年代,全国各大城市兴起城市设计和建设的热潮,成都市在这一时期推出了"新村"建设计划并付诸实施,这在当时的中国房地产建设中是极富创新性和挑战性的工作。四川省、成都市政府为此成立了"成都建设新村筹备委员会",由留美归国的建筑专家盛绍章主持,无论从项目规划、工程运作、经费筹措及至征地放地,都尽力筹划,努力施行,力求成为当时全国此类城市建设项目之"模范新村"。虽然"新村"建设到后期征地和建设时,受到时局及人为等方方面面因素影响而最终未能达到预期效果,但这次的努力尝试为后世提供了丰富的经验和深刻的教训。"成都"新村建设项目作为成都政府主导进行房地产开发建设的一项重要工程,同时也开发了城南华西坝及"新村""蓉村"地区的土地,在民国时期成都房地产管理及开发建设史上更是具有重大意义。

按照当初都市设计专家对成都城市建设的设想,成都将建设成商业区、文化区、住宅区、工业区分区明确的现代化都市,"新村"建设是他们为建设新型的住宅区而做出的努力,而同时进行的国立四川大学校地迁移则开始了新的文化区的建设。国立四川大学通过与成都市政府签订《四川省政府与国立四川大学协定迁移校地合同》的形式,以市中心皇城校地换得城南郊望江楼外两千余亩土地并 60 余万资金重建新校。四川大学的成功迁建不仅给学校发展创造了更广阔的空间,也为城南郊土地开发建设做出了卓越的贡献,使得原来的荒地孤冢发展成人烟稠密、文化昌盛的城区。

成都老皇城位于成都城区中心,历来因其位置特殊而备受争夺,民国初期作为各公立学校和国立四川大学校址办学期间,即多次受到军阀争夺并屡经战乱。四川大学迁走后,皇城地区曾一度作为成都市政府规划的"中央商业区",但因时局动荡、经费不足等各方面原因,这一规划直至国民党政府全面崩溃,成都解放都没有得到施行,民国末期老皇城除部分政府机关占去的地方外,大部成为难民聚居的棚户区和三教九流聚集的"皇城坝"了。

从民国时期成都房地产相关重大工程建设和发展中,可以看到政府在房地产项目中的参与和管理日益加强,甚至出现了"新村"建设这样完全由政府主导的房地产建设工程，虽然如"新村"建设和皇城——中央商业区这样的房地产项目并没能达到预期目标，但可以看到民国时期成都城市的管理和建设者按照既定的规划为成都城市近代化所做的努力。在传统商业、住宅分区的基础上，"城区北边以火车站为中心，附近一带划为工业区；城垣内及城东牛市口、沙河铺一带划为工业区；城区内南边划为居住区；城东南华西坝至九眼桥一带划为文化区"①。加上城市东南郊的国立四川大学和华西协合大学的文化区、规划中的城市中央商业区，这样的城市布局在一定程度上对现代新成都城市的建设布局产生了深远影响。

---

① 陈乐桥：《建设"新成都"与都市计划》，《成都市政府周报》第1卷，第10期，1939年3月11日。

第四章　民国时期成都房荒及政府的处理措施

抗战期间，随着国民政府内迁的国民党中央及政府各级机关 57 个，各级官员及工作人员 5000 余人；工矿企业约 700 家，工人近万人，高等学校 48 所，师生约 2 万人；还有部分中学和各类机关以及成千上万计的难民。这些机关、企业和学校来到后，势必要解决其办公场所和人员居住的问题，而大量的内迁企业建设和学校的安置都需要土地和房屋。这些本应为成都房地产发展带来更多的机会和动力，但由于种种原因，到了抗战后期，当城市住宅的供应量大大小于其需求量时，整个城市开始出现表面城市房源供应紧张，但实际上却是房屋租佃困难，房租价格飞涨，城市下层平民无房可住，房荒开始成为日益严重的经济和社会问题。

第一节　抗战后期成都房荒的形成原因

房荒是城市之病，民国时期成都城市出现严重房荒其成因是多方面的，下面试从人口、经济、土地兼并及住宅房屋建设几方面进行分析。

一、城市人口的迅速增长

抗战时期，成都城市人口的迅速增长是造成城市房荒的主要原因。"都市膨胀为各国通例，成都市为四川省会，近来人口激增，由三十万增至七十余万，尤在继续增多，转瞬即将超过百万以上之人口。因之现在房屋供不应求，市政畸形发展，市地不能经济利用已形成成都市膨胀之病态……一面修建住宅以解决房荒，一面改良市地繁荣市场，惟城内土地面积不达二万余亩，房屋比栉已容纳全市人口三分之二以上,过于密集有碍都市发展。"①

人口是城市发展的重要推动力,它不仅为民国时期工商业发展提供重要的劳动力来源,更扩大城市中各类商品物资的需求量。表 4-1 为抗战及其战后成都市人口变动表。

表 4-1　1937—1949 年成都市人口变动表②

年月	户数	人口数	增减数	增减比率(‰)
1937 年 4 月	86440	519608		
1937 年 5 月	86415	519404	204	0.39
1937 年 6 月	86185	518622	-181	0.35
1937 年 7 月	85916	517533	-1089	2.10
1937 年 8 月	84639	483796	-33737	6.52
1937 年 9 月	84129	481672	-2124	4.39
1937 年 10 月	80721	470592	-11080	2.30
1937 年 11 月	81226	463540	-7052	1.50
1937 年 12 月	81081	463145	-395	0.85
1938 年 1 月	81384	464191	1046	2.26
1938 年 2 月	81278	463626	-565	1.22
1938 年 3 月	811207	463239	-387	0.83
1938 年 4 月	81354	464150	911	2.00
1938 年 5 月	81549	464990	849	1.83
1938 年 6 月	81928	465826	827	1.78
1938 年 7 月	82239	467229	1403	3.00
1938 年 8 月	82656	459666	1066	2.28
1938 年 9 月	82639	452317	-15978	34.76
1938 年 10 月	83122	454783	2466	5.45
1938 年 11 月	83454	455857	1074	2.36

① 成都市档案馆藏:《成都市第十二区建筑新市场土地重划贷款计划书》,《市五区公所贷款建筑校舍、新市场工地贷款计划书》,全宗号 38,目录号 13,案卷号 94,第 182~187 页。

② 资料来源:《四川统计月刊》《四川统计年鉴》《统计月报》《成都市政统计》《警察半月刊》《警察旬刊》。

第四章 民国时期成都房荒及政府的处理措施

续表 4—1

年月	户数	人口数	增减数	增减比率（‰）
1938年12月	84068	458476	2621	5.75
1939年3月		467585	9109	19.87
1939年6月	72097	351155	−116441	249.00
1939年9月		312729	−38217	108.83
1940年	77855	355326	42597	136.21
1941年	88088	377938	22612	63.64
1942年1月	98667	397282	19344	51.18
1942年2月	99137	399219	1937	4.88
1942年3月	99270	400387	1168	2.92
1942年4月	98915	400266	−121	0.30
1942年5月	98730	400118	−148	0.37
1942年6月	98750	400546	428	1.07
1942年7月	98974	401168	622	1.55
1942年8月	99138	401902	756	1.88
1942年9月	99486	403014	1090	2.71
1942年10月	99819	404199	1185	2.94
1942年11月	99860	436613	32414	80.19
1942年12月	97479	456536	19923	45.63
1943年1—9月	100891	441023	−15513	33.98
1943年10月	107047	503447	62424	141.54
1944年1—11月	109970	538668	35221	69.96
1944年12月	113560	620302	81634	151.55
1945年2月	214178	642129	21827	35.19
1945年4月	214200	652225	10096	15.72
1945年6月	226271	706816	54591	83.70
1945年9月	230101	714159	7343	10.39
1945年10月	231988	718051	3892	5.45
1945年12月	239631	742188	24137	33.61

续表4-1

年月	户数	人口数	增减数	增减比率（‰）
1946年1—5月	224339	701143	－41045	55.3
1946年6月	227947	708675	7532	10.74
1946年12月	234154	726062	17387	24.53
1947年5月	241404	747793	21731	29.93
1947年6月	242087	749770	1977	2.64
1948年1—5月	125603	641243	－108527	144.75
1948年6月	117586	647877	6615	10.32
1949年10月	126247	656920	9043	13.96

表4-1比较详细地罗列了成都市1937年到1949年10月，城市人口变动的统计数据，可以看到抗战初期成都市人口数量一直是处于大起大落的大幅振荡状态。

随着抗战进入相持阶段，国民政府经营西南的战略和大量生产力的内迁，使成都的工业、商业、金融业、文化教育事业和交通运输业都得到了迅速发展，城市基础建设设施也大大改善，这些都促成了成都城市人口的持续增长。"据1943年10月成都市人口普查数据统计，成都市区现住人口已达523434人，比1939年9月战时最低人口数净增人口210705人，增长率达到了67.4%。至1945年12月成都市人口达到742188人，较上年同月人口净增121886人，而当年的年增长率更高达196.5%，创民国时期成都城市人口年增长率的历史最高水平。"

1946年，抗战的胜利结束使许多迁川移民陆续返回故乡，成都城市人口出现了短暂的下降趋势，但下降的幅度并不大。"1946年12月，成都仍有726062人，仅比上年同月减少2.2%，净减少16126人。"此后由于抗战结束，川籍军人陆续复员归乡，而四川各地县乡村镇人口向城市迁移的趋势又随着战争的结束而重新增强。至1947年，成都城市人口数量又出现了新的高涨。6月，成都人口达到创纪录的749770人，达到历史记载中到当时为止，成都城市人口的最高点，是抗战前成都城市人口的1.44倍，是清末成都城市人口的2.18倍。内战爆发后成都城市人口又开始下降，"1949年10月，成都城市人口下降到656920人，比1947年6月人口最高点时净减少人口92850人，少了

12.4%，但仍比抗战前人口最高点时多 26.4%"。①

统计数据显示，自抗战以来，成都人口总是呈曲线向上发展的，其间曾出现大幅振荡。其原因主要是日机的轰炸导致政府强制性疏散市区人口，在空袭危险渐渐解除后，成都市区人口即进入快速增长的阶段。而成都城市人口增长迅速的主要原因是外来移民的增长。1937 年 10 月至 1938 年 6 月人口统计的数据显示，成都市区当时出生人口为 4059 人，死亡人数为 5368 人，出生数仅为死亡数的 75.6%，城市人口自然增长率为负数。而 1937—1938 年正是抗战时期成都城市人口锐减，振荡幅度较大的时期。而到抗战后期成都城市人口出生率则出现了新的高涨，1947 年人口调查的结果显示，当年成都城市人口出生数为 4889 人，死亡数为 3213 人，人口总数为 701143 人，据此可计算出当年成都城市人口自然增长率为 2.4%。以此平均水平推算，若成都城市人口仅以自然增长方式进行增长，从 1938—1945 年，其城市人口最多仅可达到 43 万人左右，而至 1945 年 12 月，成都城市实有人口已达 742188 人，而多增的这 30 余万人口即可视作移民对成都人口发展的贡献。②

人口尤其是外来移民的增长，必然带来对城市房地产的巨大需求，因为本籍人口的自然增长，其居住需求还可能通过继承和共住的方式解决，而移民则只能以交易的方式取得，这即成了城市房地产业发展的"刚需"。至 1947 年 6 月，成都人口为 749770 人，达到历史上成都城市人口的最高点，是抗战前成都城市人口的 1.44 倍。抗战时期大量内迁的机构人员成为人口增长的主要动力，较之作为陪都的重庆人口从抗战前的 30 多万骤增到 1945 年的 125 万的巨大压力，仅增加了 30 余万人的成都情况还算好。而成都市区的土地面积"由成都土地整理处实测之成都市现管市区面积为二万七千三百七十一市亩"③，计算下来每亩约 27.4 人，考虑到当时的成都还是少有楼房，居民住宅更是以小院、棚屋为主的实际情况，这样的人口密度已经算是相当高了。

二、战时的通胀

在近代中国社会中房屋已经成为一种商品，房价必然作为物价的一种随整

---

① 何一民：《近代成都城市人口发展述论》，《近代史研究》，1993 年第 2 期，第 208~209 页。
② 何一民：《变革与发展：中国内陆城市成都现代化研究》，成都：四川大学出版社 2002 年版，第 590 页。
③ 成都市档案馆藏民国时期档案：《成都市政府关于检送成都市所辖土地面积之确切数字的公函》，《省市政府关于成都市区勘地、划界的训令、呈文、公函、代电、会议记录》，全宗号 38，目录号 1，案卷号 184，第 79 页。

体物价的变动而变动。在传统的自给自足农业社会中，成都作为物产丰饶的天府之国的省会城市，历来物价是相对便宜的。甚至到清末至民国初期，要在成都维持基本的生活都很容易，"民国10年，成都市民生活每日平均所需不及大洋1角"①。即使到"抗战以前，纵使在内战争夺最激烈的年头，作为一个成都人所花费的饮食的费用是相当的低，只要有两元钱——约合七角美金，在一个月中，他每天可吃两顿足以填满肚皮的饭菜。一位娘姨的月薪只要八角到一元半，大学生每星期最奢侈的伙食费是八角到一元，八人一桌，每顿有肉，每天有鸡鱼。两老三小的自作饭食，即使相当丰富也不过一月五十元，通常五口之家的平均费用只是十至二十元。就以今日在成都四人去吃四十元的饭菜，在上海、南京总会要一百五十元，但是在二十七年的成都也只要一元，以银元的价值折合恰为二倍半。相对的，人们的收入却平均打了个二折。"②

抗日战争全面爆发后，随着国民政府的内迁，成都成为重要的后方基地，人口激增，城市化的进程大大加快，但同时物价也上涨十分迅速。

表4-2 1937—1944年间成都市零售物价指数表③

日期：1937年1月至6月=100　　公式：简单几何平均

时期	总指数	分类指数			衣着类	燃料类	杂项类
		食物类					
		共计	粮食	其他食品			
项数	46	23	7	16	9	5	9
1937.12	107	101	90	106	121	94	114
1938.12	151	122	94	137	218	143	172
1939.12	330	234	171	268	593	368	414
1940.12	1076	918	966	899	1641	1235	957
1941.12	2750	2435	2822	2282	3371	3505	2585
1942.12	7048	4983	4200	5391	12880	10250	7064
1943.12	29170	20130	17290	21516	53140	50987	28484
1944.1	33870	23760	22600	24280	66150	59500	29480
1944.2	43584	31828	34250	30124	82991	73448	36001

---

① 《国民公报》，1932年1月1日。
② 郭祝崧：《锦城曲》，《旅行杂志》，1949年第23卷第2期，第5页。
③ 四川省政府统计处编制：《四川省物价与生活费指数简报》，1945年5月第2卷第10期。

续表4—2

时期	总指数	分类指数			衣着类	燃料类	杂项类
		食物类					
		共计	粮食	其他食品			
1944.3	53462	36576	36403		105570	96820	48071
1944.4	59833	41208			117830	99614	

表4—1以抗战全面爆发前的1937年6月的物价指数作为基数100，可以看出自抗战以来，成都物价一直大幅度上涨，尤其是1939年后，物价呈倍涨的趋势，到1944年4月时，成都的物价已比战前翻了近600倍。而和市民生活密切相关的生活必需品，也都呈上涨的趋势。如食品类上涨了412倍，服饰类上涨了1178倍，燃料类上涨了996倍，杂项类上涨了561倍。究其原因，一方面是因为战争影响，生活必需品紧缺；另一方面是由于国民党政府推行错误的货币金融政策，滥发货币造成的。1935年，国民政府实行货币改革，开始大量发行法币，造成全国范围的通货膨胀，法币大幅贬值。1936年，1元法币折合0.2975美元。① 到1945年3月，美元兑法币的战时汇率由1：20升至1：2020；8月变成1：3350；1946年2月升至1：12000。② 1947年7月24日，美联社发自上海的电讯记述了十年来上海地区通货膨胀的骇人状况：100元法币在1938年可以买一大一小两头牛，1939年可买一头牛，1940年可买一头小牛，1941年可买一头猪，1942年可买一只鸡，1943年可买一只小鸡，1944年可买一斗米，1945年可买一条鱼，1946年可买一个鸡蛋，1947年只能买1/3盒火柴。③ 至1948年8月，全国法币流通量已达到1937年的428824倍，相当于1945年的1085倍。④

表4—3即对抗战时期国统区货币发行指数、物价指数和购买力指数进行了对比。

表4—3 抗战期间国统区货币发行指数、物价指数与购买力指数对比表⑤

时间	发行指数	物价指数	购买力指数
1937.6	100	98.8	101.21

---

① 陈振江、江沛主编：《中国历史·晚清民国卷》，北京：高等教育出版社2001年版，第282页。
② 陈振江、江沛主编：《中国历史·晚清民国卷》，北京：高等教育出版社2001年版，第418页。
③ 《洋报札记》（一），《申报》，1948年1月29日。
④ 秦孝仪：《中华民国经济发展史》，台北：台湾近代中国出版社1983年版，第938页。
⑤ 中国人民银行总行参事室编：《中华民国货币史资料》，第2辑，上海：上海人民出版社1991年版，第359页。

续表4—3

时间	发行指数	物价指数	购买力指数
1938.12	164	164	60.97
1939.12	305	355.4	28.13
1940.12	560	1276	7.85
1941.12	1076	2736	3.65
1942.12	2422	7766	1.28
1943.12	5357	20930	0.47
1944.12	13464	58744	0.17
1945.12	28289	213320	0.04

物价的快速上涨引起城市中房价、房租的直接上涨。抗战时期成都物价的剧烈变动不仅使得当时房价持续走高，连房租都一日间地翻着跟头往上涨。因为一旦自己房租的价格的上涨没有跟上物价的上涨水平，在这样通货膨胀的大战中吃亏的就是自己，所以房东不仅要随时注意着跟上物价的上涨速度，还更加地不愿照以往每年或每半年签的惯例招租，他们不仅招短租、收实物租金，更会出现无良房东在招到更高价新房客后，以各种借口和手段迫使旧房客搬走的事情，从而导致更多的租佃纠纷的发生。

1947年7月，市府"近因米荒严重，各区房佃纠纷亦因而严重。市府在近两周内接到人民关于房佃纠纷请示处理之诉状，如雪片飞来。据李市长谈及此项诉状计为两类：一为房客请求取缔房租重租剥削，二为房东请求惩处房客恶佃欺主，抗不付租，市长以当此时局艰危之际，若非主客互让，不能解决问题，故已分令各区调解委员会，多负责任，予以解决"①。

另外，因为货币的快速贬值，更多的压力还来自巨额游资对城市土地的盲目炒作。"战时通胀和游资泛滥，巨额资金对于工商业建设投资不感兴趣，大多的出路都是走向土地投机，后方城市地价猛烈上涨。"②"成都平原、渝巴、汉中天水一带、粤北湘南、桂东黔西、浙东赣南，以及云南全境，以官商四集消费热闹的大都市为中心，四面辐射地发生购取土地的热潮。"③ "而四川方面

---

① 《房佃纠纷日益严重》，《新新新闻》1947年7月3日。
② 朱剑龙：《论战时土地问题》，《中国农民》，1942年第2、3期合刊。
③ 谢慎初：《今日的土地问题》，《东南经济》1942年第二卷，第1、2期合刊。

尤为厉害，一批富翁，定居成都，以大量资金收购土地，数月之间，地价飞涨。"①

土地投机者对成都房地产的介入对房地交易和房租价格的影响立竿见影："近因中日战争扩大延长至各区居民，纷纷迁移逃往暂居，以致最近一月以来本市新增人口不少。于此情形之下，一般房产业主以机会难得，不惜丧心病狂，将已住之宽房腾出另租小屋；否则勒取佃客，以便增高房租。刻令全市房屋，凡新出租者，过去五元一月所能佃租之屋，目前至少须七元至八元，兼之所谓房贩子即专做房屋买卖者，随时合伙拉集部分现款，于各区收买偏僻破烂房屋，一经转手，略事修葺，即所谓纸壳房，言其金玉其外也，租金极昂，不到半年遂转卖他人。至一年以后，经雨水浸渍，时有溃坏，新购产业者，不彻底修整即不能居住。"（购买房产者）"遂中其术，损失非浅。再行转售，不但不能维持原价，且折血本，况此辈极为污浊，已有赚得多量金钱者尚不放手，大有愈多愈想，食不厌精之概云。"②

三、城市平民住宅建设滞后

政府对于实施平民住宅项目建设工作上的滞后，是造成房荒严重的另一原因。早在1938年开始的成都"新村"建设计划若能正常进行，应该能对其后的房荒有一定缓解作用，但这一项目却因上文所述的各种原因被国民政府暂停。而在其后的各种平民房屋建设计划的施行上，都可见其有空谈规划而施行不力的问题。

1939年，成都市由于进行防空疏散，为解决成都疏散区贫穷市民住宅的建设问题，曾由蒋介石特令，专款拨出20万元用于修筑成都防空疏散区贫民住宅，并令成立贫民住宅管理处负责建筑管理。先后划定统一疏散区共3处。同年7月14日，有关机构公布了《建筑团体贷款办法》，鼓励市民及企业团体到疏散区投资建房，以用于居住或出租。但由于政策、资金等多方面原因，上述规划并未全部实现。

至1939年底对贫民住宅的接收工作仅完成了一部分。"本府奉令办理本市疏散事宜，鉴于已疏散之征属及贫民，需要住宅，会请示省府，嗣奉省令，将已建筑完善之贫民住宅接收管理。本府当即由保甲、公务两股，派员会同成华两县府、省会警察局，前经接收，即于本年十二月内接收完竣。计有东区老东

---

① 刘光华：《土地问题的战时战后观》，《新青年》，1943年第1期。
② 《大战争爆发后蓉市房价陡涨》，《新新闻》，1937年9月1日。

门外沿成渝公路两侧（缺）门铺至大面铺一带房屋三百一十七间，南区老南门外沿成嘉公路两侧中和场至中兴场一带房屋三百一十二间。西区在成灌公路两侧，由土桥至犀浦一节房屋二百六十四间，北区在川陕公路西侧天回镇至崇义桥一带房屋三百四十二间，共接受一千二百三十五间。"① 但这 1235 间安置房用于防空疏散尚且入不敷出，更何况还有因战乱而涌入成都的数以万计的难民。

四川省市政府对于在抗战时期开始急剧涌入的难民无力安置，只能任其在市内各地栖身。难民主要聚集在老皇城周围自行搭建棚户。抗战后期，皇城上聚集的难民已近万人，这也从另一侧面反映了政府对于难民安置、贫民住宅兴建等问题处理上的滞后。

至 1948 年，城区人口为 62.12 万人，各类住宅房屋建筑发展到 633.53 万平方米，人均住宅房屋占有面积为 10.2 平方米。自 1908 年以来，人口为 28.1 万，增长 2.21 倍，房屋建筑面积 401 平方米，只增长 0.58 倍。由于战争而导致的人口骤增与城市住宅房屋建设的相对滞后的矛盾使得城市房屋资源出现严重的供不应求，这是成都房荒产生的另一重要原因。

四、土地房产的过分集中

与皇城坝上贫无立锥之地的难民相对应的，是朱门大户中房屋的空置。上文论述过，民国时期成都的房地产市场实际是处于不断发展壮大的过程，政府还组织兴建了成都"新村"和进行土地登记等措施规范促进房地产业的发展，但为何民国后期的房荒还是愈演愈烈呢？究其原因和民国后期所盛行的投机囤积之风密切相关。房屋作为一种商品，它的价值较之普通商品更大，更何况中国富商、地主历来就有在战乱时乘机进行土地兼并的习惯，土地和房屋作为一种财富对他们有尤其大的吸引力，在民国时期仅占房东数量的五分之一的大房东控制着大量的空余房屋，他们囤积居奇，待价而沽。将房屋作为商品的一种囤积起来，在房荒中炒作谋利，这是当时的大房东即富商乐于从事的生意之一，从中得利何止巨万。刘湘的叔父，刘文辉的哥哥刘文成最擅长房地产行业的生意，在成都置房产无数，号称"刘半城"，下为新中国成立后，他向政府出售的一处房产的契约：

---

① 《成都市二十八年度工作报告》，《成都市政府周报》，第二卷，第 2 期，1940 年 2 月 3 日，第 3 页。

第四章 民国时期成都房荒及政府的处理措施

立杜卖房屋地基文约人刘文成代表人刘助儒,愿将后列房地产连同业内一切天然、人造、已载、未载、固定之物随同本业毫无提留,出卖与川西行署公安所。各下承买议定价格食米壹佰伍拾双市石。是日当凭区公所监证如数亲收,并无勒逼准折及蒂欠等情,同时将本业完全移转与买业人永远管业。其所有管业亦已交割清楚。自卖之后,将来本业如发现有出卖前之债务公款未清,及他人提出何种权利主张以及租佃纠纷,概由卖业人担全责。自经双方同意买卖后任凭买业人自由使用、收益处分及其他权利之行使,卖业人永无异议,一卖千秋,特立出卖契约一并交买业人存执为据。

产别	房屋基地全部
坐落	成都市忠烈祠西街四十七号住宅全院
面积	
界址	东与估衣市场以墙为界,南以已墙外脚为界,西与陈姓墙外脚为界,北与各铺面以墙心为界
附件	地政局收据一张
备注	

产业出卖人:刘文成全权代表人刘助儒,监证人:区公所

公元一九五一年三月十五日①

在成都解放初期,刘文成以150双市石价格将此份地产卖与川西行署公安所,并在其后附上该房地产地图一份。据图纸,笔者亲身对忠烈祠西街47号当年院落现在位置进行调查了解,现今仍叫刘宅的这处房产仍保持了当年的建筑,约800平方米,位置地处繁华的市区内,宅院幽深、房屋宽敞。而这仅仅是刘文成在成都多处房地产中的一处。据当时房契档案记载,仅1951年,刘文成就经由其亲族、家属的名义卖出了成都市内与上文中描述类似的公馆四处,分别是指挥街第34号附6号,计有房屋9间②;上东大街26号附6号独

---

① 成都市房产信息档案馆馆藏民国时期房契档案:《刘文成杜卖忠烈祠西街四十七号住宅全院房屋地基文契》,档案编号:LS-12813。
② 成都市房产信息档案馆馆藏民国时期房契档案:《刘文成摘卖指挥街第三十四号附六号院文约》,档案编号:LS-12831。

院,计有房屋 14 间①;盐道街第 26 号附 6 号,计有房屋 12 间②;春熙路北段 83 号住宅全院,即春熙饭店③。另外还有其弟、起义将领刘文辉也出售了其原来拥有的成都市内大量房地产,包括:四道街 11 号公馆全院④;黉门街 1 号至 39 号铺面 20 间,宅院一处⑤;方正街 17 号外铺面一间内独院 6 所,又有 9 号、11 号、13 号、19 号、21 号、23 号、25 号、27 号铺面共 10 间⑥;指挥街 50 号附 1 号、2 号、3 号、4 号、5 号住宅⑦。仅由此项即可看出刘氏兄弟在成都市内就拥有近十处、数十间独院和住宅以及铺面等各种类型的房地产。

除了豪绅地主对城市土地房产的大量占用,许多小房东也因为物价上涨过快和租佃纠纷严重等原因,将房产空置起来不愿出租。在一篇由当时的自力新闻社记者实地调查而成的报道中,对此亦有较真实的描述:

成都的房荒,自抗战开始一直到现在,已经闹了十几年了,但房荒至今尚未解除,这样大一个都市,到处是密密麻麻的房屋,何以会闹房荒呢?主要的因素有两个:一是房东租金太贵,佃户租不起;二是佃户可恶,常不付租金,强占房屋,使有房子的人不敢出租,这样就造成了成都的房荒。

据记者统计,成都有的房东除五分之一的是拥有大量房屋的大房东外,另外五分之四皆是以房租来维持生活的小房东。近几年来因物价波动频繁,而房租水平永远追不上物价……成都历来租房是先缴租金若干,一般是半年或一年月租的数额。每月房租若干,房东与佃户双方言明商妥后立约为据,但因物价关系,房东硬要向佃户涨租金,有良心的房东便照物价比例增加租金。没良心而心凶的房客,便置之不理,甚至干脆不付租金,这样一来,以房租过活的小

---

① 成都市房产信息档案馆馆藏民国时期房契档案:《刘文成摘卖上东大街第二十号附六号院文约》,档案编号:LS—13834。
② 成都市房产信息档案馆馆藏民国时期房契档案:《刘文成摘卖盐道街第二十六号附六号院文约》,档案编号:LS—13912。
③ 成都市房产信息档案馆馆藏民国时期房契档案:《刘文成摘卖春熙路北段第八十三号住宅全院文约》,档案编号:LS—14424。
④ 成都市房产信息档案馆馆藏民国时期房契档案:《刘文辉杜卖四道街第十一号公馆全院文约》,档案编号:LS—18038。
⑤ 成都市房产信息档案馆馆藏民国时期房契档案:《刘文辉杜卖黉门街一号至三十九号铺面、宅院文约》,档案编号:LS—20769。
⑥ 成都市房产信息档案馆馆藏民国时期房契档案:《刘文辉杜卖方正街第十七号等房铺面、独院文约》,档案编号:LS—23130。
⑦ 成都市房产信息档案馆馆藏民国时期房契档案:《刘文辉杜卖指挥街第五十号全部住宅文约》,档案编号:LS—23280。

第四章 民国时期成都房荒及政府的处理措施

房东便惨了。

近年来，房东为了避免随时向佃户催租金起见，多数实行先付半年或一年的租金，这叫"连钱"，但满期后，如房东要收回，要调整房租。恶佃们便要赖不理，要他搬，对不起，慢慢找房子，这一找就是一年半载，搬不搬还是个问题。并且还有部分佃户不但不付租金，而且把部分私自偷偷出顶或者招小佃从中谋利。因此，房东们在这种恶劣的情形下，只好一旦收回了房屋，就不再招租。

成都市果真找不到空房吗？据记者调查在那些朱门大厦中的空房子还多得很，他们这些房主为什么不愿出租呢？原因就是怕招怨气。而收租过活的小房东们也情愿节俭用度，也不愿招进一些恶佃，由此观之成都市若要解决房荒，恐怕只有主佃双方首先协调，不致时常发生龌龊。然后房东也不再把租金提得太贵，避免每月调整，只有照市府的租约，不收租食物，不视佃户为仇人样，用特殊势力强迫搬迁，佃户也不赖租金或违反佃约。总之，主佃双方在情、理、法三方面之下融洽、协调。相信今后的房东个个都会把空房拿出来租，多年的房荒就迎刃而解。①

在这篇报道中，记者将成都当时房荒形成的原因进行了归纳：一为物价上涨迅速导致房租价格太高，二为租佃纠纷使小房东不愿把房屋拿出来出租。记者对于当时出现的房屋租佃纠纷认识相对客观，他不仅看到了房东中仗势欺人，任意抬高租金的情况，也强调了佃客中存在耍赖无赖的恶佃，房佃纠纷产生的双方原因。传统的房屋租佃的规则因为物价的飞涨而被打破，而政府亦不能协调主佃双方矛盾，从而有效遏制房荒。但是记者对于大房东不愿将房屋拿出来出租的原因归结于不愿"招怨气"未免太过于天真，而对于恶佃在房佃纠纷中的作用又强调过度了。因为在房荒中的租佃纠纷中，掌握房屋资源的房主一方肯定会占据优势，有钱有势的大房东更是如此。正如当时的学者所指出的："（与其他许多大城市相比）成都市房屋甚多，炸毁甚少，本可敷用。……惟因房主多为旧军阀政客官僚土著等有特殊势力者，高抬租价及押租，或不允出租。极少数有实力之房客，遂不得已自由行动。大多数之房客，益受其累。惟盼政府规定办法，以保护经济上弱者之房客，尤其流离难之义民。"② 在民国时期成都市房佃的纠纷的案例中，就有因房东垄断房屋，"造成房荒剥削佃

---

① 《成都市人造房荒》，《新新新闻》1949年2月26日。
② 吴学义：《战时民事立法》，北京：商务印书馆1944年版，第177页。

户，以至于死。匝月以来……或刎颈，或悬梁，或跳河，或投进，或服毒……相率被逼而死者，已达数十人"。这样的矛盾可不是简单的"招怨气"能够解释的。

当城市房地建设的发展速度不能赶上居民住房需要的增长速度，或者说是城市住宅房地产发展的滞后与城市住宅房地分配不均衡相结合，最终导致了从抗战后期开始的城市房荒。房荒肇端于抗战后期城市人口的增长和物价的日益上涨，而其根本原因更在于城市的住宅产业发展不能满足城市人口及城市膨胀的速度，而民国后期政治经济方面的危机更导致了有限的房地产资源分配的严重不均衡，最终使房荒在国民政府统治的最后十年逐步由一场经济价格危机演化为一场社会政治危机。①

第二节　房荒的危害

房荒乃是城市之病，它导致城市房租地价上涨，土地投机之风盛行，严重影响城市建设及民众的生活。它对社会发展和人民生活的危害，可归纳为以下几方面。

一、房荒导致房佃纠纷事件频发

房荒导致的房租价格骤升从而引致房佃纠纷事件频发。据市政府所发的房佃纠纷统计："一九四四年一月起截至九月底，共达四百七十七起，足征本市房佃纠纷，已为一严重之问题。"② 当时的档案和新闻中记载了多起这样的事件："本市小南桥头发生房东逼迫佃客搬迁损毁家什纠纷案，因该街三号居民饶玉华于本月十三日外出，房东陈某逼其搬迁，因饶困难过多未遂其愿，遂乘机闯入饶宅，捣毁家什夺滥房顶，损失甚重。今经保长夏兴隆、甲长杨一明，邻居王瑞、周朱氏出具证明，控于务所，请求严惩无法无天之恶房东。"③

租佃纠纷中亦有佃户不守契约，恶意拖欠的。如1944年9月4日发生在市区鼓楼南街192号的房屋租佃事件，"该房业主赵某欲将房屋收回重建，半年前即通知房客胡某搬迁，并已停收其房租数月，经胡某正式承认迁移，房主将该房重建完竣后，始转租某机关消费合作社。并已有契约行为，而胡某于此

---

① 《大战争爆发后蓉市房价陡涨》，《新新新闻》1937年9月1日。
② 《管制全市空房使居者有其宅，并拟调整租佃制度》，《新新新闻》1944年2月25日。
③ 《房荒！怎样解决》，《新新新闻》1947年7月15日。

时又不愿搬,该房主并会同宪警与胡某交涉,由宪警饬令限期迁移,殊限期到后,胡某仍不清理。某消费者合作社以业务急待展开,急需房屋使用,乃于八月三十一日派员将胡某留存房内之少数家具,代搬至一百九十二号对门胡某所佃房内,致引起纠纷。路人围观,途为之塞,适某治安机关人员由此经过,当上前干涉,即被胡某加以痛殴,胡某知事已扩大,当即匿避,唆使妇女数人当街大呼抢人。本市某治安机关闻报,以该胡某恶佃欺主扰乱街道秩序,还凶殴维持治安人员,殊属非是,始派兵将该胡某等缉拿讯办,又房主赵某已在法院对胡某提起控诉,法院将对其合交审理等"①。

房佃纠纷甚至导致人间悲剧。"本市南打金街居民朱邓氏,1947年8月11日因房佃纠纷,投江自杀。详情如下:朱邓氏之夫朱赐文前将房屋一间分租与曹国成居住,并将家具多件借供使用,朱赐文死后,朱邓氏即催促曹氏搬迁,返还家具。近因租房不易,曹姓迭请延期,朱氏均不愿允。昨经该管区公所调解无效,朱氏即约曹姓同赴大房东处当面交涉,曹姓坚不同行。朱氏因感孤孀无力,受人欺凌,一时愤懑,即赴卧龙桥投江自杀,幸有水警队巡河警士发觉营救,尚未殒命。当将朱氏送返原住处加以劝慰,并令以后勿得如此。"②

房荒中房佃纠纷的频繁发生并愈演愈烈,不仅会引发各种治安事件,影响社会正常秩序,更会影响政府对于城市房地产管理的正常进行,导致城市各阶层间矛盾愈发激烈。

二、房荒造成了最下层的民众深重的苦难

在房荒之下,受难最深的还是处于社会底层的贫苦百姓。1949年的成都,"……是世界上最难找住宅的城市,所有出租的房间都预定到1951年了"③。

在抗战刚胜利的1945年,成都房荒的严重性已非常突出了,据一位当时的政府公职人员在当时报刊中根据自身经历投稿所述:

> 每月一千六百的租金,数日涨为三千元,又数日现涨为三千元每月加六双斗中熟米,这骇人听闻的加租,值得社会人士的注意。若政府不加以惩处,使一般房主效法起来,成都市不知有若干的公务员领米,是政府有粮食,做田的佃户与地主纳米,是田内种植而收获的。住房既不出产粮食,何有收米之可

---

① 《鼓楼南街房佃纠纷》,《新新新闻》1944年9月4日。
② 《房佃纠纷,寡妇投江》,《新新新闻》1947年8月12日。
③ 《房荒的城市》,《新新新闻晚报》1949年5月5日。

言。而鄙人系一公务员，月薪四十四百元，家属米二斗二升。一家老幼九口，因生活不足致六十七龄之老父到 S 城政府服务。月间两父子所得，仅足维持目前生活，现如此非法的涨租，全部收入始是付租，一家九口难有饭吃矣！奸商操纵物价要受法律制裁，房东操纵房价，其罪又当如何呢？请社会人士主张公理请议，政府施以惩处等。①

作为一位公职人员，其薪资在当时社会中应属于中等收入水平，他以每月 4400 元的工资，应付飞涨的房租尚且捉襟见肘。全部收入基本用来付房租了，一家九口难有饭吃，其父不得不到异地服务以挣钱养活家人。这样凄凉的境况发生在一位公务员的家中，更何况城市中许多收入更低的人家。

在这样的形势下，无怪乎当时社会有识之士皆在各大报刊撰文痛斥房荒危害，呼吁政府平抑房价。

在这百物昂贵的时候，房租问题的确是穷人们最可怕而又最可厌的一件事情了，但他们为着躲避风霜雨露，不得不千方百计的设法对付它，又不得不在狡猾的房东手腕下向恶劣的环境挣扎着。因为"住"是一类生活基本条件之一，所以大多数的穷人，虽连饭都没有吃饱，而房租却非典卖，非为之不可，不然就会被房主"斥退"了。受着这些苦处的同胞们，不知有多少？可怜他们敢怒而不敢言。只有房子的鞭子鞭策着，试问他们何辜呢？并且房价可以随便涨，涨到不想涨为止，事实是这般明白的演进，然而我们始终没有听见平定房价的消息，难道有权的负责先生们都有房子在收钱呢！涨价都还是小事，最可恨是以米折国币——一间两进的住房，每年有缴纳二石六斗的，照目前市价折合国币五万余元，像这样的房价，诚骇人听闻，如拿给公教员住，每月除了房租外，他的薪俸已去了大半，哪还有食衣行及子女的教育费用？又假如商人住这样房子，他不在物价上起坎吗？水涨船高是正理。根本做生意是以赚钱为原则，长此下去，恐怕有不好的象征更会出现。我们唯一希望有关当局把不法的房租平一平，让穷人也有住房子的机会。②

"住"是基本的生存条件之一，城市中的平民可能买不起房，但不能剥夺他们租房住这一最低的生活要求。房价的不断上涨最终结果是让底层的人民失

---

① 《平平房价》，《新新新闻》1945 年 3 月 23 日。
② 《骇人的房价》，《新新新闻》1945 年 3 月 9 日。

去"住"这一基本生活条件而流落街头。在上文中作者愤慨于政府平定房价手段之不力，怒斥利用房荒大发横财的有钱先生们，看到公教员和商人同样在房荒中受害，但最终只有仰赖政府才能平抑房价，词句中更多的是悲苦和无奈。

当时新闻报道多有贫民因住宅问题陷于悲苦境的报道："本市外西花牌坊街头一百一十号起铺面，为本市西区著名豪富孙某之产业，其房后为马姓坟地，上年马姓曾在其所有之坟茔隙地一段，租与何万顺搭盖草房一间居住。因孙姓争此地原为其所有，曾与马姓诉讼公堂，经高院判决为孙姓所有。虽经高院迭次执行，因内容不明困难甚多，卒难实现。最近孙某命其第二子，约同执行人员又邀集多人，强迫将何万顺草房拆毁，何早已病故，现仅其子何青云同其妻居住其中。适何青云正在病中，当拆房之时孙某吼令抛出，立将房屋夷为平地，器具亦与打毁。何某无奈，只得在露天之下病卧，当此严寒风霜之际，更遭倾家之惨，病势加重，遂于昨日身亡。现遗一妻二小女，一家三口，几无生路。现全街人士尽皆对于孙某压迫穷苦，为争房产不惜将病人冻死路边的行为予以指责，援助何妻向法院诉讼。"①

在房荒中，受难最深的是处于社会最底层的贫苦民众，"朱门酒肉臭，路有冻死骨"的场景真实发生了。在房荒最严重的时候，"本市一部分房主竟敢恃势怙房，垄断房屋，造成房荒剥削佃户，以至于死，匝月以来……或刎颈，或悬梁，或跳河，或投井，或服毒……相率被逼而死者，已达数十人"②。而这些残酷的现实的累积必然迫使经济危机逐步演化为社会政治危机。

三、房荒造成城市中小商业的破产

城市房租价格的迅速上涨，使得以租佃铺面进行经营的城市中小商业难以为继，纷纷破产。成都历来商业繁华，小手工业和小商业经营者遍布城市街巷，而他们中有很大比率是以租佃房屋铺面进行经营的。房荒来临时，房租日益增长，经营成本随之增加，特别是本小利薄的小商业经营者很难经受住危机的冲击，纷纷破产。成都市的房荒危机发展到最严重时期，1947年一支由城市租佃户组成，由春熙路多家租佃铺房商号领头的"成都市受害佃户请愿团"上书川康绥靖主任公署、四川省政府，要求政府取缔"高租高押""指房作借""连根烂"等旧俗，反对向佃户征米租或预收房租。

---

① 《住宅区拆毁，惨死风露下》，《新新新闻》1949年1月25日。
② 成都市地方志编纂委员会编纂：《成都市志·房地产志》，成都：成都出版社1993年版，第96页。

事件的起因是地处黄金地段的春熙路商圈，历来为成都商家必争之地，而坐拥这一天然资源的地主们趁房荒之际哄抬房租、房价，引得租佃纠纷甚嚣尘上，而商家的巨大损失使成都商会亦出面干涉，在其向成都市政府所报呈文中，对这一事件及当时房佃纠纷的整体情况有比较客观的描述：

本会据成都市京绸业、京货业、新药业、苏广货业、苏杭大绸业等同业公会等，分据所属会员等报称：查公会等在春熙路营业有年，历被房东任意加押加租，均经忍痛应付，因一般房东多属贪得无厌，以商人可欺而欺，近更招揽重金图夺口岸之徒来相压迫，因之近来春熙路商号无端房东勒令停业退佃之事层出不穷。至有房东对于以原有号牌资本人力改营副业之商号强迫关门，由其收回另佃之举，灭绝生机之端既见开于房东，会员等终日惊惶，有如大难将至。查春熙路四段铺房建自民国十三四年，每双间地皮仅值千元左右，建筑费亦不过七八百元，其时该项铺房出佃，每双间押金只五百元，月租只三十元而已。后经一般佃户历来装建门面内部，形成现代化之繁华市场，所费动于数千，房东未尝有所资助，而各铺房租押且经各房东任意增至每双间押金一二千元，月租八九十元至百元外。过去数年四郊多累，商业极度凋敝，影响所及春熙路之商号之亏折血本莫不盈千累万。际此时局好转，凡属商人方谓商业复兴可得一线生路，不意春熙路多数房东贪心不足，一味利己损人，对于加押加租数倍，未有丝毫蒂欠，及苦心破费以改进口岸之佃户忍心害理夺生计，会员等同处漏舟，彷徨无措，唯有仰求大会主张公道，实施保障以维生存。①

众商户对春熙路之业主以商业繁华之地牟取高额土地之利大为不满，对他们在房荒之际哄抬房租甚至驱赶商户、断其生计的行为更愤怒不已。因此，商家联名组成请愿团向成都市政府请愿，请求制止春熙路房东任意加押加租及无故强迁佃户的行为。市政府调查后，就此事件的批示为："查本府对于租佃双方应遵守事项曾经厘定规则公布在案，主方不得任意加租加押及无故强迁佃户的行为。果有上项事件发生，尽可据实呈报候核复查。该会有调处公断之责，

---

① 成都市档案馆馆藏民国档案：《成都市商会送市政府关于请求取缔春熙房东不得无故加押加租一案的呈文》，《市府关于成立佃户请愿团主佃纠纷传讯单、报告的呈报及批示》，全宗号38，目录号13，案卷号106，第22~26页。

本市发现上项情形应先设法调处，并呈报本府备查。请公告取缔之义应无庸置议。"①

虽然这次租佃商铺的请愿活动因商人之团结、商业发展之重要，市府出面调处，取缔了春熙路房东的不法行为，维护了商人的利益，但在房荒的城市里，房东以租价勒逼佃户，小商业经营者因租价不断上涨而无力支撑，这样的事情时有发生。政府能取缔一次春熙路房东的不法行为，但不从根源上制止房价的日益上涨，这样的悲剧就无法根除。而城市中经营小商业及手工业的商铺，在房荒中因无法抵挡不断上涨的房租而破产的比比皆是，这是造成民国末年城市中百业萧条凄惨景况的重要原因之一。

四、实物房租干扰经济秩序，增加人民负担

由于民国后期，国民政府大量发行钞票，币制又几度变更，从法币到金圆券，又从金圆券到银元券。严重的通货膨胀币制贬值，直接影响到房屋租金、押金的支付。1942年以后，物价波动更加频繁，房主纷纷要求以硬通货即金、银计租。开始房主尚能遵守政府有关规定，如1942年四川省政府《限制房屋租金最高标准原则》规定："房屋租金或担保金，应以国币按月计算，不得以实物或其他金银为计算租金标准；房租最高额之规定标准，应参酌本省《土地建筑改良物价估价规则实施细则》第十条之规定。"② 参照银元、大米市场价折算，以法币进行支付。到民国32年（1943年）之后，由于法币的不断贬值，房主纷纷要求以实物支付，甚至个别房主依仗权势，强行加租加押，征收食米，造成严重的社会问题。1943年2月14日《华西晚报》为此披露："房荒问题，其严重性仍未稍减，一般房主乘物价上涨之机，莫不纷纷增加房租……改收实物。北新街几家铺面，一户每月租金竟在白糖石余，偏僻街巷房租起码在一斗以上。故今岁房屋租金改收实物，已成为普遍现象。"③

除了传统的将食米、面粉作为房租的替代物，甚至出现了以肉为房租的事情。"北东街一间收面铺，每月称肥肉之三十五斤。蓉市自市府当局公布禁止房主征收食米后，一般奸诈之房东，遂另设法征租其他食物。据探悉，北东街

---

① 成都市档案馆藏民国档案：《成都市政府致成都商会关于请求取缔春熙路房东不得无故加押加租一案的指令》，《市府关于成立佃户请愿团主佃纠纷传讯单、报告的呈报及批示》，全宗号038，目录号013，案卷号106，第20~22页。

② 成都市地方志编纂委员会编纂：《成都市志·房地产志》，成都：成都出版社1993年版，第96页。

③ 《华西晚报》1943年2月14日。

有某律师与医生近集资购有房屋一所,以其门面租与一实收面之小商人,作为营业地址,其租金以上好大膘肥肉代替,每月三十五斤,并预缴三月计一百零五斤,又院内尚有余房四间,租金每月猪肉四十五斤,仍系预缴三月,此事已为北东街居民知悉,均盼市府予以取缔,并严惩奸诈之房东,严格执行评价,并取缔一切非法征收实物之行为。"①

第三节　成都市政府的房荒救济措施

房荒是社会之病,房价、房租的过度增长给大多数城市居民生活造成沉重负担,出现大量无家可归者流落街头;越来越多的居住条件恶劣的棚户区像一块块伤疤出现在城市的许多角落,租佃纠纷愈演愈烈,甚至造成悲剧性的后果。房荒不仅破坏城市经济的正常秩序,影响居民生活,更会进一步危及城市治安和社会秩序。这一态势迫使政府不得不加强房地产管理,开始进行早期住宅保障制度建设的尝试。

抗战胜利后,成都市区人口曾略有下降,但房荒问题却日趋严重,1946年5月成都市内各区曾联合向市政府请求予以解决,并提出了解决房荒问题的五点建议:"一、各区成立房租评议委员会;二、举行需房居住之市民家数总调查,并办理登记工作;三、重新核减本市各旅馆价目;四、调查本市空余房屋数目,向评议委员会评定租金后分配与住户;五、如市府不能解决时即向省府请愿。"②

在形势与民意的严峻逼迫下,成都市政府采取了多种方式进行救济和遏制,主要是以国民政府相继颁布实施的各项房地产管理方面的法律法令为依托,制定及颁布多项地方性行政法规来推行关于房荒救济的各项政策。这一时期制定的法律在中央主要以1930年及1946年两部《土地法》为核心,包括1938年国民政府行政院颁布的《内地房荒救济办法》,1938年12月迁渝后国民政府颁布的《非常时期重庆市房屋租赁暂行办法》,1943年12月颁布的《战时房屋租赁条例》(于战事结束半年内失效),1947年12月颁布的《房屋租赁条例》,1948年颁布的《奖助民营住宅建筑条例》《鼓励人民兴建房屋实施方案》等一系列法规。在地方上,由四川省和成都市政府制定的与救济房荒、推行地方保障房制度建设的法规主要有《蓉疏散区房屋禁止提高租价实施

---

① 《房荒中又一镜头,房主征租改肥肉》,《新新新闻》1947年11月20日。
② 《蓉市各区将联合请求解决房荒问题》,《新新新闻》1946年5月24日。

条例》，1939 年颁布的《成都市非常时期房屋租佃规则》，1942 年颁布的《四川省各县疏散区房屋租赁标准规定》，1947 年 12 月成都市政府颁布的《成都市强制空房出租实施办法》。以各级政府关于房荒救济和住房保障的各类法律法规为依托，成都市政府主要通过以下几种方式救济房荒，逐渐推行早期的城市住宅保障制度的建设。

一、出台以限价为主的法令法规

限价政策是政府在推行城市"平均地权"的房地产政策，保障低收入平民住宅权益时常用的一种政策，包括准备房屋制度和实行标准租金等。国民政府对房屋租金早有限制，1930 年出台的《土地法》中就做了如下的规定：

第一百六十一条，市内房屋应以所有房屋总数百分之二为准备房屋。前项准备房屋谓随时可供租赁之房屋。第一百六十二条，准备房屋额继续六个月以及房屋总数百分之一时，应依下列规定，为房屋之救济：（一）规定房屋标准租金；（二）减免新建筑房屋之税款；（三）建筑市民住宅。第一百六十三条，前条第一款之标准租金，以不超过地价册所载土地及其建筑物之估定价格年息之百分之二十为限。第一百六十四条，自房屋标准租金施行之翌日起，在施行期间，原定租金超过标准租金时，承租人得依标准租金额支付，原定租金少于标准租金，依其原定，出租人均不得用任何名目加租。第一百六十五条，以现金为租赁之担保时，其现金利息视为租金之一部分。前项担保之现金，不得超过二个月租金之总额。第一项利率之计算，应与租金所标定之利率相等。第一百六十六条，出租人若因下列情形之一时，可得收回房屋：（一）承租人积欠租金额，除担保现金抵借外，达二个月租金以上时；（二）承租人以房屋供违法令之使用时；（三）承租人违反租赁契约时；（四）房屋损坏为承租人重大过失所致，而承租人不为相当之赔偿时。第一百六十七条，在房屋标准租金施行期间，定期租赁契约终止时，承租人得依原契约条件继续租赁。第一百六十八条，市政府对于在房屋标准租金施行期间新建之房屋，应依第三百二十八条之规定，斟酌地方情形减免其地价税。第一百六十九条，第一百六十二条第三款之市民住宅出租时，其租金不得超过建筑用地及建筑费总价额年息百分之八。第一百七十条，本节各条之规定，于准备房屋额回复第一百六十一条规定之限度，继续到六个月时停止适用。①

抗战时期，大量人口向城市及西南内地迁移，成都等城市的房屋日益紧缺。1930年《土地法》中关于房屋救济的规定已经不能适应城市日益紧张的住宅形势，正如当时一些学者所指出的："一方被敌机炸毁之房屋，未乘材料工价较低时修复；他方近年四川等省空袭及警报甚少，前数年疏散下乡之住户机关学校，又纷纷迁回城区，致城市房屋日益缺乏，早已超过土地法第一百六十一条规定之情形，有找职容易找屋难之谚。因之，房租暴涨，纠纷迭起。"②

为应对各地愈发严重的房荒，1938年12月迁渝的国民政府为解决重庆市房荒而制定并颁行的《重庆市房租评定委员会处理重庆市房屋租赁暂行办法》，1940年2月，此法由行政院呈准国防最高委员会改称《非常时期重庆市房屋租赁暂行办法》，1944年又颁行《重庆市战时房屋租赁补充办法》，一系列法规构成国民政府应对城市房荒的主要法令规范，其中主要是以限价政策为主，包括：（1）详细规定了标准租金的具体标准。根据房屋建造的时间，如房屋建造于1937年以前者，租金不得超过1937年原租金数的40%。房屋建于1938年以后的，1940年以前的，租金数目不得超过1940年原租金的20%。房屋建造于1941年以后的，租金数目不得高于建筑物与土地之总价年利二分以上。（2）明确规定了转租的租金标准，按原租金比例计算，不得超过20%。（3）明确规定租金按月计算和支付，承租时预付租金一个月。出租人不得强迫一次收取一个月以上之租金。（4）规定如约定租金和标准租金发生冲突时从低支付的处理原则。（5）规定了租金的提存制度，在一定程度上防止承租人因出租人恶意拒收租金而导致长期欠租而被迫退租的情况。（6）详细规定了出租人可以主动退租的要件，严格限制因收回自用而退租。③重庆市一系列关于房屋租赁的暂行办法，"参酌战时之非常情形与需要，甚为切要而合实用，堪称典型规定，以供各省市县之采用"④。

成都市政府以此法规为参考，1939年9月制定颁行了《成都市非常时期

---

① 《土地法暨土地法施行法》，南京：国立政治大学地政系1946年印，第31~32页，第161~170条。
② 吴学义：《战时民事立法》，北京：商务印书馆1944年版，第176页。
③ 成都市档案馆馆藏民国时期档案：《非常时期重庆市房屋租赁暂行办法》、《市府房屋租佃纠纷调解委员会条例、租约、重庆市房屋租赁办法呈报及省府指令、训令》，全宗号38，目录号13，案卷号16，第3~5页。
④ 吴学义：《战时民事立法》，北京：商务印书馆1944年版，第177页。

第四章 民国时期成都房荒及政府的处理措施

房屋租佃规则》，主要从几个方面对当时的房屋租佃作了规范性和限定性的规定："首先，规定租房无论包租或转租都应订立契约，而契约由市政府统一印发，收取工本费及印花税，订租后出租人还须领取房租收据簿，凡此有故意隐瞒的，皆会处以罚款的处罚。规定房屋出租人除收取房租和押金外，不得向承租人索取诸如打扫费等其他费用，以此杜绝传统房屋租赁首月预收打扫费等陈规陋俗，以减轻房客负担。"其次，对押金和租金的增长速度做了限定性规定："押金的收取额度不得超过租金的五倍，而租金的标准也做了如下限定性的规定：出租房屋在民国26年（1937年）以前建造的，其租金增长最多不得超过原价的十分之一；民国27年（1938年）以后的新建房屋，租金不得高于建筑费用及其地皮价值总数内除去押金之资本利息之一分二厘。"其三，该规则对于租金的计算方式也做了规范性的规定："规定除事先约定外，一律按国历以月为单位计算，住满一月的按月付租，未满一月的，在五日以上则以半月计算，十五日以上以一月计算，以此计租。"①

最后又对出租人权力及义务做了如下规定：

（一）规定出租人不得无故退租或加租加押，承租人不得拖欠租金。（二）出租人对于住房人除欠租已逾三月，或发现住房人有违法犯罪妨害安宁及有伤善良风俗之行为外，不得强令迁让，应报告市府或者市警察局警备司令部以凭查办，知情徇隐等情况会加重处罚。（三）为变更产权或改建修理、收回自用须于两月以前通知承租人，并免除一月租金作为迁移费。（四）出租人因上述原因通知佃户迁移的，佃户如拖延至二月以上尚未迁移的，须由出租人呈报市府，由市府查实后通知佃户，照纳延住期间租金，并强制其迁移。（五）承租人如因事退租应于十五日以前通知出租人，否则租约继续有效，出租人于接受前项通知后须预引张贴招租。（六）出租人或承租人因违反此《非常时期房屋租佃规则》中各条规定的，会处以十元以下或三十元以下不等的罚款。（七）对于出租人与承租人因欠租退租退押等事项所引起纠纷的，须提交租佃契约及房租收据等材料到成都市委员会申请调解，若调解无效时可依法起诉，同时规

---

① 成都市档案馆馆藏民国时期档案：《成都市非常时期房屋租佃规则》，《市府房屋租佃纠纷调解委员会条例、租约、重庆市房屋租赁办法呈报及省府指令、训令》，全宗号38，目录号13，案卷号16，第8~9页。

定此项纠纷非经调解不得起诉。①

《成都市非常时期房屋租佃规则》是仿照国民政府为解决陪都重庆的房荒而公布的《重庆市非常时期房屋租佃规则》而制定的,从租赁契约的印发及格式,押金租金的收取额度、标准及计算方法等,到出租人和承租人在租赁关系中的相互权利和义务及转租退租限制及条件等,以及由此而引起的纠纷处理方面都做了相应的规定。当时的成都作为支持抗战的重要后方基地城市,其稳定对于刚刚迁都重庆的国民政府来说是相当重要的。应该来说,1939年成都市的房荒问题才刚刚开始暴露,这时政府即企图通过这种规范性和限定性的政策来抑制初见征兆的房荒,应该说着手还是及时,但随着物价上涨和城市人口的迅速增长,房荒问题不仅没有解决反而更加严重了。

1942年,成都市政府公布《蓉疏散区房屋禁止提高租价实施条例》,结合当时空袭疏散工作,明确以限价的政令手段制止疏散区房价的迅速上涨,并由疏散辅导委员会、警察局联衔发表告疏散区居民书:"劝勿提高租价,不得阻碍疏散工作,违抗政令。同时规定:每间房屋以一丈宽,一丈四尺深为准计算月租,甲等30元,乙等20元,丙等10元,押金为租金的3倍(当年初银元与法币市场比价为1:17元)。"②

二、以调解方式解决房佃纠纷

房荒导致了房屋租佃纠纷的日益增多,如上文所述,房佃纠纷主要分为两类,一为房客请求取缔房租重租剥削;二为房东请求惩处房客恶佃欺主,抗不付租。传统的解决办法为通过基层保甲和市警察局调解解决,但随着纠纷的不断增多,基层治安保甲人力有限,且房地纠纷亦可能涉及地政、财税、治安、法院等多领域,由此成都市政府成立了专门机构来协调处理,1939年4月成都市房屋租佃纠纷调解委员会由此产生。

成都市房屋租佃纠纷调解委员会是一个议事协调机构,由市政府会同有关机关党部、绅耆及房东代表等共同组织成立。设委员十一人,由市政府指派以下人员组织参加:市政府社会财政工务科科长、市党务执行委员会书记长、省

---

① 成都市档案馆馆藏民国时期档案:《成都市非常时期房屋租佃规则》,《市府房屋租佃纠纷调解委员会条例、租约、重庆市房屋租赁办法呈报及省府指令、训令》,全宗号38,目录号13,案卷号16,第9~11页。

② 成都市地方志编纂委员会编纂:《成都市志·房地产志》,成都:成都出版社1993年版,第95页。

会警察厅行政科科长、成都地方法院代表一人、绅耆代表一人、房东房客代表各一人。以市政府社会科科长为主任委员，负责组织会议及处理会务文件等。①

该会委员概为无给职，专门负责受理市民申请或市府发交调解的房屋租佃纠纷案件。受理案件以会议方式解决，必要时须召集纠纷的双方或一方到会查询并调查取证等。该会处理案件的主要依据是《土地法》等法律法规的相关规定和《成都非常时期房屋租佃规则》，以主客双方协议的租佃契约及房租收据等材料为主要证据。对于调解的案件，委员会制成裁定书，叙明案由及调解办法送达双方并公布；对于裁定后须强制执行的，会函请市政府或警察局以命令方式强制执行之。而对于调解不成或当事人一方不服调解的案件，应饬依法起诉。

对城市内的房佃纠纷，"据市所发表调解房佃纠纷统计，本年（1944年）一月起截至九月底止，共达四百七十七起，足征本市房佃纠纷已为一严重之问题"②。成都市房屋租佃纠纷调解委员会成立以后，由于房荒严重，房佃纠纷越来越多，市级调解委员会应接不暇，市府遂令各区内原已建有的负责民事纠纷调解的区民调解委员会参与解决房佃纠纷。"近因米荒严重，各区房佃纠纷，亦因而严重，市府在近两周内，接到人民关于房佃纠纷请求处理之诉状，如雪片飞来……市长以当此时局艰危之际，若因主客互让，不能解决问题，故已分令各区调解委员会，多负责任，予以调解。"③

各区调解委员会由于对基层具体情况了解较多，与各区保甲工作相配合，对房佃纠纷的调解起到了积极作用。如在下则房佃纠纷调解中区民调解委员会的调解就起到了作用："1949年7月，位于成都城区第五区宽巷子六十三号房产二十五间，因其所有人邓竹君承买房产十余年来均托友人代管房产，以致转佃分租佃户达二十多家。自1947年2月起房主拟收回房屋修缮自住，并通知各佃户终止租佃关系，而各佃户拖延拒不搬迁，造成租佃纠纷。经区调解委员会调解，双方达成协议：房屋由租佃户再延租数月至1949年农历二月，其间由租户另找地搬迁。本月协议到期由调解委员会负责监督租户腾空房屋交房，屋主又按调解协定给付各佃户搬迁费共金圆券1319500元。并由区民调解委员

---

① 成都市档案馆馆藏民国时期档案：《市府关于成立成都市房屋租佃纠纷调解委员会的训令》，《市府房屋租佃纠纷调解委员会条例、租约，重庆市房屋租赁办法呈报及省府指令、训令》，全宗号38，目录号13，案卷号16，第12~13页。
② 《市府计划救济房荒》，《新新新闻》1944年12月25日。
③ 《房佃纠纷日益严重，市府令各区调解委员会多负责任》，《新新新闻》1947年7月13日。

会及保甲士绅等 24 人在报刊发布公正启事,以资信用。"①

各级纠纷调解委员会对于处理房荒中日益严重的房佃纠纷还是起到了一定的作用,但其作用是有局限性的。一方面由于房佃纠纷往往涉及双方重大经济利益,调解结果往往难以令双方满意,其效果亦有限。如在增租问题上,由于物价上涨过快,房租的上涨跟不上物价上涨速度,房主觉得自己吃亏,房客也认为是房主任意加租,故意拒收租金而令房客搬迁,而房客则将房租提存法院或银行、邮局,不负欠租责任,租赁纠纷由此产生。在当时的报纸上,多有房客声明提存租金,不负欠租责任的申明。另一方面,因房屋又涉及租佃户基本的生活条件,如调解结果维护了屋主的正当权益,却往往要使租户落得无房可住的悲惨境地。所以,在对房佃纠纷进行调解的同时,加强对房荒中贫苦下层人民的房屋救济,兴建平民住宅,亦是政府应对城市房荒的必要工作。

三、修筑平民房屋以救济房荒中的民众

民国时期,政府为缓解低收入市民居住困难,由政府出资兴建的平民住宅,以低廉租金租给人民居住,此类房屋出租不得以营利为目的,且承租人不得转租他人。这一措施在抗战时期得到了较好的落实。其时颁布的《社会救济法》规定:"在人口稠密之地区,住宅不敷居住时,县市政府得修建平民住宅,廉价出租;或修建宿舍,免费或廉价租与平民暂时住宿。"② 1938 年国民政府颁布《内地房荒救济办法》对此做了更明确的规定。它在建设平民住宅性质的公营住宅制度方面,较之 1930 年颁布的《土地法》,在行政主体认定及具体操作程序的规范化等方面都有了很大的进步。"公营住宅由县、市政府建筑和管理,其建筑计划应呈请省主管建筑机关核定。重要都市地方公营住宅规模较大者得由省政府建筑之。所需要的基地以公有荒地拨充之,如无适当之公有土地时,得依法征收私有土地。其所需要的建筑经费由省政府核定支付,经费不敷时可以呈请中央酌予补助或介绍贷款。"③ 同时也对公营住宅的环境和质量提出了要求:"公营住宅的地点应选择城市附近、交通便利、环境适宜之地区。其建筑设计和质量必须符合下列条件:空地面积不得少于全部基地百分之三十,结构应力求经济卫生以适应当地大多数住户之需要,建筑材料应尽量采用

---

① 《成都市第五区区公所区民调解委员会及保甲士绅等公正启事》,《新新新闻》1949 年 4 月 11 日。
② 刘燕谷:《社会救济法之商榷》,载《中华法学杂志》(第四卷),1945 年 2 期,第 24 页。
③ 《内地房荒救济办法》,转引自张群:《民国住宅权保障的启示》,《政治与法律》2008 年第 2 期,第 20 页。

当地或附近之土产材料,外墙及主要分间墙应用防火材料构造,应附有公共消防及防空设备。公营住宅通主要街道之道路及公用设备应同时完成之。其出租须依土地法第一百六十九条的规定办理。"① 国民政府迁渝以后,按照这一法令的规定,在重庆市选取离市区较远、地价较低的地带,从中国农民银行等四大银行贷款建设平民住宅区。并按当时的投资金融计算出重庆、成都、贵阳各地投资建设额度,即重庆 300 万元、成都 200 万元、贵阳 100 万元。但当时由于政府财政紧张,这项投资建设计划没能付诸实施。

当时迁渝后的国民政府将四川作为抗战大后方建设的重点,对成都备战及建设事务尤为关注,为解决成都疏散区贫穷市民住宅的建设问题,时任国民政府国防最高委员会委员长的蒋介石特令,专款拨出 25 万元用于修筑成都防空疏散区贫民住宅,并令成立贫民住宅管理处负责建筑管理。在 1939 年成都市政府就此事向四川省政府的报告中可见其执行情况:"本府奉令办理本市疏散事宜,因鉴于已疏散之征属及贫民,需要住宅,会请示省府,嗣奉省令,将已建筑完善之贫民住宅接收管理。本府当即由保甲、公务两股,派员会同成华两县府、省会警察局,前经接收,即于本年十二月内接收完竣。计有东区老东门外沿成渝公路两侧(缺)门铺至大面铺一带房屋三百一十七间,南区老南门外沿成嘉公路两侧中和场至中兴场一带房屋三百一十二间。西区在成灌公路两侧,由土桥至犀浦一节房屋二百六十四间,北区在川陕公路西侧天回镇至崇义桥一带房屋三百四十二间,共接受一千二百三十五间。"②

在此阶段,成都市先后划定统一疏散区共三处:一村地址在新西门外茶店子与和尚桥附近,约 500 亩;二村地址在东门外沙河堡附近,约 400 亩;三村地址在塔子山,约 500 亩。经划定后,于同年 7 月 14 日,公布《建筑团体贷款办法》,鼓励市民及企业团体到疏散区投资建房,以用于居住或出租。但由于政策、资金等多方面原因,上述规划并未能全部实现。

1948 年因城市房荒日趋严重,3 月为救济蓉市房荒,成都市府进一步加快对平民住宅的建设,拟定《成都市建筑平民房屋办法》,规定凡平民承租公有基地,或市府修建的房屋,除依民法、土地法及房屋租赁条例规定外,均依其处理。

---

① 《内地房荒救济办法》,转引自张群:《民国住宅权保障的启示》,《政治与法律》2008 年第 2 期,第 21 页。
② 《成都市二十八年度工作报告》,《成都市政府周报》(第二卷),第 2、3 期,1940 年 2 月 3 日,第 3 页。

具体做法为：(一)建筑平民房屋之基地，以使用本市区内公有空地(市有土地)为原则，其城郊公路两旁私有土地，连于平民生活地段，必要时并由市府向所有权人承租修建或转租修建。是项私有土地，如所有权人情愿出借，由市府依法征收，但该所有权人已依法修建，并按照规定出租者不在此列。(二)建筑平民房屋，分为住宅与铺房二种，住宅规定为一排五间或三间，铺房规定为前后两进，其房屋式样均由市府斟酌规定。(三)建筑平民房屋，分为公建与私建两种，公建由市府建筑，私建由平民向市府申请承租基地建筑。(四)建筑平民房屋满十三户至二十户居住之处，修建公共厕所一所，此系私建者建筑费，由承租建筑人共同负担。(五)平民承租市府修建房屋，或平民向市府承租基地，自行依式建筑房屋，其缴纳承租房屋及承租基地之租金，均由市府依土地法及公产租佃办法之规定，拟定完毕，交市参议会审议公布。由平民自行选定，而租金非因一般房屋租价剧烈变动时，不得变动。(六)市府建筑平民房屋之经费，得向农民银行贷用市民改良贷款，或在市府预算超支项下支拨负担。(七)平民向市府承租基地自行依式修建房屋得联合数户共同申请，如有财力不足，经呈请市府调查属实者，并得介绍向农民银行贷款修建。(八)平民向市府承租公有基地修建之房屋，其租期不得超过十年，期满后即由承租人将修建房屋拆卸，但必要时可由市府依法征收。(九)平民向市府承租私有土地修建之房屋，其租期在原租期内的，以约定行之，期满即由承租人将修建之房屋拆卸。但承租人不愿拆卸而土地所有权人又愿意取得房屋时，得由土地所有权人补偿建筑费与承租人协议保留。(十)依此法所建房屋及基地出卖时，承租人有优先承买权。(十一)此办法实施后，凡已使用城墙、斜坡或公有土地修建房屋之居民，应即拆卸完毕，除政府指定保留使用者外，其有意者应单独或联合向市府承租房屋或基地，得申请优先登记。(十二)平民承租市府修建房屋及基地，均不得自由转移与他人使用。①

在此份《成都市建筑平民房屋办法》中，将成都市建筑平民房屋类型分为公建和私建两种，并分不同情况具体规定了建设房屋的流程和相关手续的办理事项，具有了较强的可行性，但当时全国已陷入内战，国家政治经济已处于崩溃的边缘，政府虽能制定相关政策但已根本无力推动其实施，这项方案亦是仅仅停留在档案计划上，没有能真正实施起来。

---

① 《救济成都市房荒——将修建平民住宅》，《新新新闻》1948年3月19日。

四、以银行兴办房屋贷款，鼓励市民自行建房

政府与银行合作向市民建房提供贷款，也是房荒期间解决房屋紧缺问题的办法之一。在国民政府 1938 年公布的《内地房荒救济办法》中，规定了对私人建筑房屋，若出现经费不足的情况，可介绍贷款用以修建，即由政府出面为私人向银行申请的建筑住房贷款提供担保。1948 年，成都市政府为救济房荒，亦商请农民银行试办市地区改良贷款，用以鼓励人民修建房屋。5 月，成都市政府与中国农民银行成都分行联合发出通知："中国农民银行成都分行为鼓励公教人员及市民建造自住房屋，解除房荒，举办贷款，贷款用途以公教人员或市民建造自住房屋为限；贷款对象为公教人员及市民；贷款期限为一年至少分两次还本，利率为月息七分，每两个月结息一次。贷款申请手续为首先领取填具贷款申请书，并须附送市府核准之建筑许可证及承包工程估价单，或合同建筑图样，持件向农民银行申请，并检验土地所有权证件，经农民银行派员调查审核属实认可，即可订约领款。又是项贷款本年度总额共三十亿，贷满即停办，目前每户贷额刻已奉令调整，每户最高可贷二亿元，按该行每户贷款额限额系由总行按各地情形予以规定，必要时该行亦得斟酌情况，陈请增加。"① 其后农民银行继续扩大办理市地区改良房屋救济贷款，以便利人民申请。但是由于日益严重的通货膨胀，虽然农民银行多次增发资金改进贷款发放办法，但怎奈法币的贬值速度太快，即使不断调整贷款额度，对于鼓励贷款建房，解决房荒危机仍然是杯水车薪，成效甚微。

五、以强制空屋出租的办法遏制房荒

1947 年 6 月成都市政府出台了《强制空房出租办法》，规定：

（一）为救济房荒，凡市区无人居住之空余房屋一律强制出租。（二）出租房屋绝对保全利益，但不得有违反法令之规定。（三）空余房屋不得拆除，或借故使用规避出租。（四）凡经查验确系多余空屋，就地公告，强制出租。（五）租押金由市府评价委员会及区保甲长约定，租押金之酌定，以不超过当时适中租押为原则，更不得以食物折合。（六）房屋所有权人阻止承租人迁入，视其阻碍行为送地方法院究办。（七）承租人若有损毁房屋转租他人，或将房屋转租或分租以牟利，违反法令之事项的，欠租达二月以上，或所有人确有变

---

① 《建修房屋贷款，农行拟定办法》，《新新闻》1948 年 5 月 11 日。

更情形，有收回自住之必要者，得收回房屋。（八）所有权人非提出确有必要收回自住之证据，不得申请收回自住。（九）本办法实施尽先以豪门巨富为对象。（十）本办法于房荒解除时公布废止。①

房荒已到了非得动用政府强制力量强迫出租空房的地步，可见其房荒的惨烈及租佃矛盾的尖锐程度，政府强制规定租押金由市府评价委员会和地方保甲长共同约定，且不能超过当时的适中租押和不得以食物折合租金，以此来保护租户利益，又规定对于房屋所有权人阻止承租人迁入的，可视为阻碍行为送法院究办。

本章小结

战争是民国时期影响地区房地产发展的一个重要因素，在成都市民国时期房地产发展过程中体现最为明显的，即是抗战时期成都房地产的发展和随后出现的房荒危机。抗日战争时期，随着国民政府迁渝和大量机关单位、工商企业、学校等文化团体涌入四川，成都市区内人口骤增，加之通货膨胀日益严重、住宅建设的相对滞后和城市土地房产的过度集中等原因导致了成都城市房价暴涨，房荒随之出现。

当城市房地建设的发展速度不能赶上居民住房需要的增长速度，或者说是城市住宅房地产发展的滞后与城市住宅房地分配不均衡相结合，最终导致了从抗战后期开始的城市房荒。房荒是社会之病，民国后期的房荒是战乱中各种社会矛盾积累之产物，同时也在高效地加速着城市中社会矛盾的进一步激化，各级政府虽也竭尽所能地以各种措施救济房荒，但乱世之中，自顾不暇，又有几分余力可以真正平复这种与当时之乱局密切联系的危机呢？而这样一个乱局的最终结果就是，城市政治经济的全面崩溃，社会动荡，国民党政府在大陆统治的彻底终结。

当时的许多专家学者亦认识到这个问题，自孙中山先生提出民生主义土地政策，至1930年国民政府颁行《土地法》以来，"国家迄在内忧外患之中，当局对于'防患于未然'这一原则中所包含的时间性，也未曾加以充分的注意，以致土地政策的实践，至今没有坚固的基础；所以在这次抗战中，土地问题也

---

① 《强制空房出租，以遏制房荒》，《新新新闻》1947年6月29日。

就更加严重和复杂了"。①

地政专家萧铮也曾说道："抗战发生以来，后方大小都市，地价飞涨……拥有土地的人，即等于无形的战时利得者。此种不劳而获的不当利得，应该督促政府依法收归社会公有。又沦陷区之土地，尤其是都市土地，将来经收复后，应该立即予以合理的处置，勿再任其自由发展，致妨碍平均地权之施行。"②

赵钜恩认为："因抗战关系，西南和西北各省的新型城市，飞跃发展，地价狂涨。一方面地投机者大发国难横财，过着特殊的奢华生活；一方面成千上万的避难同胞，露宿餐风，流离失所，且前线浴血奋战的将士，也不足温饱，而坐在安全后方的地主，既不生产又不劳动，一味坐享不劳而获之利，这实在失了全民抗战同甘共苦的意义。"他建议在"城市新兴，地主势力尚未十分巨大的此刻，不妨标本并施，采取市地市有的办法，依法和平征收，使市地归公，这就是强化平均地权的实施，着力于照价收买，并非新奇办法"③。江观纶亦注意到抗战以来大后方"国家建设，突飞猛进，社会进步，地价陡涨，到处为豪右投机垄断，土地资本且有压倒工业资本之势，平均地权办理地价申报，已不容再缓"。他以为"实行地籍整理，办理土地申报，实行平均地权政策，这才是治本的方法。现地价申报处已经决定先从150个城市开始办理，事举后自可推及农田"。④

民国时期城市化的结果，虽然为人民生活、社会进步带来种种革新与便利，但却使得城市土地问题尖锐化。市地的效用是提供市民居住，同时为城市工商业的发展提供场地和空间。随着城市人口的增加，对土地房产的需求随之急迫。但是城市土地毕竟有限，其住房总量在很长时间内增长缓慢。这样本就稀缺的房地产资源极易受到少数人的控制垄断，豪强巨商将房地产作为货品囤积居奇，其结果势必导致地价暴涨，严重者进而引起房荒，造成社会贫富不均，引起社会动荡。"从社会福利及都市发展的立场，因地主垄断土地，待价而沽，使需要土地利用的人无法取得土地，而空着的土地不能利用，是有地而不能尽其利，从而使社会蒙受损失，并影响城市的发展；至于已经利用的土地，有许多利用不合理，影响人民生活的健康、社会秩序及市容观瞻……都市

---

① 谢慎初：《今日的土地问题》，《东南经济》1942年（第二卷），第1、2期合刊。
② 萧铮：《期待中的土地改革运动》，《人与地》1941年第1期。
③ 赵钜恩：《中国之命运与土地问题》，《新福建》1943年第2期。
④ 江观纶：《由土地整理谈到实行本党土地政策》，《服务月刊》1942年第4、5期合刊。

土地问题的严重,有急待解决者。"①

"成都市政府为救济房荒,过去除适量放租公产,便利人民居住外,并会商请农民银行试办市地改良贷款,用以鼓励人民建筑房屋,贷款总额已达五百万元。今后并计划扩大办理市地改良房屋救济贷款,使居者有其宅,管制空房,使余屋全部出租。又以市府制定本市房屋租佃制度,并拟加以调整,除加强调解租佃纠纷办法,使人民减轻讼累外,并将严格执行中央所颁布之战时房屋租佃条例,以杜绝房屋纠纷。"② 在具体实施中,民国时期的成都市政府主要通过实行限价政策、修建平民房屋、兴办房屋贷款、鼓励市民自行建房、成立房屋租佃纠纷调解委员会,甚至在房荒严重时出台强制空屋出租的严厉行政措施来打击囤积、救济平民、遏制房价。但是最终的结果还是房荒愈演愈烈,各项救济措施成效甚微,国家政治经济面临全面崩溃直至国民党政府在大陆的最终失败。

房荒问题是民国时期城市发展面临的一个普遍性的问题,在战争频发、政治动荡的大背景下,由房荒而引发的城市房地产管理危机显得尤为突出。民国时期成都由于在抗战中属于"大后方"的中心城市之一,获得了难得的发展机会,但同时也面临着巨大的压力,房荒问题较之其他城市更显突出。在应对民国时期的房荒危机中,成都政府亦是尝试了各种办法,尽其所能地遏制房荒,其最终失败的主要原因应归结为在当时特殊历史条件下,整个国民党政权在大陆政治经济政策的全面崩溃的大势所趋。作为地方政府在有限条件下,为挽救危机而在城市房地产管理方面所做的努力,对后世的城市房地产管理亦有一些借鉴作用。

---

① 马超俊:《中国土地问题之症结》,《中央党务月刊》1935 年第 86 期。
② 《市府计划救济房荒》,《新新新闻》1944 年 12 月 25 日。

第五章　政府对于民国时期成都房地产业相关组成环节的管理——建设和经营

第一节　征　地

清代，成、华两县分治成都城，两县政府均无统一的征地法规和专司机构。民间建房用地，主要通过买卖或租赁形式协商立约，交纳契税后凭契营业。

民国时期，为改善市政设施和推进市郊的开发，始由政府统筹征购土地，统一规划布局后，采用标卖或出租形式放地。1930年国民政府颁布《土地法》，对土地征收作了较系统的规定，成为其后各级政府进行土地征收、拟定土地征收章程的重要法律依据。1930年的《土地法》中规定："国家因公共事业之需要，得依本法之规定征收私有土地。"对于公共事业之范围及征收情形之核准由哪级政府执行皆有规定："需用土地人于申请征收土地时，应证明其兴办之事业已得法令之许可。""征收土地时其定着物一并征收，但该定着物所有权人要求取回并自行迁移者，不在此限。""征收之土地因其使用影响于接连土地致不能为从来之利用，或减低其从来利用之效能时，该接连土地所有权人得要求需用土地人为相当补偿。前条补偿金以不超过接连地因受征收地使用影响而低减之地价额为准。""政府机关兴办之事业与他人有合股关系时，所有因附带征收之土地或区段征收之土地而直接获得之利益，只限于政府享有之。""政府为区段征收之土地于重新分段整理后将土地出卖或租赁时，原土地所有权人或土地他项权利人有优先承受之权。""征收之土地不依核准计划使用或于征收完毕后不实行使用者，其原土地所有权人得要求照原征收价额买回其土地。""各地事业使用之土地非因兴办较为重大事业无可避免者，不得征收之。"①

对于具体的征收程序亦有相应规定："征收土地应由需用土地人拟具详细计划并附具征收土地图说，依土地法的相关规定分别申请核办。""需用土地人因拟具前条计划须预为调查土地情形时，得请求该管地政机关代为调查或协调调查之。而地政机关在进行该项调查时，得向需用土地人收取必要之费用。""调查结束后向国民政府行政院或省政府申请核准征收，经上级政府核准后，由该土地所在地之地政机关依政府令开展征收工作，首先公告并通知土地所有权人及土地他项权利人进行登记。土地所有权及他项权利人须在公告后三十日内向主管地政机关申请其权利并进行登记。""需用土地人于公告发出后得进入征收土地内为勘察或测量工作。因执行前项工作于必要时得通知土地所有权人或他项权利人，除去其土地障碍物或代为除去之。""征收土地应于公告完毕后十五日内，将应补偿地价及其他补偿费额发给完竣。前项地价包括定着物应受补偿之价值。"②

民国时期，成都市区由于城市扩张和建设，开发征地逐渐增多，在城市发展的不同阶段，无论是军阀主政还是国民政府时期都有征地情形发生，下文中选取了几项较有代表性的征地开发案例，来探讨不同时期成都市区政府及主管机关对于开发征地主持及管理情况。

一、修春熙路时的征地行为

民国早期，成都军阀林立，政治混乱。主持建设的多为地方军阀，常以武力强行占地拆房，激起民怨。成都及附近地区以道路为主的各项公共建设征用土地，虽也进行了地价补偿，但补偿额极低。民国2年（1913年），四川边防军修筑川康马路，在新津县征地27.08亩，其修路章程规定每亩给价为：一等35元，二等30元，三等24元，四等16元。

民国初年，成都地方政府为打通北上出川的通道，开始修筑成灌马路，由于所经地带地主、土匪的阻挠，筑路工作屡屡受挫。1924年，军阀杨森督理四川军务，担任四川省道路分会会长，督管成灌路的征地及修筑工作，他决定招募商股，扩大征地规模。鉴于成灌路在修筑之初就与被征地的地主、当地居民多有冲突，而在杨森督办筑路期间，对被征占的土地少给或是不给补偿，更引得民怨沸腾。对此，杨森的做法是派驻士兵武装镇压，并将带头抗征者扣押

---

① 《土地法暨土地法施行法》，南京：国立政治大学地政系1946年印，第31页。
② 《土地法暨土地法施行法》，南京：国立政治大学地政系1946年印，第32~34页。

第五章　政府对于民国时期成都房地产业相关组成环节的管理——建设和经营

起来，用铁链锁在桥头路边示众，最终用武力将抗征风潮镇压了下去。

同一时期，杨森还在成都市区内按照他的理想进行新成都的建设，在此之前，成都的街道，"一律都系旧式，如科甲巷、顺城街、红庙壁等处，商务虽极繁盛，而街巷却极窄狭"。对此情况，杨森使用武力对拒不配合的业主店家进行强拆，对抗令不遵的店铺强制拆除，锯掉伸入街道的屋檐，缩进门面，强行拓宽道路，成都的第一条近代化道路——春熙路就是在这样一种方式下很快地修筑起来，因其要冲地位和便捷宽阔的街道，很快就成为成都重要的新式商业中心。

"杨森的城市改革途径"与晚清及民国时期许多革新做法不同，他"很少考虑到地方政治的问题"，而是着力表现出更多的个人风格。在推行成都市政改革的过程中，军阀出身的他"则更倾向于按照自己制订的计划，通过强制性手段去推行"①。这种风格在修建春熙路的过程中体现得尤为突出。杨森不顾成都社会各界舆论的强烈反动，派遣军队拆除了东大街两旁的数十间民房，甚至命令拆房士兵将居住在东大街街边房屋内的尹昌衡老先生直接赶到了大街上，而且对被其强征房地产的住户不给予任何补偿，引得当时成都市内舆论哗然，民怨沸腾。当时在成都名望所归的"五老七贤"出面指责，各种媒体也批评其沽名钓誉、好大喜功，为"四川一最显著之大破坏家也"②。时人作谐联讥讽："碎石已铺成，问督办何时才滚；民房皆拆尽，请将军早日开车。"③ 杨森的这一做法虽使春熙路的征收土地工作得以顺利推进，但其强横霸道、不顾公义法度的做法却成为当时军阀征地的一个典型而广受诟病。

十余年后，在由成都市政府主持进行的环城马路西北段修建工作同样遇到征地问题，其处理方法就与杨森截然不同了。成都市政府1939年的工作报告中将成都市修建环城马路西北段征用土地的经过作了完整叙述。"本府于二十七年十月十九日，奉川康绥靖主任公署秘字第七号训令，特奉中央航空委员会鱼建戌师泉代电，饬建筑本市城郊外交通路西北段工程，以利飞机及器材运输。饬即及早建筑，俾利军运等因。遵即派员会同航委会人员，前往勘定路线，开始测量，并订立桩界，以为施工之标准。计路为四点八五六五八公里，路基宽为十公尺，路面宽六公尺。估计工料，并需款七万八千八百六十四元七角四分。至征用测定路基线内土地房屋事宜，则邀集有关机关、团体、绅耆，

---

① 邱国盛：《"文明"的楔入与成都早期现代化——述评司昆仑〈文明进程中的成都〉》，《成都大学学报》2011年第1期，转引自司昆仑：《文明进程中的成都》，第212页。
② 《成都通信·杨森在成都之琐闻》，载《申报》1924年9月16日。
③ 《新建·成都谐联》，《龙门阵》（第1辑），成都：四川人民出版社1980年版，第70页。

组成环城公路西北段购地评价委员会，呈奉防空司令部、四川省政府派员参加。暨商请省党部商会届时指派代表，并分饬路线所经过区域内各县联保主任全体参加，集思广益，用策进行。业于二十八年四月二十四日，在本府召开会议，开始工作。遂于同月二十六日，由该会全体委员出发亲往查勘测定路基。计共应征土地约为一百一十亩。依照预定范围，评定各项比价标准，计征用土地地价分为三等：第一等为房基地，又分为两级，距石灰街街心及北门大街街心五十公尺以内者为一级，每亩给价二百元。其余房基为二级，每亩给价一百七十元。第二等为水田、菜地、城壕，每亩给价一百五十元。第三等为坟地，每亩给价四十，荒地为三十元。木瓦平房每方丈给价二十二元五角，草房每方丈给价七元，征用土地内迁坟，每棺二元。综计以上两项所需，共约二万四千余元。至所征街房之全部被征及征收后所余不适建筑房屋者，则俟一般征用后，再行评定，予以特别补偿费。复经本府审核，呈请四川省防空司令部核准施行。"① 可见到了这一时期，因修路而致的土地征用，已有了相当的规则可循，对征地所导致的各种损失，都已有了相应的赔偿标准。

二、修建中央商业区时的征地

1939年四川省政府在办理四川大学迁校后收回皇城土地，预备为省政府筹建新址及后来欲开辟中央商业区一事中，对于皇城土地的处理，除在上文提到的与川大签订《四川省政府与国立四川大学协议迁移校地合同》，对国立四川大学提出了以望江楼附近2000亩土地和66万元迁校建设费为代价的迁校条件。而对皇城内其他不属于原学校范围的土地，则先后制定了《四川省政府筹建新址征收成都市旧皇城区域土地办法》和《四川省政府办理川大迁地委员会收回皇城土地实施细则》两项规定来规范对皇城内土地征收工作。比较两项对于同一区域土地征收政策的变化，即会发现四川省政府在土地征收问题上的进步。根据规定，征收区域为旧皇城城区，凡征收区域内公有土地为人民所擅自侵占的，即无偿收回征收，而对于在公有土地上擅自建筑房屋的，除限期其迁移外，会酌情予以相当的迁移费。

较之前次将皇城地块直接分段标卖的做法，省府本次则先期做好皇城区域内土地的产权登记、征收，规划好省政府机关及相关图书馆、科学馆等文化场所建筑所需用地后，再进行周边商业区用地售卖，以此回笼资金。并专门任命

---

① 《建筑环城马路西北段征用土地经过》，《成都市政府周报》（第二卷），第2、3期，1940年2月3日，第14页。

第五章　政府对于民国时期成都房地产业相关组成环节的管理——建设和经营

成都"新村"整理委员会负责皇城地块的征收工作，在本次皇城地块的征收中，成都"新村"整理委员会汲取了"新村"征地中的经验和教训，对所征地块做好登记整理，"收回土地致所有权人（业主）及其他权利人（租佃、典当、抵押人）应于公告登记限期内，来会领取申请书，分别填明签字后，连同有关凭证一并呈缴，请予登记。如逾期不申请登记的，其权力视为无效"。并专门为此于 1939 年制定了《成都市中央商业区征地规则》和《成都市中央商业区放地规则》，按照所征地产的不同情况进行分类征收。"旧皇城区域内对土地的调用为征收和收回。倘若该区域的共有用地被人民擅行侵占，政府能够当即做出无偿收回使用的决定，并不再经过法定征收程序。如果出现在公有土地上擅自建筑房屋的情况，除经四川省政府核准并征收之外，有房地所有权的市民必须在限期内迁移完竣，搬迁的费用由政府酌情补偿。而征收区域内私有土地的征收程序，以及应该补偿给市民的费用，全部依土地法的规定办理。"① 对于私有地产的征收则严格按照征收法令流程，做好公告、登记及相关补偿等工作，避免因权属不清而引起房地产纠纷。"如若该区域内的土地为私有土地，政府则对该土地进行收回。由政府进行公告，业主及其他权利人在登记限期内领取申请书，分别填明签字后，连同有关凭证一并呈缴，请予登记。逾期不申请登记者，其权力视为无效。考虑到有可能出现权利人过多、土地所有权无法确定而导致纠纷的情况出现，若收回土地之他项权利人与所有权人因登记而发生纠纷时，政府代为调处，或报请省政府解决。登记经审查合格的业主，或因纠纷报请省政府解决后，将分别发给迁移拆卸各费作为补偿。"②

此次征地工作由于有较合理的征收政策及有效手段的配合，"由中心商业区东面出口马路出发，直行到达小红土地庙街及东华正街两段马路这片土地"③，很快完成了征收工作。其具体程序为先由市政府派地政人员对所征地区土地进行勘查、测量，决定征收后再对所征区域范围、征收办法及补偿措施等内容进行公告，限定被拆区域业主在规定期限内领取地价及补偿款并自行拆迁其房屋。"虽市民多持异议，经本府一再劝导，现均领价拆让完竣。"当时的补偿标准为：地价每平方米 5 元；房屋拆卸补偿费，则按房屋的种类及新旧程

---

① 成都市档案馆藏民国时期档案：《成都市中央商业区征地规则》，全宗号 31，目录号 000，案卷号 128，第 23 页。
② 成都市档案馆藏民国时期档案：《成都市中央商业区征地规则》，全宗号 31，目录号 000，案卷号 128，第 25 页。
③ 四川省档案馆藏：《四川省政府建设厅教育厅成都市府四川大学等关于停止标卖皇城旧址土地征用透支款项的呈》，全宗号 115，目录号 1，案卷号 1002，第 6 页。

度核算,给予每平方米 2 角到 4 角 5 分不等的补偿款。此次涉及征地的住户共 11 户,付出地价费及各种拆卸补偿费,共计法币 9353.99 元。应该来说按 1938 年的地价调查,皇城边地区如地价较便宜的东城根街、东御街等地区"地价已达到 143 元每平方丈的水平",而市政府以每平方米 5 元的价格征收该地段土地应该来说还是算很便宜的。对政府的征地工作,被征地居民基本还是很配合,包括之前一直"一向特殊"的周东义及冯显达两个"钉子户"① 也随着征收工作的深入,最终还是在领取了政府发放的地价及补偿款法币 2000 元、银 577.72 元后,向政府出具了具结书,并保证"中间不虚具领是实",征地工作顺利完成。

三、"新村"建设工程中的征地

随着东部沿海地区战火漫延,人口开始向西部城市转移。1937 年,成都市城区人口达到 46.32 万人,城市人口密度达每平方公里 2.63 万人,成为全国人口最稠密的省会城市之一。同年经四川省省务会议决议通过,拟请划定城外东南近郊,自望江楼四川大学至华西协合大学区域内约万亩土地,建设新式住宅区——成都"新村"。8 月,经国民政府行政院批准,正式成立以省民政厅厅长兼成都市市长稽祖佑为主任委员,成都、华阳两县县长以及国立四川大学、华西协合大学两校校长为委员的"四川省政府建设成都新村筹备委员会",主持成都"新村"开发建设。在规划调查、组织审批并最终获得国民政府行政院批准后,工程最重要的工作就是进行"新村"土地的征收。9 月 6 日公布《四川省政府建设成都新村征地规则》和《四川省政府建设成都新村放地规则》。

成都"新村"的征地放地工作是民国时期成都房地产开发规范性建设的重要尝试,是民国时期由政府统筹"征、放"土地数量最多,范围最广的住宅新区开发项目。"新村"设计者和建设者试图以法规为依据,对"新村"建设中的土地征收、补偿发放予以制度化的规范,以保障"新村"建设工程的顺利开展。按照征地规则规定,征地工作由四川省新村筹务委员会负责办理,主要征收范围为成都城外东南近郊一带的所有土地。征收范围内的私有土地,筹委会将视工程需要之缓急,分区分段逐渐收买。对被征收之土地,田地按其优劣及种类分为水田旱田各上、中、下三等,坟地分为有主和无主。被征收土地上附

---

① 四川省档案馆藏:《四川省政府建设厅教育厅成都市府四川大学等关于停止标卖皇城旧址土地征用透支款项的呈》,全宗号 115,目录号 1,案卷号 1002,第 6 页。

第五章 政府对于民国时期成都房地产业相关组成环节的管理——建设和经营

着的房屋按其瓦房或草房的种类区分，征收土地内的坟墓有主者按"新村"管理机关规定，限期酌给迁移费令其迁移。如逾期不领费亦不迁移者即以无主论，无主坟墓的迁移应依照土地法之规定办理。被征收土地内如有树木，照土地法补偿原有业主，不得自由砍伐。"新村"界内埋藏的古物归"新村"博物院所有。依照年代、材料、式样折旧计算，酌给迁移费。被征收之土地已经限期收用或是公有土地，原业主应依限将土地交出，附着物迁移，并规定了如有违抗可强制执行的措施。①

"新村"建设进行到一定阶段，"新村"建设筹委会按《四川省政府建设成都新村放地规则》将"新村"公共用地外部分地亩进行出售，其中规定：

凡中华民国之公民均有承领新村地亩之权，领地时须由户主填具请领书一份，连同地价十分之一为信金，向新村管理机关登记承领，此项信金于缴足地价时并入地价内计算。领地人应于缴纳信金后三个月内缴足全部地价，逾期不缴清者，撤销其领地权并没收其信金。新村建设筹委会将所征之地块除开公共建设所需用地外，其他分等级划为1.5~4亩不等之小块，以区段分号以四种标记区分，除原业主承领其地亩可以以三号为限外，其余每户领地都限以一号为限，可在编定号数内选择，若同一地点同时有两户以上请领时须用抽签决定。

地亩的价格则以地块所处地势、位置等因素的不同而划分为从特级到丙级不等的四种，同一等级中又分三至五级，具体标准为：特等地，面临临江路者；一级，一面靠近甲种路，一面靠近乙种路者；二级，一面靠近甲种路者；三级，二面靠近乙种路者；四级，一面靠近乙种路者；五级，一面靠近丙种路者。甲等地，面临甲种路者；一级，两面临甲种路者；二级，一面临甲种路，一面临乙种路者；三级，一面临甲种路，一面临丙种路者。特字甲等地，接近特等地之甲等地，其分级与甲等地相同。一级、二级、三级乙等地，面临乙种路者。一级，两面临乙种路者；二级，一面临乙种路，一面临丙种路者。特字乙等地，接近特等地之乙等地，其分级与乙等地相同。一级、二级、三级丙等地，两面临丙种路者。一级，一端出路为临江路者；二级，一端出路为甲种路者；三级，两端出路为乙种路者。②

---

① 成都市档案馆藏：《四川省政府建设成都新村征地规则》，《成都新村第一期筹备报告》，全宗号32，目录号1，案卷号76，第12~13页。
② 成都市档案馆藏：《四川省政府建设成都新村征地规则》，《成都新村第一期筹备报告》，全宗号32，目录号1，案卷号76，第12~13页。

"新村"放地的价格标准是根据各项公共用地费用、公共建筑费用以及征收民地地价费用之和综合计算得出的，因此会因为公共建筑物造价的变更随时发生变化，因此应按规定于放地前由"新村"建设筹委会公布。

"新村"亦采取办法防止屯地行为的发生，规定领地人须于领地后一年内建筑房屋，如有特别情形得申请延期，但延期时间亦不得超过一年。对于领地后逾期尚不建筑房屋的，"新村"管理机关会征收荒地税，以原地价的百分之一为起码数，每多延长一年按原地价递加百分之一。同时领地人及其继承人尚须缴纳"新村"公益捐及遵守"新村"各项规章义务。①

抗日战争全面爆发后，1938年，国民政府迁都重庆。平、津、沪、汉等地沦陷区的工厂、学校纷纷往内地迁移，大批难民随之涌入四川、云南等内陆地区，成都作为国民政府着力建设的西南重镇更接纳了大量的机关、工厂和内迁人口。为协调安置入川难民住所和解决因空袭导致的成都城区人口问题，四川省政府决定加快成都"新村"第一期工程的建设。"新村"第一期工程的征地工作，自华西协合大学以东至安顺桥一带，共征得地亩746.36亩。按1938年四川省政府二号通告的规定，其征地标准为："征地费每亩旱地210元，水田190元，林园地90元，宅地100元，有主坟地、荡地50元。凡田地面积合计在5亩以上10亩以下，所有附带的宅地、林园地、坟地、荡地减半给价，即宅地每亩50元，林园地45元，坟地、荡地25元；凡田地面积在10亩以上15亩以下，所有各种附带之地按照规定价的四分之一给价，即每亩宅地25元、林园地22.5元、坟地荒地12.5元；凡田地面积在15亩以上的，所有附带各种杂地、宅地、林园地、坟地、荡地概不另外给价。迁移费标准为：房屋，每平方米2~6角；水井，每口5~6元；有主坟墓，每座1~3元（当年9月米价每石45.4元）。土地被征用的住户，由政府发给拆迁费，自行将房屋拆除后再迁往指定地重建住房。"②

按照1938年前后成都市物价计算，当年9月米价每石45.4元，一石约等于60公斤，以这样的标准征地即是说一亩肥沃的田地仅能换得4~5石米，而一座房屋的迁移费则与一石米价的零头相等了。这样的补偿标准对于当地业主来说，的确是显失公允的，这成为后来"新村"建设屡遭垢弊的一项重要原

---

① 成都市档案馆藏：《四川省政府建设成都新村征地规则》，《成都新村第一期筹备报告》，全宗号32，目录号1，案卷号76，第12~13页。

② 成都市档案馆藏：《伪新村筹委会关于新村征地中补偿问题的呈》，《伪新村筹委会关于群众捣毁外东办事处，函请伪警察和伪警备部查缉等卷》，全宗号32，目录号1，案卷号104，第32~35页。

第五章　政府对于民国时期成都房地产业相关组成环节的管理——建设和经营

因,这里就此问题再做一些比较和探讨。表5-1为1937年3月时任华阳县征收局局长的胡炯为"新村"征地事,专向"新村"建设委员会造呈的《望江楼附近田土价值表》。作为"新村"征地的区域,该地区从1932年到1937年田土价值经历了如下变化。

表5-1　望江楼附近田土调查价值表（单位：元）①

种类\年代	民国21年	民国22年	民国23年	民国24年	民国25年
田	140	160	180	200	240
土	160	170	200	230	270

民国26年3月18日　　局长：胡炯

表后还专文旁注："此表根据当地田土价值,专人实地调查所得,照历年民间买卖价格填列。土价较田价尤高,因四季均可栽种,至本年田土价较二十五年价值,约再高四十元之谱,合并呈明。"② 由此可得至少两个结论：一是望江楼附近田土价格从表5-1所统计的1932年开始,即一直呈加速上升的趋势,增长率从1933年的6%,增至1937年的15%。二是当地的地价在征收工作刚刚开始的1937年即已达到了土价310元、田价280元,省政府二号通告在1938年发布时却只给每亩旱地210元、水田190元的征地费,这明显低了许多,参照表5-1则只能达到1934年的田土价格标准。

以上事实表明,"新村"筹委会对于征地标准的定价的确较低,而放地价格则达到了每亩1200元的水平。虽然在筹委会的预算计划中解释得很清楚,其中要包括大量公共设施的建设费用,但对于当时普通民众来说,他们并不懂得数据表格,特别是与之有切身利益的被征地民众,在征地同时对他们进行政策解释和动员安抚其实是非常必要的。而"新村"办事处的部分工作人员在征地时使用暴力手段强征民地,与被征地群众发生冲突,从而导致了当地市民集体冲击并捣毁"新村"筹委会外东办事处的恶性事件。

"新村"第一期工程所征地亩除254.51亩用于未来"新村"公共道路建设及兴建学校、菜市等市政设施外,其余土地皆就地形划分为1.5~4亩大小不

---

① 成都市档案馆藏：《华阳县征收局造呈望江楼附近田土调查价值表》,《伪新村筹委会关于群众捣毁外东办事处,函请伪警察和伪警备部查缉等卷》,全宗号32,目录号1,案卷号73,第111页。
② 成都市档案馆藏：《华阳县征收局造呈望江楼附近田土调查价值表》,《伪新村筹委会关于群众捣毁外东办事处,函请伪警察和伪警备部查缉等卷》,全宗号32,目录号1,案卷号73,第112页。

等的地块,分等级标价后进行公开出售,"新村"一期工程共计放地491.85亩。放地所得收入除支付征地拆迁费外,其余用于与"新村"相关的公共事业及市政建设:"兴建十二街、临江路等公共道路及街巷,总长度达11683米;兴建新区内初级、高级小学各1所,小公园1座,菜场1座;并拟建新村管理办公室及警察所1座;包括修筑河堤、敷设排水管道、路灯、绿化等市政基础设施,前期资金投入达47.11万元。"① 但至"新村"项目停建,仅完成了道路修筑工程。

成都"新村"建设是民国时期成都市房地产发展史上的一大重要事件,是成都市以政府主导进行较大规模城市房地产开发的第一次尝试,从组织机构、政策法规、经费运作、经营建设等各方面都进行了许多开拓性的尝试,从征地、补偿、迁建等各方面都系统地进行了部署,是成都房地产开发管理中一次重要尝试,其取得的经验及教训对于民国时期成都房地产管理的发展是弥足珍贵的。但是"新村"建设征地过程中所存在的问题同样非常严重,由征地引发的房地产纠纷以及暴力事件多是由在征地过程中积累的矛盾激化所致,最终导致了"新村"项目被暂停。

1943年,鉴于日机突袭更加频繁,12月经省政府决定报经内政部批准,成立"新村"整理委员会,接收"新村"建设各项业务和未完工程,并保留"新村"全部。抗日战争胜利后,"新村"整理委员会的后续工作交由市政府第六科(即地政科)接手经办。到1949年底,"新村"第一期工程及大街小巷路面已初步形成,而市政设施和房屋建设仍然未能如期完成。

四、为防空疏散、打通火巷而进行的征地

抗战进行到相持阶段后,日机多次空袭中国大后方重要城市以打击中国全民抗战的决心。成都作为国民政府大后方的政治、经济和文化中心城市之一,1938年11月,遭18架日本飞机空袭,日军在成都北郊投弹数十枚,此后省防空司令部开始加紧将成都城市人口往郊区和外县疏散。当时的新闻报道称:"月来日机向我后方不设防之各重要城市进行轰炸,以重庆而论,本月内即遭敌机四次袭击,满目焦土、死伤惨重,无不令人切齿痛恨。我最高领袖蒋委员长以成都系西陲政治经济文化重心,事实上为敌人轰炸最大目标,为顾念成都市市民安全,呈经严令省各军事首长,加紧疏散人口,复令从速拆除火巷。故

---

① 《成都市地价与房租之研究》,《民国二十年代中国大陆土地问题资料》,第77卷,台北:成文出版社1977年版,第40909~40910页。

绥署、省府、省防空部三机关于奉命后，为本市五十万民众生命财产保障计，会经制定疏散人口准则及拆除火巷实施办法，公布施行关于拆除火巷一项，三机关首长曾电请蒋委员长拨发经费二百万元，以资办理。并确定被拆房屋补偿办法亦已确定，并已资由市府会同有关各方成立拆除火巷评价委员会，办理评价事宜。省防空部为加紧完成拆除工作更已于日前分派测量人员，勘测拆除路线，并以市府警察局开始办理拆除。"①

四川省政府和四川省防空司令部曾多次颁布和修订城市人口疏散办法，划定专门的疏散区域，动员甚至强迫市区人口外迁。为避免更多的房屋被空袭所产生的大火所烧毁，在房屋及狭小的街道之间开辟隔离地带尤为必要。按照1938年制定的《成都市拆除火巷实施办法》中的规定："凡有碍交通的公私房舍及建筑物均应拆除，凡半截巷道均应将其底端拆除接通大街。"对于火巷设置的位置，则分不同的情况而定。"轰炸目标附近街道，每隔二百公尺处应相对拆除火巷一道；繁密街道，每隔二百五十公尺处应相对拆除火巷一道；普通营业街道每隔三百公尺应相对拆除火巷一道；住宅区每隔三百五十公尺处，拆除火巷一道。"为保障拆除工作的顺利进行，对于拆除的手续及时间做了强制性的规定。"首先由绥署、省府、防空司令部会同公告拆除办法，同时由市政府、警察局派员将应拆除之部分划线，并通知业主自行拆除。自公布之日起，五日后不自行拆除者，即由市府警察局代为拆除，必要时由警备司令部派兵协助之。拆除房屋之木材竹草等，即拆除后五日内，由各业主自行搬运出城，砖瓦土石等应自行移置，不得妨碍交通，逾期即由市府警局强行处理。"②

为此，四川省防空司令部多次进行了打通火巷的动员工作。设置疏散区，需要政府建设、征用新的住宅和土地，而打通火巷，则需政府根据拆除面积给予被拆迁户一定的补偿。

五、关于抗战时期拆迁疏散安置区的规划和建设

1938年12月，四川省政府成立四川省会疏散区临时住宅建筑管理委员会，具体负责抗战时期防空疏散工作的规划和指导，筹集疏散居民临时住宅的建房资金、组织建设施工、制定管理办法等。1939年1月，四川省防空司令部制定了《在省各机关、团体、学校疏散办法》，其中规定："多方筹集资金，

---

① 《防空部派员勘测竣事，本市即开始拆除火巷》，《新新新闻》，1939年6月1日。
② 四川省档案馆藏：《成都市拆除火巷实施办法》，《四川省地政局防空司令部关于派员拆除火巷会议评委会组织章程及拆除火巷的呈、训令》，全宗号147，目录号2，案卷号2856，第12~13页。

在疏散区内大量修建简易平民住宅，增设学校和医疗机构，平抑物价，救济贫民。"①

关于为疏散贫穷市民建设住宅的情况，相关史料记载："本府奉令办理本市疏散事宜，因鉴于已疏散之征属及贫民需要住宅，会请示省府，嗣奉省令，将已建筑完善之贫民住宅（此项住宅，系由委员长拨款二十万元修筑，原由贫民住宅管理处经手建筑管理）接收管理。本府当即由保甲、公务两股，派员会同成华两县府、省会警察局，前经接收，即于本年十二月内接收完竣。计有东区老东门外沿成渝公路两侧（缺）门铺至大面铺一带房屋三百一十七间，南区老南门外沿成嘉公路两侧中和场至中兴场一带房屋三百一十二间，西区在成灌公路两侧，由土桥至犀浦一节房屋二百六十四间，北区在川陕公路西侧天回镇至崇义桥一带房屋三百四十二间，共接受一千二百三十五间。"②

规划建设统一疏散区共 3 处：一村地址在新西门外茶店子与和尚桥附近，约 500 亩；二村地址在东门外沙河堡附近，约 400 亩；三村地址在塔子山，约 500 亩。经划定后，于同年 7 月 14 日，公布《建筑团体贷款办法》，鼓励个人和团体到疏散区投资建房出租。但由于时局变动及政策、资金等多方面原因，上述规划未能实现。

对于修建疏散区而征用土地的管理，1940 年由省政府批准公布的《四川省疏散区贫民住宅建筑管理处借用土地办法》中规定："凡省会附近 15 公里范围内各村庄的空地，经四川省疏散区贫民住宅建筑管理处选定的，均无偿借用，用于安置疏散贫民修建临时住宅之用途。此次政府借用的土地主权将待战事终了时即行归还原业主。待疏散结束，所安置之贫民迁移后，现建造之所有建筑物均无条件归原业主所有。"③ 在合理的补偿措施和"共赴国难，共渡难关"的精神激励下，大多数被征地业主都积极配合，使城区贫民疏散工作得以顺利进行。

1943 年，成都市政府公布《外东平民村第一次放租土地办法》，给贫民疏散修建半永久性的房屋。这是抗战时期为疏散城市人口采取的一项由政府统筹放租土地的措施。依照此办法，第一次租用地皮，由政府统一划定编号（每号

---

① 四川省地方志编纂委员会编纂：《四川省志·军事志》，成都：四川人民出版社 1999 年版，第 596 页。

② 《成都市二十八年度工作报告》，《成都市政府周报》，（第二卷），第 2、3 期，1940 年 2 月 3 日，第 3 页。

③ 田凯：《抗日战争时期内地大城市房地产市场状况探究——以成都为例》，《地方文化研究辑刊》，2015 年第 2 期。

约建房 1~2 间）。根据贫民调查登记表，单丁两人合租一号，6 口人以下租一号，6 口人以上租两号。先迁者自行选定后即向市政府地政科办理承租手续，每号押金 20 元，月租 5 元。

通过这一系列从规划、建筑、管理及租用等具体措施的制定及执行，成都市疏散安置区建设顺利进行并投入使用，对抗战时期城区居民的疏散安置起到了一定的作用，也对相应城郊地区的土地开发及管理做出了贡献。疏散安置房的建设及管理虽然是在战时特殊情况下产生的，但它的成功实践也为政府在战后安置平民、进行社会福利保障房的建设及管理提供了经验。

六、关于被征地上房屋的补偿

对于建在征地范围内的房屋，民国时期一般采用自拆自建的办法，由政府选址，给予适当补贴，但无统一规定也没有形成系统规范的条例。国民政府 1930 年《土地法》第 381 条关于征地时迁移费的规定为"因征收土地致其定着物迁移时，应由需用土地人给予相当迁移费。"在民国时期成都市区土地征收的实践中，作为土地改良物的房屋在其所处土地因改良市乡和市政建设等原因被征收时，多是依规定予以了一定的补偿。

其较为重要的事例为"新村"建设中被征地上房屋的补偿。在《四川省政府建设成都新村征收土地规则》第四条中规定："被征收土地上附着之房屋按其种类（瓦房、草房），依照年代、式样、材料折旧计算，酌给迁移费。"[①] 1937 年 10 月，四川省政府公布了《成都新村第一期第一次征地实施办法》，在这一办法中规定迁移费标准："房屋，每平方米 2~6 角；有主坟墓，每座 1~3 元；水井，每口 5~6 元（当年 9 月米价每石 45.4 元，一石约等于 60 公斤）。对于被征土地上已有人建房居住的，如安顺桥一带居民，则按市区街房给价补偿，由政府发给拆迁费，自行迁往指定地点重建住房。"[②]

为安置"新村"被征地房屋拆迁，成都市政府于次年公布《成都市新村内已编定门牌各户被征房地拆迁补偿给价办法草案》和《成都市莲花池平民领地建筑及房屋租佃规则草案》，成为民国以来成都市第一个由政府征地，对民房拆迁的具体办法。两个办法皆从 1937 年 7 月 31 日起实施。按《成都市新村内已编定门牌各户被征房地拆迁补偿给价办法草案》规定：以 1937 年 7 月 31 日

---

① 成都市档案馆藏：《成都新村第一期筹备报告》，全宗号 32，目录号 1，案卷号 76，第 12~13 页。

② 成都市档案馆藏：《伪新村筹委会关于新村征地中补偿问题的呈》，《伪新村筹委会关于群众捣毁外东办事处，函请伪警察和伪警备部查缉等卷》，全宗号 32，目录号 1，案卷号 104，第 32 页。

为界，此前在"新村"内已经由四川省会警察局编定门牌的房屋被征用者，业主拆迁房屋、佃户移居均应得到拆迁补偿费，而业主在政府安置拆迁的莲花池平民村内有优先领地建筑之权。拆迁补偿标准（包括地皮在内），每平方丈瓦楼房30元、瓦平房20元、草平房10元。而佃户的迁移则以户计算补偿费用，每户人口未满4人者给6元迁移费，4人以上每超过1人增给1元。根据《成都市莲花池平民领地建筑及房屋租佃规则草案》规定："新村"被征房地的拆迁户，依照政府指定迁至本市莲花池平民村。按照省会警察局已编定的门牌号，分期分批迁入该村以下地址：太平上街1—97号，100户；太平横街1—128号，350户；万年桥1—97号，145户；老古庙街1—92号，133户，以上共计728户。为鼓励居民积极迁移，又规定在有效期内迁入的业主承领地皮均免交地价税。自建设"新村"的征地、放地、房屋拆迁补偿安置办法实施以后，市区内局部的市政建设征地、拆迁，一般都以政府发给相当拆迁补偿后自拆自建的办法进行。

抗战时期，由于成都市区内大量难民的涌入，市内住宅严重不足。1939年1月，成都市政府下令为"多方筹集资金，在疏散区内大量修建简易平民住宅，增设学校和医疗机构，平抑物价，救济贫民"[①]。1938年11月，由于日机轰炸成都而开始进行大规模的城市人口疏散，1939年5月由于防空疏散而拆除了火巷。"查本府于二十八年五月二十三日，奉四川全省防空司令部二十八年防三字第四一七号训令转奉委员长渝征地手谕，以成都城内房屋太密，饬速拆除火巷，以防火灾。"[②] 即涉及成都市区内大规模征地补偿的项目。

对于拆除火巷涉及房屋补偿问题，成都市政府组织成立了成都市拆除火巷评价委员会，拟定评价标准，作为评价委员会评估补偿费数目的依据。评价委员会根据房屋建筑材料的不同和建筑层数的多少等情况作为估价的标准。比如将全砖水泥面房屋列为甲种房，并将其又列为三等，一等，三层楼房每市平方丈二百五十元；二等，二层楼房每市平方丈一百七十元；三等，平房每市平方丈一百元。全砖房屋为乙种房，一等三层楼房为每市平方丈二百二十元；二等二层楼房每市平方丈一百五十五元；三等平房每市平方丈九十元。丙种房为砖柱木架水泥面房屋，一等为三层楼房每市平方丈二百元；二等二层楼房每市平方丈一百四十元；三等平房每市平方丈八十元。将砖柱木架房屋列为丁种，一

---

① 四川省地方志编纂委员会编纂：《四川省志·军事志》，成都：四川人民出版社1999年版，第596页。

② 《成都市二十八年度工作报告》，《成都市政府周报》，第二卷，第2、3期，1940年2月3日，第9页。

第五章 政府对于民国时期成都房地产业相关组成环节的管理——建设和经营

等,三层楼房每市平方丈一百四十元;二等,二层楼房每市平方丈一百元;三等,平房每市平方丈六十元。戊种为木架房屋,一等二层楼房每市平方丈七十元;二等平房,其有矮小天楼者亦以平房计,每市平方丈四十元。对于围墙的拆卸补偿等级为一等砖墙每市平方丈五元,二等土墙每市平方丈二元。对全部拆除者和拆除后所余面积不能为原有业务或居住之应用者等情形给予特殊补偿费,领取补偿费时要亲持管业证件等。①

在涉及"新村"建设征地拆迁和拆除防火巷这样的政府行为中,对所拆迁住房的房屋拆除搬迁费用有专门的补偿规定,但日常市政建设涉及的拆迁则又有所不同。如在成都市档案馆馆藏民国时期档案中,有1943年市区石灰中街居民钟金山,因市政府拓宽马路,将自置的瓦铺三间拆卸以退让为马路,作为补偿虽有政府在附近废巷土地两处,以地行字第四五号正副联单收剧为凭。但是当时的土地征用,一般情况下政府既不管拆,也不管搬,更不会管新居所房屋的建设问题,这样很可能造成城市贫困居民巨大的生活和经济负担。在此例中,居民钟金山就这样向政府陈述:"惟民此次奉令退让马路,拆去房屋,不特民产全部消灭,月租生活顿感无出,所有耗用之拆卸与搬运、人工、力资等费,以所核定补偿损失之地价,拆迁两费一千七百余元亦难将予抵补。并今后生活与居住均成当前最为困难之问题,是以彷徨急措不已。"②经过钟金山的申请,成都市政府"查该民石灰中街铺房既经拓宽马路拆除无余,如姑念情形特殊,除照章发给地价拆迁费外再给补偿法币三千元,以示体恤"③。由此案可知,对于普通居民因一般情况下的市政设施建设而被征用的土地,以及因此而拆毁的房屋,市政府也会根据情况对其所受损失进行补偿。但因房屋质量、地段、房地价格等各方面因素影响,房屋拆迁之补偿很难在较长的时间范围内和较大的空间范围内形成较统一的标准。所以从成都市的实例上来看,即使政府在较大的工程如"新村"建设或拆除防火巷时,会制定相应的规则、办法来统一进行此项工程的拆迁补偿工作;而在日常所发生的征地拆迁中涉及的房屋迁移补偿,也需由市民自行申告,再由相关地政部门人员根据情况调查审核进行处理。

---

① 《成都市二十八年度工作报告》,《成都市政府周报》,第二卷,第2、3期,1940年2月3日,第9~11页。
② 成都市档案馆馆藏民国档案:《钟金山送市政府关于退让马路民产全部损失消灭毫无立锥之地请另案核议补偿以维民生一案的呈文》,全宗号38,目录号13,案卷号153,第112页。
③ 成都市档案馆馆藏民国档案:《市政府致钟金山关于退让马路请另案核议补偿民生一案的批示》,全宗号38,目录号13,案卷号153,第112页。

第二节 兴　建

从清末的1908年至1926年，成都人口相对稳定在6万多户、29万至30万人之间长达18年之久。在此期间，市民住房主要通过市场自购、自建，以自住为主。随着城市手工业和资本主义工商业的发展，城市人口增加，市民的住房消费形式也发生了变化。以自住为主的住房消费，逐渐发展成为自住与租住并行的住房消费。这种在土地私有制的基础上，住宅房屋生产、分配、交换、消费和市场调节的运行机制，在民国时期城市的住宅建设和促进房地商品在市场的流通方面起到了一定的作用，在城市经济生活中占有重要地位。"到1948年，城市人口增至12.56万户、64.12万人，住房总建筑面积达429.98万平方米，其中私有住房除自住217.02万平方米外，有2.6万户出租住房193.87万平方米，各占城区住房总面积的50.47％和45.09％。"[①] 由以上资料可知民国时期成都城市住宅房地产发展中，自购、自建、自住在住房生产、流通过程中仍占主导地位。

民国时期房地产项目的兴建，除公共设施建筑或前文论述的政府参与建设的大型工程项目外，多是由居民或法人团体自筹自建。政府对其的管理，一方面是通过做好建设项目的申报登记，另一方面则是通过对施行房地产建设或改造工程的营造厂商的管理来进行的。

一、民国时期建筑行业发展概况

从民国初到抗战全面爆发前，成都的新式建筑数量不多，也未形成片区，且分散于城内各街。而房屋的建设多依靠各种从事房屋营造的泥木工匠、作坊和小型的营造厂。抗战全面爆发后，大批机关学校和工商企业随国民政府迁向西南，大批难民亦随之涌向包括成都在内的西南城市，成都房地产业的需求随之暴涨，办公和居住用房都出现了严重困难，供需关系随之推动了成都建筑行业的飞速发展。一大批承揽建筑工程的营造厂商应运而生，最多时达到140家。

各营造厂的主要经营业务为土木工程建筑及其他与建筑工程有关的事务。"本公司现已开始营业，先行办理一切土木工程、建筑工程及其有关之事项。

[①] 成都市地方志编纂委员会编纂：《成都市志·房地产志》，成都：成都出版社1993年版，第51~52页。

第五章　政府对于民国时期成都房地产业相关组成环节的管理——建设和经营

如承各界委托，制图设计、估价监工以及代办工程。"① 从这份当时成都规模较大的建筑承包企业——蜀华实业股份有限公司的营业广告中可见，当时有实力的营造厂已开始在建设工程项目的同时代理制图、监理及其他代办工程的业务了。

为了规范管理，民国27年（1938年）11月，成都市政府发出通告，对市内各种形式的营造厂及公司进行登记、审查："查本市各建筑公司营造厂。建筑师事务社及各实业公司的建筑部或工程部或驻蓉办事处，尚有未经呈报本府登记给证即在本市营业者，核与本市建筑规则不符，亟应予以取缔。前为整顿起见，规定于十一月十日以前，为补办登记期间。所有登记手续向本府第三科索取章则。上列各商号逾期仍未登记领证的，一经查出，定以违章取缔之，特此通知。"② 经过审查合格的商家，市政府予以颁发资格证书，下为华西兴业股份有限公司登记资历证书和成都营造业登记申请书（见表5-2）：

成都市政府建字第五拾零六号证书，为发给证书事，据厂商金襄七呈报，在东御街门牌一百一十五号开设华西兴业股份有限公司，承揽本市区内土木建筑工程，请予以登记。业经审查合格，除由市府登记并截留存根备查外，合行发给甲等证书以资证明——右给华西兴业股份有限公司经理人金襄七收执。市长：杨全宇。民国二十八年一月十二日。③

表5-2　成都市营造业登记申请书④

厂名	华西兴业股份有限公司成都分公司	
厂址	成都东御街二百十五号	
等级	甲等	
经理人或厂主	姓名：刘栖桐	住址：外东望江楼侧
	履历	

---

① 《蜀华实业股份有限公司工程部营业广告》，《新新新闻》，1936年6月3日，第1版。
② 成都市档案馆馆藏民国档案：《成都市政府送各建筑业关于为限期补报登记的通告》，《各营造厂商、公司申请登记、保证书呈报及市府批示》，全宗号38，目录号12，案卷号1345，第93页。
③ 成都市档案馆藏：《成都市政府送华西兴业公司关于登记建筑公司一案的批文》，《华西兴业公司申请甲等建筑公司登记保证书及市府批示》，全宗号38，目录号12，案卷号1370，第2~3页。
④ 成都市档案馆藏：《成都市政府送华西兴业公司关于登记建筑公司一案的批文》，《华西兴业公司申请甲等建筑公司登记保证书及市府批示》，全宗号38，目录号12，案卷号1370，第4~6页。

续表5-2

厂名	华西兴业股份有限公司成都分公司	
主任技师	姓名：刘栖桐	
	履历	
资本数额	壹百万元	创立时间：二十五年一月
内部组织	经理，下设建筑工程处工程师七人，工务员二十人；汽车部主任一人，事务员一人；会计组会计员一人；物料组事务员一人，助理员一人	
业务范围	(1) 承办电灯、电力、电车、电话、自来水、铁路道路、堤坝、桥梁、房宇等以及各种实业工厂方设计及建筑；(2) 经售及代理以上各业应用之机具材料；(3) 制造以上各业应用之机具材料；(4) 整理及投资于各种实业；(5) 与其他公司厂家作营业上之联系	
证明文件	实业部设字第八三号执照	

申请登记人：华西兴业公司成都分公司经理刘栖桐

中华民国二十八年十月十六日

并附有西南砖瓦厂所出营造业保证书一份

除了蜀华、华西兴业这些本地的建筑公司和营造厂商外，亦有很多从外地迁入的营造厂，如昆明的金城、广西的复兴等营造厂也来到成都建筑市场寻求业务发展。商家因成都房地建设事业的兴旺蜂拥而至，对于成都的房地建设和城市发展本是一件好事，但亦应该加强对其资格的审核和登记，以避免滥竽充数的情况发生。成都市政府加强了对外地营造厂商的审查登记工作，如对金城营造厂进行登记时即对其营造资格予以了核查说明："该厂于民国三十年在云南省建设厅登记甲等营造厂，曾承做叙昆滇缅各铁路及昆明飞机场之各种建筑土木工程，历曾得有优良经验之证明。兹拟在本市执行营造业务，慎填具申请书、保证书并附呈经理、主任技术之履历证书、甲等营造登记证、成绩证明书、资本证件各2件，请准予以登记开业。经理人：刘淮崧。"[①]

民国35年（1946年）3月，成都市政府所作《成都市政府审查合格各营

[①] 成都市档案馆馆藏民国档案：《成都市政府送省府关于呈送金城营造厂书证请核给甲等证书由的呈》，《金城、复兴等各营造厂申请甲等登记证书呈报及省市府指令》，全宗号38，目录号12，案卷号1477，第100~101页。

第五章　政府对于民国时期成都房地产业相关组成环节的管理——建设和经营

造厂登记名册》（见表5-3）①，对当时成都市内登记合格的营造厂情况做了统计。

表5-3　成都市政府审查合格各营造厂登记名册

厂商名称	等级	经理姓名	资本（元）	地址	附注
华西兴业公司成都分公司建筑部	甲等	刘栖桐	壹佰万	东御街189号	甲等新字第一号，执照已发
蜀华实业公司	甲等	盛绍章	壹佰万	青石桥北街15号	新字第二号，余同上
新华兴业公司建筑部	甲等	张之钧	壹佰万	新东门外天祥寺	新字第三号，余同上
基业营造厂	甲等	王子良	壹佰万	北门外曹家巷	新字第四号，余同上
均安营造厂	甲等	邓才名	壹佰万	东马棚街25号	新字第五号，余同上
东方工程公司	甲等	熊光义	壹佰万	北新街52号	新字第六号，余同上
伟达营造厂	甲等	殷毅然	壹佰万	泡桐树街32号	新字第七号，余同上
蜀一营造厂	甲等	凌沧翼	壹佰万	北门下河坝新桥	新字第八号，余同上
建信营造厂	甲等	龚正一	壹佰万	干槐树街10号	新字第九号，余同上
复兴营造厂	甲等	杨景义	壹佰万	成平街头仁寿里3号	新字第十号，余同上
永安营造厂	甲等	张飞白	壹佰万	北门外万福新村	
建华营造厂	甲等	林益修	壹佰万	东新街30号	
新川营造厂	甲等	袁子达	壹佰万	东府街21号	
大信建筑有限公司	甲等	潘志浩	壹佰万	椒子街99号	
国基工程股份公司土木部	甲等	金广浩	壹佰万	城守东大街东安里15号	

---

① 成都档案馆馆藏民国档案：《成都市政府审查合格各营造厂登记名册》《华西兴业公司章程、各营造厂登记给照一览表呈报及省市府指令》，全宗号38，目录号12，案卷号1407，第80～85页。

续表5-3

厂商名称	等级	经理姓名	资本（元）	地址	附注
华联巽记营造厂	甲等	萧选华	壹佰万	红墙巷38号	
锦川营造厂	甲等	鄢锦馥	壹佰万	复兴桥南	
兴联营造厂	甲等	冯天琪	壹佰万	东马棚街25号	
大中营造厂	甲等	钱熏	壹佰万	致民路1号	新字第二十一号
广西复兴营造厂	甲等	李进思	壹佰万	青龙街59号	
金城营造厂	甲等	刘准菘	壹佰万	东二道街20号	
义华营造厂	甲等	孙青云	壹佰万	方正街22号	
长城营造厂	甲等	黄远道	壹佰万	金河街82号	新字第二十三号
建设营造厂	甲等	向亮澄	壹佰万	桂王桥北街37号	新字第十八号
华蓉营造厂	乙等	邓钟奇	伍拾万	外北野店侧王爷庙	主任技师应另换
开泰营造厂	乙等	杨焕明	伍拾万	内姜街70号	新字第六号
明达营造厂	乙等	刘芳	伍拾万	娘娘庙街56号	新字第一号，主任技师应另换
新中国营造厂	乙等	蒋益中	伍拾万	中兴街36号	新字第二号
美华营造厂	乙等	杨镜古	伍拾万	祠堂街94号	新字第三号
大文营造厂	乙等	杨大智	伍拾万	四道街11号	新字第四号
裕华营造厂	乙等	江远谋	伍拾万	外北上河坝街85号	新字第五号
正大营造厂	乙等	吴正他	伍拾万	新南门外龙江路	新字第七号
福利营造厂	乙等	朱家华	伍拾万	西府南街26号	
东华营造厂	乙等	虞衡	伍拾万	青石桥南街60号	新字第八号
华达营造厂	乙等	李思芳	伍拾万	提督中街4号	新字第九号
胜利营造厂	乙等	范奇峰	伍拾万	西御街116号	新字第十号
华兴营造厂	乙等	于祖玉	伍拾万	正科甲巷115号	
华川营造厂	乙等	刘廷贺	伍拾万	灯笼街63号	
联成营造厂	乙等	余炳章	伍拾万	青莲街同德里六号	
远东营造厂	乙等	刘述一	伍拾万	总府街67号	

第五章 政府对于民国时期成都房地产业相关组成环节的管理——建设和经营

续表 5-3

厂商名称	等级	经理姓名	资本（元）	地址	附注
惠利营造厂	乙等	张国才	伍拾万	泡桐树街 4 号	新字第十一号
达记营造厂	乙等	张文达	伍拾万	新南门外建国东街	新字第十四号
中原营造厂	乙等	王树章	伍拾万	珠市街 65 号	
蜀民营造厂	乙等	黄代容	伍拾万	天成街 28 号	新字第十六号
英诚营造厂	乙等	陈大明	伍拾万	八宝街 165 号	新字第十二号
新亚营造厂	乙等	萧开邦	伍拾万	光大巷 25 号	新字第十三号
蜀渝营造厂	乙等	张光佐	伍拾万	大墙西街 70 号	新字第十五号
渝蓉营造厂	丙等	曾泽民	贰拾万	东辕门街 11 号	新字第一号
炳森营造厂	丙等	傅炳森	贰拾万	黄浦路 19 号	新字第二号
汪华营造厂	丙等	汪子春	贰拾万	下同仁路 10 号	新字第三号
协兴营造厂	丙等	吴献之	贰拾万	联升巷 34 号	新字第四号，换主任技师
洪泰营造厂	丙等	王洪涛	贰拾万	内姜街 70 号	
星升营造厂	丙等	黄宇权	贰拾万	沙河堡五福村 36 号	
大昌营造厂	丙等	罗光凯	贰拾万	槐树街 36 号	
桑本营造厂	丙等	张宗孟	贰拾万	三道街 29 号	新字第五号
永济营造厂	丙等	林杨予	贰拾万	中新街 50 号	

虽然当时各种建筑公司、营造厂、建筑师事务社及各实业公司的建筑部或工程部或驻蓉办事处为数众多，但在此次登记合格的营造厂及公司中仅有甲等营造厂 24 家、乙等营造厂 23 家、丙等营造厂 9 家，共计 56 家合格营造厂。

其中技术力量和资金较为雄厚者当推"三华"，即蜀华实业股份有限公司、华西实业股份有限公司和新华实业股份有限公司，特别是当时建筑业界实力最强的蜀华实业股份有限公司，其发展经营情况在成都营造行业厂商中尤具代表性。

二、蜀华公司

蜀华实业股份有限公司（简称蜀华公司），是民国时期成都规模最大的建筑承包企业，对于民国时期成都的城市建设及房地产业的发展，有着较大的影响。它不仅承包建设了成都及四川各地许多大型建筑工程，使城市陆续涌现出更多的新型房屋及建筑，更招募及培训了一批工程建筑的技术人员，并发起成立了蜀华砖瓦厂、川康毛织公司、西南矿业公司、新华皮革公司等规模较大的新型工矿建设企业，在成都实业界亦有很高声望。

（一）蜀华公司的成立及发展

1932年，在"二刘大战"中胜出的刘湘进驻成都。是时，其平定川内各派军阀，基本结束了长达二十年的军阀混战局面，在军政两界亦受到广泛的拥戴，已基本形成由他来统一全川、领导全川军政的新形势，成为无冕之"四川王"。

在基本稳定了四川军政局面后，刘湘开始着手四川的地方建设，在他的组织邀请下，由胡庶华率领的中国工程师学会四川考察团来川考察。考察团成员包括罗冠英、盛绍章、刘静之、罗竟中等多位著名工程师及技术人员，对四川省内的交通、工业、农业、矿山等多个行业分门别类地进行了全面详细的考察，对四川地方的开发建设提出了全面的建议。并将考察资料编制成册，是为《中国工程师学会四川考察报告书》，由刘湘审阅后交付商务印书馆印行。为将报告书中的建川方案予以施行，刘湘与胡庶华等人商讨研究后，决定成立一实业公司，将开发四川的建议具体组织施行。是年，蜀华公司，亦称四川开发公司在成都市华兴街正式成立，刘湘自任公司董事长并组织成立董事会，以胡庶华为公司总经理。以每股一百元的价格公开向社会募集资金，刘湘以四万元首先入股，邓锡侯、孙震、唐式遵、杨森、谢秉钧、甘典夔、张民岩等军政界人士、多家商户银行、地方士绅等纷纷投资入股，至次年底已收足10万元。1934年初公司正式投入运作。

蜀华公司成立后，承揽了两项最大型的工程，一为成都"新村"，一为国立四川大学望江校区的校舍建设工程。在"新村"的建设工程中，时任蜀华公司协理的盛绍章以四川建设厅第二科科长的身份兼任"新村"建设筹委会总干事，主管整个工程建设，"新村"所有工程建设类的项目皆由蜀华公司承包。包括复兴门、复兴桥的建设（即现在的新南门和新南门大桥），"新村"内规划的主要街道、公共机构和学校、菜市场等公共设施等工程皆由蜀华公司承包。因为"新村"建设工程的资金运作方式，政府不投入资金，故所有建设费用皆来源于工程自身。由筹委会的工程技术人员测绘地段，规划图纸，先划分出街道和住宅的地亩，预先规划好公安局、派出所等公共机构和学校、菜场等公共设施和位置、地亩数。再将用于住宅的地亩划为1.5~4亩不等的小块，就地

第五章　政府对于民国时期成都房地产业相关组成环节的管理——建设和经营

区标价，公开向社会出售，再将售地所得之款用于包括迁坟购地在内的"新村"建设的各项费用，而购房款的收取和保存则由聚兴诚银行负责。而购得地亩的商户及个人，需兴建房屋的，其建屋的工程亦多由蜀华公司承建。关于"新村"建设的内容已在上文中有专章论述，虽然"新村"建设工程最终只完成了一期一批次的建设，但其中由蜀华公司负责的桥梁、道路以及下水管道系统的铺设工程已基本完成。

在"新村"建设的同时，成都市政府还进一步依照"新村"开发模式规划了相邻老南门"蓉村"的建设，也由蜀华公司承包建设。"蓉村"位于成都老南门外浆洗街洗面桥南面，衣冠庙东面，有公路和灌溉渠穿行其侧，故交通、供水和排水条件都较好，是近郊较为理想的住宅区域。"蓉村"住宅区南北长700米，东西长150余米，区内划分为两条南北向干道，分格成100户住宅基地块，每块1~1.2亩，"蓉村"地势平坦，施工条件方便，蜀华公司在3个月内即完成了干支路面5000平方米和下水道管系统约1000米的建筑，并交付使用。①

1942年，国立四川大学从峨眉山迁校回蓉后，为众多师生寻找安置之处，并尽快恢复正常教学成为当时学校工作的重点。黄季陆校长曾这样描述当时的困境："迁校工作虽能如期完成，跟着而来的是这许多人住到哪里去？依照民国24年学校和四川省政府所订的合同皇城校址应由省政府接收，而且经民国28年以后的几次大轰炸，除掉军校所住的部分外，完整的校舍已经所余无几，望江楼校址的校舍不但不够分配，而且有一部分因悬案未决还不能接收，经过无数次的商洽才从华西公司接收到图书馆大楼一幢、数理馆大楼一幢，这两幢房子单作教室实验室办公室尚嫌不够，于是只好一面利用农学院旧有房舍节省使用，学生宿舍原住四人的改住八人，以前农学院教授分住房舍较多的也尽量让出。除新生院设在城内南较场本校旧址师范学院借用军管区政治部外，并在城内蜀华中学租借一部分房屋，加以修葺，作为教职员的临时宿舍。另一方面以最快速度加紧修建新校舍。"② 这一时期先后完成工程十余处，有学生宿舍大楼、师范学院教室、图书馆书库加楼、校长办公室及住宅、新生院教室和餐厅，教职员宿舍留青园、菊园、建廷园、华西村等以及后来陆续修建的大校门、大礼堂、女生宿舍、师范学院学生宿舍、浴室、川大附小等等。其建设工

---

① 《建国前在成都城市建设工作中的片断回忆》，《成都志通讯》1991年第1期。
② 《半年来川建设概况及今后之展望》，《国立四川大学校周刊》，《十二周年校庆纪念特刊》1943年第5、6期，第6~7页。

程多由蜀华公司承建。

(二) 蜀华砖瓦厂

成都的传统建筑多就地取材,建筑材料有木材、砖、瓦、石、石灰、土饼砖等。木材多取于岷江上游,上游森林茂密,每到夏秋涨水季节,大量的原木就顺江漂流而下。成都制造砖瓦的历史悠久,规模也较大,到晚清时,规模较大的砖窑已有头瓦窑、二瓦窑、三瓦窑等。随着民国时期建筑工程日益增加,过去手工业式的作坊生产不仅产量小,且产品式样陈旧,规格又不统一。"业此者应接不暇,又不知改良方法,专用土法烧造,故人工日贵,烧料日昂,而出品日浅。烧料用谷草及柴。近年有造砖公司运有机器到川,试料在东门外开设。"① 这个造砖公司就是蜀华公司的下属企业——蜀华砖瓦厂。

蜀华砖瓦厂是由时任川康绥靖公署主任,同时也是蜀华公司股东之一——邓锡侯的长子邓华民组织筹建的。邓华民是蜀华公司经理胡庶华留德时的同学,回国后意欲投资实业,时逢蜀华公司承建工程业务增多而建筑材料却不能适应需要,尤其作为基本材料的砖瓦更为短缺。

当时成都市建筑材料所用之砖,其种类有条砖、方砖、砣子砖、二层砖、三层砖、大方砖等。瓦的种类有片瓦、京瓦、猫头瓦、沟头瓦,此外还有院子瓦、筒瓦、枧槽瓦、亮瓦等。成都不产石,河内只产小石子。造园林石山之石,来自灌县。作石板、石条之石来自五十里之东的龙泉驿,水路亦有运来者,则来自半边街、古佛洞等处。造磨子之石则来自彭县、灌县石板铺。石灰又名广灰,来自西路各县,每包约1200文,如零买则每斗一百三四十文。彭县之灰经图书局试验,可作酸素瓦斯发电的原料,别处则不能用,惟遇风则化,封藏宜固。自有此品,则不必买自日本,土饼砖即黄土砖,未经火烧者,成都人作炉灶之用。②

民国时期,受西方近代建筑技术影响,成都的近代建筑在传统技术材料的基础上,采用了新的施工技术、建筑材料和设计手段,由全木结构发展到砖木、砖混、混合、钢筋混凝土结构。邓华民在汉口聘请了技术工人王正顺、余仕元等人,根据当时建材所需,对传统砖瓦生产进行了改良,又通过胡庶华的关系,由蜀华公司投资并自筹部分资金,在成都市外东五桂桥购得近百亩土地建起了当时较大的蜀华砖瓦厂。蜀华砖瓦厂从汉口购买了两部砖机、两部平瓦

---

① 傅崇矩:《成都通览》(上册),成都:巴蜀书社1987年版,第244~245页。
② 傅崇矩:《成都通览》(上册),成都:巴蜀书社1987年版,第245页。

机，并用蜀华公司包建房屋所剩余的木材，制作晾瓦坯瓦架数十栋、平瓦瓦托数万个，并招聘工人百余人。1935年，蜀华砖瓦厂正式开工生产机砖、平瓦和原斗砖等建材，除了产量和质量大幅提高外，最重要的是公司用统一规格的机器生产砖瓦，避免了传统作坊砖瓦生产因为生产规格不统一而严重影响建筑效率和质量的问题，成都市各区的住房建设开始较多地使用平瓦建房。蜀华砖瓦厂所产的砖瓦除供应蜀华公司承包工程之需外，还向外销售。由于产量的不断扩大，为满足造砖取土所需，又在外东观音桥永兴寺购得永兴寺庙产土地二百多亩，扩建了五座大砖瓦窑，并继续增添制砖瓦的各式设备，将生产工人人数增加至三百余人。

蜀华砖瓦厂一直维持生产至1949年年底，于1958年并入成都市第二机制砖瓦厂，其维持生产二十余年，对成都市基本建材产品的生产和改良做出了重要贡献，对成都市城市房地产建设和城市风貌的改变真正起到了添砖加瓦的作用。

三、成都市政府对建筑行业的管理和行会情况

（一）成都市关于建筑行业的法律法规

民国时期，依照国民政府关于建筑行业的规定："主管建筑机关在中央为内政部，在省为建设厅，在市为工务局，在县为县政府。成都市在设立工务局之前，较长时期内都由市政府进行建筑业的管理。城市建筑物之设计人称建筑师，以登记开业之建筑科或土木科工业技师或技副为限，但公有建筑之设计人得由起造机关内依法登记之建筑科或土木科技师或技副任之。建筑物之承造人称营造人，以依法登记之营造厂商为限。"[①]

建筑业对于城市建设和房地产业的发展意义重大，自成都市政建设以来，市政府对于建筑行业的规范管理还是做出了相当的努力。民国24年（1935年）11月，成都市政府制定了《成都市建筑规则》，共分十一章，一百六十二条，对成都市区房屋建设的营造资格审查、施工许可、建筑准备、测量、工程质量监督、安全规定，以及违规处罚措施等方面都做了较详细的规定。如在进行营造资格审查时，"凡承包建设工程者，以本市登记合格之建筑或土木工程技师及营造厂者为限。新建修缮建筑物时，无论公私所有，均应于兴工前分别具呈营造建筑申请书两份，或修缮申请书两份，送请审核，发给营造执照方得

[①] 成都市档案馆馆藏民国档案：《省市府检发修正建筑法》，全宗号38，目录号12，案卷号1630，第2~8页。

动工。请领营造执照，须随呈图样与说明书三份，地盘图三份及土地管业证件，如用铁盘水泥和钢架建筑者，须附呈计算书两份。图样审查合格后，由市政府管理机关通知领回图样一份，此项图样必须悬挂工程地点，以便随时派员稽查"。关于责任免除方面，"市政府核准所发之营造执照，不能解除或减轻承包商或业主对于工程进行时所发生危险、伤害之责任，亦不得视为房业所有权之证明"。关于违规处罚方面："违反本规则未经呈准给照，擅自动工者，除拘捕该承包商或工头送交该管机关处罚外，并按照规定处应请领执照人加倍之执照费。"对于建筑物位置、建筑标准及其他亦有许多限定性的规定："凡建筑物计算面积，如沿公路处得将该公路之宽度四分之一划作土地面积计算。沿公路之门窗等如其高度离地面在三点六公尺以下者，不得向外推开。凡突出公路之美术装饰品，其最低部分须离人行道三公尺以上。阶级石、墙垣之勒脚竹篱等，概不准突出建筑线外，凡突出公路之建筑物，其宽度不得超过九公寸，其最低部分须离人行道三点六公尺，该项突出建筑物构造，须用防火材料。凡建筑房屋楼房或平房，其第一层高度，须在离地面三点六公尺以上，余层不得低过三点三公尺，如果适合建筑，本会得斟酌指定之。"对于适应城市发展中安全、卫生等问题的新要求："新建房屋须适合防空为原则，建筑物外面露明处绝对禁止红色或白色，如建筑物面积过大时，得酌令增建防空室。新建房屋不论何种类都应有极完备之下水道、阴明沟以渲泻雨水及污水，其位置及大小均须详载图样，沿界线接通马路，并由本会代为接通，其工料费由请证人及业主缴纳。凡新建设房屋以适应环境为要，本会得酌令添建水井。凡新房屋有卫生设备者，本会得酌令添建化粪池。"①

在1935年的《成都市建筑规则》中对于缴纳的费用方面有"领取营造执照时应遵照规定缴纳执照费"的规定。至1938年成都市转发《四川省建筑业营业税征收暂行办法》，开始对建筑行业征收营业税，包括："一、建筑业系本省营业税，应照营业总收入额，课征收千分之六之营业税。二、建筑业遇有建筑工程时，须先向建筑所在地之营业税局申报，请领营业税调查证，即凭此证向所在地营理建筑机关，请领建筑执照，若无此证呈验，则营理建筑机关，不予发给建筑执照。三、建筑业建筑工程，须于开始营业时，即向应纳之营业部，到局一次缴清，违者即停止其营业。四、建筑业建筑工程应照其承包工作合同所载之工料总价值，作为营业总额，按额征税。若合同未载工价，不列料

---

① 成都市档案馆馆藏民国时期档案：《成都新村暂行建筑规则草案》，全宗号32，目录号000，案卷号77，第72~74页。

价者，没收所有材料，按市价估计，一并加入。作为营业总额，倘无包工合同或合同所载与建筑工作不相符者，应由税局按市价估计，照案征税。五、建筑业有修理或翻造改造工程，可分为以下四种：1. 建筑业遇有修理工程，原屋不动，不加材料者，经税局查照收，按总工价作为营业总额，照案征收。2. 建筑业遇有翻造或发行工程，若在原地，并用原屋旧料，不加材料者，经税局查照收，按照总工价作为营业总额，照案征收。3. 建筑业兴建工程，除用原屋旧料外，若加购旧料，或在空地纯属购旧料建筑者，无论材料购自承包人或业主，均按购价，连同工价，作为营业总额，照案征收。倘若隐匿不报或伪称业主自有之料，经税局查照后，即在纳税款中加倍处罚。4. 建筑业兴建工程，若用业主自有旧料，经税局查验后，按照工价，作为营业总额照案征收。六、建筑业遇有修筑工程，不问该营造厂或公司设于何处，只应就建筑所在地向承包人征收营业税。"①

在制定法律法规规范城市建设中的建筑事业之外，对大型工程项目，还另行制定针对该项工程的法令规范，以保证建设工程的效率和质量。如成都"新村"建设时，就制定了《成都新村暂行建筑规则草案》，在《成都建筑规则》的基础上，针对"新村"建设环境和特殊情况进行了专门化的规定，使规则更加完备和有操作性。

(二) 成都建筑业同业公会

除了政府之外，对民国时期成都城市建筑业发展起了重要作用的组织还有成都建筑业同业公会。

成都建筑业同业公会于民国30年（1941年）4月，在新南门外新生花园内成立，有蜀华、华西、新华、基泰等二十余家成都市内经营建筑业的营造厂、建筑公司的代表参加成立大会。大会以投票方式选举张飞白为主席，通过了章程，确定了各会场会员单位及第一届当选委员会名单。在其公布的章程中集中体现了同业公会的任务和宗旨："本会以维持增进同业之公共利益及矫正弊害为宗旨。本会之任务为：1. 关于主管官署及商会委办事项。2. 关于同业之调查研究事项。3. 关于兴办同业劳工教育及公益事项。4. 减替营业上敝害之矫正事项。5. 关于会员营业必要时之维持事项。6. 办理合于第五条所揭宗

---

① 成都市档案馆馆藏民国档案：《成都市政府送各营造厂及建筑公司关于令知建筑业购料包工课税规定饬即遵照的指令》，《省建筑业营业税征收办法，各营造厂请免税呈报及省市府指令、训令》，全宗号38，目录号12，案卷号1555，第4~5页。

旨之其他事项。参加会员为凡在本区域内经营建筑工业同业之公司行号或工厂，经成都市政府登记合格者，均应为本会会员，前项会员推派代表出席本会称为会员代表。本会第一会员推派代表一人，其担负会费为五单位者，得加派一人，每增十单位加派一人，至多不得过七人，以经理人、主管人或店员为限。本会会员大会分定期会议及临时会议两种，均由执行委员会召集之，定期会议每年开会一次，临时会议于执行委员会认为必要或经会员代表十分之一以上之请求，或监察委员会函请召集时召集之。会费照会员登记合格之等级缴纳之，会费数额规定如下：甲等300元，乙等200元，丙等80元，丁等40元。"①

在最初通过成都市政府审核合格登记在案的五十余家营造厂商中，有三十余家在成都建筑业同业公会成立之初就加入了公会，后来又有二十余家申请了补入。成都建筑业同业公会一方面起到了政府管理机构与各营造厂商、建筑公司之间沟通桥梁的作用，对于政府法令、规则的推行，各营造厂商的执行情况起到了一定的推动和监督作用。另一方面又能协调各会员单位之间的矛盾，通过会员大会讨论处理行业发展中所遇到的困难和问题。

政府日益规范化的法规和管理措施，加之相当规模的行会进行补充管理，民国时期成都城市建筑行业随着城市发展建设的步步兴起，逐渐摆脱传统社会土木工匠形式的零散作坊，向着近代化、规模化的营造厂、建筑公司的形式演进，对城市面貌的改善和发展也起着越来越重要的作用。

第三节　交　易

清末至民国，民间房地产交易的形式主要有买卖、典当、房屋租赁等几种形式。

一、买卖

民国时期民间房地产买卖，一般是通过经纪人介绍，双方协商成交后，先约定（俗称打大定），交付一定的定金，写明买卖双方姓名、房地产位置、四至等内容，邀请乡约，牌头即乡、保、甲长，近邻和中证人等参加、作保，并

---

① 成都市档案馆馆藏民国档案：《成都建筑业同业公会送成都市政府关于呈报本会章程会员名册及当选委员名册一案的呈文》，《建筑业同业公会筹备成立、缴验许可证章程，委员、会员名册呈报及市指令》，全宗号38，目录号12，案卷号1556，第17～25页。

第五章 政府对于民国时期成都房地产业相关组成环节的管理——建设和经营

设宴请客，送红封表示酬谢。数日内清房交价，立扫盘契。报经地方政府办理"公告"或"宣布"，为期15日。期满无异，双方会同四邻清界，再邀请乡约、牌头、近邻、中证等人，设宴请客，正式签订"杜卖"或"摘卖"文契。买方凭契约到税收机关上税、贴印花、加盖地方政府官印后，即称"红契"，凭此管业。这种房地产交易形式，相沿成习。①

民国时期，民间立契，多由经纪人参与签订，并经政府税印后，持"红契"管业。但由于民间房地产权变动频繁，若久不清理，必造成交易中草契、"白契"泛滥，各级机关或军队等参与土地管理，凭证管业混乱。1941年成都进行土地登记之后，有关人士持《土地所有权状》管业，情况即有所改观。

二、典当

清至民国时期，在民间房地产交易中，与买卖同时并存的另一种形式是典当。出典人和承典人在中介人的说合下，双方邀请中证人等签订典当契约，载明典当期限，届满时可以赎回。有的载明过期不赎作为绝卖，在超期一定时限后，按契约订立条款办理杜卖手续，补交买卖契税，办理移转登记，才能取得房地产所有权。由于典当涉及权利、义务人的关系较为复杂，在房地产交易中纠纷较多。

在传统房地产交易中，"典"与"卖"的区别就在于"能否回赎"，《大清律例》规定："以价易出，约限回赎者，曰典。"而"活契典当田房，一概免其纳税。其一切卖契无论是否杜绝，俱令纳税"②。但这样一来，民间房地交易中交易双方为了节省税款，而弄虚作假、以买作典的情况时有发生，清后期因此对于"典"在民间买卖房地产中也有相应的规定："（一）卖产立有绝卖文契，并未注有找贴字样者，概不准贴赎。如契未载绝卖字样，或洽谈年限回赎者，并原回赎。若卖主无力回赎，各市地凭中仅估找贴一次，另立绝卖契纸。若买主不愿找贴，听其别卖，归还原价。倘已经卖绝，契载确凿，复行告找告赎及执产归原先尽亲邻之说，藉端肯勒，希图短价，并典限未满，而业主强赎者，俱照例重律治罪。（二）嗣后民间置买产业，如系典契，务于契内注明回赎字样，如系卖契，亦于契内注明'绝卖'、'永不回赎'字样。（三）凡州不受允官征收的田房契税，照征收钱粮例，别设一柜，令业户亲自执契投税。该

---

① 成都市地方志编纂委员会编纂：《成都市志·房地产志》，成都：成都出版社1993年版，第78页。
② 《大清律例子会通新纂》（卷八），"户律田宅"，转引自马学强：《从传统到民国时期：江南城镇土地产权制度研究》，上海：上海社会科学院出版社2002年版，第87页。

州县即粘司印契尾，给发收执。巨业户混交匪人代投，致被假印诓骗者，照例重律杖八十，责令换契重税。倘州不粘司印契尾，侵税人已……照例议处。（四）民人典当田宅，契载年份，统以十年为率，限满听赎，如原业主力不能赎，听典主投税过割执业。如在典契内发现多载年份，一经察觉，追缴税银，照例治罪，典拟以十年为期。"①对典期作限定，有助于减少土地纠纷，厘清民间产权。由此得见，在清代传统封建社会中，政府对公、私田地房屋财产通过法律进行保护：在保证纳税情况下，允许民间置买产业，并保证其拥有土地的各种权利，包括土地财产的继承权、典权、让渡权、买卖权等；针对民间在田宅置买时经常出现的"典""赎"等纠纷，做了某些规定，如期限规定，还对"贴赎""绝卖"等严加区分。

在成都地区传统房地产交易形式中有一种称为大佃权的典押形式，其由来究始现已无从稽考，顾其事实的形式不外下列两种原因：（1）即我国一般人民尊重祖宗之观念极深，假设有人变卖祖业愧对祖先，为乡党所不齿，抑为社会所蔑视，认为败家之流。此种心理深入人心，故虽至贫困亦恒不愿出卖其祖业。然迫于生计势又不得不另行设法，以供应其当前之需要。（2）即吾国人民门阀观念太深，富有者多不从事生产，一旦家业败落，生活艰难，即着想于其仅有之田宅，但又不愿即行出卖而损名誉，乃以另一方式转移其产业之管有使用，并保留他日赎取之余地。②因此遂有大佃权事实之产生，历代相沿，久成习惯。

大佃权之性质系为支付重押轻租（其租金额极少而仅附载于大佃契上，实际业主并不收用等于无租），将他人的不动产订立一定的年限（不定年限者亦有），暂为自己占有而为使用收益之权。用益人不向出佃人另收利息，迨期限届满时，由出佃人备齐当时收受的原价返还于用益人而将出佃之房屋或田地赎回，而所定之大佃契约亦自此失去效力。如逾期而出佃人仍无力赎回者，无年限之限制，出佃人亦不得因此失去所有权。大佃权在存续中大佃权人可以不超过原价及佃期而转佃或招租，大佃契上未定年限者，其转佃或与第三人成立租赁契约亦不得订立年限，尚遇出佃人因急需欲变卖其大佃之目标物时，大佃权人如果提出同一之价额而愿承买者，大佃权人有优先承买权。

---

① 《大清律例子会通新纂》（卷八），"户律田宅"，转引自马学强：《从传统到民国时期：江南城镇土地产权制度研究》，上海：上海社会科学院出版社2002年版，第87～88页。
② 成都市档案馆馆藏民国时期档案：《大佃权应并入典权之说明》，全宗号93，案卷号2，目录号4359，第19～20页。

大佃权之性质，如上述核与民法物权编之典权性质相类似，查民法中称典权者，谓支付典价占有他人之不动产而为使用收益之权，据此定义与大佃权之支付重押将他人之不动产暂为占有，而为使用收益之目的纯为相同。

又查民法中规定，典权存续中典权人将典物转典或出租于他人，但契约另有约定，即依其约定。典权定有期限者，其转典或租赁之期限不得逾原典权之期。未定期限者，其转典或租赁不得定有期限转典之，且典价不得超过原典价。核其规定与大佃权之可以转佃或出租等情相同，其价额其期限亦受典权同样之限制。

民法规定出佃人将典物之所有权让与他人时，如典权人声明提出同一之价额，留卖者出典人无正当理由不得拒绝。此条之规定与大佃权人有优先承买权之习惯相同。

按民法规定典权人定有期限者于期限届满后，出典人得以原价赎回典物，此与大佃期满，出佃人得备齐原价赎回大佃物之惯例相同。本条第二项又规定，出佃人于典期届满后，经过二年不以原价回赎者，典权人即取得典物所有权之惯例相符。但大佃权无年限上限之事实与民法物权未施行前之典权回赎年限无限制相同。

以上大佃权各项惯例，既与典权相符，人民不依法成立典权而所以愿成立大佃权者，系以典权须完纳典税，而大佃权之成立依当地惯例不缴纳任何税捐，仍可收得典权之实惠，所以人民为避免缴纳典税起见，均愿成立大佃权。然此所谓之大佃权，虽然民法物权编未有此种名称之规定，但大佃权究属用益物权与典权之用益目的相同。①

三、房屋租赁

民国以来，成都私产出租房屋，主要依托于市场调剂，利用供求矛盾，自由竞争，属于资本的自由经营方式。租赁形式普遍采用租、押金并行方式，以押为主，逐渐开成了"无押不成租"的习俗。1940年以后，由于法币贬值，押金支付手段被实物支付取代，加深了租赁矛盾。"指房作借""连根烂"等旧俗乘机泛滥，加之"二房东"从中转手，提高租额，致使租赁混乱的局面愈演愈烈，纠纷层出不穷，逼佃撵佃的情况常有发生，甚至酿成惨案或悲剧。

---

① 成都市档案馆馆藏民国时期档案：《大佃权应并入典权之说明》，全宗号93，案卷号2，目录号4359，第19~22页。

(一) 房屋租赁的主要形式——租、押

民国时期沿袭清代租、押金并行的房屋租赁习俗。1936年,四川省政府曾颁布《成都市房屋租赁细则》,做限制性的规定:押金最高不得超过租金的10倍,并于进宅前交付;月租金应以地价及建筑费总额,除去押金后计算,不得超过月息1分2厘。1939年改为出租房屋,除承租人不能取得妥实保人外,出租人不得索取押金,试图取消这种旧俗。并重新规定:押金不得超过两个月租金,月租金按房屋建筑费月息2分计算。但民间出租私房,仍未改变"无押不成租"的旧俗,租、押金额也未曾得到有效控制。

仅据当时留存部分房产租赁资料,"私营溥益地产公司在城内同仁路、八宝街等地出租的400余间房屋,每个自然间①以银元计价,其租赁价格月租在3元以上,另有押金30元左右。按房屋综合平均市价每平方米5.49元②计算,每间房屋价值85.10元,约合大米3石。所付押金相当于房价的35.31%,月租相当于房价的3.5%,均超出政府1939年的规定"③。

这里以一份民国24年(1935年),成都市区内历来最繁华、地价最高的春熙路房屋租约文契,即相关租佃纠纷档案材料为例说明当时租金及押金情况:④

> 立书佃房文约人谢融康:今佃到志远堂名下春熙西路十五号坐北向南铺房壹间,天楼地板俱全,概系空房招租,当凭证人议定,实付无息押金大洋壹佰元整。每月实称租金大洋拾陆元整,按月照付,不得短少。倘有拖欠应在押金内扣除,所有街面灯油团捐杂项费用概由佃户自理,如有特别捐款不在此例,概由业主承担。无凭特立佃约一纸为据。介绍证人永和斋(住中新街),承佃人谢融康。民国二十四年十一月。出租人:钟西坪

到民国24年(1935年)11月,业主钟西坪向成都市政府呈请因向承租人

---

① 以1942年成都市《疏散区房屋标准价格实施细则》规定,每间房屋以一丈宽一丈四深大小比率为准计算标准间(折合15.56平方米)。

② 1943年为征收建筑改良物税,经多次重估,到1949年以银元折算,每平方米总平均价5.49元。其中,砖结构房11.36元,砖木结构房6.06元,木结构房4.28元(当月米价,每石27元)。

③ 田凯:《抗日战争时期内地大城市房地产市场状况探究——以成都为例》,《地方文化研究辑刊》2015年第2期。

④ 成都市档案馆馆藏民国时期档案:《春熙西路商民钟西坪呈请追缴租金恳鉴饬迁》,全宗号38,目录号13,案卷号38,第64~66页。

第五章　政府对于民国时期成都房地产业相关组成环节的管理——建设和经营

谢融康催缴租金不得,而欠租之和已超过押金之数,所以呈请解除租佃关系,而谢融康拒不搬迁,故向政府申请解决此租佃纠纷。并计算其所欠租金数目如下:"谢融康押银一百元整,每月租金十六元整。民国23年(1934年)全年底止两下结清,应交租洋一百一十四元,又从民国24年(1935年)正月起租算至二十四年十月底,共计十个月,每月十六元,应合租洋一百六十元整,除民国二十四年已交租洋八十元,共计实欠租洋一百九十四元整是实。"而谢融康租房时所缴押金为一百元,所以押金已不能抵消所欠租金。

根据业主钟西坪的呈请,市政府经过核查,判定其为租佃纠纷,即按照当时的规定先应报至房屋所属区的首人即保长调处,如有不服再行上报为呈。

根据这一案例可知:(1)无租不成押的确在民国时期民间房屋租赁中有其存在的原因,如在本案中就可起到在一定程度上保护业主利益的作用。(2)当时的民间房屋租赁已有相当完善的契约格式、签约规则及发生纠纷时的处理办法。(3)作为成都市内房租较高的春熙路商圈的铺房,1935年其房租价格已开始让承租者出现了由欠租导致的房佃纠纷,较之其后不久就会开始的市区房租价格一轮又一轮的涨价热潮,以此价格租到这样的铺房是万万不可能了。

表5-4为民国27年(1938年),由萧铮组织地政学院的学员对当时全国各省市县乃及乡村土地问题进行周密详尽的调查,统计得出的当年成都市区部分街区的租押情况。

表5-4　民国27年(1938年)成都市区部分街区租押统计①

商业区							
街名	门号	押金(元)	月租(元)	街名	门号	押金(元)	月租(元)
总府街	2	150	14	总府街	43	300	4
总府街	8	200	25	总府街	45	350	7
总府街	17	500	70	总府街	46	1000	20
总府街	24	1150	30	总府街	48	500	70
总府街	31	400	14	总府街	54	50	7
总府街	34	800	40	总府街	67	100	10
总府街	36	400	37	总府街	67	200	10

---

① 《成都市地价与房租之研究》,《民国二十年代中国大陆土地问题资料》,第77卷,台北:成文出版社1977年版,第40892~40899页。

续表5—4

总府街	86	300	22	总府街	127	500	50
总府街	101	300	44	总府街	139	700	70
总府街	113	130	12				
春熙北路	1	2000	100	春熙北路	34	1500	160
春熙北路	3	300	50	春熙北路	50	3000	300
春熙北路	3	500	50	春熙北路	52	3000	300
春熙北路	8	500	50	春熙北路	66	2000	160
春熙北路	11	1000	60	春熙北路	84	5000	150
春熙北路	25	500	50	春熙北路	96	400	30
春熙北路	26	1000	80	春熙北路	101	300	30
春熙北路	28	2000	120	春熙北路	102	300	40
春熙北路	28	5000	220	春熙北路	32	800	100

住宅区							
街名	门号	押金（元）	月租（元）	街名	门号	押金（元）	月租（元）
泡桐树街	1	30	4	泡桐树街	14	400	14
泡桐树街	3	100	10	泡桐树街	16	14	2
泡桐树街	5	600	21	泡桐树街	20	400	12
泡桐树街	7	50	4	泡桐树街	23	50	6
泡桐树街	9	14	2	泡桐树街	27	20	2
泡桐树街	10	200	20	泡桐树街	30	100	10
泡桐树街	10	200	4	泡桐树街	37	100	8
泡桐树街	13	14	2～5	泡桐树街	40	250	13
泡桐树街	49	30	3	泡桐树街	41	200	20
泡桐树街	56	200	10	泡桐树街	45	400	25
娘娘庙街	1	30	2	娘娘庙街	43	400	14
娘娘庙街	2	200	7	娘娘庙街	49	400	24
娘娘庙街	6	100	6	娘娘庙街	50	500	20
娘娘庙街	9	80	3	娘娘庙街	51	300	14
娘娘庙街	12	40	3	娘娘庙街	52	300	55

第五章 政府对于民国时期成都房地产业相关组成环节的管理——建设和经营

续表 5-4

街名	门号	押金（元）	月租（元）	街名	门号	押金（元）	月租（元）
娘娘庙街	23	400	40	娘娘庙街	8	200	6
娘娘庙街	24	500	30	娘娘庙街	13	20	1~5
娘娘庙街	39	300	18	娘娘庙街	15	20	1~5
娘娘庙街	28	1100	5	娘娘庙街	17	100	4
娘娘庙街	34	50	4	娘娘庙街	25	100	5
娘娘庙街	15	20	1.5	娘娘庙街	28	2000	5
娘娘庙街	17	100	4	娘娘庙街	34	50	4
娘娘庙街	25	100	5				
贫民区							
街名	门号	押金（元）	月租（元）	街名	门号	押金（元）	月租（元）
同兴街	13	20	1	同兴街	75	3	0.4
同兴街	2	20	2.7	同兴街	75	10	0.5
同兴街	5	50	3	同兴街	86	10	0,6
同兴街	7~8	80	6	同兴街	96	4	0.4
同兴街	10	70	3.5	同兴街	106	20	1.2
同兴街	11	10	0.5	同兴街	116	170	2.3
同兴街	14	14	1	同兴街	126	4	0.5
同兴街	18/3	7	0.5	同兴街	136	28	3.4
同兴街	18/6	5	0.2	同兴街	138	24	1.4
同兴街	19	14	0.8	同兴街	157	7	1
同兴街	35	6	1	同兴街	167	14	1
同兴街	46	20	1.7	同兴街	177	14	1
同兴街	55	20	1	同兴街	178	14	0.5
同兴街	65	12	1.2				
西御河街	2	14	0.5	西御河街	104	30	1.8
西御河街	11	20	1.5	西御河街	114	14	1
西御河街	21	28	2.5	西御河街	124	20	2
西御河街	31	20	1.5	西御河街	134	28	1.5
西御河街	42	14	0.5	西御河街	145	10	1

续表5-4

西御河街	52	10	0.4	西御河街	155	14	1
西御河街	62	10	1	西御河街	165	15	1.5
西御河街	73	20	1.8	西御河街	175	14	1
西御河街	83	20	1.8	西御河街	186	20	2
西御河街	93	28	1				

表5-5 三区房租对押租的平均数比例统计表

区别	房租（元）	押租（元）
商业区	1	14
住宅区	1	23
贫民区	1	16

由表5-5可见，住宅区押租最贵，平均每元房租需配上23元的押租，商业区房租每元只需14元押租即可，不过商业区押租的绝对数还是最大的。这与土地管理法所规定的不能超过两个月房租的总额相去甚远。成都房地产交易的习惯：押租重则房租轻。这似乎有一部分是事实。但押租的研究，应是以其利息加入房租而计其对于房地价所形成的利率为依据的。

1939年以后，物价上涨迅速，法币大幅贬值，年复一年，从无休止。在这段时期中，由于地价波动频繁，一日数变，导致租约朝定夕改，纠纷不断，租佃关系紧张，秩序十分混乱。到1943年，租、押金已无标准可循，以实物折算的种类繁多，除比较普遍的以银元、大米的市场价进行折算外，有的用布匹、绸缎、棉纱甚至用猪肉、茶叶、菜油等进行折算。由于标准失控，折算各异，改约频繁，造成租、押金畸高畸低。有相同结构和用途的房屋，因地区不同而高出10倍以上；也有的在同一地区，仅结构不同而高出数倍；还有的在同一地区，同样的结构和用途也高低不同。据1943年的调查，对于砖结构住宅楼房，春熙路每间月租400元、押金6000元。而东珠市街同样的结构和用途，每间月租30元，押金450元，月租和押金分别相比相差13倍，押金同是月租的15倍。同处文庙前街同样一间住房，砖结构月租30元，押金500元，而木结构月租10元，押金200元，前者分别为后者的3倍和2.5倍，押金为月租的16.6倍和20倍。就上述三条街出租房屋的房价与租、押金相比，仍然悬殊；春熙路砖结构每间房价（以银元折算法币）11973元，月租为房价

3.3%，押金为房价的50.12%，文庙前街的砖结构房，月租为房价的0.25%，押金为房价的4.21%。

如表5-6，民国32年（1943年），成都市政府地政科按地段、房屋样式、等级，对近六年来成都市部分房屋的房租情况进行了调查统计。

表5-6 成都市房租调查统计表（租额单位：元）①

街名	房屋类别	时间租额等级	1942年12月	1942年11月	1942年10月	1942年9月	1942年8月	1942年7月	1942年1—6月	1941年7—12月	1941年1—6月	1940年7—12月	1940年1—6月	1939年	1938年
春熙路北段	中式楼房	上等	800	800	800	800	800	800	600	300	300	120	120	100	100
		中等	600	600	600	600	600	600	400	200	200	70	70	60	60
		下等	400	400	400	400	400	400	200	100	100	50	50	40	40
	西式平房	上等	1200	1200	1200	1200	1200	1200	1000	440	440	220	220	200	200
		中等	800	800	800	800	800	800	600	280	280	140	140	120	120
		下等	600	600	600	600	600	600	400	180	180	90	90	80	80
	西式楼房	上等	1200	1200	1200	1200	1200	1200	1000	500	500	250	250	210	210
		中等	1000	1000	1000	1000	1000	1000	600	300	1200	150	150	120	120
		下等	800	800	800	800	800	800	500	240	240	120	120	90	90

---

① 成都市档案馆馆藏民国时期档案：《成都市房租调查统计表》，《市府关于房租地价调查表、地价区范围土地市价册呈报及省府指令》，全宗号38，目录号13，案卷号42，第25~57页。

续表5-6

街名	房屋类别	时间租额等级	1942年12月	1942年11月	1942年10月	1942年9月	1942年8月	1942年7月	1942年1—6月	1941年7—12月	1941年1—6月	1940年7—12月	1940年1—6月	1939年	1938年
暑袜北一街	中式平房	上等	150	150	150	150	150	150	100	40	40	20	20	10	10
		中等	100	100	100	100	100	100	50	30	30	15	15	8	8
		下等	70	70	70	70	70	70	40	20	20	10	10	5	5
	中式楼房	上等	160	160	160	160	160	160	160	40	40	20	20	10	10
		中等	120	120	120	120	120	120	120	32	32	16	16	8	8
		下等	100	100	100	100	100	100	100	24	24	12	12	6	6
长顺上街	中式平房	上等	80	80	80	50	50	50	28	28	14	9	7	3	3
		中等	50	50	50	30	30	30	24	24	12	7	5	2	2
		下等	30	30	30	20	20	20	15	15	10	6	4	1.5	1.5
	中式楼房	上等	300	300	300	120	120	120	60	60	30	16	14	6	6
		中等	200	200	200	80	80	80	40	40	20	14	12	5	5
		下等	100	100	100	60	60	60	30	30	15	12	10	4	4
东胜街	中式平房	上等	200	200	200	100	100	60	60	32	32	16	8	2	2
		中等	100	100	100	50	50	30	30	24	24	12	6	1.5	1.5
		下等	50	50	50	30	30	20	20	16	16	8	4	1	1

续表 5-6

街名	房屋类别	时间租额等级	1942年12月	1942年11月	1942年10月	1942年9月	1942年8月	1942年7月	1942年1—6月	1941年7—12月	1941年1—6月	1940年7—12月	1940年1—6月	1939年	1938年
东城根街	中式平房	上等	60	60	60	50	50	50	6	14	14	7	6	2	2
		中等	50	50	50	40	40	40	20	10	10	5	4	1.5	1.5
		下等	40	40	40	30	30	30	16	8	8	4	3	1	1
	中式楼房	上等	100	100	100	80	60	60	50	24	24	12	6	4	4
		中等	80	80	80	50	50	50	40	20	20	10	5	3	3
		下等	60	60	60	40	40	40	30	16	16	8	4	2	2
长顺下街	中式平房	上等	80	70	70	50	30	25	25	22	22	15	15	8	8
		中等	50	50	50	30	20	20	20	15	15	12	12	5	5
		下等	40	40	40	25	15	15	15	12	12	10	10	2	2
	西式楼房	上等	80	80	80	55	30	30	30	25	25	20	20	10	10
		中等	60	50	50	35	25	25	20	20	20	15	14	8	8
		下等	50	45	40	30	20	20	15	15	15	12	12	5	5

续表5-6

街名	房屋类别	租额等级	1942年12月	1942年11月	1942年10月	1942年9月	1942年8月	1942年7月	1942年1—6月	1941年7—12月	1941年1—6月	1940年7—12月	1940年1—6月	1939年	1938年
中南大街	中式平房	上等	700	700	700	700	700	700	650	400	400	200	50	20	20
		中等	600	600	600	600	600	500	500	500	500	150	100	10	10
		下等	400	400	400	400	350	350	200	200	200	100	80	5	5
	中式楼房	上等	750	750	750	750	750	750	650	650	400	400	200	30	30
		中等	700	700	700	700	700	700	550	550	300	300	150	15	15
		下等	600	600	600	600	600	600	450	450	200	200	100	6	6
	西式平房	上等	700	700	700	700	700	600	600	600	600	500	250	210	120
		中等	680	680	680	680	680	640	640	550	440	400	200	15	15
		下等	620	620	620	620	620	600	600	500	500	300	150	60	60
	西式楼房	上等	900	900	900	900	900	900	700	650	650	650	300	30	30
		中等	880	880	880	880	880	880	650	600	600	500	250	15	15
		下等	780	780	780	780	780	780	580	450	450	400	200	80	80
上南大街	中式平房	上等	200	200	200	200	200	140	140	140	80	80	80	60	20
		中等	160	160	160	160	160	120	120	120	70	70	70	50	50
		下等	100	100	100	100	100	100	80	100	60	60	60	40	10

续表 5-6

街名	房屋类别	时间租额等级	1942年12月	1942年11月	1942年10月	1942年9月	1942年8月	1942年7月	1942年1—6月	1941年7—12月	1941年1—6月	1940年7—12月	1940年1—6月	1939年	1938年
天福街	中式平房	上等	300	300	300	300	300	300	25	200	180	150	150	100	30
		中等	200	200	200	200	200	200	180	150	120	100	100	60	20
		下等	100	100	100	100	100	100	80	60	50	40	40	20	8
	中式楼房	上等	400	400	400	400	400	400	350	300	250	200	200	120	40
		中等	300	300	300	300	300	300	250	20	180	150	15	100	30
		下等	200	200	200	200	100	200	180	150	120	100	100	60	20
椒子街	中式平房	上等	200	200	200	200	200	200	180	150	120	100	100	60	20
		中等	100	100	100	100	100	100	80	60	50	40	40	20	8
		下等	40	40	40	40	40	40	35	30	28	25	25	10	3
	中式楼房	上等	250	250	250	250	250	250	220	200	180	150	150	80	25
		中等	150	150	150	150	150	150	140	120	100	80	80	30	10
		下等	80	80	80	80	80	80	70	60	50	35	35	20	7
石灰上街	中式平房	上等	150	150	150	150	150	150	150	100	100	40	40	20	10
		中等	120	120	120	120	120	120	120	90	90	35	35	16	8
		下等	100	100	100	100	100	100	100	80	80	30	30	10	5
石笋街	中式平房	上等	20	20	20	20	20	20	20	15	15	10	10	3	2
		中等	18	18	18	18	18	18	18	10	10	8	8	2	1.5
		下等	15	15	15	15	15	15	15	8	8	5	5	1	1

续表5－6

街名	房屋类别	时间租额等级	1942年12月	1942年11月	1942年10月	1942年9月	1942年8月	1942年7月	1942年1—6月	1941年7—12月	1941年1—6月	1940年7—12月	1940年1—6月	1939年	1938年
花牌坊街	中式平房	上等	20	20	20	20	20	20	20	16	16	8	8	2	1
		中等	18	18	18	18	18	18	18	12	12	6	6	1.5	0.8
		下等	15	15	15	15	15	15	15	8	8	5	5	1	0.5
灶君庙街	中式平房	上等	20	18	16	14	12	10	8	6	5	3	2	2	2
		中等	16	15	14	12	10	8	4	3	2	1.5	1.5	1.5	1.5
		下等	5	5.5	5	4	3	2	1	1	0.5	0.5	0.5	0.5	0.5
鼓楼北街	中式平房	上等	40	40	40	40	40	40	20	20	20	8	8	4	4
		中等	20	20	20	20	20	20	10	8	8	6	6	2.5	2.5
		下等	8	8	8	8	8	8	4	4	4	3	3	1	1

1943年以后，租、押金以实物折算支付法币的情况更加混乱，租、押标准的差距愈拉愈大。据市政府对1943年至1946城内的春熙路、总府街、提督街、西御街、东城根街、文庙前街和东珠市等7条街的调查，最高的是春熙路砖木结构房屋，每间月租占房价12.69%，押金占房价的76.92%。最低的是东珠市街每间月租占房价的0.17%，押金占房价的4.3%。占房价的比例高、低相差月租是74倍，押金是17倍。市区内商业比较繁华的街道，月租一般占房价的5%～12%，押金占房价的30%～70%；居住比较集中的地区月租占房价2%，押金占房价的15%。

1946年以后，法币贬值加剧，促使"指房作借""连根烂"[①]等旧习再度泛滥，成为引发逼租、撵租甚至酿成悲剧的重要原因。如1947年初，蒋某某

---

① "指房作借"是租户被迫进行的行为。房主先向租户借一笔比租金、押金更高的法币，住进以后再由房主分期偿还法币，偿还时法币已经贬值，往往利在房主，租户苦不堪言。"连根烂"指房主向租户一次性收到高于租金、押金的钱，作为预收房租，期满退房不退钱，故又称"先称后住"。

租用房主胡某某在西大街的房屋开设文友茶园，为预交200万元租金（当年初大米每石22.66万元），因无法筹措，被迫投井身亡。

据解放初成都市人民政府对民国时期私有出租房屋的租赁关系进行的调查，仅东城区旧二区76条街巷11000多户，出租户就有9000余户，占81.8%。有押有租，一次预交月、季、半年、年租的比较普遍。而重押余户，指房作借、连根烂、预付两年以上的占10%左右，但情况比较复杂，租赁关系十分混乱。

（二）租金

民国时期，社会出租房屋中以私房住宅居多。出租房屋一般不分用途，概以间数为计量单位，以房屋质量、环境、地区为计价标准，经双方自由议定，政府根据民间习惯制定了相应的议价标准公布实施。

1936年，成都市公布的《房屋租赁细则》规定："除押金最高不得超过月租的10倍以上，租金应于地价及建筑费总额内，除去押金后计算，不得超过月息1分2厘。"开始尚能基本维持这个标准进行议定。抗日战争期间，成都市人口猛增，物价上涨，住房奇缺，房主利用房荒提高房租，普遍超出规定。1939年的《成都市租房租约》规定："1. 租佃照租金百分之十计征，凡押金不得超过每月租金数目五倍，有如超出即按其超出数以年息一分算作收益，仍照率计捐。2. 凡租佃契约解除时，应将原约缴销，违者科以十元以下之罚金。3. 租金押金如有增加，应将原约缴销换领新租约填报核捐，违者照章处罚。4. 如将租佃房屋之一部分转租与人者，其转租佃户应领租约填报，原佃户并应将原领租约第三第四两联租约缴付加盖转租戳记，注明分担房捐数目，以凭纳捐，违者照章处罚。5. 房捐系课征业主收益佃户无代缴旧佃户欠缴之房捐，新佃户应一并缴纳，持据向业主抵扣房租，佃户业主不得以此项租约收据姓名不符致生异议，违者照章处罚。"①

在1939年由地政学院所做的《成都市地价与房租之研究》中，对当时成都市区房租水平以住宅区、贫民区和商业区分别进行了对比及讨论。

成都房屋的建筑，除蜈蚣区及公用房屋较为坚实外，市面几乎十分之九是矮木屋，既简陋，又古老，令人一眼望出成都是一个中世纪农业都市。房屋在

---

① 成都市档案馆藏：《成都市租房租约》，《市府房屋租佃纠纷调解委员会条例、租约，重庆市房屋租赁办法呈报及省府指令、训令》，全宗号38，目录号13，案卷号16，第12页。

供给方面，中上阶级向无问题，但战后的人口增加，即刻很紧张地表露出住宅缺乏。至于中下阶级，由民元以来，一直是感到人口拥挤，房屋不合卫生，房租昂贵等痛苦，不过社会舆论及政府即不曾提出过这个问题，他们也一直无法表白，无处申诉。房屋分配则贫民区大多是二三家挤在两间一方丈的屋子里，厨房、寝室、厕所、工作室全在这方丈之内，所谓卫生、文化、道德等，在这儿是全谈不到的。而蜈蚣区的房屋，却全是满人为主子时的排场，门口有传达室，门内有庭园，而居堂、内宅、书房……无不俨然全备，而居住密度也较贫民区住宅低多了。出租的房屋，最低利率为七厘，这多在繁盛商业区；至于贫民区与偏僻街道，则利率有高到三分以上的。成都房地产买卖，向以房屋与地皮混同作价，所以房租与地租利率是分不出的。①

1939年，成都市政府为适当控制租金过高的情况，根据《四川省房屋租赁暂行规定》，结合成都的情况，公布《成都市非常时期房屋租佃细则》，重申租金应以房屋的价值为标准，明确规定：房屋在民国26年（1937年）以前建造的，其租金增长不得超过原价的1‰；民国27年（1938年）以后新建的房屋，其租金不得高于建筑费和地皮价值总数内，除去押金的月息1分2厘。

1942年，四川省公布的《限制房屋租金最高标准原则》规定：房屋租金或担保金（成都称押金）均应以国币按月计算，不得以实物或金银为计算租金标准，并不得预收一个月以上房租。同年，成都市疏散委员会公布《成都疏散区房屋标准价格实施细则》，对成都5里外50里以内的房屋又做了具体规定：房屋分甲、乙、丙三等（即西式、木结构、草房），每间以1丈宽，1.4丈深为标准计间，月租以原房建筑费月息2分计算，每间房屋不得超过甲等30元、乙等20元、丙等10元。押金为月租3倍。租赁双方须立约，并经保甲长监证。由于物价无休止猛涨，房屋租金纷纷改用实物计算，普遍以银元和大米支付。

而公有土地出租面积和租金标准，缺乏详细的史料记载。1946年，成都市政府《公有土地详表》中记载：公土27处，共226.85亩，除公园、学校5处共179.55亩处，其余出租的22处，47.3亩，月收租金33990元（法币），平均每亩年租8678元（法币）。

---

① 《成都市地价与房租之研究》，《民国二十年代中国大陆土地问题资料》，第77卷，台北：成文出版社1977年版，第40867～40869页。

(三) 成都市各界房租指数研究

1. 房租指数研究的缘起

1938年,由成都市政府主持召集各界人士作《成都生活费用之研究》,其中由高志瑜、荣惜阴等人所作《成都市各界房租费用之研究》对当时成都市房租进行了系统性研究,并引入了房租指数这一在当时相当先进的概念,编制了成都市各界房租指数,对当时成都市房租进行了较为科学的调查研究。

2. 进行房租指数研究的步骤

(1) 进行房租调查并按区域和职业进行分类研究。

以具有代表性的380户家庭为调查对象,每三个月进行一次房租调查,后因房租变动频繁,改为每月调查一次,以此作为研究的基础资料。又因"近两年来由于空袭之影响,本市城外与城内房租之上涨率,有显著之差异,即附城与城中心房租之上涨,亦大有不同,故全市人口之分布,职业之分配,对于房租指数之代表性关系至密。若不预先明了全市各业人口之分布状况,而即从事房租调查,其结果易与事实相背"[①]。在调查中发现,成都市城市人口的分布,多以从事的职业身份类型聚居,职商界人口多集中于城中心区,而在附城或城郊地区也开始出现从商者之家;军政教育界人口占全市人口10%,而调查的军政教育界家庭数占总调查家庭数之50%,可见人口分布对于房租指数准确程度的影响很大。"故调查房租时,必须选择各区各业之适当代表家数,而欲选择之家数是否适当,又须以人口之分布状况为根据。"此次专门所作的全市人口资料统计调查为当时(1940年8月到12月)所采集的资料,因公安总局中无最近人口的资料,故由研究人员专门分赴全市各分驻所调查采集,"结果尚称圆满。仅茶店子一处缺少职业统计,乃请该所管理户籍人员,作一估计,大概与实际不至于相距过远"。调查所得的人口材料,即按区域和职业的区别加以分析研究。

以区域来划分,按平时状态,成都市城中心区商业繁盛,人烟稠密,故房租亦相对较高。但抗战时期日机轰炸频繁,人民皆不愿居住于城中心,故附城及城近郊之房租涨势迅速,有反超市中心之势。在此次调查研究中,将全市划分为四大区域:城中心区、附城区、城近郊区与城远郊区。原定划分标准为:城内距城门一里者,属附城区,一里以上者为城中心区,城外距城二里以内者,为城近郊区,逾二里者为城远郊区。"但因人口调查系以各分驻所所辖之

---

① 《成都市各界房租费用之研究》,《经济周讯》(成都),第75期,1941年5月,第665页。

地域为单位，故区域之划分间与上述原则略有出入，惟不过远。"① 根据调查分析的结果，居住城中心区的人口约占全市人口的30%，附城区约占45%，城近郊约为20%，城远郊则仅占10%。城远郊与城近郊的人口仍不甚多，可能是因为这两个区域房屋太少的原因。而附城区的人口远较城中心区为稠密，当是因为空袭这一特殊原因所致。

以职业来划分，即粗略地将成都市人口分为劳动负贩界、商贾店主界及军政教育界三类。调查结果为劳动负贩界占三界总人口44%，商贾店主占45.4%，而军政教育界则仅占10.6%（见表5-7）。其中商界由于营业的限制迁移困难，居住城中心区的人口百分数为三界之冠，而其附城区的百分数则最小。军政教育界适为其反，劳动界则居二者之间。在城近郊与城远郊军政教育界的人口百分数皆为最小，一则由于商界与劳动界其人口基数远比军政教育界人数多，二则由于商界与劳动界多为原就居于此中的居民，而军政教育界人口则有相当比例为内迁的军政机关和学校的工作人员、教师等外来人口。

表5-7　成都市四大区域内各界人口数目及其百分比（民国29年8月至12月调查统计）②

区别	人口数目				各区各界人口占三界人口的百分比			各区总人口占三界人口的百分比
	劳动负贩界	商贾店主界	军政教育界	三界总计	劳动负贩界	商贾店主界	军政教育界	
城中心区	25272	26972	6360	58604	12.9	13.8	3.2	29.9
附城区	43638	32270	12935	88843	22.2	16.5	6.6	45.3
城近郊区	14020	23243	1295	38558	7.1	12.0	7	26.1
城远郊区	3580	6135	131	9846	1.8	3.1	1	5.9
各区总计	86510	88620	20721	195851	44.0	45.4	10.6	100

（2）进行房租调查及指数编制。

根据人口调查的结果分析，以各区各界人口分布的百分比，计算得出编制房租数所需的调查各区各界的家庭数额（见表5-8）。"如此，一方面可以减少调查之家数，以利调查工作迅速进行；另一方面又可免去编制指数时再用人口加权计算之麻烦。"

---

① 《成都市各界房租费用之研究》，《经济周讯》（成都），第75期，1941年5月，第667页。
② 《成都市各界房租费用之研究》，《经济周讯》（成都），第75期，1941年5月，第668页。

第五章　政府对于民国时期成都房地产业相关组成环节的管理——建设和经营

表 5-8　成都市各区域内各界房租调查的家庭数目①

区别 \ 界别	劳动负贩界	商贾店主界	军政教育界	共计
城中区	13	14	3	30
附城区	22	16	6	44
近郊区	7	12	1	20
远郊区	2	3	1	6
全市总计	44	45	11	100

根据被调查的家庭房租资料，可进行房租指数的编制，具体步骤为：首先进行初步分析，将各界各家每月房租及住屋面积（以平方丈为单位），分别登录于统计表上，其中若有数家商界劳动界的住房与店房连在一处的，则将其店屋面积减去，其房租与押租亦按比例减除。然后以住房总面积，除其总房租，得每平方丈的房租。再以各界平均每个家庭成年男子单位应占的住房面积（根据前次的资料）乘之，得每标准间的房租。押租的计算方法亦同，仅须将其押金算成月利（按月利二分计算）。然后即进行具体的指数编制：将每标准间的房租及押租利息相加，得每成年男子单位的房租总费用，以民国 26 年（1937 年）1 月至 6 月的平均房租为基数一百，计算各年各月房租费用的百分数，即为各年各月的房租指数。图 5-1 即为民国 26 年（1937 年）至民国 30 年（1941 年）成都市各界房租指数表。

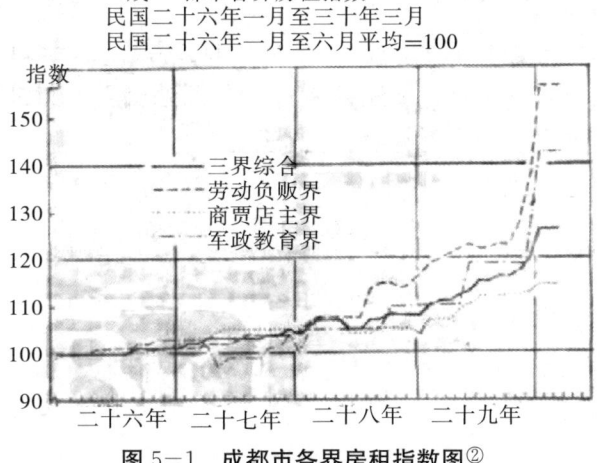

图 5-1　成都市各界房租指数图②

---

① 《成都市各界房租费用之研究》，《经济周讯》（成都），第 75 期，1941 年 5 月，第 687 页。
② 《成都市各界房租费用之研究》，《经济周讯》（成都），第 75 期，1941 年 5 月，第 668 页。

（3）房租指数变动趋势分析。

现就三界人群的不同情况，对其房租指数变化做简要分析：

①劳动负贩界：其房租由1937年5月起开始上涨，此后平均每半年左右即上涨一次，唯趋势尚称缓和；迄至1939年8月，因受当时一般物价激涨之影响，此界房租一度暴涨。此后逐渐上升，至1940年12月再度猛涨，继研究所成立之1941年1月，因时值年节，按照一般习惯当于此时提高房租，故而涨势更加剧烈。因而此界的房租指数上升最高，而据研究分析较大原因则在于"乃因本界各小营业如饮食茶工等由于物价腾涨，营业利益甚大，房主乃乘机提高其房租。而彼等因为营业关系不便迁移，且本界住屋本甚简陋，欲另觅廉价房屋亦不易得。同时此级房主，多系倚赖房产维生，其受物价暴涨之威胁则不得不提高其租金也"①。

②商贾店主界：在1937年内指数增长较为平稳，因成都依旧习惯为每年春节后再续新契，故此界房屋房租每年春季周期性短暂上涨，已渐成规律。1939年夏因空袭频繁，政府又强令疏散，此届房屋曾一度下跌，至1940年2月才复稳定，但至调查时为止，此界房屋租金指数仍属最低，盖因商界居民受行业限制迁移较少，且居住长久，押金又大，房主于契约之限制亦不能轻易增加房租的原因。

③军政教育界：受抗战影响，大量机关教育单位内迁，成都此界人口骤增，在1937年下半年时此界房租上升最为迅速。翌年夏，政府明令疏散，当时实行迁移者，亦以军政教育界为多，故此界房租一时大跌。直至1939年春方又回升，此后上涨趋势渐炽，至1941年1月，涨尤烈。其上涨周期大约相隔8个月，即每平稳8个月又上涨一次，也就是说每距一定时期，至与一般物价相差过大时，便会有一次上涨。

---

① 《成都市各界房租费用之研究》，《经济周讯》（成都），第75期，1941年5月，第668页。

第五章 政府对于民国时期成都房地产业相关组成环节的管理——建设和经营

④房租与生活费用指数之比较。

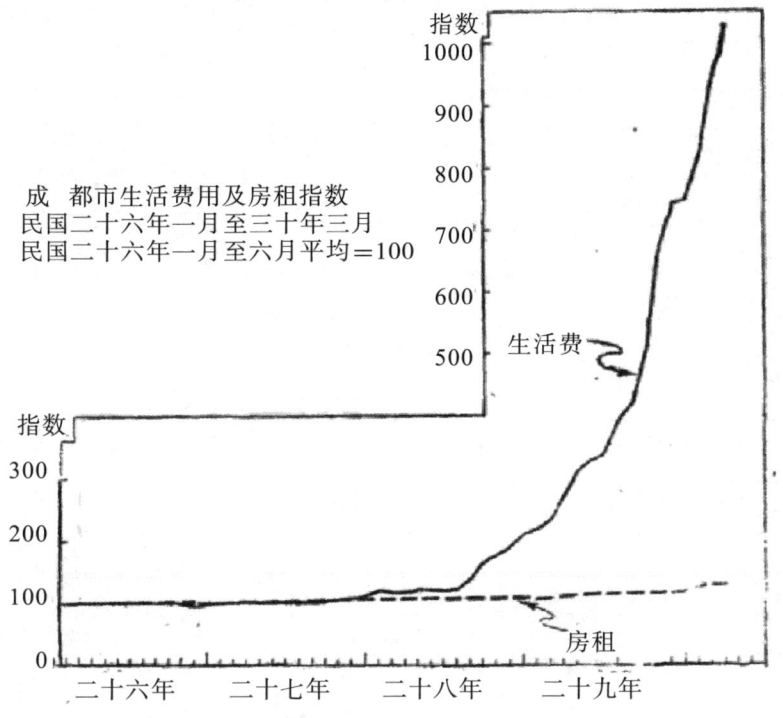

图5-2 成都市生活费用及房租指数图

成都房租与生活费用指数，在1937—1938年间，趋势是相当平稳的。1939年以后，生活费用即逐步上升，其指数由1939年1月的119.2涨至该年12月的208.4，上升了89.2点。而房租指数则仍波动于100~110之间。1940年以后成都各种物品价格皆大幅上涨，日用品价格增长尤烈，生活费用指数节节攀升，至1941年3月指数已突破1000大关，达到1023.3，比1940年3月份指数高出753.4，超过基期竟达920%以上。1941年3月房租指数较之上一年3月仅增长了15.6点，与抗战全面爆发前比较也仅增加了27%左右（见图5-2）。"房租所以不如生活费用指数上涨之速者，因由于受契约及习惯约束所致。然其不似他种物品，可以随处移动以趋利求售，亦为其主要之原因也。例如甲处米价高，则甲商人竞相运米到甲处，若乙处价高，由又可运往乙处。房屋则不同，如今日疏散区之房租甚高，租房者仍多向隅，城中心区则居民大减，租金亦低，而其房主即无法将其房屋移至疏散区内，眼见他处价高，亦无法趋利，故虽欲维持原状已属不易，又如何能提高房价？然而城郊房租生活费用迅速上涨，但事实上并不尽然，盖城外房租因受城中房租之牵制不能过分提高。因抗战时期一般人民之购买力薄弱,平日皆尽量压低其生活水平,若城外房租过高,使其力难担负,则彼等将未惶计及危险而趋往价低之处居住。因之本市之房租指数亦远不及生活指数上涨之速。"①

⑤房租与薪金及工资之比较。

军政教育界房租与教育界薪金指数做一比较可知,1937—1938年间,成都市一般日用品的价格皆甚平稳,所以教育界人士的薪金亦无大的变动,而房租则因1938年人口骤增,以及1939年夏因躲空袭而发生的大疏散使指数大幅振荡。1939年后,由于一般物价的剧烈上涨,薪资阶层的生活大受影响。故每当物价暴涨之后,教育界的薪金指数亦会发生变动,只是这一变动具有延迟性且速度没有物价上涨快。此界房租指数自1939年以后,也有继续上涨之趋势,但其速度远不及薪金增长的速度,且每当薪金上升四五个月后,房租也会随之发生一次变动,可见其间是有一定因果关系的(见图5—3)。

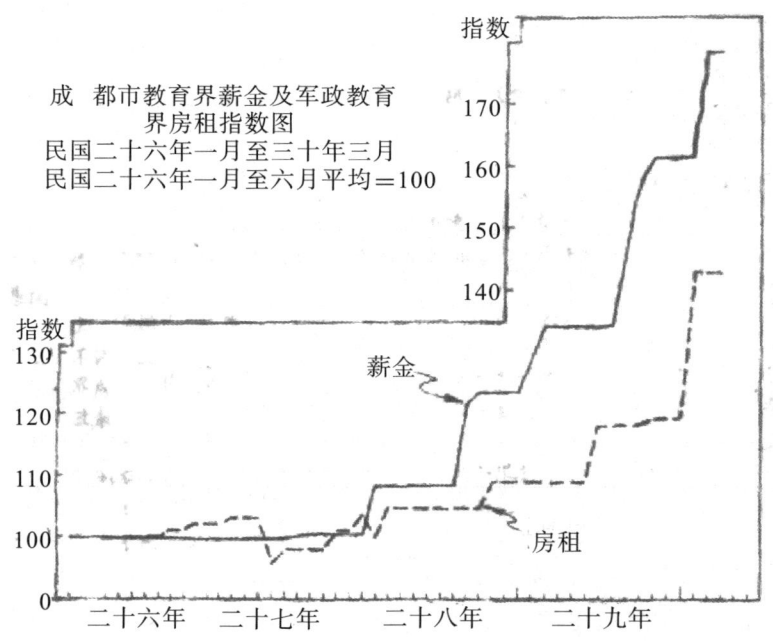

图5—3 成都市教育界薪金及军政教育界房租指数图

将当时劳动负贩界房租与普通工工资做一比较可知,劳动负贩界房租指数由抗战全面爆发以来至做此调查之时,虽均在逐渐上升中,但其趋势并不足以

① 《成都市各界房租费用之研究》,《经济周讯》(成都),第75期,1941年5月,第669页。

与普通工工资相比较。即最高如1941年3月的房租指数仅较战前高出56.3%，而普通工工资由1939年至调查进行的1941年数度上调，计1939年1月较战前上升86.2%，1940年1月较战前上升334.5%，到1941年3月已高达548.3%（见图5-4）。

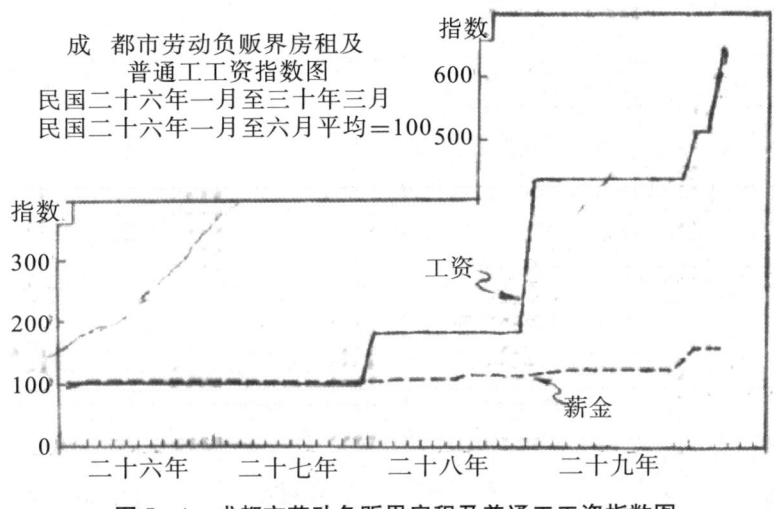

图5-4　成都市劳动负贩界房租及普通工工资指数图

3. 成都市各界房租指数调查研究的结论

此次对成都市各界房租指数的调查研究发现，劳动负贩界的房租上涨最快，军政教育界次之，商界最缓。劳动界人口房租增长迅速的原因据研究者归纳为以下几点：（1）战前房租相对处于比较低的水平，押租亦很少，所以上涨空间较大。（2）近年来从业者收入增加，房主乘机提高房租。（3）劳动负贩界人民收入水平低，住屋本极简陋，想要另觅廉价房屋实不易得。（4）房主多依赖房产为生，由于物价的高涨不得不提高租金等。至1941年3月，劳动负贩界房租指数较抗战全面爆发前上升了56%。军政教育界的人口因具有流动性，每次迁移即予房主加租的机会。而商界人民则鲜有迁移，且商界由于营业的关系，仍多居住于城中心区。军政教育界人士则多迁至附城居住，故军政教育界的房租上涨较商界之指数为高。1941年3月商界指数较基期上涨了14%，而军政教育界指数则上涨了42%。

在一般物价迅速上升的时候，生活费上涨速度最为迅速，薪资指数次之，而房租指数上涨相对较缓。且薪资上涨常慢于生活费用上涨，而房租则又落后于薪资，皆因为生活费用随物价上涨而增高，薪资则势必提高，如此薪资收入者方能维持其最低的生活水平。但房租由于房屋不像一般商品般可以趋利求售,故不能尾随物价及薪资上涨。且房主多不全恃房租收入以维持生计,故政府为谋大多数消费者利益计,常会以政令限制房租的增加。①

(四)二房东

二房东即承租者先以低价将房包租,再加价将房分租给各房客,由此不但其住房租金可由此出,每月还可从中获取租金若干。民国时期,在民房租赁中不断出现多种形式的"转租""转佃",即一人承佃若干房屋,再分别转租给他人。有的是亲朋故旧之间"转佃"或一人承佃,共同承租;有的是利用人际关系,从中说合直接承租转佃,捞取好处,或白赚房子住;更有专门从事转佃房屋的二房东,以此为业,从中渔利,佃户随高额租、押。当出现房荒,房租暴涨之时,即有二房东乘机大加房价,从中谋利;如不遂意,则百般挑拨恫吓,制造租佃纠纷,多致穷苦的房客利益受损。

从1937年到1945年抗战全面爆发期间,成都市人口由46.32万人猛增到74.22万人。政府为开发疏散区土地新建房屋,先后颁发疏散区建房的规定和禁止提高租价的政策。1939年9月,成都市政府公布《成都市非常时期房屋租佃规则》:"第七条,出租人除收取房租外得酌收押金,但不得以打扫费或其他名义向承租人额外要索。第八条,押金最高额不得超过每月租金之五倍,由承租人于进房时一次交付,退房时由出租人如数交还,但押金数目在本规则公布前议定者不在此限。第九条,出租人不得乘机居奇涨租价,对于原住房人除事先约定外,非有正当理由不得增加租金。"② 1942年,成都市政府公布《蓉疏散区房屋禁止提高租价实施条例》,并由疏散辅导委员会、警察局联衔发表告疏散区居民书:"劝勿提高租价,不得阻碍疏散工作,违抗政令。同时规定:每间房屋以一丈宽,一丈四尺深为准计算月租,甲等30元,乙等20元,丙等10元,押金为租金的3倍(当年初银元与法币市场比价为1∶17元)。"③ 即便如此,对于缓解住房矛盾仍收效甚微。大量转租、转佃情况的出现是因难民的大量涌入,使得城市房地产业的供求关系严重失衡而产生的。其中有些是市民同情入川难民,挤出小量住房出租或"转佃";但有的也是二房东乘机捞取好

---

① 《成都市各界房租费用之研究》,《经济周讯》(成都)第75期,1941年5月,第691页。
② 成都市档案馆馆藏民国时期档案:《成都市非常时期房屋租佃规则》,《市府房屋租佃纠纷调解委员会条例、租约、重庆市房屋租赁办法呈报及省府指令、训令》,全宗号38,目录号13,案卷号16,第12~14页。
③ 成都市地方志编纂委员会编纂:《成都市志·房地产志》,成都:成都出版社1993年版,第95页。

处，甚至产生再转佃的"三房东"或"四房东"的情况，租赁关系也更加混乱。民国后期由于法币迅速贬值，押金支付手段被实物支付取代，加深了租赁矛盾。"指房作借""连根烂"等旧俗乘机泛滥，加之"二房东"从中转手，提高租额，致使租赁混乱的局面愈演愈烈，纠纷层出不穷，逼佃撵佃的情况常有发生，甚至酿成惨案或悲剧。

在此情况下，为救济日益严重的房荒，1947年12月成都市政府公布了《成都市强制空房出租办法》，规定："本府对本市空房屋先勒令自行出租，其经限期催告仍不出租者，得依本办法强制行之。"[①] 办法中规定对无人居住的房屋即视为空房，经查明确为空房的，即就当地公告强制出租。强制出租空房的租金、押金，由政府派人会同区保长、甲长、调解委员会委员及所有权人依法协议处理。而对空房屋提出所有权的人，非提出确定必须自住的证明，不得申请收回。此办法实施时尽先以豪门巨富为对象，计划于房荒解除时废止。

直至成都解放，市区房屋租赁市场"二房东"广泛存在的问题还是未曾缓解，据新中国成立初对成都房地产市场的清理，仅旧二区当时就有各种"转佃"行为的租户720余户，占9000余租户的8%。

本章小结

本章选取民国时期成都市政府对于房地产生产、经营环节中比较重要且有代表性的征地、营建、交易三个环节的具体事例、代表企业，以及与居民生活切实相关的大佃权、租押情况、房租变化、成都市各界房租指数研究等问题进行了较详细的论述。

民国时期成都房地产市场处于初兴阶段，在规模、发展水平等方面和现代房地产市场相比有较大的不同，最根本的还有土地私有制和当代中国土地的公有制性质，更决定了两者之间的差距。

民国时期成都城市房地产兴起之初，民间进行房地产开发的力量薄弱，有一定规模的开发项目都是在政府或相关机构主持开发兴建的。本章选取筑路、皇城地区开发征地、"新村"建设中的征地以及抗战中因打通防火巷而进行的征地案例进行研究。随着开发建设项目的增多，拆迁安置、征地赔偿的问题也

---

① 成都市档案馆馆藏民国档案：《成都市政府送成都市参议会关于强制空房出租实施办法的公函》，《参议会关于清理公产，统一县市公有产、建平民房办法、强制空房出租等提案及省府代电、指令等》，全宗号38，目录号13，案卷号58，第206~211页。

日益成为与开发征地伴生的问题，关系到整个开发建设工程能否顺利开展。在政府参与主持的多项工程中，也逐步加强了对赔偿安置问题的重视与处理，并通过规章条例予以保障。但应该看到的是民国时期由于政局动荡、战乱频生，军阀以暴力征地，拆迁户利益难以得到保障的事例亦多有发生。

　　民国时期房地产项目的兴建，除公共设施建筑和前文论述的政府参与建设的大型工程项目外，多是由居民或法人团体自筹自建。政府对其的管理，一方面是通过做好建设项目的申报登记，另一方面则是通过管理施行房地产建设或改造工程的营造厂商来进行的。

　　房地产交易环节是房地产实现其价值的重要环节，同时也是管理最为繁复，操作起来最为困难的一个环节。民国时期的房地产市场是自由经济市场，其房地产市场发展受政治经济多方面因素影响，并最终通过房地产价格显现出来。本章通过民国时期房地产交易中买卖、典当、租赁和有条件的产权交换等几种形式，特别是成都房地产交易中存在的大佃权问题、租押关系及具体情况、二房东问题，以及民国时期所做成都市各界房租指数研究等几个方面对民国时期成都房地产交易环节的管理进行了研究。

第六章 民国时期成都房地产纠纷研究

第一节 民国时期成都房地产纠纷的基本状况

现代房地产纠纷的概念是指当事人在房地产开发、使用、交易、经营以及管理过程中，因土地和房屋所产生的各种权利、义务的纠纷。这些纠纷一般发生在自然人之间、法人之间、法人和自然人之间以及他们与房地产管理机关之间。房地产纠纷类型的划分以其划分标准的不同，可分为多种类型。

房地产纠纷按所指向客体的不同可分为土地纠纷、房屋纠纷和房地产开发、经营纠纷。

土地纠纷是指发生纠纷的当事人之间，因土地的权属、交易、经营或其他法律问题而发生的纠纷。这类纠纷按其内容又可分为土地权属纠纷、土地交易纠纷、土地侵权纠纷和其他纠纷。

土地权属纠纷是指因特定范围的土地所有权或使用权而引起的纠纷，存在于各种民事法律关系主体之间；土地交易纠纷指土地使用权因买卖、抵押、典当、赠予、继承等土地所有权变更而产生的纠纷；土地侵权纠纷是指因当事人一方侵占另一方土地的所有权或使用权而引起的纠纷；其他纠纷包括因土地地役权、相邻权等问题而引起的纠纷。

房屋纠纷是指当事人基于房屋的权利义务所发生的纠纷，其又可细分为房屋产权纠纷、房屋转让纠纷和房屋租赁纠纷。房屋产权纠纷，指关于房屋所有权的归属不定发生的纠纷。主要包括因确权、交易、改造而引起的产权纠纷；因产权人死亡、离婚、共有房产分割而产生的产权纠纷；因损坏他人房屋而产生的产权纠纷；因非法占有、使用他人房屋而产生的纠纷等。房屋转让纠纷是指因公民之间、法人之间及公民和法人相互之间因房屋买卖、抵押、典当、赠予、继承等基于所有权变更而发生的纠纷。房屋租赁纠纷是指房屋出租人和承租人之间，因房屋租赁过程中的权利、义务发生的纠纷。按照房屋所有权性质的不同，又可具体分为私房租赁纠纷和公房租赁纠纷。

房地产开发、经营纠纷指房地产开发商与业主、房地产管理部门之间因房地产的开发、经营而引起的纠纷，主要指房地产项目在开发、动拆迁、工程建设及销售等环节中产生的纠纷。房地产在开发和动拆迁环节时，会与特定的市民及群体相关，当涉及市政、商业用地时，纠纷会发生在政府、开发商与动拆迁户之间。在民国时期成都市政府主导房地产开发的重要工程——成都"新村"建设工程中，这种形式的纠纷尤为突出。按纠纷各方参与主体不同分，有动拆迁户与开发商发生纠纷的、有动拆迁户相互之间因产权不清发生纠纷的，加上主持开发项目的"新村"筹委会是由四川省、成都市政府主持成立的，在筹委会被作为诉讼主体的纠纷案中，市政府也被牵涉其中。在后期还有拆迁户以成都市政府及"新村"筹委会以暴力拆迁、导致民变[①]；主事官员直接参与项目，涉及贪污；低价购地高价售出，从中谋利等向重庆国民政府申诉，并最终导致国民政府监察院直接干涉成都"新村"项目，使得成都"新村"建设半途而废等情况，这些都与没有妥善处理房地产开发经营环节纠纷有直接关系。

房地产纠纷按其参与主体及相互关系的不同，又可划分为自然人之间、法人之间、法人和自然人之间以及他们与地方政府房地产管理机关之间的纠纷等。下节就将以此划分方法对成都市房地产纠纷进行具体研究和分析。

另外，以发生房地产纠纷的法律关系中是否具有涉外因素，还可分为国内房地产纠纷和涉外房地产纠纷等。

清末、民国时期对于传统因房地产问题而引起的民事纠纷，一般由当地保甲、族长、街邻等从中调解，对不能以调解处理的纠纷则诉诸基层地方政府进行判决。在早期由成都县、华阳县政府处理，成都建市后，成都市区内的房地产民事纠纷多由成都市政府判决处理。

房地产纠纷中若涉及地方政府，则通常由纠纷一方向上级政府申诉后，由上级政府进行裁决。民国时期，近代司法体制开始建立，成都建市后，也开始建设地方法院、监察院等司法机构。但由于传统观念的影响，很长时期内，市民有纠纷还是习惯求助于地方政府解决、裁决。随着近代司法制度的发展和完善，民国时期成都市区还是出现了通过提请司法诉讼而解决的房地产纠纷案件。

---

① 成都市档案馆馆藏民国时期档案：《就新村问题国民政府监察院向四川省政府所发建议书》，《伪新村筹委会关于群众捣毁外东办事处，函请伪警察和伪警备部查缉等卷》，全宗号32，目录号1，案卷号104，第23页。

第六章　民国时期成都房地产纠纷研究

下节将通过民国时期成都房地产管理中比较具有典型性的房地产纠纷案例来具体分析研究民国时期成都房地产纠纷的主要类型、特点及社会影响等。

第二节　"新村"建设期间的房地产纠纷

成都"新村"建设是民国时期四川省和成都市政府为促进成都城市建设及改善市民居住条件而进行的一项重要工程，是近代成都市房地产发展史上的一大重要事件，但其从1937年8月经国民政府批准成立四川省政府建设成都新村筹备委员会以来，仅一年时间，由于多种原因即陷入房地产纠纷的漩涡，使工程严重受阻，并最终酿成"新村事件"[①]，使"新村"的征地及建设严重受阻。因大量民众检举、投诉"新村"征地中的不法行为，国民政府监察院下令四川省政府停止"新村"建设，后虽经四川省政府多方争取工程得以继续进行，但已受重大影响。"新村"建设时停时建了10年，至1947年6月，仅完成了第一期工程的桥梁街道建设部分，计划中的公共设施及住宅房屋部分尚在建设中的情况下即告一段落。"新村"房地产纠纷是影响"新村"项目进行的重要因素，也是近代成都房地产管理中极具代表性的房地产纠纷案例之一，对其进行分析研究对于研究近代成都房地产纠纷的性质、影响及经验教训都有很大意义。

影响"新村"建设的房地产纠纷主要是房地产开发、因征地拆迁而产生的房地产纠纷，可分为个人与政府以及个人与个人之间的房地纠纷，其中涉及拆迁户的个人既包括自然人，也包括商会等社会法人。下举几件有代表性的案件为例。

一、存仁会案例

存仁会所有墓地在"成都新村"第一期第一次建筑区内，在进行"新村"前期土地清丈和登记时，存仁会代表唐星三按规定进行了登记，其后"新村"筹委会会同地政局工作人员进行了土地清丈、登记、地价及定着物核算等工

[①] 1938年7月26日，"新村"办事处股长严某率工人老古庙吕捷三家地内砍伐桤树以修路，因事先未协商好而与业主冲突，当地因征地一事而积怨的群众捣毁了"新村"筹委会外东办事处，并与警察发生冲突，数人受伤被捕，造成恶劣影响，恶化了征地区民众与"新村"筹委会的关系，严重阻碍了"新村"征地建设工作的进行。详见成都市档案馆藏：《伪新村筹委会关于新村征地中补偿问题的呈》，《伪新村筹委会关于群众捣毁外东办事处，函请伪警察和伪警备部查缉等卷》，全宗号32，目录号1，案卷号104，第32~35页。

作,并按省府二十七年地字第四号布告规定标准算明补偿地价金额,并通告其来领取。因其代表唐星三已病故,1939年2月"新村"筹委会"依据土地法第三百七十八条及三百七十九条第一款后半段之规定,上项补偿地价,交由主管地政机关存储待领,除通知该会另举代表继续履行手续,用资办理外,相应将该会代表姓名、所有土地暨定着物所占面积及应领价额,缮列简表一份,计算得应补偿地价(聚兴诚银行成都分行支票一张)计法币壹仟捌佰肆拾柒元贰角肆分正"①。

但存仁会业主们却拒绝领取征地补偿款,其原因在当年10月存仁会向四川省政府的呈文中予以了详述:

业主在该区曾领请国民政府军事委员会重庆行营暂缓征用以纾民困,迭奉委员长蒋批示电令四川省政府查明真相,妥为依法办理各在案。民等正待政府合法解决、得资保障。忽于本月新村筹备委员会登报通知限期强占民有地,胁迫拆除庐墓。读悉之余,实难忍受,谨将该会主任委员杨全宇滥权违法征收民地之暴行撮要为钧府陈之。查国家征收私有土地限于国防公共事业,不得以营利为目的,此为土地法第三百三十五条所载及十八年中央政治会议第一七一次决定之土地法原则,第五项昭示綦详。兹新村筹备委员会拟具征收私有土地办法,系以贱价收买人民万余亩膏腴良田,加价十有余倍之多,其目的在营谋重利,供资产者筑华居别墅。实非国防公共事业之需要,与土地原则大相背驰。不能认命令为有效,乃该会主任委员杨全宇遂行强制占领民地,视国家土地至法律若弁髦,此其一。又据土地法第三百三十八条需用土地为国民政府直辖机关,应由国民政府行政院核准始能评定补偿使用土地。今新村筹备委员会虽标明四川省政府征收民地,其实最初仅朦请重庆行营备查,未能经行政院主管官署核准,而在通知公告土地所有人亦非依法定手续由地政局机关主办。该会主任委员竟蒙上欺下,一味颟顸掘人庐墓、毁人粮食、霸踞良田、图得重利。不顾民等生机,似此蹂躏,何能甘心,此其二。况成都为天府之区,绝非文化低落之民族可比,果系政府改善办法,依照土地法第三百三十七条因公共事业征收土地时,需用土地人与土地所有人不能为直接协订或协订使用土地。民等亦冀本乡繁荣,无不幸所乐从,殊新村委员会筹建新村需用土地,事前并未与区

---

① 四川省档案馆藏:《四川省府地政局、成都新村筹备会有关征收土地、评定地价、定期清丈建筑土地、查办违法征收、盗卖公地案的公函、常务会议记录》,全宗号147,目录号3,案卷号6206,第23页。

内土地所有人接洽。嗣逞威霸占民地,因上年杀毙无辜,巨变时各业主受各方劝告,曲全迭次请求协订办法。该会主任杨全宇旋诺旋否,最末中止,企图转卖高价重利,使民等合法取得之全部土地丧失,为此计,此其三。查前蒙委员长蒋电令四川省政府查明真相,依法处理该会,自应静候上峰依法处理,明令颁发,方为进行准据,且不负我。①

由此篇呈文所知,存仁会称其拒领补偿款,抵制征地的原因有三:第一,存仁会业主曾向国民政府军事委员会重庆行营请求暂缓征用其土地,而"新村"筹委会未等上峰来查即登报通知限期拆除占地。他们认为"新村"筹委会的行为违反了《土地法》中国家征收私有土地限于国防公共事业,不得以营利为目的的原则。而"新村"筹委会征地行为实则是贱买贵卖,目的在于谋利,"供有产者筑华居别墅",而非国防公共事业之需要。第二,置疑"新村"筹委会的执法权限和在征地过程中没有严格按土地法要求办理,认为按照法律规定征用土地应由国民政府行政院核准始能评定补偿标准,"新村"筹委会征地未经行政院核准且在执行中亦不是由地政机关主办。第三,认为"新村"筹委会征地没有按照《土地法》规定事前与土地所有权人做好协商,而是以粗暴的手段强行征地而造成事端。

究其存仁会不满"新村"筹委会征地的根本原因在于对征地补偿价格不满,认为"新村"筹委会"以贱价收买人民万余亩膏腴良田,加价十有余倍之多,其目的在营谋重利"。而筹委会在征地过程中因为工作人员与当地业主沟通不利而导致冲突的"新村事件"更在被征地内造成了不利的舆论影响,加之在《新村征收土地规则》第十条规定被征收的土地已经限期收用者,原业主应依限将土地交出,附着物迁移,如有违抗得强制执行之。被依照规定强制执行的业主更对"新村"筹委会产生了"掘人庐墓,毁人粮食,霸踞良田,图得重利"的抵触心理,房地产纠纷即因此而产生。

虽然存仁会引起群情激愤,舆论哗然,但却没有影响"新村"筹委会对征地工作的进行。"新村"建设在成都市政府出面协调后,"新村"工作得以继续进行,但问题并没有彻底解决,业主的怨气与不满只是被积压下来。

---

① 四川省档案馆藏:《四川省府地政局、成都新村筹备会有关征收土地、评定地价、定期清丈建筑土地、查办违法征收、盗卖公地案的公函、常务会议记录》,全宗号147,目录号3,案卷号6206,第92页。

二、朱良辅案例

朱良辅业下土地在"新村"第一期第一次应征土地范围内，经清丈登记在册计有田地581亩，宅地4亩，按当时的地价计算的征地补偿价为法币1123.9元。"新村"筹委会训令华阳县政府转饬朱良辅照章备具手续前来承领，朱拒不领取征地补偿款。1939年4月因为朱良辅业下地段处于新村公路第二路及西北路工程重要地段，而该工程现已修筑大部，急需该地段使用，"情形特殊，势不能听任空言阻碍妨害工程整个计划。拟依据土地法第三百七十条及三百七十九条规定将该朱良辅应领地价递交地政局存储待领，并即遵照钧府二十七年十月二十三日建二字第二四零九号训令，对该延期不具领地价之业主朱良辅土地先行使用，免误需要。适用土地法第三百六十五条后段之规定办理，是否有当，理合绘制应征该朱良辅土地简明图一份随文呈请"①。

由此"新村"筹委会对涉及土地进行登报通告，限期自行拆除建筑物，遭到朱良辅等业主的坚决反对。他们不仅向政府呈文，更在报纸上发布启事，除与存仁会一样申诉"新村"筹委会强行征地，加价谋利外，还呼吁："敝堂在该区所有土地属吾祖先合法取得之私产。子孙世守，恃为全家生活之本，据今新村筹备委员会误引法文，藉势强占，即属断我生机。良辅等虽至愚，万难遵从。除直接呈覆新村筹备委员会请其停止使用改善办法外，特此登报，郑重声明。"②

更有经政府部门秘密调查，发现这些反对征地的业主秘密集会，意图滋事，阻挠政府机关强制执行拆除及征地行为，当时存留的调查报告中称："查新村业主请愿团于本月九日午后五时在外东双槐树街王剑鸣宅内开会，到有业主张宥群、朱良辅、王剑鸣、吕捷三、陈凤鸣、陈子勋等共约二十余人。由王剑鸣主持并报告开会理由：'即谓新村筹委会以非法手段强收人民土地、剥夺主权，路人皆知。最近期间更欲先行强制执行朱良辅之沃田五百余亩，似此行为，无异匪盗、汉奸。今召集会议，请各位转饬佃户等。倘新村方面武装执行该地时，可全体鸣梆，口呼捉拿汉奸并以壮丁持枪出动保护。若对方开枪射击民众时，即立予还击，不惜牺牲一切。至于恤金各费，由朱良辅负责垫出。剑鸣现已将快邮代电拟就印制，待事变后，当即发出，引起各县乡同志一致援助

---

① 四川省档案馆藏：《四川省府地政局、成都新村筹备会有关征收土地、评定地价、定期清丈建筑土地、查办违法征收、盗卖公地案的公函、常务会议记录》，全宗号147，目录号3，案卷号6206，第47页。

② 《新村业主朱光裕堂郑重声明》，《新新新闻》，1939年10月1日。

等语。'为此来函请转知新村筹委会，严密注意，以免造成第二次新村事件，障碍进行。"①

由于新村征地一再遭到业主激烈反对，并可能由此发生冲突事件，时任成都市市长的杨全宇曾因此事专门呈文蒋介石做了汇报："案查前奉钧府地字第三八八号暨蓉建二字第三一二号指令，准予先行使用延不具领地价之业主朱良辅、胡戎生、存仁会魏军藩等土地。遵即分别谕知，登报通告限期自行拆除建筑物。除胡戎生等三家逾期仍行观望外，该朱光裕堂即朱良辅竟来呈，诋为非法，更谓如属会强行使用，将率领合家老幼以谋自保等语，并将原呈登诸报端启事，复假借团体名又发出代电毁谤政府，攻击私人，秘密开会，意图滋事。属会恐以一事务机关强制执行，发生意外阻挠。经于二十八年十一月二日具实详报，请予并转饬警备司令部及驻区保安部队加以协助。若有越轨行为分别拘送该管机关法办，以期维持威信而利政令推行在案。"② 在政府机关的严密防范下，阻挠征地的群体性事件总算没有再次发生，该地段被强制征收，朱良辅等人的抗议和申诉也无疾而终。

事后，地政局在向省府递交的报告中对此次事件的原因进行了分析：

敬签呈者查征收复兴门外土地筹设新村，过去全系建厅主办，该地地价乃系本局依照土地法上之规定，照最近五年市价平均决定，计田价每亩为一百九十元，地价为每亩二百一十元。在当时原极适当，故该地业主无甚异议，嗣以新村转卖售出价值过高，有至千元一亩者。即原业主承买亦照价呈缴，当地业主遂认为贱买贵卖，控诉新村征地违法，该朱良辅在新村土地独多，故反对最烈，此由不审。新村内尚须划出若干公用地段筹建一切公用建筑，所需用费均摊入出售地段，故每亩地价自较征收价为高，所控贱买贵卖尚非事实，自不足以妨碍新村之进行。但新村征地转售办法亦有缺点，欲求彻底解决此案，将来自不免改善办法，严密组织，究竟如何始觉周妥，以其事属建厅范围，本局亦不便代为主张。至其核准先行使用朱良辅土地一节系由该会呈经省府转由本局提经省务会议议决，令饬遵行，该会恐于执行时生出意外，故具呈，请示为维

---

① 四川省档案馆藏：《四川省府地政局、成都新村筹备会有关征收土地、评定地价、定期清丈建筑土地、查办违法征收、盗卖公地案的公函、常务会议记录》，全宗号147，目录号3，案卷号6206，第116页。

② 四川省档案馆藏：《四川省府地政局、成都新村筹备会有关征收土地、评定地价、定期清丈建筑土地、查办违法征收、盗卖公地案的公函、常务会议记录》，全宗号147，目录号3，案卷号6206，第110~112页。

护政府威严,推行政令既不能因人民反对而停止,则在执行时发生意外,自应准其拘送法办,为慎重将事计拟,仍签请主席核示。"①

由此份报告分析可见,此案中问题焦点在于征地前后的地价差异大,当地业主认为政府贱买贵卖、从中牟利。而事实上主管此事的地政局也承认其征地价为田价每亩190元,地价每亩210元,而出售价格有高至每亩千元的。其后国民政府监察院亦以此问题申斥四川省政府:"查公用征收土地原则限于公共事业不可避免之使用,是以给价征收之后,即归公共所得,其征收目的决不在于转卖牟利。今建设厅所订办法,征地之后即行放地,产权征地给价高者每亩不过二百十元,低者乃至二十五元,放地收价高者每亩至一千六百余元,低者亦九百余元,一买一卖之间,主赢利至十倍之巨。其征地之价较通常地价低至数十百元之多,而放地之价则较平常地价高至五倍以上,一高一低,情节显然,何以服众?"② 对于这样悬殊的地价差,地政局的解释是新村内的公用地段筹建及公共设施建设的费用皆均摊入出售地段,新村地放的价格标准是根据各项公共建筑费用、公共用地费用及征收民地地价费用之总和构成的,会因为公共建筑物造价之变更随时发生变化,因此应按规定于放地前由"新村"筹委会公布。在报告中地政局承认"新村"征地转售的办法亦有缺点,并提出解决的办法在于严密组织、改善办法,而具体安排组织则是省建设厅的事。

地政部门有自己的解释,但在当时成都市区房地产交易日盛,地价暴涨的背景下,被征地业主的利益受损是明显的,他们的愤怒也可以想见。但如何协调矛盾,妥善解决这一问题是政府的责任,不能因为人民反对而影响工程的正常进行。但"新村"房地产纠纷不仅存在于业主和"新村"筹委会之间,军阀、豪强趁机介入,使"新村"建设中的房地产纠纷更加复杂。

三、绥庐案

地价的上涨和"新村"工期一再延误不仅是造成普通业主拒绝交地、发生房地产纠纷的原因,更有权贵、军阀趁机囤积土地,待价而沽,为"新村"征

---

① 四川省档案馆藏:《四川省府地政局、成都新村筹备会有关征收土地、评定地价、定期清丈建筑土地、查办违法征收、盗卖公地案的公函、常务会议记录》,全宗号147,目录号3,案卷号6206,第100~101页。

② 成都市档案馆藏:《就新村问题国民政府监察院向四川省政府所发建议书》,《伪新村筹委会关于群众捣毁外东办事处,函请伪警察和伪警备部查缉等卷》,全宗号32,目录号1,案卷号104,第125页。

第六章 民国时期成都房地产纠纷研究

地雪上加霜，使房地产纠纷情况更为复杂，时任川康绥靖公署处长甘鉴斌涉嫌买取公地一案就是其中一例。外东红瓦寺徐家巷至德元寺一带120余亩土地，在1939年1月经四川省教育厅呈请，成都新村筹委会令华阳县政府会同地政局及当地保甲进行土地调查登记，"据华阳县一区二十五保保长徐双和报称所管玉林坝（御营坝）等处系属无主土地"，"新村"筹委会在对当地有押金修建草房的5户佃户发还押金并发给迁移费每户45元的基础上，会同华阳政府及当地保甲将当地地皮接收，并将这片土地作为"新村"教育区规划用地，欲在此处修建省立各学校及公共体育场等设施。但之后由于"新村"建设停顿，体育馆等公共设施建设亦暂无下文，这块土地即由当地保甲代为管理。

与此同时，时任川康绥靖公署处长的甘鉴斌却凭中人介绍，在徐姓业主手中收得徐家巷地段120余亩土地的9张前清官印老契纸，并正式办理了土地交易过户手续。1940年3月开始，甘鉴斌令其手下兵士在徐家巷至海元寺地段及玉林坝等地树立界桩，准备开始修建堆栈仓库。

1940年3月25日，"新村"筹委会及四川省教育厅以"为徐姓等盗卖公地亟应彻究，会请鉴核转亟绥署谕知买主买约无效，并令饬华阳县政府拘究盗卖人，以杜奸究"等由联合向省府呈文：

案据华阳县第一区得胜场联保办公处报称：查徐家巷口至德元寺之间，前曾发现绥庐界桩，当派该保保长罗丙臣到会陈明在案。乃昨十九日接一请帖署名甘鉴斌。等到时始悉为绥庐主人甘鉴斌等价买徐家巷口至德元寺一带地皮。查该段地皮系由贵会启迁坟地。向为地方团甲管理，今竟有转移情事，当予声明前次情形并剧烈争辩。而该主人甘鉴斌将管业老契九张交出，凭众查看，均系徐姓自乾隆年间钤印投税管业。老契计二百余亩，未便与辩，以上缘由，应请鉴核备查等情。据此，查成都新村教育区土地原系划作省立各校及公共体育场用地，曾报请钧府准予先行收用在案。二十八年一月二日据华阳县一区二十五保保长徐双和报称所管玉林坝等处系属无主土地，请予依法接受前来，当经同年一月二十日会同华阳县政府及地政局暨当地保甲人员清丈面积，并检发填报表式，令饬华阳县政府派员分别详勘接收。旋据该府呈复业已遵照接收完竣，会具地形图说，请予备查各在案，所有该段土地全属坟地，当由公家出资起迁坟墓、发给佃户押金交地方保甲管理无异。据呈前情，该项契约显系伪纸，亟应严为查究，以杜奸究。查该买主甘鉴斌等现任川康绥署职员，祈钧府转函绥署谕知甘鉴斌等是项买约无效，并令饬华阳县政府彻查原案，拘究盗卖公地人徐姓以儆效尤而利进行。以上所呈各缘由是否有当，理合会文呈请鉴察核示, 祗遵, 谨呈兼理主席蒋。成都新村筹备委员会主任委员: 杨全宇。教育厅长: 郭有守。①

在此呈文中,"新村"筹委会和四川省教育厅澄清征地经过,指出该地段已经当地保长报称是为荒地,已由政府出资起坟迁墓,并做好了其他善后工作,而甘鉴斌所出徐姓9张老契应为伪造,所以呈请省府调查,判定甘鉴斌与徐姓的土地交易无效,并将徐姓以盗卖公地罪论处。但甘鉴斌无视"新村"筹委会和华阳政府的反对,继续在徐家巷及玉林坝地区树立界桩,修建房屋,并通过成都警务司令严啸虎找到成都市市长、筹委会主任委员杨全宇,将9张老契契约和申诉信转交省府,向省府申诉称:"据新村筹委会呈报,指该地为公产,制止买卖行为,闻之曷胜骇异。伏查人民地权,以印契为凭,承买土地又以接收过岗老契为必要,民所买徐姓九契土地,系徐姓先辈在乾隆嘉庆年间先后镶买,凭契管业,至今并未失坠,中间没有转让情事。则此等印契,早已过岗,更别有接买该地之新契,现老契仍系徐姓持有,该地又非填湖治淤积之新土,其为徐姓所有,绝非无主之地,彰彰明甚。乃新村筹委会仅凭该地保长指为无主土地之报告,辄令县府接收,似此词凭一面,则保甲均可信口妄报,凡有地产者,讵不人人自危? 自民元以来,经财政厅、官产清理处及各军官公署机关之屡次派出调查,均未将徐姓九契土地标价竞卖,尤足为确非公地之证明。"②

应该来说,房地产交易以印契为凭是不争的事实,而徐姓老契的真伪经其后验看后判定为真,且甘鉴斌提出的历来清理官产皆未将该段土地标价竞卖的理由亦有道理。但甘鉴斌在明知该地将被政府征收的情况下买地,在筹委会已在进行土地清丈调查的时候,明知此地有产权争议却不告知,而是趁机低价收买,这些都有存心隐瞒、趁机谋利的意图。而事实证明,有权有势的甘鉴斌在打通了关系之后,这样明目张胆的意图竟然得逞了。1940年10月,华阳县县长黄功隆以"为转呈县民甘绥庐(即鉴斌)请依法取得地权,恳转请保障一案,请予核示由"等为事由向省府呈文称:"查此案前经本府令派政警队阮子

---

① 四川省档案馆藏:《四川省府地政局、成都新村筹备会有关征收土地、评定地价、定期清丈建筑土地、查办违法征收、盗卖公地案的公函、常务会议记录》,全宗号147,目录号3,案卷号6206,第104~105页。

② 四川省档案馆藏:《四川省府地政局、成都新村筹备会有关征收土地、评定地价、定期清丈建筑土地、查办违法征收、盗卖公地案的公函、常务会议记录》,全宗号147,目录号3,案卷号6206,第132~133页。

仁查明该民所执老契九纸确属不虚，兹钧府俯赐鉴核指令，祗遵。"① 而在1942年2月，四川省政府也就此案做出最终结论："此案经华阳县政府查核，甘绥庐所有九张老契约原件均属铃盖前清华阳县印信，自属正确无伪，复经分按各契约四周界址，分别复勘，尤属完全吻合……自系私权出售，毫无疑义，理合呈请核转用消积案。"②

至此，绥庐案以"新村"筹委会的败诉而告终。纵观此案，甘鉴斌买地与"新村"征地几乎为同时，实则应是甘鉴斌在充分了解成都市政府"新村"建设规划的情况下，以低价买入将会被规划入建设范围内的大量土地，以囤积谋利。而他能够在这场官司中最终令"新村"筹委会败诉，一则是他提前取得了"新村"筹委会未能取得的重要信息资源，即此地原来的徐姓老契；二是甘鉴斌本人即为军阀新贵，有钱有势，且在政府内部广有人脉资源。在国民党治下政治黑暗、法制不存的时代，权势往往比法制道理更具有说服力。而"新村"筹委会之所以败诉，一则因为他们在前期进行土地调查时，未曾将所有可能存在争议的情况一一查清，导致出现徐姓老契这样的直接证据材料使工作陷于被动；二则因为"新村"建设项目的一再延期，主管负责人员亦更换频繁，许多规划的建设项目迟迟不能动工，使投机谋利者有了可乘之机；三则是民国时期相关法律中对于这种情况解决土地争议的法律法规并不完善，土地清丈登记工作没有最终完成，大量未经验证登记的老契成为此类房地产纠纷的导火索。

而且当时像甘鉴斌这样预占规划用地者并非一家，据当年新村警察分局局长丘则申报称："案奉钧座四月十三日条令开（缺）据报玉林坝地方，应查明究系何人，是否有准备私行建筑情事，详细具报为要等因。奉此遵，即令饬本局警长刘文伟详为查报，兹据该警长呈称：窃警长遵令前往查金陵大学新宿舍西，栽绥庐界桩处有甘处长派炮兵在该处平地准备建筑，堆栈尚进行中。再查得朝阳学院新宿舍前唐式遵军长地界内平有一方丈许土地一块，经职查询，据云系唐军长副官筑屋营业，查此两地均在玉林坝附近，警长分别制止，终属无效等情。前来除再饬警长制止外，究当如何处理，理合具文呈请，仰祈鉴核示

---

① 四川省档案馆藏：《四川省府地政局、成都新村筹备会有关征收土地、评定地价、定期清丈建筑土地、查办违法征收、盗卖公地案的公函、常务会议记录》，全宗号147，目录号3，案卷号6206，第156~157页。

② 四川省档案馆藏：《四川省府地政局、成都新村筹备会有关征收土地、评定地价、定期清丈建筑土地、查办违法征收、盗卖公地案的公函、常务会议记录》，全宗号147，目录号3，案卷号6206，第158~159页。

遵，谨呈。"① 而甘鉴斌自己在申诉时，亦提及在他所买地周围有卫立煌司令和唐式遵副司令的副官所买之地，可见，"豪势之染指，发生盗卖侵占，强夺私租，种种纠纷"，权贵们使用各种手段在"新村"建设项目中屯地谋利，已成为阻碍"新村"项目进行、制造房地产纠纷的根源之一。

四、对成都"新村"建设中房地产纠纷问题的总结

成都"新村"建设由于房地产纠纷而停办，究其缘由极为复杂，但对其进行仔细的研究与分析，当不失为后世进行此类房地产开发的可贵经验教训。当时，省市政府在拟定"成都新村"产权纠纷解决办法时，曾较为客观、详细地进行了总结：

查新村建设之目的，为改良城乡增进市民福利，安插外省来川留蓉人口，促进都市繁荣，村治合作，理论上与事实上均亟需要，而一切规章法令，皆经过最高当局核定实行，法理上之根据，亦颇充分，顾其实施方法则有未尽完善者。（一）事先未确定产权，公地私地划分不清，侵蚀套骗，层出不穷，酿成今日种种纠纷。（二）原来筹有基金，以放地之收入，作征地与建设之用，并先放缓征，虽属量出为入，政府不费不取。然终贻人以买空卖空、贱入贵出，驯至停顿之忧，无从收拾。（三）组织未臻健全，筹备会组织改用委员制，而执行任务者，则为事务处，委员会责任不专，事权不一，以难收实际之效，而事务处职权有限，更不能运用善如，是以主委一去，顿成散沙，上下之间，形同瓦解。（四）未能因应时势，妥筹变通办法，以致抗战发生之后，仍照原计划坚持到底。一般认为不急之务，愈遭反对，其反对最烈者，却为拥有土地之业主。中间自不免有主权不明，或侵占公产，意图久据，保为私有，坐享新造繁荣之利益；或有故酿纷乱机会，以便从中侵渔；又或有内中有因乡土观念甚重，不忍丧失祖业，认为给价比时值为低，新村年利之嫌。及新村未能重视业主之优先权，迫而出于抗拒者，究为多数。彼时地价，尚无若何涨跌，苟稍从权变，解决犹易，今则地价较前涨数十倍，不但旧业主未交地者愈不放手，而新业主未得地者，反急欲得地，收放两难，愈较昔日之问题为严重。催促领地，咄咄逼人，故昔日可以保持不生不死状态，听任部分土地荒芜不治。今则

---

① 四川省档案馆藏：《四川省府地政局、成都新村筹备会有关征收土地、评定地价、定期清丈建筑土地、查办违法征收、盗卖公地案的公函、常务会议记录》，全宗号147，目录号3，案卷号6206，第130~131页。

第六章　民国时期成都房地产纠纷研究

事实催迫，决不能墨守旧规，一成不变，必须早日筹设解决办法，使新旧业主交获其业。至于新村教育区之土地，事先由教育厅交款五万元，共征收到二百七十余亩，但仅交予教育厅二十七亩余，约值一万九千余元，其余二百四十余亩，多已借与机关学校，建筑疏散房屋，或竟任其荒废。近年地价上涨，厚利动人，而新村工作停顿，又陷于无人管理之状态，遂引起奸人之觊觎，豪势之染指，发生盗卖侵占，强夺私租，种种纠纷。正本清源之法，为正式整理，提前开办土地登记，则一切作奸犯科套哄勒逼之现象，均不难水落石出，依法惩治。住宅区部分团会土地，昔日多为荒冢，由新村代为迁坟平地，嗣因业主欲坐享利益，亦加入反对，未触征收到手，令后必须收其部分土地，或课征重费，始可谓平。又如新旧业主土地之任意转移，使新村业权紊乱，弊实衍生，私人建筑之自由发展，使清净之区，变为污垢之处，均属有违功令，妨碍建设计划与村区治安，有待于切实整顿新村之工程，虽已完成部分，而主要道路沟渠，仍属草具雏形，或竟毫未着手。新村之经费，现已耗用过半，所存尾数，就目前物价薪给计算，不仅难供今后建设之需，抑且不能支持长久政费，况整个新村之计划方兴之际，虽横生阻隔，陷于停顿。然政府既倡导于前，允宜另筹妥计以善其后，藉以完成建设目的，免前功尽弃。基于上述各种情形，默察事实之需要，博访一般舆论之共通意见，及参与新村前后举措之优劣得失。市长以为解决新村问题之道，既不能采取横蛮手段，强迫征收，引起旧业主强烈反抗，徒损政府威信；又不可尽用消极办法，放任不管，增加纠纷，使新业主情理难甘。则惟有于两不蒙大损，互不占便宜之原则下，寻觅解决途径。兹谨就管见所及，拟具成都新村事件解决办法草案，是否有当，理合检同该草案备文呈请。①

这篇呈文对于"新村"建设中特别是土地纠纷处理上存在的问题及对教训的认识全面、深刻，主要可归纳为四个方面：一为事前的土地登记产权调查工作做得不够，导致公私地划分不清，业权紊乱，为纠纷埋下隐患；二为先放缓征，以放地的收入做征地及建设用途的办法，特别是征地价格和放地价格之间存在比较悬殊的差距，又没有做好相应的解释宣传工作，造成被征地业主对"新村"筹委会的不满，进而阻碍征地工作的进行；三为筹委会组织构成上的弊端，委员会事权不一，在主任委员去职后工作即无法开展；四为因抗战的全

---

① 四川省档案馆藏：《四川省政府建设厅教育厅成都市关于拟具成都新村产权纠纷解决办法查办盗买倒卖领地情形的指示》，全宗号115，目录号1，案卷号1109，第14~18页。

面爆发,"新村"建设不能因应时势、妥筹变通,被认为是不急之务而招致更多的反对。

另外又从反对"新村"的人员及其理由来分析,有些是因为安土重迁的乡土观念,不忍丧失祖业,而"新村"在处理此类问题时没有做好疏通解释,强制征地引起纠纷导致征地延期。另有一些则是因为随着抗战后期开始的物价和房价的迅速上涨,动辄地价较前涨数十倍,如在"新村"附近外东牛王庙街地价在 1938 年调查地价为 1500 元左右,而至 1943 年的地价调查则为 9000 元。旧业主未交地者愈加不愿放手,而新业主则着急着催促领地,致使纠纷加剧。"新村"建设工作陷于停顿,土地荒置引得奸人觊觎,豪势染指,进行盗卖侵占、强夺私租,土地业权更为混乱,难于处理。

以当时形势发展分析,由于战乱和近代城市的扩大发展,成都城市地价的迅速上升成为不可抑制的潮流,投资房地产有很大的利润空间,"新村"作为政府已划定的开发建设区域,其房地价值更有利润可图,这样导致原有业主不愿放弃可能的利益,而更多的人想涉足其中分一杯羹,其中尤以有权有势的权贵豪强更能够从中谋利。因为以上原因,四川省政府被迫于 1943 年下令成都市政府暂停"新村"建设工程项目。"成都新村事件解决办法:保留新村全部计划,以后再继续建设。抗战时期,空袭堪虞,新村一切建设,自属不能进行。但保留全部计划原案。只系第一期第一次征地、放地工作未能办完,呈请内政部备查。当与原先核准之案并无抵触,可邀批准。俟抗战结束之后,尚可根据计划,完成建设,并不致绝望。"①

由于部分旧业主拒绝领款交地,导致新业主无地可领,加之部分地块产权纠结不清,使得收放地工作迁延日久。时逢战争期间,物价飞涨,地价越发腾贵,旧业主更不愿按原有地价交地,新业主长期无地可领并牢骚满腹,引发众多请愿抗议事件,民情扰攘而舆论鼎沸,致使省市行政当局极为被动,后经四川省政府研究决定,将四川省政府成都新村筹备委员会改组为成都市新村整理委员会,由成都市政府主管,专事"新村"土地整理工作,并将划出的属于教育用地的地块用来调剂地块余缺。经过多方努力,"新村"土地纠纷得以暂时解决,但"新村"的进一步建设却一直搁置下来。②

---

① 成都市档案馆馆藏民国时期档案:《省府、市府、参议会关于制定新村事件解决法及补充条文,解决土地纠纷的训令、提案》,全宗号 32,目录号 1,案卷号 154,第 29 页。
② 成都市档案馆馆藏民国时期档案:《四川省政府成都新村筹备委员会第五次大会会议纪录》,《伪新村筹委会关于新村筹委会第二次全体会议至第卅次全体会议和新村整理委员会第一次会议会议纪录(1937—1943)》,全宗号 32,目录号 1,案卷号 32,第 97 页。

"新村"建设的经济运行模式,像"新村"开发计划本身一样,是一种理想化的经济运行开发模式。用现代房地产业术语来说,它是一种典型的政府主导型都市房地产开发模式。在和平稳定的社会环境和理想的运作条件下,它是可能取得预想成果的,而经费运作上也可能真正做到独立,做到"勿需政府拨款,亦不对外集资"。但处于民国乱世的成都,政治动荡、金融混乱,社会治安混乱不堪,理想的建设环境无从谈起,成都市民理想中的"新村"最终还是成为一座可望而不可即的"空中楼阁"。

第三节　组织机构之间的房地产纠纷

"新村"房地产纠纷中多是个人与"新村"建设筹委会等政府机构间的纠纷,在民国时期成都房地产纠纷案例中还是存在机构之间就房地问题发生矛盾的事件,现就此举两例进行分析。

一、成都商会与军区司令部的房地产纠纷

前陆军医院所在地房产原本隶属于军区司令部,1925 年刘湘任川康边务督办处理四川军务事宜时,作价 9 万元大洋将此处房地产卖给了成都商会,完成交易时将房契等管业执证也同时交予了成都商会保管,成都商会还另外补偿了陆军医院 5000 元作为医院搬迁过程中的损耗费用。但从交易之后的 1925 年至 1942 年的十多年间,市商会多次与军区司令部交涉,请求完成搬迁,交还房产,军区司令部都以"短期暂借驻"为由,一拖再拖,不肯完成搬迁手续,其后更变本加厉,试图将房产据为己有。1942 年,成都市进行全市范围的土地登记,清查地产。当成都商会到成都市土地整理处就前陆军医院地块进行登记时,发现军区司令部已先于商会进行了登记,商会十分愤怒,遂向四川省政府申诉军区司令部侵占房产。经过省政府的调查取证,同年 4 月,四川省政府发布"蓉辕政字第七五零六号通知",饬令成都市土地整理处依法撤销军区司令部所做的虚假登记,确定了成都商会对于该地块的房产主权。但因军区司令部一时之间无法找到合适的办公地点进行搬迁,且时值抗战时期,省政府以军事为重,仍请成都商会继续将该地块"借与"军区司令部办公。就此一直拖延至抗战胜利,1946 年 4 月,军区司令部结束了工作,本当将该地块归还成都商会,四川省训团却又随后迁入该地办公,成都商会无可奈何,只得再次向省政府呈请帮助解决。经过四川省政府的一再敦促,连发饬令要求军区司令部及四川省训团将该房产交还成都商会。1947 年 9 月,军区司令部和省训团终于

遵令迁出，将房产归还了成都商会，这一房地产纠纷终于告一段落。①

二、松如小学与联合勤务司令部、四川营产管理所成都分所间的房地产纠纷

成都市私立松如小学本为韩伯良女士于1912年在原清代相国寺基础上创办的私立小学，坐落于成都市海会市街36号，1918年由四川省省长公署发布命令将该份产业交由学校使用。经过其后的官公营产清理，1934年四川省建设厅又以第二八六号训令同意将该产业继续由学校使用。但至1943年6月29日，联合勤务司令部、四川营产管理所成都分所所长旷策以成都私立松如小学校址房产为营产公产为名，带领武装士兵进入校园，强行占据校舍并拆卸校牌门标，驱逐留校的教职员，并对学校进行武装戒备，不准学生教员进入，使学校校务陷于停顿，学生无法上学。对于学校校董会及校长的据理质疑，旷策均置之不理。松如小学及其校友呈请成都市政府进行调查，认为"学校校地虽为营产或公产，但已经政府明令发用，其占用权早已确定，而旷策在毫不知会的情况下突占校地，致令数百学龄儿童面临失学的危险。即使的确为奉上峰之令收回，亦应遵照法定手续，通知所属官署提前做好妥善安排，并转饬学校负责人对学校的迁移工作做好安排，定期腾空移迁。而旷策在事前毫不通知的情况下，派遣武装士兵突然强占学校，此等行径一则逆违法制，二则在此全国皆高呼教育第一的环境下，旷策假借国家正式军事机构擅自运用武力霸占校址，摧残教育，当引起社会公愤。一时间社会各界声援学校收回校舍的呼声高涨"②。经成都市地政科派员调查实际情况正如私立松如小学所呈报，成都市政府遂令旷策率兵退出该校，以保证学校能如期开学，在省政府的督促下，联合勤务司令部、四川省营产管理所成都分所的士兵撤出了学校，校产纠纷以学校的正当权利得到维护而告终。

以上两个土地纠纷的案例都是军队依仗权势，侵害民间机构商会或学校的房地产利益，而通过合法的争取和斗争，民间机构的正当权益最终得到了保护，政府在这些纠纷处理中虽然有妥协退让，但最终还是维护了产权所有者的合法利益。纵使社会动荡混乱，强权割据、弱肉强食，但维护产权所有者利益的社会理念始终存在。对房地产权的保护，无论是在传统社会还是在近代转型

---

① 四川省档案馆藏：《成都市政府呈报界址房基土地纠纷武力强占校址情形呈请缴还产业缴呈管业证地政部四川省地政局令》，全宗号147，目录号3，案卷号6041，第13~15页。

② 四川省档案馆藏：《成都市政府呈报界址房基土地纠纷武力强占校址情形呈请缴还产业缴呈管业证地政部四川省地政局令》，全宗号147，目录号3，案卷号6041，第28页。

社会中，都是一种公理。

第四节 市民之间的房地产纠纷

市民之间的土地纠纷类型更为多样，有因房地产买卖、抵押、典当、赠予、继承等基于所有权变更而发生的纠纷，也有与房地产相邻权问题、租赁、改建、装修等其他行为有关的纠纷，其中以在买卖中短价漏税、界址划分不明等问题在市民间的房地产纠纷中数量尤多。

以下为民国时期档案中记载的市民间的房地产纠纷案例。

"今因本市青石桥南街四十二号原业主谢子君所有公馆全院计上房、厢房、大厅、中厅、外厢及客厅围房共计数间。前有铺面八间，后有西式洋楼一座，进深数十丈，花园果树水井俱全。已于五月中旬经中证孙少伯等说合，议定价洋国币三万五千元之价格，报为二万二千，竟瞒去一万三千元之多。若无行贿情事而中证首人且肯替作弊端，倘国税减少对抗战方面不无妨害。为增加税率补助抗战实力计，时将事实陈明告发，前来恳请钧府派员查实。其街邻家住青石桥南街三十七号与五十六号胡国才、张学之，及保甲、佃户等查询均知价格确系三万五千元，并未妄报亦非挟嫌告发。并请予以派员调查票传被告发人到业质讯，依法究办，以敬将来而维税收，为此谨呈。"①

在此案中，具呈人为家住成都东丁字街78号的张志林，被呈告人为购买青石桥南街42号公馆的辛淑清，事由为辛淑清在购买该项公馆产业时，短价漏税，少报12000元价款，而呈告人为增加税率补助抗战计，向政府告发，并有青石桥南街的街邻、保甲、佃户等皆可为证。成都市政府受理该案后，转饬成都市土地整理处派员调查，经核查，辛淑清的确存在短价漏税行为，遂对辛淑清进行了勒令补清税款并罚款等处罚。

另有一则是关于划界不清而导致的纠纷。"民国二十二年以升永堂名义，凭同首人中证从场契买李朱氏同子华林与徐君怀同室叶氏合卖外东五分区青龙街地基，集股修建分摊吕姓名下之铺面、宅院，连同地基全部约四亩。四界分明，并注有余惠村租徐钱青地皮建筑界内有空地一段计二分零，系徐代明之业，现凭承一并又送与升永堂管业。不但有印契租约足凭，且有卖主徐君怀之妻徐叶氏及在场人证均可为质。"而李亚卿辩称道："郭祝升于登记所有权时所

---

① 成都市档案馆馆藏民国时期档案：《市民关于购房短价漏税呈报及市府指令、批示》，全宗号38，目录号13，案卷号385，第20~21页。

具之申请书，其地上定着物当以有无建筑而言，而该段土地之上确有建筑存在，是此项地上定着物无论其主权或使用人为谁，均应明白填出，毫无疑义，今该郭祝升竟不依法注明，另以'无字抹杀一切'，殊属非是，亦与诉讼有碍，应请钧处派员查勘，并转饬郭祝升依照事实将该两栏妥为补注，籍符实在，以便依法向司法机关诉请裁定。"后经土地整理处调查，当时保甲并街邻等皆证明："该产业确为郭祝升所有，他于民国二十二年契买，街邻人众皆知，事实俱在，并非空谈，兹李亚卿无端占有，于法非合。"①

随着民国时期成都城市房地产价格的逐渐攀升，房地产交易的利润越来越大，且政府对于房地产交易市场并没有严格的管理，主要以双方自由交易为主。所以在巨大利益的驱动下，房地产交易过程中出现较多的偷税漏税行为，不仅扰乱了房地产交易的正常秩序，还影响了政府的税费收入。在这两个案例的处理上，可以看出政府对于此类房地产纠纷的解决，一方面应当发挥基层保甲组织在处理此类房地产纠纷中的重要作用，许多基础性的证据是由他们收集的，而他们也在了解纠纷具体情况方面具有优势，能帮助土地整理部门更有效地解决纠纷。另一方面应当从房地产交易管理入手，严格执行红契登记、契尾上税等制度，在进行土地登记时，督促业主认真完成填报所有权事项，避免有因填具不全而引起的纷争，既能更好地保护房地产所有者的利益，也能从根本上参与房地产交易，进一步保障政府的税收。

本章小结

民国时期城市房地产业尚处新兴阶段，规模较之现代城市小，且土地私有的性质使其房地产权分立的情况较少出现，房地产纠纷的案例多集中于市民或法人团体之间关于房地产产权的转移，如买卖、租赁、抵押、继承等，或涉及相邻权、划界不清等纠纷。随着近代城市开发建设的进行，产生了土地开发中关于征地补偿的房地产纠纷，这种纠纷多存在于主持开发项目的政府或机构与被征地业主之间，在成都"新村"项目、四川大学新校区建设、中央商业区开发等几项城市重大房地产建设工程中多有出现。民国时期房地产纠纷的产生除了因产权不清、豪强侵占等原因外，还暴露出房地产管理中存在法令推行不力、地籍管理混乱、官员玩忽职守、遇事相互推诿等问题。而抗战中的"房

---

① 成都市档案馆馆藏民国时期档案：《省市府关于民还借用房地、重估地价、审核市郊外地图、买卖住房呈报、公函、批令、训令》，全宗号38，目录号13，案卷号99，第50~51页。

荒"又使得城市房屋的租佃纠纷成为那一时期数量最大的房地产纠纷。较之民国以前传统城市的房地产纠纷，民国时期成都房地产纠纷呈现出数量激增及形式多样复杂化的趋势。

民国时期城市房地产纠纷已不仅仅是单纯的法律案件或是经济问题，更是民间社会的法制意识、政府解决纠纷的公共职能以及各种社会矛盾的集中体现。它关系到人民的切身利益和正常生活，若不能妥善解决，极易发展成社会不安定因素，进而引发社会矛盾，引起民怨沸腾、时局动荡。在民国时期成都房地产管理实践中即已证明，如在成都"新村"建设项目中，就是因为房地产纠纷频发，最终导致民怨而阻碍了工程建设的顺利进行。在抗战时期的房荒中，大量租佃纠纷不仅加重了民生困苦，激化了社会矛盾，更加剧了当时日益严峻的社会危机。

对民国时期成都房地产纠纷的处理也体现了近代房地产管理的演进，由最初的单由县市政府管辖裁决到由土地管理处、地政科等专门机构管理，或成立成都市租佃调解委员会之类的专门部门参与调解处理，甚至在调解、仲裁无效后可诉诸相关司法机构。民国时期成都房地产纠纷也反映出当时的人们对私有财产的重视与维护，近代法律意识已经从朦胧的意识表达进步到了清晰的诉讼实践。

第七章　本书结论

在由传统到近代的经济变迁中，作为国家经济中越来越重要的一门行业，"房地产"是一个值得关注的视角。民国以前，成都房地产交易虽然也比较活跃，但因受诸多因素的制约，房地产经营并没有成为一个独立的行业。而政府对房地产的管理也囊括于基层地方政府的基本职能之中，以税收和契证管理为其主要方式，并没有设立独立机构进行专门管理。民国以后，城市中的地产房屋作为一种商品，土地买卖、出租的目的是建造房屋，并以之牟利，近代意义上的房地产业随之兴起。民国时期城市的繁荣、城市规模的扩展、人口膨胀、工商业的繁荣、市政兴起，这些都成为促进民国时期成都房地产发展的契机，进而也对城市房地产管理提出了更多要求。

本书经过对成都民国时期房地产管理基本状况、管理方式及内容、涉及房地产的重大工程项目、民国时期成都房荒及处理措施、相关房地产建设和交易环节管理、房地产纠纷管理等涉及民国时期成都房地产管理各方面的详细研究，从中总结出民国时期成都房地产管理演变历程中的几个特点：

第一，民国时期中国社会正在经历从传统以农村为基础的自然经济向以城市为中心的工业时代的转型，近代化与城市化是时代的主旋律，而城市房地产管理是民国时期城市发展的必然要求。土地是经济生活的基础，传统农业经济中如此，近代工业经济中亦如此。民国时期城市疆域扩张、人口膨胀，各行各业的繁荣皆以房地产为其立足之本，使得房地产管理在城市发展中的地位越来越重要。

传统的房地产交易作为商业经济的一部分，历来有之，但束缚于传统城市的发展，交易量有限且仅局限于由捐客、中人等介绍和保甲长为证的传统交易形式，房地产管理也是由地方政府以税收、契证管理的名目进行一些较为笼统的管理。

近代以来，随着中国社会近代化、城市化进程不断深入，城市房地产管理的重要性日益突出。从清末新政到辛亥革命、拆除满城，从市政建设到"都市

第七章 本书结论

计划"、"新村"建设,从城市土地整理到征收地价税,民国时期成都城市管理及建设中的许多重要事件皆与房地产密切相关。政府在房地产管理中的介入越来越全面深入:民国时期成都建市后,随着城市房地产管理重要性的日益突显,专门从事房地产管理的政府部门成都市土地整理处、地政局、地政科逐步设立,所管理的城市房地产事务涉及城市生活的方方面面,如城市建设、征地用地;改善民生,兴建新式住宅、公共场所;以及政府财政赋税收入,房地产业越来越成为城市经济产业的重要组成部分。同时,因为房地产是民生的基本,随着城市近代化的深入,城市地价、房租的变动越来越牵动政府的神经,成为城市经济繁荣的一个重要指标。由全面抗战时期开始的全国性的房荒,在位于大后方主要城市的成都演化得最为激烈,房荒加剧经济动荡,加重民生困苦,激化社会矛盾,虽经政府竭力控制,但收效甚微,最终演变为社会动荡的根源之一。

第二,民国以来,成都城市房地产管理逐渐向规范化方向发展。

城市房地产管理的规范化是民国时期城市规模扩大、社会经济繁荣的必然要求,民国时期成都城市人口由清末的30万人,发展到抗战初期的40万,抗战后的近70万。城市疆域在民国时期更是处于不断增长、膨胀的过程中;再加上民国时期成都城市工商业的迅速发展、城市政治格局的复杂化、文化的繁荣都给民国时期城市房地产管理提出了新要求,而这些都是传统城市房地管理方式完全无法满足的。

传统房地产事务管理主要以地方政府进行征税和契证管理为主,形式较为简单、松散。进入近代以来,随着城市的发展和市政建设的深入,城市房地产管理的重要性日益突出,城市房地产管理严格与规范化也逐渐提上了议事日程,主要表现在建立城市房地产管理专门机构、颁布房地产管理法律法规、开展地籍整理等城市地政事务等方面。在20世纪20年代成都市政初建时期,城市没有进行房地产管理的专门机构,也没有与房地产管理相关的法律法规。1937—1938年四川省地政局和成都市地政科相继成立,1940年5月因开展土地整理及登记,依四川省政府令,成立成都市土地整理处,隶属四川省地政局管理,专司地籍测量、制图、办理土地登记及评定地价,其下又设立土地测量队等机构。

除了专门的管理机构,法律法规的制定与执行也是房地产管理规范化的体现之一。在全国范围内,国民政府制定了符合民生主义精神的一系列与房地产相关的法律法令:如《土地法》《地价税法》《土地征收法》《土地使用法》等,以及与房屋管理相关的《战时房屋租赁条例》《内地房荒救济办法》,1938年

12月迁渝的国民政府颁布《非常时期重庆市房屋租赁暂行办法》，抗战结束后1947年颁布的《房屋租赁条例》《奖助民营住宅建筑条例草案》《鼓励人民兴建房屋实施方案》等。

四川省政府、成都市政府在国民政府就土地房屋问题制定的各项法律法规的基础上，结合本地实际亦制定并实施了大量的关于土地和房屋管理方面的地方性法规，以及在进行地方房地产相关工程及管理实务中制定的法规、章程、细则等。如1940年成都市开始进行土地整理、登记工作，成立了成都市土地整理办事处，制定了一系列关于土地整理登记的规章办法，如《成都市土地整理计划纲要》《成都市土地登记实施办法》《成都市土地登记施行细则》《四川省土地勘丈规则》《成都市土地覆丈规则》等；进行地方公产管理的《四川省整理市县财政方案》《成都市政府整理公学产实施办法》；1937年四川省政府主持成都"新村"建设工程，制定了一系列关于"新村"建设的规程，如《四川省政府建设成都新村筹备委员会组织章程》《四川省政府建设成都新村征收土地规则》《四川省政府建设成都新村放地规则》《成都新村第一次征地实施办法》《四川省政府筹建新村征收成都市旧皇城区域土地办法》等。另外还有在其他工程中涉及土地征用的规章、关于地价和房屋价格整理方面的规章、对房屋租佃进行规范管理的法规、管理地税、房捐征收的法规、房屋建设方面的规章，另外还有关于房屋租佃纠纷调解方面的《成都市房屋租佃纠纷调解委员会暂行条例》、涉及房屋建设行业管理的《成都市政府管理泥木工头规则》，等等。

规范化的管理机构的设立和管理方法的运用，加上20世纪30年代政府"都市建设计划"和"成都新村"的建设，成都市房地产管理及建设一度出现欣欣向荣的景象。但好景不长，随着战争的爆发和随后的房荒，成都市房地产管理又面临巨大挑战。

第三，成都市房地产管理深受地方政治影响。

近代城市房地产业的形成和发展是一个城市扩大发展最直观的表现，一个近代化的城市政权中心的形成是城市近代房地产业产生和发展的重要保障。市政机构的产生和逐步完善同时又会促进近代工商业的发展，与市政建设密切相关的房地产业尤其如此。成都房地产第一个重大建设项目即是由政府主导开发的成都"新村"建设工程，而最大的营建公司蜀华实业股份有限公司也是由时任四川省省主席的刘湘主持成立，刘湘还自任董事长，更说明军阀政客从一开始就对房地产这一油水丰足的行业垂涎，而当时的社会形势也决定了只有拥有强大政治经济实力的他们有优势从事房地产开发这类投资较大的产业。从另一

第七章 本书结论

方面来说,政府的政策制定、管理职能的完善更是一个行业发展完善的根本保障,民国时期成都城市房地产在其产生发展初期依赖于政府的支持与指导,政府对于房地产的管理显得尤为重要。从成都市房地产管理发展的实际情况来看,四川省、成都市相关各级政府能够从土地管理法律政策的制定、房地开发实践、相关税收完善、相关行业行会管理等方面,做到从无到有,建立起了一套相对完备的行政体系,并由专门的地政机关进行相关管理,在民国时期的城市房地管理发展上已经有了相当的进步,取得了很多的成绩。

从民国时期成都房地产业发展历程中可以看出,房地产行业的繁荣发展离不开稳定的政治局面和安定的社会环境。在房地产管理的具体实务中,民国时期成都市政府在操作大型房地产项目,诸如清理公产、"新村"建设、皇城地块规划建设等涉及大块房地征收、建设等问题时总是在事前雄心勃勃、计划周到,事尽其半又总是心有余而力不足,乃至虎头蛇尾、事倍功半。这也是与四川地区政治动荡、派系斗争复杂的原因密切相关的。

自清末伊始的四川地区政局,长期以来处于动荡的状态之中。因军阀混战、政权更迭频繁,从成都设市伊始的 1928 年到抗战的 1938 年的 10 年间,成都市市长有 8 位,平均每位的在任时间仅有一年多。政局的动荡深刻地影响着市政机构的建设和地方政府政策运作,而政局的频繁更替更使政府政策缺乏必要的连贯性,上一届政府为完成一项工程或执行一项政令而进行的努力,往往因为主要负责官员的更换而付诸流水。一项计划或工作或许才刚刚开始,新的领导上台又带来了新的计划和工作。周而往返,在这种形势下官员更多的可能是想如何明哲保身,对责任则是相互推诿了。所以民国时期在很多方面并不缺乏好的计划和方案,但动荡的环境使其缺少了有力的保障来实施。

在另一方面,由于房地产涉及巨大的经济利益,往往成为各种势力争夺的重点,不仅大小军阀、豪绅将其视为财富的象征而争相抢夺,各种社会团体、机构以及广大市民也都深知房地产乃城市中的立身之本,由此而产生的房地产纠纷在民国时期成都城市中愈演愈烈,这也会阻碍政府对于房地产管理的加强和项目的推进。

第四,战争对于民国时期成都城市房地产管理的发展是机遇,也是挑战。

在对成都民国时期房地产业的研究中,人口因素是不可忽视的一个因素。城市人口的增长不仅关系着城市规模的扩大,更为城市工商业的发展提供着劳动力和消费市场,对房地产来说,它更是直接关系着住宅房地产的刚性需求,而战争则是促进人口转移的最有效的因素。"房价是由刀尖挑起来的。"① 从古至今有许多这样的例子,"五胡乱华"时,大量中原士绅的南逃带动江南经济的开发;靖康之后,宋人南迁使得苏杭之地得到巨大发展,地价陡升;近代中国城市房地产市场第一次兴盛是因为"小刀会"进攻上海,大量人口涌入租界避难所致。民国时期成都城市房地产的发展同样也受了战争因素的影响。

从民国时期成都城市人口增长情况上看,清末成都人口仅 34 万,辛亥革命后到抗战全面爆发前的 26 年间增长到 52 万,平均年增长率为 2.03%,这一时期也正是民国时期成都房地产产业逐步产生、缓慢发展的时期。而抗战全面爆发中的八年,成都市人口在 1945 年 6 月达到了 70 万,平均年增长率达到 4.3%。这一倍有余的增长速度正好与抗战期间房地产产业的快速发展成正比,这正是因为人口的快速增长为房地产业的繁荣发展提供了主要动力。

除了人口的快速增加,战争导致政府机构、工商企业内迁,为成都等内地城市带来了先进生产力和发展动力,抗日战争中大量带有资本的机关、企业和人口的内迁为成都房地产市场的发展带来契机,国民政府从建构西南大后方的政治目的出发,也加强了对成都城市的建设和管理。从 1938 年开始成都房地产业进入加速发展时期,政府也同时加强了对成都房地产的管理,"新村"建设工程、国立四川大学的搬迁及望江校区建设、土地整理登记及各级地政管理机构的逐渐完善,各种与房地产管理相关的工作进程都在这一时期进入一个高峰。

虽然由战争引发的人口和社会资源的大规模迁移会给人口流入城市的房地产市场带来较大发展机会,但是机遇的同时也是挑战。在这样非正常状态下的爆发式发展往往考验着城市管理者对于战争危机的处理和面对机遇的把握能力,但往往在这样一种战乱中政府根本无力也无法处理房地产管理及发展的问题。在缺乏稳定政治环境的情况下,机遇伴随而来的往往是市场需求量的增大,加上房地资源分配不均衡导致的房荒,民国末期的房荒就是由房地产业的乱局最终演变成了危害国计民生的严重社会问题。

第五,社会文化因素对民国时期成都房地产管理的影响。

社会文化因素对于城市房地产及房地产管理的影响是相互的,民国时期房地产的产生及发展改变着城市的面貌,深刻影响着人们的居住、生产、娱乐等各种城市空间。在成都的例子中,如成都市民及外来新移民迁入"新村"这样的居民新区中,开始了不同于以住传统里弄或"四合院"的新的居住方式;悦

---

① 李开周:《民国房地产战争》,上海:上海三联书店 2012 年版,第 35 页。

第七章 本书结论

来场、春熙路、商业街等民国时期商业区的开辟繁荣了成都商业市场；四川机器局、启明电灯厂、申新纱厂等民国时期工厂的建立为民国时期成都带来了新式工业，大大改变了城市面貌和人们的生活；城南川大－华西文化区的建设、新式学校和医院的出现及发展，城市广场、公园等民国时期城市公共空间的拓展对于民国时期城市社会文化的影响则更为巨大及深远。

民国时期城市房地产的建设及管理是民国时期城市化及现代化的基石，它的产生及发展对于传统社会文化各方面的影响都是巨大的，反之传统社会文化因素也会对其产生深远的影响，总体也可分为冲突和继承两方面：一方面，近代化是对传统的冲击及改变的过程，冲突在所难免，在房地产管理方面则表现为多种形式，包括传统宗族势力对房地交易的介入，安土重迁的传统观念对房地开发、人口迁移的阻碍，这样的例子在成都"新村"建设中特别突出，"新村"开发在进行到征地工作时，因为被征地居民安土重迁观念，以及对征地赔偿分配的不满，引发其后的"新村事件"，一度使工程陷入停顿。而存仁会及朱良辅案都涉及地方宗族势力卷入房地产纠纷，在房地产交易、开发建设中都有相当的影响。

因传统社会文化观念的冲突而产生的房地产纠纷同时也大量存在于城市其他地区的房地产纠纷中，但最能代表城市发展中与房地产相关的传统与近代化进程冲突的例子，莫过于成都市划界过程中所遇到的困难及冲突。成都市划界问题自设市伊始，直至民国末期的1945年才算稍告段落。民国时期伴随成都城市生长过程中的矛盾及冲突可以让我们从一个大的视角看到城市近代化的阻力及其代价。在本书的第一章第二节，笔者曾拙引1939年5月国民党成都县执行委员会代理书记叶仲文等呈报四川省政府的公函为例，作为坚决反对成都市区扩张的代表，叶仲文等人在此文中对成都市政府在四川省政府支持下，于1939年3月确定的县市勘界方案提出了激烈抗辩，其中提出的10条理由，可以作为对于成都市区划界问题存在的困难的一个全面生动的总结，也可想见当时来自传统观念及势力对于城市近代化的巨大阻力。

来自传统社会文化因素的影响，既有冲突也有继承，在民国时期成都房地产管理中，有许多方面承继着传统房地产管理中的方式及影响。其中，通过房地产契约形式对房地产交易进行管理即是传统房地产管理方式的延续，在此基础上进一步发展出更加规范完美的房地产契约格式，以及各类管业证明书、土地管理权状等房地产管理文书证明材料。活跃于民国时期房地产市场中的"捐客""中人"，也是由传统房地交易中的"房牙""中人"演化而来，他们在房地产交易中担任着重要角色，对他们的管理无论在传统社会还是民国时期城市都是很重要的。在其他一些方面，传统文化习惯在方方面面影响着与房地产相关的居住空间，如传统的居住习惯对于住宅建筑、城市建设的影响，如成都传统民居中有在民居中建筑院落，并种植花木、桑园的传统，这对传统四合院的建筑形态有相当影响，而小商贩将民居建筑与商业铺面结合，形成前铺后宅的建筑形式，也是居民以其居住习惯对传统建筑形式加以改进的结果。

无论规模形式如何演进，民国时期城市房地产业作为城市商业之一，植根于传统的房地产交易，是近代城市在规模扩大、人口增加、工商业经济繁荣等近代化因素催生下，城市土地和房屋开始以商品的形式进行生产及交易而产生的。随着城市的近代化和城市化的发展，它会成为城市经济的支柱性产业之一，对于整个城市的兴盛发展尤为重要。正因如此，政府对于房地产交易的管理古来有之，民国时期以来即显得尤为重要。民国时期成都城市房地产管理的例证说明，在城市近代化的过程中，政府积极并合理地对城市房地产进行管理，对于城市房地产的发展非常重要，特别在风云突变及战乱动荡的年代，用规范而有力的管理来保障市场秩序及市民权益的根本，是最可贵却不易达到的目标。

综上所述，民国时期成都房地产管理和发展是民国时期成都城市地缘、政治、经济、人口、社会习俗等各方面因素综合影响所致，同时也是民国时期成都城市政治、经济、文化等城市近代化的集中体现，它的发展过程也是成都城市近代化过程的一个重要方面。这一过程虽相对缓慢平稳，且受着战争等特殊政治形势的影响，但在民国时期内陆城市发展上也颇具代表性，具有很好的研究价值和研究意义。

附　录

附录一　四川省政府建设成都新村征收土地规则[①]

第一条　本省因建设成都新村，分期征收成都城外东南近郊一带私有土地，除依照《土地法》暨《土地法施行法》第五编之规定外，并依照本规则之规定办理其征收土地之范围，限于成都新村平面图所规定之区域。

第二条　征收土地由本府新村筹备委员会办理之。

第三条　被征收土地按其优劣情形，区分种类等级如下：（一）水田　分上中下三级（二）旱田　分上中下三级（三）茔地　分有主与无主。

第四条　被征收土地上附着之房屋按其种类（瓦房、草房），依照年代、材料、式样折旧计算，酌给迁移费。

第五条　被征收土地上之原业主应将所有契约报由新村筹备委员会证明登记，听候收用给价。

第六条　新村公布征收之土地除由新村征收外，原业主不得售予第三者。

第七条　被征收土地，新村视工程之需要缓急，得分区分段逐渐收买。

第八条　新村开始放地时原业主对于原有地亩除已割为公共享地之部分外，得照新村放地规则有优先承买权，但不得超过三号。

第九条　新村公告放地及出放日期后一个月内，原业主不申请承买者撤销其优先承买权。

第十条　被征收之土地已经限期收用者，原业主应依限将土地交出，附着物迁移，如有违抗得强制执行之。

第十一条　征收土地内之坟墓有主者由新村管理机关规定限期，酌给迁移

[①]　成都市档案馆藏：《成都新村第一期筹备报告》，全宗号32，目录号1，案卷号76，第12~13页。

费令其迁移,如逾期不领费亦不迁移者即以无主论。

第十二条　无主坟墓之迁移应依照《土地法》第三百八十三条第二项及《土地法施行法》第九十条之规定办理。

第十三条　被征收土地内如有树木,照《土地法》补偿原有业主,不得自由砍伐。

第十四条　新村界内埋藏之古物归新村博物院所有。

第十五条　建设新村范围内之公有土地应依照《公有土地处理规则》第十、十一两条之规定办理。

第十六条　本规则如有未尽事宜得由省务会议通过,随时修改并咨请内政部核转行政院备案。

第十七条　本规则自公布之日施行。

附录二　四川省政府建设成都新村放地规则[①]

第一条　成都新村出放土地适用本规则之规定。

第二条　每次放地之地段、面积、价格及出放日期由新村管理机关公告之。

第三条　凡中华民国之人民均有承领新村地亩之权,领地须用户主真实姓名填具请领书一份,连同地价十分之一之信金向新村管理机关登记承领,此项信金于缴足地价时并入地价内计算。

第四条　领地人应于缴纳信金后三个月内缴足全部地价,逾期不缴清者,撤销其领地权并没收其信金。

第五条　已缴信金而新村于三个月内不能将请领之地发放时,应将其信金全地以区段方号四种标记区分之,除原业主领其原有地亩得以三号为限外,其余每户领地范围以一号为限,得就编定号数内选择之。但两户以上承领者亦听其便。

第六条　在同一地点同时有两户以上请领时用抽签决定之。

第七条　地亩价格按下列等级规定之。特等地,面临临江路者。一级:一面靠近甲种路,一面靠近乙种路者;二级:一面靠近甲种路者;三级:二面靠近乙种路者;四级:一面靠近乙种路者;五级:一面靠近丙种路者。甲等地,

---

① 成都市档案馆藏:《成都新村第一期筹备报告》,全宗号32,目录号1,案卷号76,第14~16页。

面临甲种路者。一级：两面临甲种路者；二级：一面临甲种路，一面临乙种路者；三级：一面临甲种路，一面临丙种路者。特字甲等地，接近特等地之甲等地，其分级与甲等地相同。一级，二级，三级。乙等地，面临乙种路者。一级：两面临乙种路者；二级：一面临乙种路，一面临丙种路者。特字乙等地，接近特等地之乙等地，其分级与乙等地相同。一级，二级，三级。丙等地，两面临丙种路者。一级：一端出路为临江路者；二级：一端出路为甲种路者；三级：两端出路为乙种路者。

第八条　新村放地之价格根据各项公共建筑费用、公共用地费用及征收民地地价之总和构成之。

第九条　新村放地之价格因公共建筑物造价之变更得随时应规定并事前公布之。

第十条　领地人须于领地后一年内建筑房屋，如有特别情形得申请延期，此项延期不得超过一年，但必须将四周围墙建筑完竣。

第十一条　领地后逾建筑限期尚未建筑完竣者，新村管理机关得征收荒地税，以原地价百分之一为起码数，每多延长一年按原地价递加百分之一。

第十二条　领地人或其权利继承人有缴纳新村公益捐及遵守新村各项规章之义务。

第十三条　本规则如有未尽事宜得由新村管理机关随时呈请修正，并由省政府咨请内政部核准，行政院备案。告放地及出放日期后一个月内，原业主不申请承买者撤销其优先承买权。

附录三　成都市土地登记施行细则[①]

第一条　本细则依照各省市《地政行程序大纲》第十九条之规定制定之。

第二条　本市土地及其定着物不论公有或私有，其所有权、地上权、大佃权、地役权、典权、抵押权，除依《土地法》暨《土地法施行法》规定外，均应依照本细则之规定申请登记。申请登记之土地权利，其名义与本条所列各种权利不符，而其性质与其中之一相同或相类者，经审定认为其权利后，即为该权利之登记并添注其原有名称。

第三条　已经登记之土地及其一切权利之取得移转变更消灭，非经登记不

[①] 成都市档案馆馆藏民国时期档案：《成都市土地登记施行细则》，《成都市土地整理处关于土地房屋调查和土地整理的呈文》。全宗号93，目录号2，案卷号4359，第44～49页。

生效。

第四条 本市土地登记由成都市土地整理处（以下简称本处）主持办理，必要时设土地登记处，其组织章程另定之。

第五条 申请登记应依式填具申请书、签名盖章并呈验受业契，若其他有关证明文件不全或审定后发生疑义，应取具乡镇长或土地四邻殷实店铺之保证书，代理人申请登记时并应附具授权书据。

第六条 本市土地不论公有私有均应依照土地法之规定缴纳登记费及权利书状费。

第七条 土地权利在登记进行中如产生争议，先由本处限于一定期间内向司法机关申明处理，逾期不申请处理者即由调处委员会予以调处，调处委员会之组织章程另定之。

第八条 土地权利申请登记完毕后，分别发给土地所有权状。

第九条 申请登记人如用欺诈方法或伪造证据申请登记者，一经察觉除没收登记费书状费及撤销登记外，并以贪污治罪。

第十条 办理登记人员如有浮收诈取或其他舞弊情事，经查明属实者除责令赔偿当事人损失外，并以贪污治罪。

第十一条 本市办理土地登记如乡镇长及保甲长等应负一切协助责任，其办法另定之。

第十二条 第一次土地所有权登记（以下简称第一次土地登记）就地籍测量完竣之区域以乡镇为单位，分别办理其各乡镇开始登记日期，由本处事先布告之。

第十三条 每一乡镇开始第一次土地登记前由本处填就土地登记通知单后，交乡镇长转发各业主依限前来申请登记。其通知单未能送达者，应遵限自行前来申请补发，以凭登记，不得借故延误。

第十四条 第一次土地登记时应由权利人于规定期间内亲自前来申请，其不能亲自申请者得委托代理人申请之。

第十五条 申请第一次土地登记时应先在登记面上查明土地标示有无错误，如无错误应先申请覆丈，再申请登记；如有错误俟覆丈确定后再行申请登记，覆丈规则另定之。

第十六条 第一次土地登记应自布告开张登记二个月内前来申请登记。

第十七条 土地权利人如因特别故障不能如期申请登记时，应于申请期限未满前向本处声明理由呈请展期，但至多不得逾一个月。

第十八条 土地权利人如不遵守登记期限，申请登记者逾期不过一个月以内者，照原登记费额加收登记费十分之二；逾期在一个月以上二个月以内者，加收登记费十分之四；逾期在二个月以上三个月以内者，加收登记费十分之六，同时并由本处予以催告。

第十九条　催告期满后无人申请登记之土地，即由本处将未登记之土地号数、种类、坐落、四至、面积等揭示布告三个月，在布告期间内权利人声明理由，请求补行登记，经查明属实者准予登记，并照原登记费额加收登记费一倍。期满仍无人申请登记者即作公有土地登记。

第二十条　第一次土地登记申请文件经审查后，除有疑义者由本处通知补具外，其无疑义者交揭示公告。

第二十一条　公告期满无人提出异议或提出异议经解决者即准予登记。

第二十二条　第一次土地登记后所有权如有转移，应由权利人及义务人或其代理人于移转后一个月内申请为移转登记，但因继承或征收为移转登记时得仅由权利人申请之。

第二十三条　申请为每起地一部分之移转时，应先申请勘丈，再依勘丈结果申请登记，勘丈规则另定之。

第二十四条　土地移转后应另发所有权状。

第二十五条　移转登记申请经审查后除有疑义者，由本处通知补具外其无疑义者即准予登记，并将移转结果随时通知征收机关。

第二十六条　土地移转不遵限申请登记者得按情节轻重，照原登记费类加收登记费二分之一至五倍。

第二十七条　第一次土地公告前，凡已设定有地上权或永佃权、典权及抵押权等之土地，应于公告期内向本处申请为他项权利登记。

第二十八条　第一次土地登记公告后所有他项权利之取得，应于取得后一个月内申请登记。

第二十九条　他项权利登记应由权利人及义务人或其代理人申请之。

第三十条　外国人依条约租用之土地应由本处先为所有权人登记，再由租用人为租赁之登记。

第三十一条　他项权利如有移转应由权利人及义务人或其代理人于移转后一个月内申请登记，并须收具所有权人之承诺书据。

第三十二条　他项权利移转后另发他项权利证明书。

第三十三条　他项权利消灭后应申请为涂销登记，并应将权利证明书缴销。

第三十四条　他项权利登记申请文件经审查无疑义，或发生疑义经解决者即准予登记。

第三十五条 他项权利不遵限申请登记者,得按情节轻重照登记费额加收登记费二分之一至五倍。

第三十六条 第一次土地登记后,土地经过分合、增减、坍没或种类及其他有变更,应于变更及一个月内向本处申请为变更登记。

第三十七条 变更登记应由权利人或其代理人申请之,但设定有他项权利之土地应会同他项权利人申请之。

第三十八条 申请登记前应先申请勘丈,再依勘丈结果申请登记土地,如所有权部分变更应将原所有权状撤销另发新状。

第四十条 土地如全部坍没应将所有权状缴销。

第四十一条 凡或设定有他项权利之土地其他项权利证明书,应视土地变更情形另行发给或缴销。

第四十二条 变更登记申请文件经审查无疑或发生疑义经解决者,即准予登记并将变更情形随时通知征收机关。

第四十三条 土地变更不遵限申请登记者,除按情节轻重照原登记费额加收登记费二分之一至五倍外,其逾期内土地所有税额应减免者不得补请减免,应增加者须加倍。

附录四　成都市非常时期房屋租佃规则[①]

成都市政府民国 28 年(1939 年)9 月 30 日公布

第一条 成都市房屋租佃除法律别有规定外,悉依本则办理之。

第二条 本市房屋租佃无论向房主直接包租或间接转租均应订立契约,由出租人与承租人双方执一纸为凭,并呈报市政府查收。

第三条 租佃契约由市政府印发,每份取工本费四分,贴印花二分,其应注意事项规定如下:一、租佃契约共为四骈,由市政府发交各保保长分管,凡市民租佃房应由承租人自行申请,向该管保长领用,按照规定项目逐一填载详明。第四骈由承租人执存,第二、三骈由出租人执存将第一骈交由该管保长转报市政府查收。二、租约所载各条涉及字样不得擅自涂改,各自补充事项即在

[①] 成都市档案馆馆藏民国时期档案:《成都市非常时期房屋租佃规则》,《市府房屋租佃纠纷调解委员会条例、租约,重庆市房屋租赁办法呈报及省府指令、训令》,全宗号38,目录号13,案卷号16,第8~15页。

附记项下注明或另纸订明粘附。三、租约如自遗失或毁损时须由市政府备卷并照第二条之规定补领补报。四、因出租人与承租人相互隐瞒,于订租五日后不填报租约或填报而不翔实,此一经查出或被告发查实,此处以一元以上三十元以下之罚款。

第四条　保甲人员于该管居民填报户口证时,应即督导填报租约,但不得借故要索。

第五条　房屋租佃必须由出租人向承租人取有二人以上保证,方得出租。

第六条　房屋租佃契约订立后五日内应由出租人向市政府请领制定之房租收据簿,凡隐瞒不领房租收据簿或虽领而不用,此查明后处以一元以上十元以下之罚款。

第七条　出租人除收取房租外得酌收押金,但不得以打扫费或其他名义向承租人额外要索。

第八条　押金最高额不得超过每月租金之五倍,由承租人于进房时一次交付,退房时由出租人如数交还,但押金数目在本规则公布前议定者不在此限。

第九条　租金应视房产之价值为标准规定如下:一、房屋系在民国二十六年以前建造者,其租金增长不得超过原价十分之一;二、二十七年以后新建房屋其租金不得高于建筑费用及其地皮价值总数内除去押金之资本利息一分二厘。

第十条　出租人不得乘机居奇涨租价,对于原住房人事先约定除外。

第十一条　主佃双方除因特殊事故或双方同意订立协约外,租金一律依国历以月为单位计算,住满一月应按月付租,但住房未满一月者,在五日以上则以半月计算,在十五日以上则以一月计算,照此付租,承租人不得拖欠租金,出租人不得无故退佃或无故加租加押。

第十二条　出租人对于住房人除欠租已逾三月,或发现住房人有违法犯罪妨害安宁及有伤善良风俗之行为外,不得强令迁让。或为变更产权或改建修理,收回自用须于两月以前通知承租人,并免除一月租金作为迁移费。前项标准起论日期应以下列标准计算:一、因自住必须退佃,经向市政府须得房屋自住报备单之日起开始通知;二、因买卖退佃,经向市府须贴宣告之日起开始通知;三、因培修改建必须退佃,经申请市府领得许可证之日起开始通知。

第十三条　出租人察觉住房人有违法犯罪妨害安宁秩序及妨害风俗之行为时,应即报告市府或者市警察局警备司令部以凭查办,其知情徇隐等加重处罚。

第十四条　出租人因第十二条所列各项原因通知佃户迁移,佃户如拖延至二月以上尚未迁移的，须由出租人呈报本府，经查实后除令佃户照纳延住期间租金外并强制迁移。前项强制执行时，须通知省会警察局派员协助办理之，补纳延住租金办法须依本规则第十一条之规定办理。

第十五条　承租人如因事退租应于十五日以前通知出租人，否则租约继续有效。出租人于接受前项通知后须预引张贴招租，但应以承租人迁移之日为租约解除之日，并依照第十一条之规定自租约解除之日起计算房租。

第十六条　出租人或承租人一方有变更时，应即依照本规则第二条之规定改换租佃契约，重新呈报，不得顶替旧约，并应将旧约撤销。

第十七条　承租人代缴之房捐应于租金内扣抵各租金，已由房主收清尚有滞纳房捐情形，应由房产负责照缴，但铺房之有铺底等不在此限。出租人于订立租约时不得将房捐责归承租人担负，违此无效，但征收房捐另有规定等不在此限。

第十八条　公产善产出租部分或无租备住及铺房租赁等，由经管人或房主照本规则第二条之规定办理，但铺房有铺底权等房主应会同有铺底权人办理之。

第十九条　出租人与承租人因欠租退租退押等事项致起纠纷，须提交租佃契约及房租收据等申请本市房屋租佃纠纷调解委员会调解之，若调解无效时仍饬依法起诉，前项纠纷非经调解程序不得起诉。

第二十条　前条所列房屋租佃纠纷调解委员会由市政府会同有关机关及房东房客代表等组织之，其章程另行规定。

第二十一条　经租佃之房屋在本规则公布前当未订立租佃契约，或已订约但未呈报本府，应于本规则公布后二个月内依照本规则第二条及第三条之规定补充办理之。

第二十二条　出租人或承租人违反本规则第五第七及第十六各条之规定的，处以十元以下之罚款，违反本规则第八第十及第十三各条之规定的，处以三十元以下之罚款。

第二十三条　规则若有未尽事项，随时呈请修正公布之。

第二十四条　本规则自呈请四川省政府核准后公布之日起施行。

附录五　成都市强制空房出租实施办法[①]

成都市政府民国 36 年（1947 年）12 月 8 日公布

第一条　本办法为救济房荒，依据成都市参议会建议呈奉，四川省政府核准，并参照《土地法》第九十六条之规定拟定之。

第二条　对本市空房屋先劝令自行出租，其经限期催告仍不出租者，得依本办法强制行之。

第三条　无人居住之房屋视为空房屋。

第四条　凡出租空余房屋，绝对保障其利益，但不得有违反法律、政令之规定。

第五条　自本办法公布实施日起，不得拆除空余房屋或借故使用而规避出租。

第六条　空余房屋所有人违反本办法第五条之规定者，严令修复并强制出租。

第七条　隐匿空余房屋，得依本办法第十四条之规定申请承租自住。

第八条　凡经查验确认为空余房屋的，就当地公告强制出租，标明租金、押金，便利承租居住。

第九条　强制出租空余房屋之租金押金，由本府派员会同区保甲长及所有人妥为酌定，缮具笔录存案。

第十条　前条租押金之酌定，以不超过当地适中租押为原则，并不得以实物折合。

第十一条　所有人召集不到或不同意酌定的，仍依第九条之规定办理。

第十二条　承租人申请立约，经所有人拒绝时，得报请立案，依照规定完备手续承租居住。

第十三条　所有人阻止承租人迁入的，视为阻挠政令，送法院究办。

第十四条　所有人拒绝收租押金时，得请求缴呈地方法院提存所提存之。

第十五条　承租空余房屋，应先觅妥保，保单式样另定之。

第十六条　承租人有下列情形之一者，收回其房屋，另为出租：一、故意

[①] 成都市档案馆馆藏民国档案：《成都市政府送成都市参议会关于强制空房出租实施办法的公函》，《参议会关于清理公产、统一县市公有产、建平民房办法、强制空房出租等提案及省府代电、指令等》，全宗号 38，目录号 13，案卷号 58，第 206~211 页。

损毁房屋不为赔偿者；二、未经取得所有人同意证据，将房屋转顶于他人；三、将房屋转租分租牟利者；四、使用房屋为违反法令之事实者；五、欠租违二月以上者；六、所有人确系情形变更，有收回自住之必要者。

第十七条　所有人如不能提出确实必须自住之证据，不得申请收回自住。

第十八条　强制出租空余房屋办法别有规定的，依其规定。

第十九条　本办法于房荒解除时公布废止之。

第二十条　本办法经成都市参议会审议决议，呈由四川省政府核定，于公布之日施行。

附录六　成都市房捐征捐章程①

一、征捐办法

1. 房捐税率照房屋收益百分之六计算征收。
2. 自住房屋应缴之房捐依照房价按年息一分计算收益照缴。
3. 租佃房屋应纳之房捐由佃户代缴，以房捐收据交房主扣抵房租。
4. 房主以所有房屋一部自住其余出佃者，应分别照自住及租佃房屋办理。
5. 佃户以所佃房屋转佃他人住用者，照租佃房屋办理。
6. 租佃押金如超过一年租金总额时，其超过之数应以年息一分计算，认作房屋收益，连同租金数目按价征收。
7. 抵押或典当之房屋如系抵押或典当人自住者照自住房屋办理，其应缴之房捐仍以原有房价为准，不得照抵押或典当价额计算，但原有房价与时值不合为低时，应交由房产估价委员会另行估价，如系租佃与人者仍照租佃房屋办理，房捐归收益人负担，由佃户代缴照扣。

二、免捐范围

1. 月租不满二元者免收房捐，但房主一人有收益二元以下之房租，二元以上合计房租超过二元以及重押轻租，按照规定算明收益仍超过二元者，均不在免捐之列。
2. 党政军机关及领事住地、官公立学校及曾经立案之私立学校、法定团

---

① 《成都市地价与房租之研究》，《民国二十年代中国大陆土地问题资料》，第77卷，台北：成文出版社1977年版，第40876~40878页。

体、曾经立案之公益团体、寺庙及礼拜场所，以及贫民草屋均免收房捐，但如系租佃或将其全部房屋出租作商店及住宅者，仍照规定纳捐，如系附有住户者仍应按其所占之部分纳捐。

3. 房屋空闲者得免征捐，但租佃约在十五日以前或解约在十六日以后者应纳全捐结约，在十六日以后或解约在十五日以前者应纳半捐。

4. 新建房屋尚未竣事者得免纳捐，但业经完成部分作使用者仍应缴纳房捐。

三、报捐手续

1. 户主房屋应由房主自向该管征收机关领取报单填明房价，并将房主姓名房价金额，房基四至管辖区署街道门牌，逐一呈报该管机关以凭查核定捐额。

2. 租佃虽应由房主或其管理人于租佃成立后向该管征收机关，请视规定租约照实分别填写呈由该管机关录印分别登记核定捐额，除将租约缴存裁留备查外，并将租约发还收执。其房主及其经理人均不在本地者，由佃户请领填报。

3. 凡房屋买卖及典当均应立向该管征收机关请领报单填明，呈报以凭核定捐类。

四、处罚事项

1. 房主陈报房价故意低减价值企图少纳捐款，经该管征收机关通知逾期限仍不更正者，照土地陈报法依其所报价值呈准。

2. 佃户填报房租徇房主之请托以多报少者，按照每月应纳捐额应以一倍以上五倍以下罚金，如房主有勒挟行为并照数底罚房主。

3. 租佃房屋应领用规定租约，如房主故不领填仍私立佃约者，按照每月应缴捐额加倍处罚；其与佃户妥协，伪造证据或设法隐匿者，一经察觉被告发，佃户房主同一处罚。

4. 凡房屋租金增加或自住租佃变更，及新建新租延匿不报在一个月以后查出者，除饬补缴捐款外并按所匿捐额加倍处罚。

5. 纳捐人对于应缴捐款逾限至十日以上者，照应缴捐额加罚一呈，十五日加罚二呈，二十日或一个月传案勒追并加罚三呈。

附录七　成都市房屋租佃纠纷调解委员会暂行条例[①]

第一条　成都市政府为防止非常时期房屋租金飞涨即处理关于租佃事项纠纷起见，特会同有关各机关党部绅耆和房东房客代表等组织成都市房屋租佃纠纷调解委员会。

第二条　本会设委员十一人，由市政府指派或聘任下列人员组织之：市政府社会财政工务科科长、市党务执行委员会书记长、省会警察局行政科科长、成都地方法院代表一人、绅耆代表一人、房东房客代表各一人。

第三条　本会设主任委员一人，由市政府社会科科长担任之，负责召集会议及处理本会文件等责任。

第四条　本会不另设成员，所有日常事务皆由市政府成员兼办之。

（编者注：本原始资料缺第五条、第六条）

第七条　本会受理案件以会议方式解决之，必要时得召集纠纷之双方或一方到会查询并调查实况搜集证据。

第八条　本会受理关于评定房屋租约及解决退租退押等案件，应依照成都市非常时期房屋租佃规则之规定定断之，并应以主客双方协议之租佃契约及房租收据等为主要证件。

第九条　本会裁定之案件应作成裁定书，叙明案由及调解办法送达双方并公布之。

第十条　本会受理案件经裁定后应强制执行，并函请市政府或警察局以命令强制执行之。

第十一条　除强制执行之案件外，凡调解不成或当事人一方不服调解之案件，应饬依法起诉。

第十二条　本条例如有未尽事宜得随时由市政府改之，并函请成都市政府呈报四川省政府备案。

第十三条　本条例自呈请四川省政府核准公布之日施行。

[①] 成都市档案馆馆藏民国时期档案：《成都市非常时期房屋租佃规则》，《市府房屋租佃纠纷调解委员会条例、租约、重庆市房屋租赁办法呈报及省府指令、训令》，全宗号38，目录号13，案卷号16，第9~11页。

附录八　成都市建筑平民房屋办法[①]

第一条　成都市政府（以下简称本府）为救济本市房荒特制定本办法。

第二条　建筑平房房屋之基地以使用本市区内公有空地为原则，其城郊公路两旁私有土地，适用平民生活之地段，必要时并得由本府向所有权人承租、修筑或转租平民建筑之。前项私有土地若私有权人不愿出租时，得由本府依法征收，由该所有权人自愿依式修建，并遵照规定出租者不在此限。

第三条　建筑平房房屋分为住宅与铺房两种，住宅规定为一排五间或三间，铺房规定为前后两进，其房屋式样均由本府斟酌，各据地形分别绘制详图统一规定之。

第四条　建筑平民房屋分为公建与私建二种，公建为本府建筑，私建为平民向本府申请承租基地建筑之。

第五条　建筑平民房屋满十户至二十户居住之处修建厕所一所，其系私建者建筑费由承租建筑人共同负担之。

第六条　平民承租本府修建房屋，或平民向本府承租基地自行依式修建房屋，其应纳承租房屋及承租基地之租金，由本府拟定标准，送请市参议会审议后公开布告，由平民自行选定之。前项租金非因一般房屋租价剧烈变动时不得变动。

第七条　本府建筑平民房屋之经费得向农业银行贷用市地改良贷款，或在本府预算超收项下支拨负担之。

第八条　平民向本府承租基地自行依式修建房屋，得联合数户共同申请，其有财力不足，经呈请本府调查属实者，并得介绍向农民银行贷款修建。

第九条　平民向本府承租公有基地修建之房屋，其租期最多以二十年为限，期满应即由承租人将修建房屋拆卸，但必要时得由本府依法征收之。

第十条　平民向本府转租私有土地修建之房屋，其租期在原租期范围内依约定行之。期满应即由承租人将修建房屋拆卸，但承租人不愿拆卸而土地所有权人又愿意取得房屋时，得由土地所有权人补偿建筑费与承租人保留之。依本法所建房屋及其基地出卖时，承租人有优先承买权。

第十一条　本办法实施后，凡已占用城墙斜坡或公有土地修筑房屋之民户

[①]　成都市档案馆馆藏民国时期档案：《四川省政府送成都市政府关于知照修正建筑平民住房计划草案的指令》，全宗号38，目录号13，案卷号58，第243~246页。

应即逐次拆卸完竣，其有自愿单独或联合向本府承租房屋或基地者，得申请优先登记。

第十二条　平民承租本府修建房屋或基地均不得自由移转与他人使用。

第十三条　极贫民户申请承租本府修建房屋或公有基地时，应就最低租额者优先划出租与之。

第十四条　平民承租本府修建房屋或公有基地，其终止契约均依民法土地法及公产租佃办法之规定行之。

第十五条　本办法经送请市参议会审议，并呈请四川省政府转呈行政院核准后公布施行。

附录九　成都市短期小额改良市地放款实施办法①

第一条　因建筑市地利用解决本市房屋问题特订立本办法（本办法依据《中国农民银行土地金融业务条例》第三条四项之规定拟定之）。

第二条　本放款总额暂定为一千万元，如不足时得商订酌量增加。

第三条　本放款对象以成都市区内市民为限。

第四条　本放款数额每户不得超过国币二十万元。

第五条　本放款用途限于建筑余额及其他关于市地利用之改良事项。

第六条　本放款利率暂定为月息三分。

第七条　本放款期限最长不得超过一年半或二年。

第八条　本放款以借款人世间之土地及所建之住宅为担保，并须觅具承还保证人。

第九条　本放款以成都市政府为介绍人并负协助催收本息及监督使用之责。

第十条　本办法未尽事宜依《中国农民银行土地金融处土地改良放款规则》办理。

第十一条　本办法自奉核后定施行。

---

①　成都市档案馆馆藏民国档案：《成都市短期小额改良市地放款实施办法》，《省市府关于农行土地金融业务、市地改良整理、计划大纲呈报的指令》，全宗号38，目录号13，案卷号116，第1~3页。

附录十　成都市拓宽道路补偿拆卸迁移暂行规则[①]

第一条　本规则因拓宽本市道路对于人民或机关、寺庙、房屋土地之收用，须补偿拆卸时适用之。

第二条　被占用地面上之建筑物连同地皮依规定发给拆迁费或补偿金：一、拆迁瓦屋平房，每市尺一方丈。甲等给价50元，乙等给价25元至35元，丙等给价10元至20元；有楼房者，照平房按层加半。二、拆迁草屋、篾棚厕所，每方丈5元至10元，每方丈面积给补偿金2元。三、地面上附着之青苗，如瓜、菜、竹、木等，每亩给补偿银4角。前项拆迁费除青苗费，应为种植者或佃户所得外，应发之拆迁费8成为业主拆卸费，2成为住户迁移费。拆下之建筑材料归业主所有，瓜、菜、竹、木为业主所种者归业主，佃户所种者归佃户。

第三条　拆迁有特殊情形进行困难时，得由市政府组织评价委员会鉴定之。

第四条　如业主之房屋地皮全被占用或所余不足40平方市尺，不能修建铺屋或住房两间者，得查实酌情增给之。

第五条　本规则有未尽事宜得增改之，仍呈俟核准后再行实施。

第六条　本规则呈经四川省政府核准公布施行。

附录十一　成都市政府管理泥木工头规则[②]
（1942年12月）

第一条　凡泥木工头在本市区内承造公私建筑者，须依本规则之规定。申请登记，发给登记证。

第二条　凡申请登记者，须有十年以上泥木工经验，并年在三十岁以上，粗识文字，并明了本市建筑规则大要者为合。

第三条　凡申请登记时，须填具申请书，连同保证书及本人最近二寸半身相片二张，经本府以普通工程常识之口试合格后，发给登记证。

[①]　成都市档案馆编：《成都市拓宽道补偿拆卸迁移暂行规则》，《民国时期成都市经济法规选编》，第64页。

[②]　成都市档案馆编：《成都市政府管理泥木工头规则》，《民国时期成都市经济法规选编》，第71~73页。

第四条 前条申请书详载左列各项，其格式另定之。一、姓名；二、年龄；三、籍贯；四、住址；五、经历；六、保证人。

第五条 泥木工头之保证人，须具有五千元以上资本之殷实商号。

第六条 出保商号如遇所担保之工头不履行本规则之规定者，违犯定章时，应依法负担保责任。

第七条 凡领有登记证者，得依照本市建筑规则，承办本区内一万元以下各种公私建筑（非常时期一万元之范围得酌情形略予变通）。

第八条 登记证除依法粘贴印花外，并缴纳证费五元。

第九条 泥木工头承办建筑时，须携带登记证，请本府查建筑时，须缴证检验。

第十条 凡未经申请登记，擅行承办工程动工建筑者，饬令限期申请登记外，视情节之轻重，处以百元以下罚款或予以拘押处分。

第十一条 登记证如有遗失或损毁，除登报声明作废外，检同报纸，依本规则第八条所定费呈请补发。

第十二条 本规则如有未尽事宜，得随时修正之。

第十三条 本规则自呈请核准后公布施行。

附录十二　成都市财政局市有房屋地皮租佃规则[①]
（1929年10月）

第一条 凡欲租本局管理之市有房屋地皮者，须依照本规则向本局订租。

第二条 租金照阳历计算，不满一月者照全月缴纳。

第三条 租定房屋地皮，须先缴纳押金，退租时仍发还之。

第四条 租金须按月向本局缴清领取收据，倘拖欠不缴时，本局得将押金扣抵租金，同时勒令搬迁。

第五条 佃户不得将所租房屋地皮分租、转租或私相顶替。

第六条 佃户有不正当行为或本局必须此项房屋地皮时，本局得令其退佃搬迁。

第七条 增加租押佃户承认照加者，准其续租；不愿照加时，应无条件搬迁。

[①] 成都市档案馆编：《成都市财政局市有房屋地皮租佃规则》，《民国时期成都经济法规选编》，第73~75页。

第八条　佃户欲改换房屋装修者，须先得本局同意，搬迁时照式装还。

第九条　房屋损坏如发生于佃户使用之不当时，所有修理费用应归佃户负担。

第十条　本局得随时派员入屋查勘。

第十一条　佃户租约如经特许者，不适用本规则。

第十二条　本规则自呈准市核准之日施行。

附录十三　成都市房屋租佃规则①
（1936 年 9 月 8 日）

第一条　凡市区内之房屋租佃除法律另有规定外，均按本规则办理。

第二条　房屋租佃契约由市政府制发，从前所发契约一律由市府调换，其办法另定之。

第三条　主佃双方除因特殊事项或双方同意定有契约外，租金一律依国历以月为单位按月付租，佃户不得拒付，承租人无故不得退佃。

第四条　押金最高额不得超过每月租金之十倍，入宅时先行交付，但在本规则公布前订约者不在此限。

第五条　租金应于地价及建筑费总数内除去押金计算，不得超过月息一分二厘。

第六条　佃户如因事故退佃，租金应按照所住之日计算。

第七条　主佃一方如欲退佃，均须于一月以前通知，否则租约继续有效。

第八条　佃户退佃，主方逾期退押时，逾期租金不负义务。

第九条　房主因自住当卖或培修必须退佃时，须提前通知佃户，届期如有延展至三月以上仍不迁移者，呈报公安局，经调查属实除令佃户补纳延住租金外，制执行办法勒令迁移补纳延住租金办法得依本规则第六条之规定。

第十条　房主不得无故加租加押。

第十一条　本市区主佃纠纷未经本府遵照行政院规定之房屋租佃纠纷调解办法调解不得起诉。

第十二条　本规则如有未尽事宜由本府呈准修正公布之。

第十三条　本规则自呈准公布之日施行。

---

① 成都市档案馆藏：《成都市房屋租佃规则》，《民国时期成都市经济法规选编》，第 74 页。

附录十四　成都市政府发给房屋租佃契约细则[①]
（1936 年 9 月 9 日）

第一条　本细则根据《成都市房屋租佃规则》第三条之规定制定之。

第二条　除外国人租佃另有规定外，凡市区内人民租佃悉照本规则办理。

第三条　房屋租佃契约由业主承领依式记载，双方盖章，各执一纸为据。

第四条　主佃双方发生租佃纠纷调解诉讼时，须以本府正式佃约为凭始生效力。

第五条　佃户如将所租房屋分租一部分与人时，仍须依照规定领用佃约，惟须注明原出佃人姓名或佃约之号数。

第六条　承租人如有变更或租金有增减，须另换新约时，依照第三条办理，并将原佃约注销作废。

第七条　本府规定租佃契约为四联，一联由承佃人收执，一联由出租人收执，一联通知市征收处，一联存本府备查。

第八条　租佃契约如有遗失毁损时须呈请补发。

第九条　租佃契约不能擅自涂改，如有补充事项在附记注明或另纸缮写粘贴附件。

第十条　主佃双方互相隐瞒或少填押金额时，一经察觉则处一月租之罚金，由双方分解。

第十一条　此项佃约每份征工本银一角，由出租人缴纳。

第十二条　本细则自呈准公布之日施行。

---

① 成都市档案馆藏：《成都市政府发给房屋租佃契约细则》，《民国时期成都市经济法规选编》，第 75～76 页。

附录十五 宣统元年四川布政使司颁发的彭蔡氏购买叶双福名下房产的官契[①]

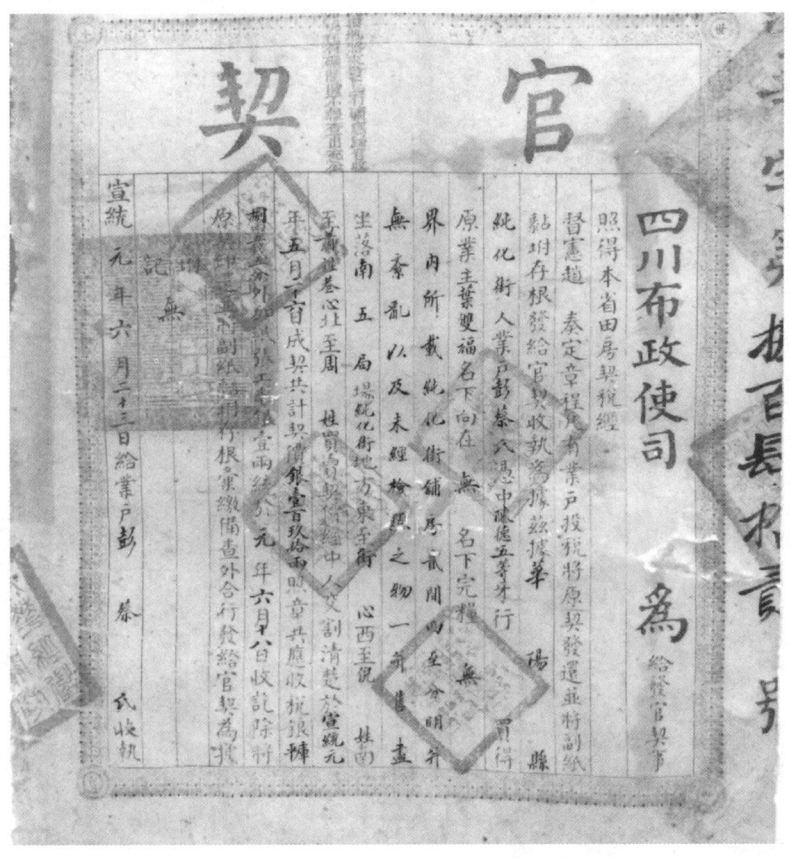

[①] 成都市房管局房产信息档案馆馆藏历史房产契证:《宣统元年四川布政使司颁发的彭蔡氏购买叶双福名下房产的官契》。

附录十六　民国 6 年（1917 年）由四川省财政厅颁发的清真义学贾鸿如房产官契①

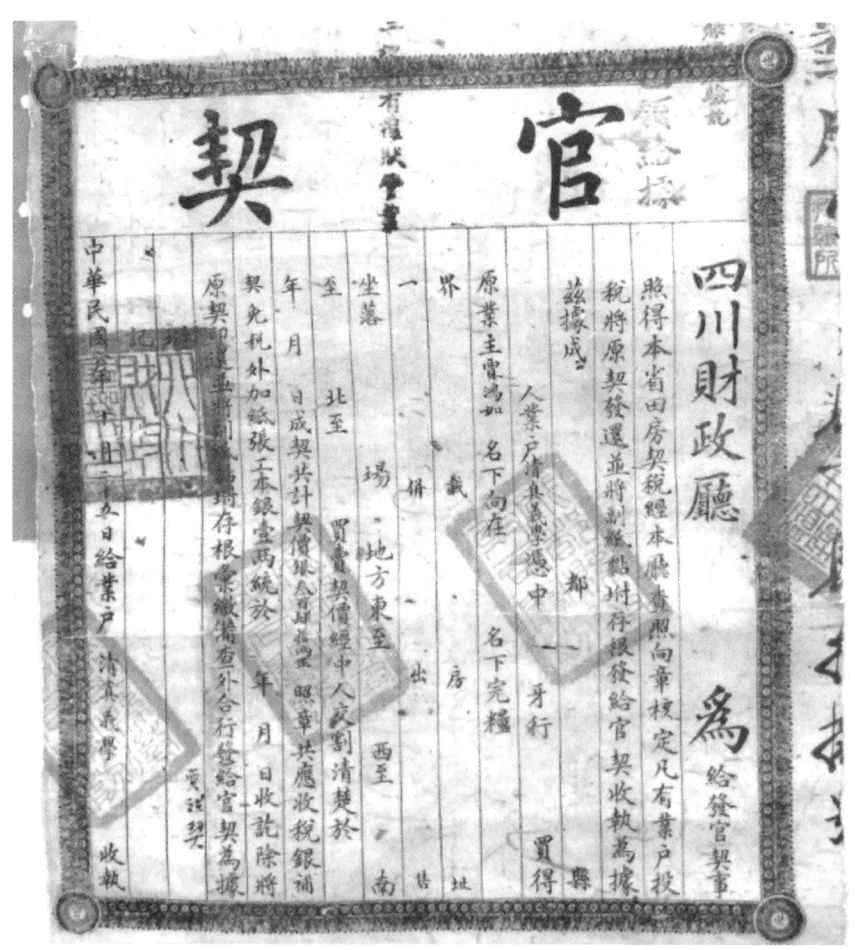

---

① 成都市房管局房产信息档案馆馆藏历史房产契证：《民国 6 年由四川省财政厅颁发的清真义学贾鸿如房产官契》。

附录十七 民国 25 年张洪发杜卖顺九龙巷房产的契格[①]

[①] 成都市房管局房产信息档案馆馆藏历史房产契证:《民国 25 年张洪发杜卖顺九龙巷房产的契格》。

附录十八 字区第 297 号地《土地所有权状》[1]

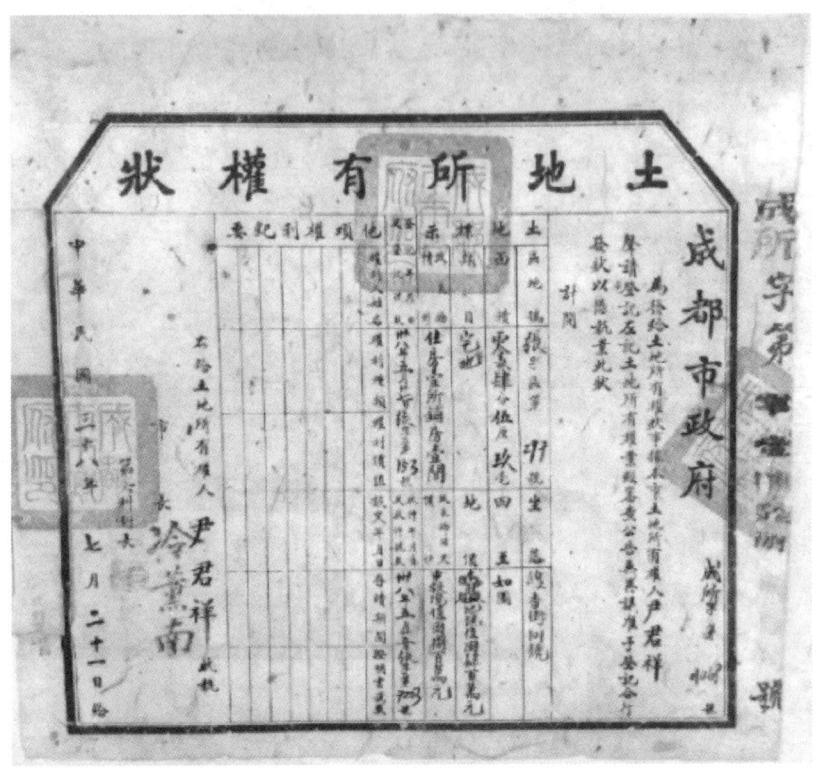

---

[1] 成都市房管局房产信息档案馆馆藏历史房产契证：1949 年《土地所有权状》。

附录十九　四川公产管理局决卖公房证[1]

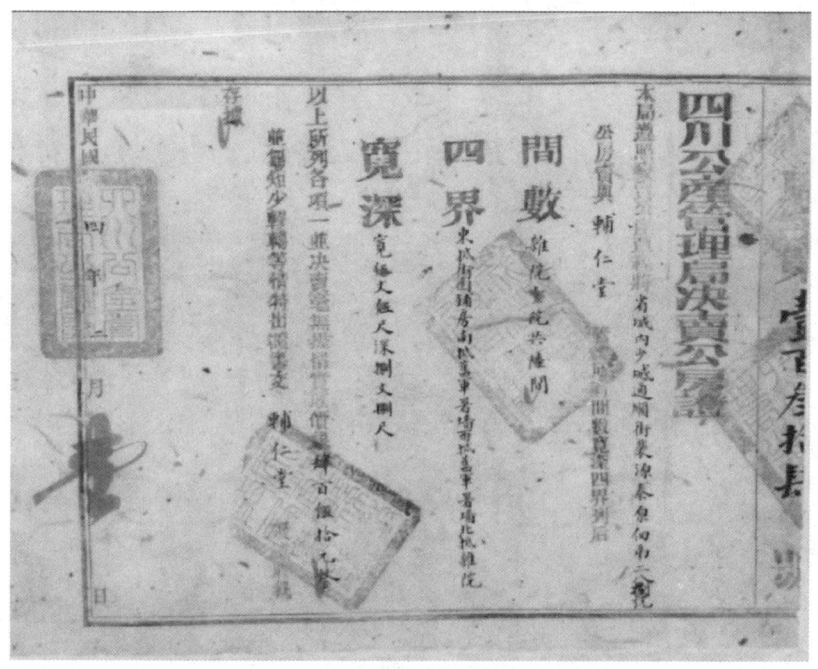

---

[1] 成都市房管局房产信息档案馆馆藏历史房产契证:《四川公产管理局决卖公房证》。

附录二十　民国 22 年（1933 年）成都街市图[1]

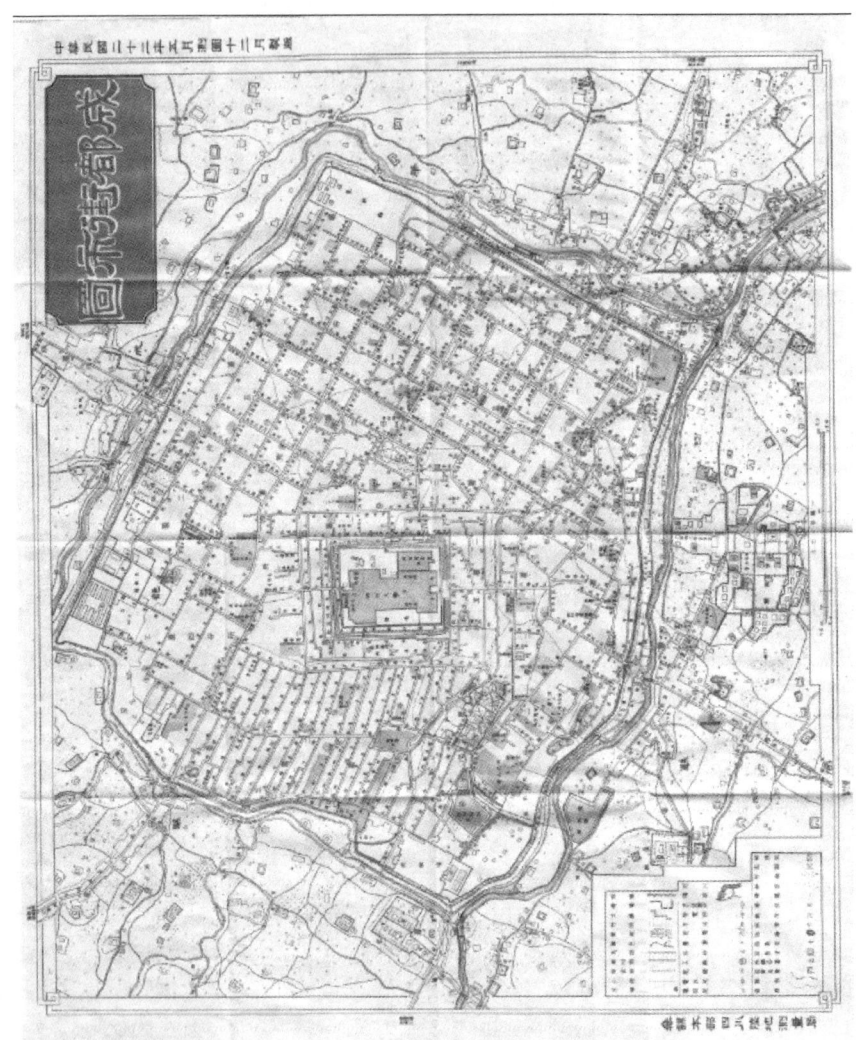

[1]《民国 22 年成都街市图》，北京：中国地图出版社 2012 年版。

参考书目

一、档案史料类

〔1〕四川省档案馆馆藏第 41 号全宗，全宗名：四川省政府秘书处。
〔2〕四川省档案馆馆藏第 115 号全宗，全宗名：四川省建设厅。
〔3〕四川省档案馆馆藏第 147 号全宗，全宗名：四川省地政局。
〔4〕成都市档案馆馆藏第 31 号全宗，全宗名：成都市土地整理处。
〔5〕成都市档案馆馆藏第 32 号全宗，全宗名：新村筹备委员会。
〔6〕成都市档案馆馆藏第 38 号全宗，全宗名：成都市政府（地政）。

二、报纸

〔1〕《新华日报》，重庆新华日报，1942—1945 年。
〔2〕《新新新闻》，成都新新新闻，1936—1949 年。
〔3〕《四川日报》，成都四川日报，1937—1939 年。
〔4〕《中央日报》，南京中央日报，1936—1937 年。
〔5〕《成都快报》，成都快报，1940—1943 年。

三、民国时期期刊

〔1〕《成都市政府公报》，成都市政府秘书处，1942—1943 年。
〔2〕《成都市政府月刊》，成都市政府月刊社，1940—1941 年。
〔3〕《成都市政府周报》，成都市政府秘书处，1939—1941 年。
〔4〕《地政月刊》，中国地政学会，1933—1935 年。
〔5〕《四川省政府公报》，四川省政府秘书处，1933—1935 年。
〔6〕《四川统计月刊》，四川省政府统计处，1937—1938 年。
〔7〕《四川经济月刊》，四川地方银行经济调查部，1934—1949 年。
〔8〕《四川经济季刊》，四川省银行经济研究处，1943—1948 年。

〔9〕《四川经济汇报》，四川省银行经济研究处，1948—1949年。
〔10〕《国立四川大学周刊》，国立四川大学周刊编辑部，1936—1949年。
〔11〕《四川财政季刊》，四川财政季刊编辑部，1938—1949年。
〔12〕《地政月刊》，中国地政学会，1933—1935年。
〔13〕《地政通讯》，南京地政署地政研究委员会，1943—1947年。
〔14〕《东方杂志》，东方杂志社，第三十一卷，1934年。
〔15〕《防空月刊》，四川省防空协会，1938—1943年。
〔16〕《四川物价旬报》，四川省建设厅及金陵大学农业经济系，1938—1949年。

四、20世纪20年代中国大陆土地问题资料，台北成文出版社、美国中文数据中心1977年联合影印

〔1〕欧学芳：《四川省土地陈报之研究》。
〔2〕康捷生：《成都华阳地整理之研究》。
〔3〕龚永涛：《四川土地整理计划及其办理经过》。
〔4〕李铮虹：《四川农业金融与地权异动之关系》。
〔5〕陈太先：《成都平原租佃制度之研究》。
〔6〕马学芳：《成渝铁路成都平原之土地利用问题》。
〔7〕佚名：《成都市地价与房租之研究》。
〔8〕黄人俊：《成渝铁路沿线地价之研究》。
〔9〕董国祥：《重庆地价与房租之研究》。
〔10〕王盘：《昆明市房屋问题》。
〔11〕陈家鼎：《宜昌沙市之地价研究》。
〔12〕魏树东：《北平市财政局实习报告》。
〔13〕鲍家驹：《汉口市住宅问题》。
〔14〕陈岳麟：《南京市之住宅问题》。
〔15〕房师文：《天津市地价之研究》。
〔16〕魏树东：《北平市之地价、地租、房租与税收》。
〔17〕梅光复：《汉口市地价之研究》。
〔18〕林传沧：《福州厦门地价之研究》。
〔19〕潘信中：《长沙市一年来之地价与房租》。
〔20〕王慰祖：《上海市房租之研究》。
〔21〕邢长铭：《重庆市一年来地价之变动》。
〔22〕杨正礼：《上海市办理地价税之研究》。

〔23〕李惩骄：《成都实习调查日记》。
〔24〕龚永涛：《成都等处实习调查日记》。
〔25〕陈太先：《成都及巴县实习调查日记》。
〔26〕黄人俊：《成都市及资中隆昌实习调查日记》。
〔27〕轶名：《巴县成都简阳资中实习调查日记》。
〔28〕高信：《南京市之地价与地价税》，南京：正中书局，1935年。
〔29〕张辉：《上海市地价研究》，南京：正中书局，1935年。
〔30〕郭汉鸣、孟光宇：《四川租佃问题》，上海：商务印书馆1944年版。
〔31〕吕平登：《四川农村经济》，上海：商务印书馆1936年版。
〔32〕彭雨新、陈友三、陈思德：《川省田赋征实负担研究》，上海：商务印书馆1944年版。
〔33〕张肖梅：《四川经济参考资料》，中国国民经济研究所，1939年。
〔34〕杨蔚：《成都市生活费之研究》，四川大学油印本，1937年。
〔35〕章乃器：《中国货币金融问题》，上海：生活书店，1936年。
〔36〕章植：《土地经济学》，上海：黎明书局，1934年。

五、方志

〔1〕成都市地方志编纂委员会：《成都市志·房地产志》，成都：成都出版社1993年版。
〔2〕四川省地方志编纂委员会：《四川省志·城建环保志》，成都：四川科学技术出版社1999年版。
〔3〕四川省地方志编纂委员会：《四川省志·军事志》，成都：四川人民出版社1999年版。
〔4〕成都市地方志编纂委员会：《成都市志·国土志》，成都：四川辞书出版社2000年版。

六、专著

〔1〕周开庆：《民国川事纪要（1937—1950）》，台北：四川文献研究社1972年版。
〔2〕梅朋、傅立德：《上海法租界史》，上海：上海译文出版社1983年版。
〔3〕隗瀛涛、李有明等：《四川近代史》，成都：四川省社会科学院出版社1985年版。
〔4〕张仲礼、陈曾年：《沙逊集团在旧中国》，北京：人民出版社1985年版。

〔5〕徐雪筠等：《上海近代社会经济发展概况（1882—1931）》，上海：上海社会科学院出版社1985年版。

〔6〕四川大学校史编写组：《四川大学史稿》，成都：四川大学出版社1985年版。

〔7〕傅崇矩：《成都通览》，成都：巴蜀书社1987年版。

〔8〕乔诚、杨续云：《刘湘》，北京：华夏出版社1987年版。

〔9〕王斌：《四川现代史》，重庆：西南师范大学出版社1988年版。

〔10〕上海建筑施工志编委会·编写办公室：《东方"巴黎"：近代上海建筑史话》，上海：上海文化出版社1991年版。

〔11〕隗瀛涛：《近代重庆城市史》，成都：四川大学出版社1991年版。

〔12〕李鸿毅：《土地法论》，台北：三民书局1991年版。

〔13〕吴世先：《成都城区街名通览》，成都：成都出版社1992年版。

〔14〕王笛：《跨出封闭的世界——长江上游区域社会研究》，北京：中华书局1993年版。

〔15〕张学君、张莉红：《成都城市史》，成都：成都出版社1993年版。

〔16〕张弓、牟之先：《国民政府重庆陪都史》，重庆：西南师范大学出版社1993年版。

〔17〕赵津：《中国城市房地产业史论》，天津：南开大学出版社1994年版。

〔18〕何一民：《中国城市史纲》，成都：四川大学出版社1994年版。

〔19〕虞和平：《中国近代城市史》，北京：生活·读书·新知三联书店1995年版。

〔20〕曹洪涛、刘金声：《中国近现代城市的发展》，北京：中国城市出版社1998年版。

〔21〕冯至诚：《市民记忆中的老成都》，成都：四川文艺出版社1999年版。

〔22〕曾智中、尤德彦：《文化人视野中的老成都》，成都：四川文艺出版社1999年版。

〔23〕隗瀛涛：《中国近代不同类型城市综合研究》，成都：四川大学出版社1999年版。

〔24〕张小林：《清代北京城区房契研究》，北京：中国社会科学出版社2000年版。

〔25〕〔美〕施坚雅主编，叶光庭等译：《中华帝国晚期的城市》，北京：中华书局2000年版。

〔26〕马学强：《从传统到近代——江南城镇土地产权制度研究》，上海：上海社会科学院出版社2002年版。

〔27〕何一民:《变革与发展:中国内陆城市成都现代化研究》,成都:四川大学出版社 2002 年版。

〔28〕吕俊华、彼得罗、张杰:《中国现代城市住宅(1840—2000)》,北京:清华大学出版社 2003 年版。

〔29〕吕萍:《不动产管理制度研究》,北京:中国大地出版社 2003 年版。

〔30〕流沙河:《老成都·芙蓉秋梦》,南京:江苏美术出版社 2004 年版。

〔31〕何一民:《近代中国城市发展与社会变迁:1840—1949 年》,北京:科学出版社 2004 年版。

〔32〕〔美〕费正清:《剑桥中华民国史(上、下卷)》,北京:中国社会科学出版社 2005 年版。

〔33〕四川省档案馆编:《抗战时期四川省各类情况统计》,成都:西南交通大学出版社 2005 年版。

〔34〕王笛:《街头文化:成都公共空间、下层民众与地方政治(1870—1930)》,北京:中国人民大学出版社 2006 年版。

〔35〕周勇:《西南抗战史》,重庆:重庆出版社 2006 年版。

〔36〕黄怡:《城市社会分层与居住隔离》,上海:同济大学出版社 2006 年版。

〔37〕郑光路:《成都旧事》,成都:四川人民出版社 2007 年版。

〔38〕赖德霖:《中国近代建筑史研究》,北京:清华大学出版社 2007 年版。

〔39〕何一民:《中国的近代衰落城市研究》,成都:巴蜀书社 2007 年版。

〔40〕成都市群众艺术馆:《成都掌故(典藏版)》,成都:四川大学出版社 2007 年版。

〔41〕王阿忠:《中国住宅市场的价格博弈与政府规制研究》,北京:中国社会科学出版社 2007 年版。

〔42〕陆介雄:《住宅合作社立法研究》,北京:法律出版社 2007 年版。

〔43〕张仲礼:《近代上海城市研究(1840—1949)》,上海:上海文艺出版社 2008 年版。

〔44〕何一民:《从农业时代到工业时代:中国城市发展研究》,成都:巴蜀书社 2009 年版。

〔45〕[美] 路得·那爱德、王玉龙:《消失的天府》,桂林:广西师范大学出版社 2009 年版。

〔46〕里赞、刘昕杰:《民国基层社会纠纷及其裁断——以新繁档案为依据》,成都:四川大学出版社 2009 年版。

〔47〕王笛:《茶馆:成都的公共生活和微观世界(1900—1950)》,北京:社会

科学文献出版社 2010 年版。

〔48〕曾敏：《中国·四川·成都（温江地区）土地制度沿革》，成都：四川科学技术出版社 2010 年版。

〔49〕刘一民：《国民政府地籍整理——以抗战四川为中心的研究》，上海：上海三联书店 2011 年版。

〔50〕成都通史编纂委员会：《成都通史第七卷（民国时期）》，成都：四川人民出版社 2011 年版。

〔51〕李开周：《民国房地产战争》，上海：上海三联书店 2012 年版。

〔52〕李开周：《民国房事》，广州：南方日报出版社 2013 年版。

〔53〕成都市国土资源局：《成都土地契证》，成都：四川科学技术出版社 2014 年版。

〔54〕汪柏树：《徽州土地买卖文契研究——以民国时期为中心》，北京：中国社会科学出版社 2014 年版。

〔55〕谭继和：《成都房地产契证文化的经典记忆》，成都：四川人民出版社 2015 年版。

八、论文

〔1〕赵津：《租界与中国近代房地产业的诞生》，《历史研究》1993 年第 6 期。

〔2〕赵津：《近代政府对城市土地经济的宏观调控》，《近代史研究》1994 年 3 期。

〔3〕赵津：《近代中国城市地价变动趋向研究》，《中国房地产》1994 年 1 期。

〔4〕葛超美：《浅谈近代房地产档案》，《档案管理》2001 年 3 期。

〔5〕范瑛：《试论城市空间结构的历史演变》，《天府新论》2001 年 3 期。

〔6〕赵津：《论中国近代城市的崛起》，《历史教学》2004 年 7 期。

〔7〕赵津：《不动产走向市场——论近代中国房地产商品化的历史前提》，《中国经济史研究》2005 年 4 期。

〔8〕张莉红：《民国时期成都城市的兴衰》，《文史杂志》2006 年 3 期。

〔9〕田凯：《近代城市房地产市场与城市空间之变迁》，《宜宾学院学报》2007 年 2 期。

〔10〕田凯：《近代城市房地产市场中住宅消费的特点与趋势》，《经济纵横》2007 年 12 期。

〔11〕张群：《民国住宅保障的启示》，《政治与法律》2008 年 2 期。

〔12〕张群：《民国时期房租管制立法考略——从住宅权的角度》，《政法论坛》

2008 年 2 期。
〔13〕雷达、曾瑞炎：《近代市政改革视野下成都"新村"建设》，《四川师范大学学报》2010 年 3 期。
〔14〕张群：《民国住宅资料拾遗》，《法律文献信息与研究》2010 年 4 期。
〔15〕杜泽江：《成都的房地产"串串儿"》，《四川档案》2011 年 6 期。
〔16〕杜泽江：《成都市区首次区划调整经过》，《四川档案》2012 年 3 期。
〔17〕张彦：《清代、民国时期成都房产契证述略——以成都市房产信息档案馆馆藏契证为主》，《中华文化论坛》2012 年 6 期。
〔18〕刘燕明：《民国时期房地产税收制度的变革及特点》，《税务研究》2012 年 3 期。
〔19〕杜泽江：《避战川内房源紧，华西坝上建设忙——民国时期成都首次扩市建设纪实（二）》，《四川档案》2013 年 3 期。
〔20〕杜泽江：《强征民地激民愤，新村建设梦破灭——民国时期成都首次扩市建设纪实（三）》，《四川档案》2013 年 4 期。
〔21〕杜泽江：《甘绥庐购地谋发财，筹委会失误陷被动——民国时期成都首次扩市建设纪实（四）》，《四川档案》2013 年 5 期。
〔22〕杜泽江：《骑虎难下省府丢"包袱"，收拾难摊市府接"碳圆"——民国时期成都首次扩市建设纪实（五）》，《四川档案》2013 年 6 期。
〔23〕杜泽江：《川政统一，成都市政省府绘图——民国时期成都首次扩市建设纪实（一）》，《四川档案》2013 年 2 期。
〔24〕王振：《民国时期北平的房荒及住房保障》，《北京档案》2014 年 6 期。
〔25〕杜泽江：《成都首次扩市建设纪实（上）》，《资源与人居环境》2015 年 11 期。
〔26〕杜泽江：《成都市第一次土地登记》，《资源与人居环境》2015 年 4 期。
〔27〕杜泽江：《解放前成都涉外用地管理》，《资源与人居环境》2015 年 5 期。
〔28〕杜泽江：《民国时期四川土地清丈纪实》，《资源与人居环境》2015 年 6 期。
〔29〕杜泽江：《民国时期四川地政人才培训记》，《资源与人居环境》2015 年 7 期。
〔30〕杜泽江：《民国时期成都首次地价评定纪实》，《资源与人居环境》2015 年 8 期。
〔31〕杜泽江：《民国时期四川土地资源调查概述》，《资源与人居环境》2015 年 10 期。

〔32〕 韩剑尘，张群：《民国时期上海市政府的房荒救济》，《历史教学》2015年11期。

〔33〕 李倩：《民国时期中国契约制度研究》，中国政法大学2003年博士论文。

〔34〕 涂文学：《"市政改革"与中国城市早期现代化——以20世纪20年代汉口为中心》，华中师范大学中国近现代史研究所2006年博士论文。

〔35〕 赵可：《市政改革与城市发展》，四川大学2007年博士学位论文。

〔36〕 甄京博：《土地管理与都市社会——以成都为中心的考察（1936—1949）》，四川师范大学2009年硕士论文。

〔37〕 耿崇桑：《抗日战争时期上海房地产业研究》，复旦大学2009年硕士论文。

〔38〕 李艳洁：《呼和浩特市房地研究（1632—1937）》，南开大学2012年博士论文。

〔39〕 黄心：《民国时期成都房地管理及纠纷研究》，四川师范大学2015年硕士论文。

九、文史资料

〔1〕 杨锡民、邓璞如：《抗战时期成都遭受敌机轰炸惨状的回忆》，中国人民政治协商会议四川省成都市委员会文史资料研究委员会：《成都文史资料选辑》，第三辑，1982年。

〔2〕 乔曾希等：《成都市政沿革概述》，中国人民政治协商会议四川省成都市委员会文史资料研究委员会：《成都文史资料选辑》，第五辑，1983年。

〔3〕 杨干九、薛忠和：《蜀华实业公司兴衰纪略》，中国人民政治协商会议四川省成都市委员会文史资料研究委员会：《成都文史资料选辑》，第八辑，1985年。

〔4〕 徐斯蔚：《记四川陆军测绘学堂及其他》，中国人民政治协商会议四川省委员会文史资料研究委员会：《四川文史资料选辑》，第三十七辑，1987年。

〔5〕 莫健：《上海光华大学内迁成都》，中国人民政治协商会议西南地区文史资料协作会议：《抗战时期内迁西南的高等院校》，1988年。

〔6〕 金陵大学成都校友会：《迁蓉的金陵大学》，中国人民政治协商会议西南地区文史资料协作会议：《抗战时期内迁西南的高等院校》，1988年。

〔7〕 肖鼎瑛：《迁蓉的金陵女子文理学院》，中国人民政治协商会议西南地区文史资料协作会议：《抗战时期内迁西南的高等院校》，1988年。

〔8〕 燕大成都校友会整理：《迁蓉的燕京大学》，中国人民政治协商会议西南地区文史资料协作会议：《抗战时期内迁西南的高等院校》，1988年。